L'Avocat aux pieds nus

Chen Guangcheng

L'Avocat aux pieds nus

Traduit de l'anglais (États-Unis)
par Lucie Delplanque

GLOBE

11, rue de Sèvres, Paris 6e

Titre de l'édition originale : The Barefoot Lawyer
(Henry Holt and Company, LLC, New York)

Dépôt légal : août 2015

ISBN 978-2-211-22350-8

À ma mère, Wang Jinxiang
Et ma femme, Yuan Weijing

« Dans le monde que nous connaissons, certaines choses sont-elles difficiles et d'autres faciles ? Dans l'action, ce qui semble difficile devient facile. Dans l'inaction, la chose la plus facile devient une épreuve. »

Peng Duanshu (1699-1799),
L'Apprentissage

« Amenez tout ce qui est bon dans le monde et supprimez tout ce qui est mauvais. »

Mencius (372-289 av. J.-C.),
L'Amour universel III

« Sans franchir sa porte,
Connaître le monde entier ;
Sans regarder par la fenêtre,
Entrevoir le chemin du ciel. »

Lao-tseu (ve siècle av. J.-C.),
Tao-tö-king, le *Livre de la voie et de la vertu*

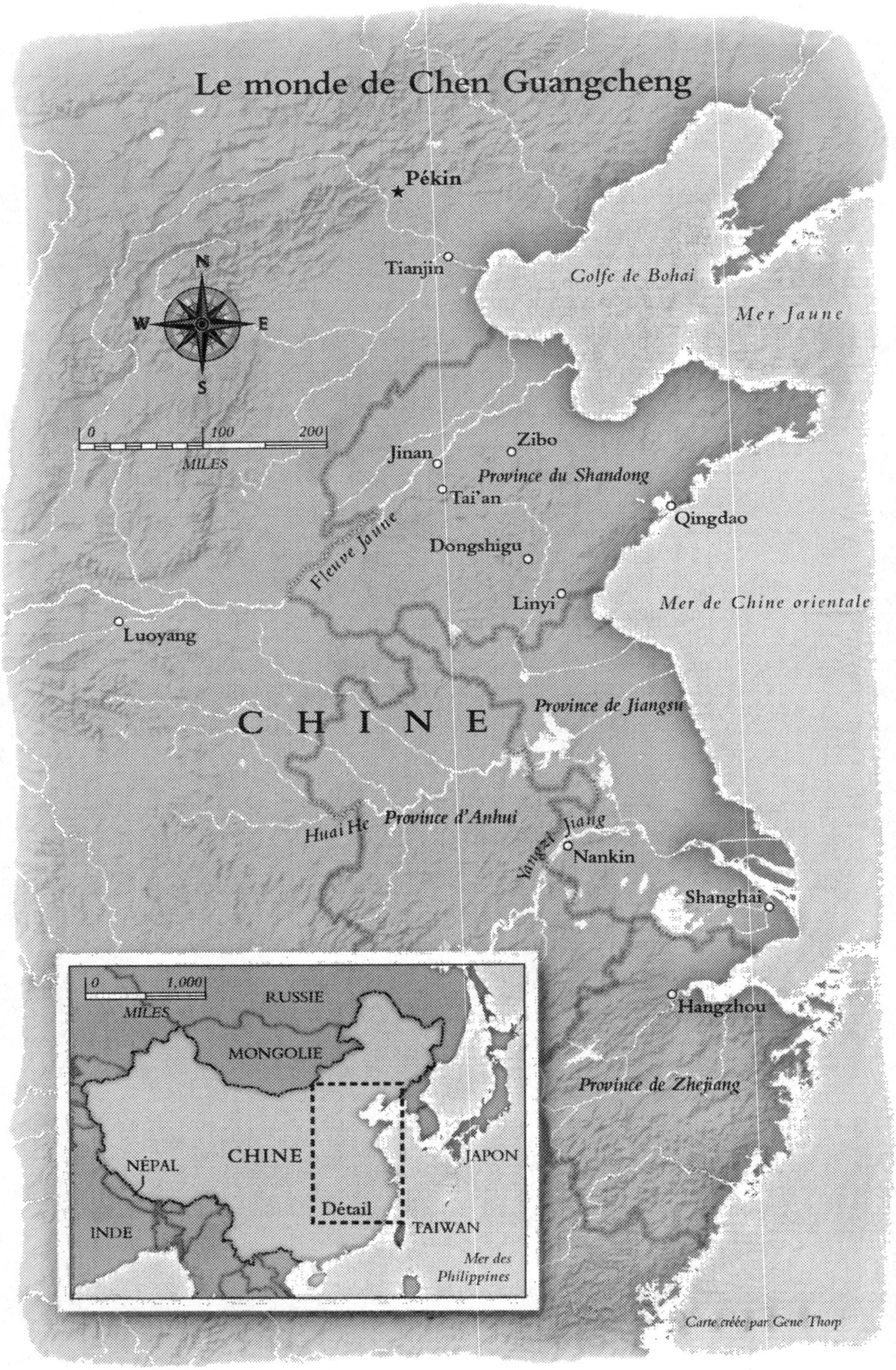
Le monde de Chen Guangcheng
Pékin
Tianjin
Golfe de Bohai
Mer Jaune
N
W
E
S
0
100
200
MILES
Zibo
Jinan
Province du Shandong
Tai'an
Qingdao
Fleuve Jaune
Dongshigu
Linyi
Mer de Chine orientale
Luoyang
Province de Jiangsu
CHINE
Province d'Anhui
Huai He
Yangzi Jiang
Nankin
Shanghai
Hangzhou
Province de Zhejiang
0
1,000
MILES
RUSSIE
MONGOLIE
CHINE
NÉPAL
JAPON
Détail
INDE
TAIWAN
Mer des
Philippines
Carte créée par Gene Thorp

L'évasion de Chen Guangcheng

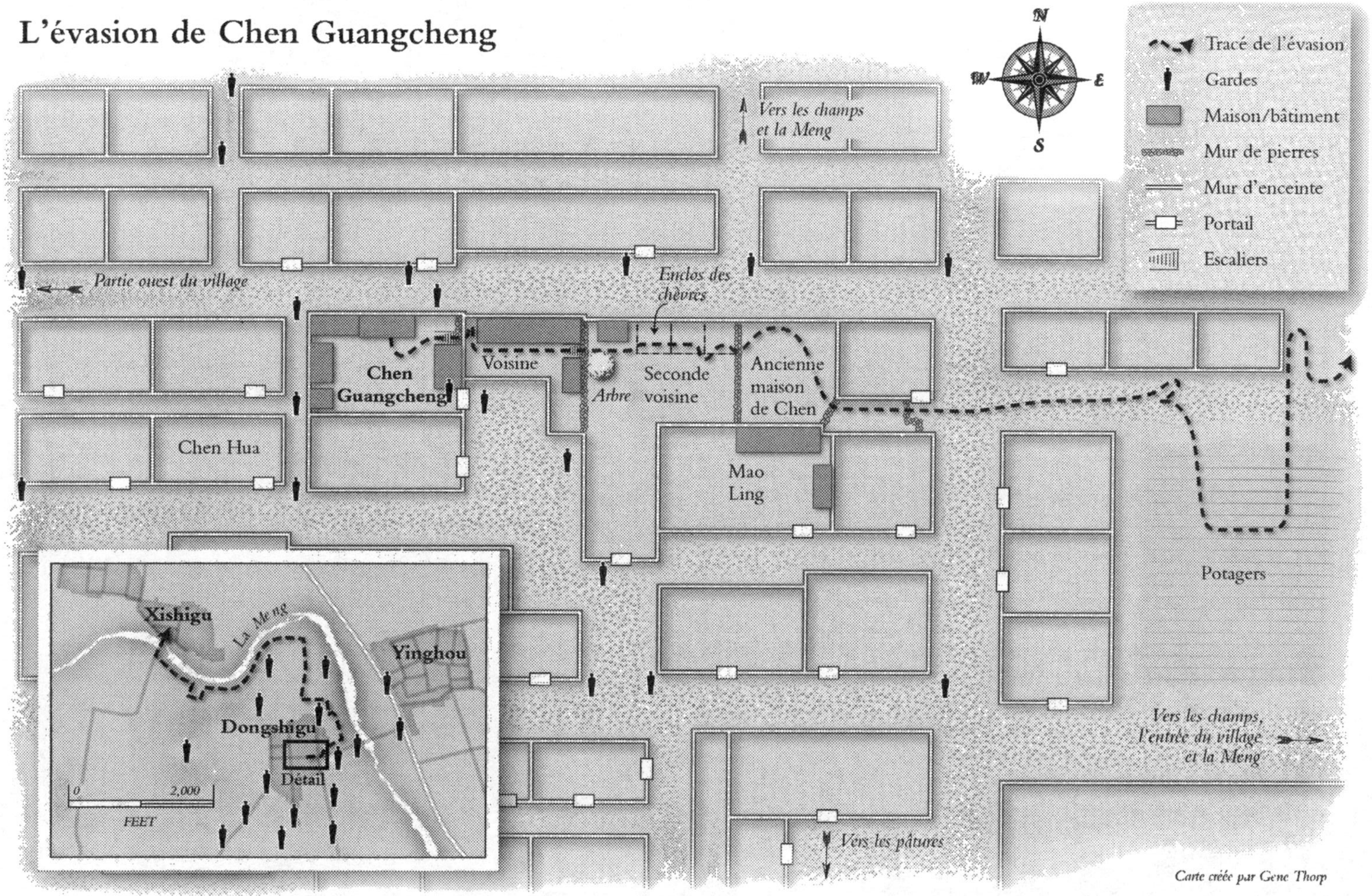

Carte créée par Gene Thorp

PRÉFACE DU DALAÏ-LAMA

Je me réjouis de la publication des mémoires de Chen Guangcheng. C'est une histoire digne d'être racontée, car elle montre clairement que la détermination, la confiance en soi et la sollicitude envers les autres permettent de surmonter l'adversité.

Chen Guangcheng a réussi à dépasser à la fois sa cécité et le préjugé social qui pesait sur lui pour parvenir à faire des études. Il a ensuite fait bon usage de cette instruction en aidant et conseillant les plus défavorisés dans les régions rurales, qui n'ont personne vers qui se tourner.

Par la clarté de sa motivation, Chen Guangcheng me fait penser à la première génération de dirigeants communistes que j'ai rencontrés en Chine, voilà soixante ans. À l'époque, j'avais été impressionné par leur souci sincère du bien-être des masses et des gens ordinaires. Lorsque son engagement aux pieds nus a attiré l'attention des pouvoirs en place, il a été jugé et emprisonné sous le prétexte fallacieux de trouble à l'ordre public. À sa libération, comprenant que sa vie et celle de sa famille resteraient restreintes par les autorités, il a décidé de s'évader. Il y est parvenu, dans la mesure où lui et sa famille ont réussi à entamer une nouvelle vie de liberté aux États-Unis. Il n'en continue pas moins à défendre les droits de ses frères et sœurs, surtout ceux des paysans démunis.

Lors de ma rencontre avec Chen Guangcheng, j'ai été touché par son énergie et sa chaleur humaine. Aider les autres à s'aider eux-mêmes, comme il l'a fait, ne représente pas une menace pour la paix et l'ordre de la société. Au contraire, cela contribue à son harmonie. J'espère un jour que la Chine saura trouver une place pour des personnes aussi inspirées et motivées que Chen Guangcheng ou Liu Xiaobo, car des gens comme eux ont aujourd'hui un rôle important à jouer.

Le 18 octobre 2014

PROLOGUE

ÉVASION

La surveillance était réciproque. Nous épiions nos geôliers, observant chacun de leurs gestes et chacune de leurs habitudes. Cela faisait plus de un an que nous préparions mon évasion, revoyant sans cesse chaque détail dans des murmures étouffés. Nous supposions que la maison était truffée de micros et que nos gardiens pouvaient entendre nos moindres paroles.

Si seulement je parvenais à quitter le village – quitter ce qui avait été autrefois mon foyer mais était à présent devenu mon enfer personnel, laisser derrière moi les quelque soixante-dix gardes qui assiégeaient la maison en bloquant toutes les issues possibles. « Chez toi, ce sera à peine mieux que la prison », m'avait averti un gardien, peu avant ma libération du pénitencier où j'avais été détenu pendant plus de quatre ans. Il avait raison : une fois rentré à Dongshigu, j'avais été soumis à une résidence surveillée sévère, comme si ma maison était un épicentre de la vaste prison qu'était devenue la Chine tout entière.

Plusieurs fois déjà, j'avais tenté de m'évader. Ma femme Weijing et moi avions débattu sans fin des risques et avantages de chaque plan, et j'avais retracé maintes fois dans ma tête tous les chemins possibles. Je devais absolument m'évader : il en allait de ma survie pure et simple, et pas seulement de celle de mon esprit. Gravement malade depuis la prison, je n'avais pas été autorisé à consulter un médecin, même par téléphone. Mon isolement, dans ma propre maison, était presque total : aucune sortie, aucun visiteur, aucune nouvelle ni contact avec le monde extérieur. Je souffrais de diarrhée aiguë, souvent sanglante, et je me sentais épuisé en permanence. Depuis quelque temps, je passais le plus clair de mes journées allongé, trop malade pour bouger. Si j'abdiquais dans cette lutte pour la survie, les autorités annonceraient simplement que j'étais mort de telle ou telle maladie, chez moi, dans mon lit, sans que personne puisse savoir ce qu'il en était vraiment. Seule me restait ma détermination.

Le 20 avril 2012, Weijing et moi avons passé la matinée à nous reposer dans la pièce principale de notre maison, un des quatre petits bâtiments érigés en U dans la cour familiale en terre battue. Quelques jours plus tôt, nous avions découvert que le chien de notre voisine avait disparu. Comme je disais souvent : un seul chien est plus dangereux que cent gardes. Depuis la disparition de l'animal, tous nos espoirs se concentraient sur un plan d'évasion qui devait passer par la maison de cette voisine, située à l'est de la nôtre.

Ce matin-là, comme à mon habitude, j'ai refait le chemin dans ma tête, m'attardant sur les moindres détails : où tourner exactement, la distance entre les choses, les murs, toutes les informations que Weijing avait pu rassembler en vaquant à ses tâches quotidiennes depuis plusieurs mois. Nous n'avions parlé à personne de mon évasion, même si nous savions qu'une fois franchie la barrière des gardes j'allais devoir trouver de l'aide dans le village, auprès d'un ami d'enfance ou d'un autre proche qui était charpentier. Tous deux vivaient sur le trajet que je devais emprunter pour m'évader, mais nous n'avions aucun moyen de communiquer avec quiconque en dehors de chez nous. Il était même trop dangereux d'évoquer le sujet avec ma mère, qui s'était toujours fermement opposée à l'idée même d'une évasion.

Weijing et moi avions souvent réfléchi à la façon dont je pourrais l'avertir que je me trouvais en lieu sûr. Toute communication orale ou écrite était impossible, si bien que la seule solution était d'envoyer un signal. Nous avions fini par décider que, si je m'en sortais vivant, je devais lui faire porter six pommes. En chinois, « six » peut signifier la « réussite », et le mot « pomme » se prononce de la même manière que « sécurité ». Une fois sorti du village, je devais trouver le moyen d'envoyer quelqu'un avec six grosses pommes rouges ou, à défaut, six autres choses, afin que ma femme sache que j'étais libre.

Toute la matinée, Weijing avait observé les gardes depuis la maison, guettant une occasion. Un peu plus tôt, depuis le toit plat de notre cuisine où nous faisions sécher le maïs et aérions les vêtements, elle avait remarqué que la voiture du chef des gardes en faction n'était pas là. Il y avait en général six gardes dans notre cour, perchés sur de petits tabourets, juste devant le portail d'entrée. Seuls deux des hommes montant la garde ce jour-là avaient une vue directe sur notre porte. Peu avant 11 heures, le moment s'est soudain présenté : le garde le plus proche de nous s'est levé lentement pour aller remplir sa tasse à une thermos d'eau bouillie ; il ne semblait pas pressé. Sur son trajet, pendant quelques secondes, nous savions qu'il bloquerait la vue de son collègue, qui ne pourrait plus me surveiller. Il me faudrait alors me dépêcher de sortir de la maison pour parcourir une distance d'environ cinq mètres en direction du mur oriental, à l'autre bout de la cour, avant que le garde ne retrouve l'intégralité de son champ de vision. Je n'avais que ce court laps de temps.

– Maintenant ! a chuchoté Weijing en me serrant le bras.

Je suis sorti derrière elle pour traverser la cour à pas rapides et feutrés, puis je l'ai dépassée d'un bond près de la vieille meule où nous écrasions autrefois le grain et d'autres aliments, jusqu'à l'escalier de pierre que les gardes ne pouvaient voir. Au pied des six marches grossières, le souffle court, j'ai tendu l'oreille, guettant la moindre agitation ou réaction chez les gardes.

Mon cœur battait à se rompre. Le craquement d'une brindille pouvait me trahir, ce qui m'aurait valu d'être de nouveau roué de coups, ou pis encore. Depuis quelque temps déjà, Weijing enlevait les obstacles potentiels sur mon chemin un à un, afin de ne pas éveiller les soupçons : caillou, branche, feuille, seau d'eau ou casserole, tout ce qui risquait de produire un bruit soudain susceptible d'attirer l'attention.

Debout en bas des marches, j'ai entendu Weijing prendre des feuilles séchées et des herbes sur notre pile de combustible, à quelques pas de moi. Un moment plus tard, elle est rentrée dans la cuisine pour allumer le feu. Le garde était alors revenu à son poste ; après avoir posé sa tasse de thé sur le sol, il s'est rassis sur son tabouret et s'est remis à bavarder avec ses collègues. Puis Weijing est ressortie de la cuisine pour prendre de l'eau au robinet extérieur – tout cela n'était bien sûr qu'un prétexte –, et j'ai bientôt entendu la bouilloire de métal heurter à grand bruit le fourneau. De nouveau, ma femme est sortie, cette fois pour prendre des branches et des bûches sur la pile de bois. Chaque fois qu'elle passait près de moi, elle me chuchotait quelques mots pour me décrire ce qu'elle voyait. Dans l'immédiat, je ne risquais rien.

Je ne bougeais pas. Weijing était extrêmement tendue, mais, à présent que j'avais déjoué le premier cercle de surveillance, pouvions-nous renoncer ?

– Il faut avancer, ai-je murmuré. Nous n'avons pas le droit à l'échec.

Lorsque Weijing est sortie de la maison la fois suivante, elle portait une brassée de vêtements.

– Je monte jeter un œil, m'a-t-elle chuchoté en passant.

J'ai compris qu'elle allait grimper sur le toit de la cuisine, où elle jouirait d'une vue panoramique sur les alentours de notre cour. Ces derniers mois, elle y avait passé des heures, sous divers prétextes, afin de reconnaître le terrain. Ces bâtiments cubiques étaient apparus dans notre village plusieurs années auparavant, et le toit plat offrait à Weijing un observatoire précieux.

Quelques instants plus tard, elle est redescendue en annonçant que la voie était libre. J'avais réussi à maîtriser mon souffle et mes nerfs, et j'ai monté en silence les marches que je connaissais par cœur. Je me suis bientôt retrouvé accroupi au sommet du mur oriental de notre cour, juste en dessous du niveau du toit de la cuisine. C'était vers l'est que s'étendait ma liberté, au-delà de la maison de mes voisins. Heureusement, chaque centimètre de la cour voisine en contrebas était clair dans mon esprit. Sachant que les gardes qui patrouillaient dans le secteur, à une dizaine de mètres seulement, risquaient de me repérer si je me redressais, je restais plié en deux. J'ai fini par arriver devant la bouteille dont Weijing m'avait parlé, un obstacle placé par les gardes au sommet du mur. Après l'avoir ramassée, je me suis avancé un peu, puis l'ai mise de côté pour m'installer à califourchon sur le mur. Soucieux de ne pas éveiller le moindre soupçon, j'ai ensuite remis la bouteille à son emplacement d'origine. Ensuite, en me calant entre le mur mitoyen et la maison, je suis descendu doucement dans un coin de la cour voisine.

Le plus rapidement possible, je suis passé devant le bâtiment principal, en direction des marches de béton qui menaient au toit de la cuisine, située comme la nôtre dans l'enceinte de la cour. Je devais à présent me méfier d'un autre groupe de gardes, positionnés juste devant la deuxième cour et qui auraient pu m'apercevoir à travers une fente du portail. Mon plan, après avoir monté les marches jusqu'au mur est, était de redescendre dans la cour suivante. De mur en mur, d'une cour à l'autre : c'était le seul moyen de franchir le cordon de gardes pour atteindre l'extérieur. Je n'emportais rien, mais chaque détail de mon évasion était limpide dans mon esprit.

Le tout pour le tout. Je me suis décidé à monter les marches, attentif aux objets dont Weijing m'avait détaillé la présence. Là, sur la deuxième marche, deux seaux de métal, que j'enjambai sans un bruit. Un peu plus haut, un amas de câbles électriques, reliés à l'équipement que les gardes utilisaient pour brouiller le signal de notre téléphone portable. Quelques marches plus loin m'attendait une bassine pleine de briques que Weijing m'avait décrite. En découvrant à tâtons une portion instable dans le mur, j'ai tout de suite compris que, si je tentais de descendre à cet endroit, le mur risquait de s'effondrer sous mon poids.

À cet instant, le portail de ma voisine s'est ouvert en grinçant. Je me suis glissé sur le toit de la cuisine en m'allongeant sur le dos. Si jamais elle m'apercevait, elle me dénoncerait certainement, car les gardes l'avaient soudoyée pour qu'elle garde un œil sur moi, partageant avec elle leurs provisions et peut-être même lui donnant de l'argent.

Pendant quelques minutes, je suis resté allongé en silence, m'efforçant d'apaiser mon cœur affolé. Jusque-là, tout allait bien : ma connaissance profonde du voisinage immédiat m'avait bien servi. Bien qu'aveugle depuis l'enfance, je connaissais chaque pouce de terrain autour de mon village, par mille et une autres façons que la vue : le cycle des sons, le mélange des odeurs, l'organisation de l'espace. La mémoire jouait un rôle essentiel dans ma tentative d'évasion – quand on est aveugle, impossible de jauger une situation d'un simple coup d'œil – et j'allais devoir me fier de plus en plus à elle au fur et à mesure que je m'approcherais de Xishigu, le village voisin, où j'espérais trouver de l'aide. La distance était courte, mais les obstacles nombreux. Avant mon arrestation et mon séjour en prison, je connaissais les murs, les routes et les champs de mon village, dans tous leurs détails et leur complexité presque infinie. Malheureusement, après sept années de captivité, je ne pourrais compter que sur mes souvenirs.

Nous parlions d'évasion depuis le jour même où Guangcheng était rentré de prison, et, depuis plus de un an, nous tentions d'élaborer un plan. Je consultais souvent le calendrier lunaire, scrutant les pages à la recherche d'une journée favorable ; cela me permettait surtout d'apaiser mes craintes et de faire passer un petit peu plus vite ces journées interminables. Les gardes avaient récemment confisqué tous nos biens, de peur que nous utilisions un simple morceau de papier à notre avantage. À présent, nous ne possédions plus que ce petit calendrier de 2012, que la mère de Guangcheng avait été autorisée à acheter sous le regard vigilant de nos geôliers.

Je savais que si je passais trop de temps devant le calendrier je risquais de mettre la puce à l'oreille des gardes, si bien que j'y inscrivais chaque jour le nombre d'œufs pondus par nos poules. Le temps ne manque pas, en captivité... Aussi avions-nous décidé d'encourager nos poules à couver certains de leurs œufs. Lorsque la couvée avait enfin éclos, nous avions plus de quarante poulets pour compléter notre maigre régime. Ainsi, en cas de disette extrême, nous aurions toujours la possibilité de tuer une volaille, car nous ne pouvions compter que sur nous-mêmes. Un jour, les gardes m'avaient demandé pourquoi je consultais si souvent le calendrier. J'avais alors expliqué l'habitude que j'avais prise de noter la production quotidienne d'œufs et ils n'avaient pas insisté.

Petit à petit, j'avais compris que le printemps serait la saison idéale pour une tentative d'évasion. Les nouvelles feuilles sur les arbres dissimuleraient les déplacements de Guangcheng et la brise qui soufflait dans les branches étoufferait les bruits qu'il ne manquerait pas de faire. En consultant le calendrier, j'avais constaté que le 20 avril était un chengri, *un jour de réussite. Le dieu de la Fortune, qui apporte la chance et crée l'occasion, serait tourné vers l'est, l'une des directions possibles pour l'évasion de Guangcheng. Ce jour-là, le cochon devait vaincre le serpent, détail d'une importance particulière car Guangcheng était né l'année du cochon, tandis que le chef de l'équipe en faction à ce moment était né lors de celle du serpent. Dans un registre plus pragmatique, nous avions analysé les tours de garde et savions que le groupe prévu le 20 s'installait en général un peu plus loin que les autres, ce qui donnait à Guangcheng une plus grande marge de manœuvre.*

Le calendrier séparait la journée en créneaux de deux heures, plus ou moins fastes. Celui entre 11 heures et 13 heures devait être idéal, mais je n'avais aucun moyen de savoir avec précision si une occasion se présenterait alors. Guangcheng lui-même ne savait pas que je consultais le calendrier, ni que cette journée revêtait une signification particulière. Pourtant, c'est juste avant 11 heures que le garde s'est levé pour aller se chercher une tasse de thé.

Allongé sur le toit de ma voisine, je guettais le bruit des gardes installés devant la cour, me demandant ce que j'allais faire ensuite. J'entendais leur conversation, ainsi que les sons émis par les jeux auxquels ils jouaient sur leur téléphone portable. Je pensais au mur devant moi : la cour suivante se trouvait à plus de trois mètres cinquante en contrebas et je devais trouver un moyen de descendre. Dans ma jeunesse, je n'aurais pas hésité à sauter, mais les années de captivité m'avaient affaibli et cette solution était à présent trop dangereuse et trop bruyante. Je savais qu'un arbre poussait de l'autre côté du mur ; son tronc ne faisait qu'une dizaine de centimètres de diamètre, d'après ce que Weijing m'avait décrit, mais si je parvenais à déterminer son emplacement exact, je pourrais m'appuyer dessus pour descendre.

Alors que j'essayais de me souvenir précisément de son emplacement, j'ai entendu un léger sifflement en provenance de notre maison. Weijing était montée sur le toit de notre cuisine avec une petite pelle, sous prétexte de ramasser du maïs séché, que nous conservions dans un sac.

– Dépêche-toi, a-t-elle chuchoté avec urgence. Avance, avant qu'ils ne te voient !

J'ai tendu mon bras et agité mes doigts en direction de la cour suivante, mimant ainsi mes efforts pour retrouver l'arbre. Elle a immédiatement compris.

– Il est juste à côté de ton pied, a-t-elle répondu d'une voix aussi discrète que possible.

Les gardes autour de nous, qui ne se trouvaient pourtant jamais à plus de quelques mètres, n'ont rien entendu. Après avoir rampé jusqu'au bord du toit, je me suis retourné sur le ventre et ai commencé à faire passer mes jambes de l'autre côté du mur, tout en cherchant l'arbre du bout du pied. Agrippé aux interstices entre les pierres, je n'avais parcouru qu'une faible distance lorsque mes bras se sont mis à trembler d'épuisement. J'ai tendu le pied, dans l'espoir de trouver l'arbre et, l'espace d'un instant, mes orteils ont effleuré le tronc. Mais j'étais trop faible, si bien que j'ai lâché prise, manqué l'arbre et suis tombé lourdement sur le sol, heureusement sans me faire trop mal ; en revanche, mes lunettes noires s'étaient cassées dans ma chute.

Je me suis assis. Contusionné mais entier, j'étais à présent confronté à un nouveau problème : le chien de ma seconde voisine, qui était attaché dans la cour, s'était aussitôt mis à aboyer ; je devais donc trouver une cachette avant que les gardes ne viennent vérifier la cause de ce tapage. En rampant, j'ai traversé la deuxième cour tout en veillant à ne pas être aperçu par Chen Guangfeng, le fils handicapé mental de ma voisine, un homme d'âge mûr qui vivait dans une chambre-cellule érigée dans la cour, avec une fenêtre munie de barreaux. Je l'avais toujours connu ainsi enfermé et il beuglait du matin au soir en appelant sa mère, qui vaquait à ses occupations quotidiennes, sourde à ses cris. Touché par sa situation, j'avais autrefois tenté de l'aider, mais à présent je craignais que, en me voyant, il ne me trahisse en criant mon nom.

À quatre pattes, j'ai tenté de passer sous la fenêtre. Juste après la chambre de Guangfeng, il y avait, selon les explications de Weijing, trois enclos alignés, chacun de deux mètres de large environ ; la barrière du plus proche devait se trouver sur le côté. Seulement, lorsque j'ai exploré le muret qui fermait les enclos, je n'ai rien trouvé. Le chien aboyait encore de toutes ses forces et le temps pressait. Tremblant de peur, incapable de me contrôler, j'ai rapidement escaladé le muret de béton, haut d'un mètre vingt environ, et je me suis laissé tomber sur le dos dans l'enclos. J'étais épuisé, car mon corps frêle n'était plus habitué à un tel effort. Le devant de l'enclos était fermé, comme Weijing me l'avait décrit. Au moins, si les gardes venaient jeter un coup d'œil dans la cour, ils ne risquaient pas de me voir.

À l'intérieur de l'enclos se trouvaient des chèvres, que j'ai entendues reculer en bêlant, se poussant l'une l'autre, alarmées par mon arrivée soudaine. Comme je restais allongé, m'efforçant de ne faire aucun bruit, elles ont petit à petit trouvé l'audace de s'avancer vers moi et, au bout de quelques minutes, deux ou trois d'entre elles ont même essayé de brouter mes vêtements. Ayant grandi entouré de chèvres, cela ne me gênait pas du tout. L'une d'elles a posé ses deux pattes avant sur mon torse et s'est penchée pour me renifler le visage. Mais, lorsque j'ai fait un mouvement, les bêtes, effrayées, se sont de nouveau retirées à l'autre bout de l'enclos.

À ce moment, j'étais trop inquiet et fatigué pour continuer, alors je suis resté allongé en tremblant, pour me reposer un peu. Une fois mes nerfs calmés et mes tremblements contenus, j'allais devoir guetter le moment opportun pour me remettre en route.

Après avoir essayé d'aider Guangcheng à repérer l'arbre, je n'ai pas osé rester plus longtemps sur le toit et je ne pouvais plus prendre le risque de remonter encore pour savoir où il était. Un peu plus tard, en entendant aboyer le chien de notre seconde voisine, mon cœur a manqué de s'arrêter, tant j'étais terrifiée à l'idée que l'animal puisse trahir Guangcheng. Avec un morceau de nourriture, j'ai alors agacé notre propre chien, qui était attaché dans la cour, espérant ainsi le faire aboyer à son tour pour couvrir le bruit et attirer l'attention sur nous. Puis, de la façon la plus naturelle qui soit, je suis allée bavarder avec les gardes. C'étaient des fermiers et fils de fermiers, comme nous, et nous avions fait un peu connaissance. Nous avons échangé quelques mots, puis je suis retournée à l'intérieur, le cœur battant. Heureusement, à cet instant précis, nos poulets ont volé la nourriture du chien, ce qui a provoqué un tel vacarme que les gardes n'ont pas du tout prêté attention à ce qui se passait deux maisons plus loin.

Le reste de la journée, j'ai guetté le moindre son, espérant entendre quelque chose, n'importe quoi qui aurait pu m'informer sur la position de Guangcheng. J'étais morte d'inquiétude, mais j'essayais de me comporter comme tous les jours. Chaque fois qu'un garde entrait dans notre cour, je scrutais son visage avec angoisse pour essayer de savoir si Guangcheng avait été capturé.

Au début de l'après-midi, ma belle-mère est rentrée des champs comme à son habitude pour faire une sieste, boire un peu d'eau et vérifier que son fils allait bien. Tout d'abord, elle n'a pas remarqué que Guangcheng était parti. Elle a bu de l'eau, puis s'est dirigée vers la chambre à coucher en demandant :

– Guangcheng dort ?

– Ma, *ai-je chuchoté, incapable de lui mentir. Guangcheng est parti.*

Elle m'a lancé un regard plein de surprise et de colère.

– Comment ça, il est parti ?

Je n'ai rien répondu.

– Vous cherchez donc le pire ? a-t-elle demandé. Le village grouille de gardes. Penses-tu vraiment qu'il peut s'en sortir ?

– Que pouvais-je faire, Ma *? Il est si malade... Combien de temps pensiez-vous qu'il puisse tenir ainsi ?*

– Ils vont le battre à mort, c'est certain, a-t-elle repris d'un ton plein de reproches.

– Il mourra, s'il reste ici.

– Maintenant qu'il a quitté cette maison, nous n'avons plus aucun moyen de savoir ce qui va lui arriver. Ils pourraient le rouer de coups et laisser son corps quelque part sans que nous n'en sachions jamais rien. Quitte à mourir, autant mourir ensemble.

J'ai posé une main sur sa bouche, la suppliant de ne pas prononcer des paroles aussi funestes.

– Il s'en sortira, ai-je ajouté, me voulant rassurante. Il n'y aura pas de problème. Mais nous devrions dire des choses positives et demander aux dieux de le protéger.

Mais il était impossible d'apaiser les craintes de ma belle-mère. Selon elle, cette évasion était vouée à l'échec et elle m'en tenait responsable.

– Je sors quelques heures et toi, tu le laisses partir, répétait-elle, pleine d'amertume.

Ensuite, elle s'est installée sur un tabouret dans la cour pour regarder les poulets, refusant de manger et de boire.

D'ordinaire, je ne crois pas en la chance, en un dieu ou en un quelconque pouvoir supérieur, mais, ce jour-là, j'étais prête à croire en tout ce qui aurait pu nous aider. Pendant l'après-midi, je suis retournée plusieurs fois pour prier devant le portrait du dieu de la Cuisine, le suppliant de veiller sur Guangcheng.

Adossé contre le muret de l'enclos aux chèvres, je tendais l'oreille. Le chien aboyait toujours et, soudain, Chen Guangfeng s'est mis à appeler sa mère. Le rythme régulier de ses cris faisait depuis si longtemps partie du paysage sonore naturel du village, au même titre que le chant des oiseaux et le bourdonnement des insectes, que je me suis un peu détendu. Avec un peu de chance, ses vociférations, mêlées aux aboiements du chien, ramèneraient un semblant de normalité à cette fin de matinée.

Un peu plus tard, le calme est revenu et, avec lui, un peu de sérénité. Inquiet de l'heure, je me suis soudain rendu compte que ma montre parlante, spécialement conçue pour les aveugles, s'était brisée dans ma chute. Quand je me suis redressé un peu pour passer la tête par-dessus le sommet du mur, le chien s'est remis à aboyer comme un fou. Guangfeng m'a aussitôt repéré et, au lieu de crier « *Niang ! Niang !* » (« Mère ! Mère ! »), il s'est mis à appeler « *Li Hong ! Li Hong !* », car il m'avait pris pour son petit frère. Je me suis alors empressé de me baisser.

Une heure plus tard environ, j'ai entendu les gardes prendre leur déjeuner. Ils s'étaient redressés et le cliquetis des baguettes contre les bols en métal se faisait entendre. Après le repas, ils se sont levés pour faire leur vaisselle. Le calme s'est bientôt installé sur le village et j'ai senti leur vigilance se relâcher. Plus d'une dizaine d'entre eux étaient installés de l'autre côté du mur, dans un espace inoccupé entre la maison de ma voisine et celle de derrière.

Saisissant alors ma chance, j'ai franchi le plus vite possible le muret entre le premier et le second enclos. Ce dernier était vide, à l'exception d'un petit poêle. En explorant l'espace, j'ai découvert une porte sur un côté, puis j'ai tendu l'oreille, afin de déterminer à quel moment je pouvais avancer. Je me demandais aussi ce qu'il pouvait bien y avoir dans le troisième enclos. Une poignée de sable jetée par-dessus le muret m'a renseigné grossièrement : des tiges de maïs éparpillées et plusieurs outils agricoles. J'ai décidé de prendre le risque de passer rapidement dans le troisième enclos.

Je me suis alors trouvé devant un nouveau mur, qui représentait un bien plus grand défi et qui jouxtait une cour que je connaissais très bien. J'ai attendu environ deux heures, toujours à l'affût, et échafaudant des plans. J'entendais les gardes vaquer à leurs occupations, à quelques mètres à peine. Bavardant à tout-va, ouvrant et refermant leur briquet, fumant des cigarettes, ils semblaient n'avoir rien remarqué d'anormal.

Je n'avais plus de montre, certes, mais ayant appris en grandissant à me servir de la nature pour me repérer dans le temps, j'étais encore capable de donner l'heure, parfois à une demi-heure près, en prêtant attention à la température, aux sons et, par-dessus tout, aux routines humaines autour de moi. Vers 15 heures, c'est-à-dire quatre heures après mon départ, j'ai entendu la mère de Guangfeng qui rentrait et commençait à s'activer dans sa cour. Comme son fils continuait à appeler « *Niang ! Niang !* », elle a fini par lui apporter son repas, à travers les barreaux. Peu après, il a réclamé de l'eau et des cigarettes.

Accroupi dans l'enclos, j'explorais à tâtons les contours de l'ancien mur qui s'effritait, cherchant le meilleur endroit pour le franchir. Sur le muret nord s'appuyait un appentis, devant lequel un garde assis ne manquerait pas de me repérer si je grimpais. Sur le côté est, les pierres disjointes ne supporteraient pas mon poids, si bien que j'ai décidé de me rapprocher du coin sud-est, où je pensais trouver de meilleures prises. Pour tester le mur, j'ai posé les paumes à plat sur la surface rugueuse et j'ai commencé à me hisser lentement, cherchant les meilleures crevasses avec mes orteils. J'ai exploré ainsi chaque centimètre, mémorisant l'emplacement exact de chaque prise – où prendre mon premier appui, puis le deuxième, puis le troisième. Une fois au sommet, je serais complètement à découvert, si bien que je ne pouvais commettre aucune erreur, car, au moindre bruit, les gardes me repéreraient et tout serait fini.

Plus tard dans l'après-midi, j'ai entendu une voisine vivant de l'autre côté de la route, en face de chez Chen Guangfeng et sa famille, ouvrir la porte de sa cour pour sortir sa mobylette. Un moment plus tard, elle a démarré et s'est éloignée. Je savais qu'elle partait chercher sa fille à l'école, ce qui signifiait qu'il était bientôt 16 h 30. Vingt minutes plus tard, la mobylette est revenue par le même chemin.

Bientôt, l'heure du dîner arriverait pour les gardes ; mon idée d'origine était de franchir le mur pendant leur repas. Je me suis soudain souvenu que, plus tôt dans la matinée, j'avais entendu un tracteur arriver par le nord, son moteur ronronnant crescendo sur la route étroite. Il avait ensuite bifurqué vers l'est et les gardes postés juste devant le mur de l'appentis avaient reculé leur tabouret pour le laisser passer. Ce tracteur allait certainement revenir par le même chemin, sans doute le soir même.

On ne pouvait rêver meilleure distraction pour tenter d'escalader ce mur dangereux, car les gardes seraient alors occupés par le passage du tracteur. L'occasion que j'attendais se présenterait sans doute à la tombée de la nuit.

Notre fille Kesi, alors âgée de presque sept ans, est rentrée de l'école cet après-midi-là un peu avant 17 heures. (À cette époque, notre fils de neuf ans, Kerui, vivait avec ma mère dans un autre village et fréquentait une école différente.) Je craignais que Kesi ne soit choquée et inquiète de la disparition de son père. Chaque jour à son retour, elle avait pour habitude d'appeler : «Baba ! *Je suis rentrée !» avant de partir à sa recherche.*

Lorsqu'elle est entrée dans la maison avec son cartable, je l'ai attirée contre moi pour lui chuchoter à l'oreille :

– *Kesi, n'appelle pas* Baba *et ne pose pas de questions. Ton* Baba *est parti.*

– *Où ça ? s'est-elle écriée d'une voix inquiète.*

– *Doucement, ai-je dit en toute hâte. Ton père s'est évadé.*

Je lui ai demandé de se comporter comme si de rien n'était. Elle a fait signe qu'elle comprenait. Kesi était au courant de nos précédentes tentatives d'évasion et nous avait même parfois donné des idées. C'était elle qui avait suggéré de creuser un tunnel, l'année précédente ; elle avait imaginé le tracé et nous avait conseillé de courir le plus vite possible, une fois sortis à l'autre bout. Comme elle avait vu les gardes nous frapper tous les deux, elle connaissait la gravité de la situation.

Vers 17 h 30, j'ai préparé des nouilles pour le dîner. Kesi a mangé du bout des dents, mais ni Ma *ni moi n'avons réussi à avaler la moindre bouchée. J'ai continué à accomplir mes tâches habituelles, parlant parfois à voix haute comme si Guangcheng était à la maison. «Je vais te laver les pieds», ai-je proposé après avoir rempli une bassine d'eau au robinet dans la cour. J'ai aussi sorti les pots de chambre pour les vider dans les cabinets extérieurs. Plus tard, nous sommes allées nous coucher, mais aucune de nous n'a pu fermer l'œil. Kesi était à présent terrifiée de ce qui pouvait arriver à son père ; elle sanglotait dans les bras de sa grand-mère, la tête enfouie sous un édredon pour étouffer ses pleurs. «* Baba *me manque», gémissait-elle doucement. Je tentais de la consoler en répétant : « Nous reverrons* Baba *bientôt.» Elle a fini par s'endormir, épuisée par ses larmes.*

Les heures semblaient durer une éternité, mais, finalement, juste avant la nuit, j'ai discerné le bruit du tracteur dans le lointain. Lorsqu'il s'est approché du carrefour, les gardes se sont levés avec leurs tabourets, exactement comme je l'avais espéré. Je devais saisir ma chance. Je n'avais que quelques secondes pour escalader le mur, pendant que le tracteur, complice sans le savoir, détournait l'attention des gardes et couvrait le moindre de mes bruits.

Aussi vite et silencieusement que possible, j'ai escaladé le mur, glissant mes pieds dans les interstices rugueux pour trouver mes prises. Au sommet, j'ai basculé mes jambes de l'autre côté. Je savais que la chute jusqu'au sol n'était que de deux mètres, une distance acceptable. Une fois franchi ce mur – dès que mes pieds auraient touché le sol –, je me retrouverais dans une cour familière.

Bien des années auparavant, c'était là que se dressait la maison de ma famille. J'y étais né et j'y avais vécu pendant longtemps, avec mes parents et quatre grands frères. La maison et la cour étaient à présent à l'abandon, mais une fois de l'autre côté du mur chaque détail, chaque souvenir que j'avais des lieux me serait vital.

Lorsque je me suis laissé tomber, une douleur fulgurante m'a traversé le pied droit. Le bruit du tracteur avait noyé le son de ma chute et je suis parvenu tant bien que mal à retenir un gémissement. J'étais étalé de tout mon long sur un tas de grosses pierres amoncelées au pied du mur, à l'endroit précis où j'avais atterri. Malgré la douleur qui me submergeait, je savais que j'étais à découvert, si bien que je me suis mis à rouler sur moi-même pour atteindre le mur d'en face, au nord de notre ancienne cour. J'ai essayé une nouvelle fois de prendre appui sur mon pied, mais la douleur était telle que je me suis laissé retomber sur le sol.

Mon évasion, déjà risquée, était à présent devenue de la folie pure et simple. Allongé, j'essayais d'évaluer la situation : j'étais aveugle, seul, et je ne pouvais espérer aucune aide de ma famille ou de mes amis. Depuis le début de mon évasion, plusieurs heures plus tôt, je n'avais parcouru qu'une trentaine de mètres et j'avais certainement le pied cassé. Et, malgré la tombée de la nuit, il restait encore d'autres gardes aux abords du village, qui patrouilleraient jusqu'au matin. Dans ce monde dur et plein de dangers, comment espérer parvenir au village voisin, qui se trouvait à plus de un kilomètre ? Pourquoi le destin ne cessait-il de rendre mon évasion chaque fois plus difficile ? J'étais pourtant déterminé à ne pas céder devant la douleur ou devant mes craintes ; quoi qu'il m'en coûte, je me refusais à renoncer. Mieux valait me concentrer sur le chemin à parcourir, et ne plus penser qu'à la façon dont j'allais surmonter les obstacles suivants. D'une façon ou d'une autre, je devais trouver un moyen de faire parvenir à Weijing six belles pommes juteuses.

1

UN ENFANT À PART

Je tiens au creux de mes mains jointes un œuf dur que ma mère m'a donné ; il est encore chaud. Je suis âgé de trois ou quatre ans et je n'ai pas souvent droit à un œuf entier, si bien que je conserve celui-là le plus longtemps possible avant de le manger. Je m'aventure dehors, vers la meule où nous écrasons notre grain, et cherche à tâtons le broyeur, que je place avec soin sur la pierre plate. J'entends les enfants du village qui jouent en riant dans la cour, des voisins et des membres de ma famille qui vont et viennent. De retour dans la maison, je grimpe sur un tabouret et pose doucement l'œuf sur la table. Il se met à rouler, mais je ne vois pas assez bien pour l'arrêter. J'entends le bruit mat de la coquille qui se brise sur le sol, puis plus rien. Si un objet rebondit, roule ou émet un son, je peux en général le localiser à l'oreille sans aucune difficulté, mais je suis à présent complètement impuissant. Je plisse les yeux, espérant apercevoir l'œuf, mais je ne distingue que des formes incertaines. Les voisins et les enfants présents dans la pièce ne me viennent pas en aide ; au contraire, ils profitent du spectacle. Seule ma mère vole à mon secours. Elle écale l'œuf, qu'elle émiette ensuite dans une crêpe jianbing *avec quelques légumes au vinaigre, puis place le tout entre mes mains tendues.*

Je suis né dans le village perdu de Dongshigu, le 12 novembre 1971, en pleine Révolution culturelle, période de souffrances et d'amertume. J'étais en bonne santé à la naissance, mais, vers l'âge de cinq mois, j'ai fait une très forte fièvre et nous n'avions pas d'argent pour aller à l'hôpital. Tout en étant très inquiète pour moi, ma mère devait s'occuper de mes quatre grands frères, âgés de cinq, huit, onze et quatorze ans. Mon père travaillait très loin, à cette époque, et nous n'avions pas le téléphone ; les parents de mon père, eux, étaient occupés par leurs propres affaires.

Comme elle devait se débrouiller seule, ma mère prenait en charge tous les aspects de notre vie. Chaque jour, elle se rendait au puits près de la rivière Meng pour chercher de l'eau, qu'elle rapportait dans des seaux suspendus à une palanche. Avant l'aube, elle passait des heures à moudre le grain dans notre meule rotative, afin de préparer la pâte pour les *jianbing* quotidiennes. Pendant la journée, lorsqu'elle ne travaillait pas aux champs, elle ramassait du bois et des brindilles pour le feu, dans les collines. Et toujours elle respectait les ordres stricts de la commune populaire, qui régentait notre façon de travailler, de vivre, de manger.

La fièvre me faisait pousser des cris déchirants. Le cœur meurtri, ma mère m'emmaillotait dans de vieux vêtements et m'installait dans un panier, posé dans la cour près de l'endroit où elle travaillait. Elle avait besoin de 2 yuans pour m'emmener à l'hôpital voisin, seul endroit capable de dispenser une véritable aide médicale. Mais cela représentait une somme substantielle, car nous n'avions presque pas d'argent : mon père ne gagnait que 18 yuans par mois. Désespérée, ma mère a essayé d'emprunter de l'argent au chef de son équipe de production, qui l'a envoyée vers le responsable des affaires financières. « Comment oses-tu nous demander de l'argent ? lui a demandé ce dernier, incrédule. Tu nous en dois déjà et tu n'as pas accumulé assez de points de céréales. » Les communes populaires étaient divisées en brigades de production, puis en plus petites équipes, au sein desquelles on accumulait des points en fonction du travail fourni. Il fallait contribuer au moins à hauteur de ce qu'on mangeait, mais ma mère étant le seul adulte à travailler à temps plein, notre famille était souvent à la traîne. Sans point, pas d'argent, et sans argent, pas de docteur. L'homme a conseillé à ma mère d'obtenir un courrier du chef de son équipe de production, mais elle savait qu'il cherchait surtout à se débarrasser d'elle.

Découragée et ne sachant plus que faire, elle a tenté d'emprunter de l'argent à des amis et à des membres de la famille, mais c'était peine perdue. Le « docteur aux pieds nus » du village, un fermier ayant reçu une formation médicale de base dans le but de dispenser des soins rudimentaires au sein des zones rurales reculées, n'avait pas la moindre idée de la façon dont faire baisser ma fièvre.

J'ai pleuré pendant deux journées et deux nuits entières, mon petit corps brûlant se tordant entre les bras de ma mère. Le troisième jour, quand elle s'est levée tôt comme à son habitude pour préparer à manger pour toute la famille, mes cris atroces ont repris de plus belle. Lorsqu'elle est venue me chercher pour me donner le sein, elle a été frappée d'horreur en découvrant les masses bleuâtres qui voilaient mes yeux cernés. Elle s'est alors précipitée dans un village voisin chez une vieille femme qui avait quelque connaissance des remèdes traditionnels. Après m'avoir examiné, cette dernière a simplement suggéré de me souffler sur les yeux. Évidemment, ce remède n'a rien donné et mon état ne s'est pas amélioré.

Mes parents n'ont jamais connu la nature exacte de mon mal, ni pourquoi cette forte fièvre m'avait rendu aveugle. En apprenant ce qui s'était passé, à son retour, un mois plus tard, mon père s'est débrouillé pour m'emmener à la clinique. Il était alors trop tard pour mes yeux, mais lui était bien décidé à trouver un remède ; les années suivantes, mes parents m'ont fait consulter médecin sur médecin, chaque fois en vain. L'un d'eux diagnostiquait une kératite, un autre parlait de glaucome ; en revanche, tous ont conclu qu'il n'y avait rien à faire.

Ma fièvre, quelles qu'en aient été les causes, a eu des conséquences tragiques. Dans mes tout premiers souvenirs, je vois encore des taches de couleur, mais seulement si un objet est placé juste sous mes yeux. Parfois, j'aime à dire que c'est le communisme qui m'a rendu aveugle. Plus précisément, une vague de propagande creuse et irréaliste qui a balayé le pays de façon continue pendant des décennies. Le Parti communiste, porteur de « développement scientifique », aimait vanter ses hôpitaux et ses soins médicaux gratuits, ou la façon merveilleuse dont les gens étaient soignés et les progrès immenses par rapport au passé. À la vérité, nous n'avions pas accès aux soins médicaux les plus basiques et nous étions en permanence à la merci de la maladie. La mort frappait souvent à notre porte. Deux ans avant ma naissance, ma mère avait accouché d'une fille, son grand espoir après quatre garçons. Lorsque l'enfant est tombée malade, il n'y avait pas d'argent pour l'hôpital, si bien que ma mère a dû se résoudre à attendre et espérer. Ma sœur avait ce que les villageois appelaient la « maladie des sept jours » ; en effet, elle est morte le huitième ou neuvième jour. Si cette fillette avait survécu, m'a un jour expliqué ma mère, je ne serais sans doute jamais venu au monde.

À présent, j'ai quatre ans et je suis suspendu entre ciel et terre. Je m'élève dans les airs, tiré par mon frère au-dessus de moi. Un mètre, deux mètres, trois mètres – aucune crainte, juste de la joie. Perché dans le plaqueminier, j'entends jusqu'au moindre son gravé dans l'air. Les cris des oiseaux qui résonnent, leurs mélodies entrelacées qui tourbillonnent à travers les arbres, et le bruit d'une source, non loin de là, où les villageois puisent de l'eau à l'aide d'une louche, éclaboussant leurs seaux et leurs cruches. Je distingue les infimes changements de ton, depuis les premières gouttes tombant dans un seau vide jusqu'à ce bruit plus aigu lorsque le seau est presque plein. Tout autour, je perçois le chœur de la vie : les trilles des passereaux, les meuglements, bêlements ou aboiements des animaux, chacun avec son intensité propre, ses courbes ascendantes ou descendantes qui se mêlent et se démêlent.

Ce n'est pas la première fois que Troisième Frère et moi jouons ainsi. Il adore grimper aux arbres pour attraper des oiseaux, et c'est sa façon de m'emmener avec lui. Il noue une corde autour de ma taille, puis grimpe dans l'arbre et attache fermement l'autre extrémité à une fourche de deux branches robustes. Pendant ce temps, j'attends sous l'arbre. Il me hisse ensuite avec peine, petit à petit, jusqu'à ce que j'atteigne la fourche, où je peux alors m'asseoir, ravi. Au début, je me contente de m'agripper à la branche, mais bientôt, je m'enhardis et je touche tout ce qui m'entoure.

Au-dessus de moi, les branches du plaqueminier sont chargées de kakis. Je demande à mon frère de m'en cueillir un.

– Tu sais que tu ne dois pas le manger, m'avertit-il. Ils ne sont pas encore mûrs et tu peux mourir si tu manges un kaki pas mûr.

– Je sais.

Il grimpe alors sur une des branches supérieures pour me cueillir le fruit le plus gros et le plus rond qu'il trouve. Mes mains sont si petites qu'une seule suffit à peine à tenir le fruit, tandis que de l'autre je m'agrippe à la branche. Mon enchantement est total : j'aperçois l'éclat rouge et jaune du kaki et sens contre ma paume sa peau lisse et fine. J'approche le fruit de mon visage, presque contre mes lèvres. Son parfum et sa texture sont si enivrants que je ne peux m'en empêcher : je croque une petite bouchée secrète à son extrémité pointue. Au début, le goût est sucré, mais, lorsque je prends une seconde bouchée, plus grosse, je fais la grimace et l'avertissement de mon frère me revient à l'esprit. Je recrache en toute hâte le morceau.

Voyant que quelque chose ne va pas, Troisième Frère redescend vers moi et me demande : « Tu l'as croqué ? » Craignant de me faire gronder, je tiens le morceau caché dans ma paume et réponds que non, d'une petite voix. « Fais voir ton kaki, dit-il en desserrant mes doigts. Pourquoi tu l'as mangé ? » Comme j'avais promis de ne pas le faire, je ne sais quoi répondre.

Quelques minutes plus tard, mon frère est déjà remonté dans les branches. « Comment les kakis poussent-ils sur les branches ? » lui dis-je alors. En guise de réponse, il abaisse vers moi une branche chargée de fruits pour que je puisse la toucher. D'une main, je tiens le fruit déjà entamé, de l'autre, je parcours l'écorce douce jusqu'à trouver deux kakis lisses qui poussent côte à côte. Je m'empare de l'un d'eux et commence à le tourner pour le cueillir, mais mon frère m'en empêche et me dit de le lâcher. Aussitôt, la branche se remet en place et l'arbre tremble.

Quelqu'un approche sur la route, des bruits de pas rythmés sur le sentier de terre battue. « Comment cet enfant a-t-il fait pour grimper si haut ? lance une femme. Ne savez-vous donc pas que c'est dangereux ? » Troisième Frère répond : « Ne t'inquiète pas. On le fait tout le temps, à la maison. »

Lorsque j'en ai assez, je crie : « On redescend ! » Mon frère déroule doucement la corde, coudée par coudée. Je tends les mains pour toucher une dernière fois l'écorce de l'arbre. Arrivé près du sol, je me mets à me balancer et à tourner sur moi-même. Je n'ai pas peur – au contraire. Pendant toute la descente, je ne ressens qu'une grande liberté.

Le village de Dongshigu, district de Shuanghou, préfecture de Linyi, province du Shandong, est niché dans un coude de la rivière Meng, qui coule au nord et à l'est. Au sud, un paysage de collines ondulantes ; à l'ouest, un ruisseau s'écoule depuis les collines jusqu'à la Meng. Les monts Menglianggu s'élèvent au loin, vers le nord. Nous aimons dire que nous sommes entourés d'eau sur trois côtés, et de montagnes sur le quatrième. Une mosaïque de cours murées abrite des petites maisons au toit de chaume ou de tuiles d'argile, des tas de bois, des chiens, des chèvres, des poulets, des meules à bras et des cabinets extérieurs. Les sentiers de terre qui serpentent entre les cours conduisent rapidement aux abords du village ; après les potagers familiaux et le bois de jeunes peupliers, on arrive aux eaux tranquilles de la Meng, la porte de notre village. La rivière est vitale pour nous : elle nous permet de boire, d'irriguer nos cultures, de faire notre lessive, de nous laver, au moins une partie de l'année. Jusqu'en 1996, date de la construction d'un pont, il fallait enlever ses chaussures et rouler le bas de son pantalon pour traverser à gué et rejoindre la route nationale 205 qui nous relie au monde extérieur. Au nord, au sud ou à l'ouest, nos champs s'étendent sur la plaine inondable, comme un échiquier de blé, de patates douces, de tabac et de sorgho.

Quand j'étais enfant, l'été et l'automne étaient les saisons préférées des fermiers, en partie parce que après une longue journée aux champs il était possible de descendre à la rivière pour se baigner. Lorsque les jours raccourcissaient et que la température chutait, l'eau de la rivière devenait glaciale, laissant la population sans moyen de se laver. Jusqu'en 1980, le seul bain public – qui se trouvait à Shuanghou, le chef-lieu du district, à une cinquantaine de kilomètres de là – n'était accessible qu'au prix rédhibitoire d'un ticket de bus. Chauffer de l'eau dans une marmite n'était pas non plus une solution, car la température était aussi glaciale dedans que dehors. Avec l'arrivée du froid, la crasse s'installait petit à petit, couche après couche ; par manque de temps et d'argent, les gens restaient simplement chez eux, sans prendre le moindre bain ni la moindre douche de tout l'hiver. Cela durait jusqu'au Nouvel An chinois, célébré en janvier ou février, et même parfois jusqu'à la fin du mois d'avril, lorsque les arbres commençaient à bourgeonner et que les collines reverdissaient. À la fin mai, la rivière était encore fraîche, mais les gens étaient enfin décidés à braver le froid pour se laver.

Je conserve des souvenirs délicieusement vivaces de ce premier bain de la saison. J'éprouvais une sensation presque indescriptible à être étendu sur la berge, réchauffant mon corps aux rayons du soleil printanier. Détendu, parcouru de fourmillements, je me sentais merveilleusement vivant.

J'ignore quand mes ancêtres sont venus s'installer à Dongshigu, mais je sais que nous habitons ce village depuis de nombreuses générations. Sur les quelque cinq cents villageois, la moitié environ partagent le patronyme Chen. En plus de notre nom de famille, mes frères et moi, ainsi que tous les autres de notre génération, avons en commun le « nom générationnel » Guang, la « lumière », choisi par nos ancêtres plusieurs siècles auparavant. Mes parents n'ont pas pris la peine de me donner un prénom à la naissance, ni durant mon enfance, si bien que je m'en suis choisi un moi-même à l'adolescence : Cheng, qui signifie « sincère ». Avant ça, j'étais simplement « Petit Cinquième », car j'étais le cinquième fils de mes parents.

Dongshigu a toujours été pour moi comme une grande famille, un village dont j'appelais les habitants « Oncle » ou « Grand-mère » ou « Cousin », qu'ils soient ou non réellement de ma famille. C'était à la fois une marque de familiarité, mais aussi une forme de respect pour les aînés, une façon de reconnaître la position de chacun. Lorsque j'étais petit, toutes les maisons étaient ouvertes et seules deux familles avaient des barrières en bois autour de leur cour. Pour nous saluer, nous disions la plupart du temps : « Avez-vous déjà mangé ? », ce qui reflétait bien à la fois les années de pauvreté et la solidarité envers la famille, les amis, les voisins. Presque personne ne disait « s'il vous plaît » ou « merci », car ce n'était pas dans nos habitudes, mais nous exprimions la gratitude et la chaleur par d'autres façons, comme la simple exclamation : « Ah, te voilà ! »

En dépit de ces liens étroits, les habitants de mon village ont vécu en permanence sur le fil du rasoir, à la limite de la survie, jusqu'à ces dernières décennies. Pendant des générations, les guerres et les soulèvements sociaux ont provoqué des famines, lesquelles menaient à des luttes de pouvoir et des batailles politiques qui maintenaient le peuple dans une instabilité redoutable. Dongshigu ne faisait pas figure d'exception.

Comme de nombreuses familles rurales, nous ne possédions qu'un tout petit lopin de terre, insuffisant pour vivre, et nous avons connu la pauvreté la plus noire. Dans sa jeunesse, mon père ne possédait qu'un seul pantalon, en piteux état. Un voisin m'a confié que, jusqu'à l'adolescence, mon père se promenait « avec le cul à l'air ». Lorsque mon père a entendu cette description, il a éclaté de rire : « Comment voulais-tu trouver des habits, à l'époque ? » Pendant les mois d'hiver, ma grand-mère bourrait les jambes de son pantalon avec des morceaux de coton pour lui tenir chaud, comme cela se fait encore souvent dans les campagnes chinoises. Les villageois confectionnaient leurs propres vêtements, qu'ils usaient jusqu'à la corde, et allaient souvent pieds nus même en plein cœur de l'hiver.

Vers l'âge de dix ans, mon père a été jugé assez grand pour s'occuper du moulin familial ; il se levait donc chaque matin bien avant l'aube et, pendant deux ou trois heures, il marchait en rond, tournant laborieusement la meule rotative dans la cour. Après avoir versé de l'eau dans un trou au sommet de la meule supérieure, il broyait des patates douces ou un peu de maïs – en période de disette, c'était parfois de l'herbe ou même de l'écorce –, afin d'en tirer une farine pour les *jianbing* de la journée. Ma grand-mère versait ensuite la pâte sur une *ao*, une plaque convexe d'environ un mètre de diamètre, pour faire frire une immense crêpe fine comme du papier, mais très roborative. Ses *jianbing* étaient souvent le seul repas consistant de la journée, si bien que toute la famille en mangeait autant que possible.

Lorsqu'il n'y avait rien à manger, mon père et ses frères et sœurs devenaient parfois si faibles qu'ils ne parvenaient plus à sortir du lit. À la recherche de quelque chose de comestible, les villageois arrachaient parfois l'écorce des arbres, dévoraient des feuilles d'orme ou de peuplier, ou bien des sauterelles pour apaiser leur estomac déchaîné, ce qui les rendait encore plus malades. À dix-huit ans, mon père a failli mourir de faim et a souffert d'un œdème sévère. Une fois, il est tombé gravement malade après avoir mangé des graines de coton, un geste désespéré.

Personne ne parlait d'éducation ni de possibilité d'une vie meilleure ; survivre était tout ce qu'on pouvait espérer.

À l'occasion, lorsque les enfants étaient particulièrement affamés, ma grand-mère ravalait sa fierté et allait mendier quelques *jianbing* aux voisins, une famille de paysans un peu moins pauvres. C'était une époque d'une incroyable amertume. Mon père finissait toujours par pleurer, quand il évoquait son enfance au travers de ces histoires de pauvreté, d'afflictions et de soulèvements qui ne lui procuraient qu'un soulagement de courte durée.

Ma mère a grandi à Sangyuan, un village situé à environ huit kilomètres de Dongshigu, ce qui représentait une distance non négligeable à l'époque. Elle n'a jamais appris à lire ni à écrire. Après avoir perdu sa mère à l'âge de seize ans, elle a été élevée par son père. À la fin des années 1940, lorsque la guerre civile entre communistes et nationalistes a atteint Sangyuan, il l'a emmenée avec ses frères survivants dans les montagnes, où ils se cachaient sous une avancée rocheuse pendant la journée, pour retourner au village la nuit, à la recherche de nourriture. De cette époque, elle garde une image, pour toujours gravée dans sa mémoire : celle d'un soldat frappé par un missile et titubant à l'entrée de leur grotte.

La Libération – c'est ainsi que le Parti désigne la victoire de 1949, qui a donné le pouvoir aux communistes tandis que les nationalistes se retiraient à Taïwan – n'a fait qu'aggraver la situation de Dongshigu. Le règne du Parti s'est ouvert avec la politique de réforme agraire, qui a incité le peuple à s'opposer aux propriétaires terriens dans une vaste lutte des classes. La terre a ensuite été redistribuée aux fermiers, en parcelles minuscules mais réellement indépendantes. Cette autonomie a été de courte durée : en réalité, tous les petits propriétaires ont été remplacés par un seul grand propriétaire doté du monopole, le Parti communiste, qui n'a pas tardé à reprendre la terre, ainsi que les possessions des villageois, au nom de la collectivisation. Le résultat était encore pire que le féodalisme d'autrefois. Sous l'ancien régime, si un propriétaire se montrait injuste, on pouvait au moins essayer de travailler pour quelqu'un d'autre. Sous le communisme, il n'y avait pas d'alternative.

Ma mère a rencontré mon père grâce à sa tante, qui, quelques années auparavant, avait épousé un homme de notre village et était donc venue vivre dans la famille de son mari, comme le veut la coutume. Mes parents se sont mariés en 1955 et ont eu mon frère aîné en 1957, à la veille du Grand Bond en avant, une campagne politique lancée par Mao Zedong qui s'est transformée en catastrophe à grande échelle.

Aujourd'hui, les experts chinois comme occidentaux estiment à environ quarante millions le nombre de personnes mortes de façon prématurée entre 1958 et 1961, principalement à cause de la famine causée par la politique du Parti. Mao appelait la Chine à « marcher sur deux jambes », ce qui signifiait développer simultanément l'agriculture et l'industrie. Malheureusement, sa décision a rapidement mis le pays à genoux. Son objectif était de surpasser le Royaume-Uni et les États-Unis en matière de production en l'espace de quelques décennies. Selon un slogan de l'époque, « si on voit les choses en grand, les récoltes suivront ». L'effort à fournir pour respecter le programme de développement a poussé les gens à des niveaux de compétition absurdes, avec des brigades de production, des villages et des villes entières annonçant des rendements agricoles délirants. Dans certaines régions, les brigades de production affirmaient produire jusqu'à près de sept cents tonnes par hectare, alors que les terres les plus fertiles donnaient à peine quatre tonnes. Lorsque l'illusion a été enfin confrontée à la réalité, l'économie a répondu en se contractant. La collectivisation de la société et la mise en place des communes populaires ont été un désastre total.

En 1958, trois ans après le mariage de mes parents, les récoltes s'annonçaient exceptionnelles, avec des rendements records de blé, de maïs, de soja et de patates douces. Cependant, le travail et l'énergie étaient entièrement concentrés sur la production d'acier, car Mao avait ordonné à tous les villages de fabriquer des fourneaux artisanaux dans chaque cour, pour y fondre le moindre objet contenant du fer – y compris les woks et les poignées de porte – à l'intention de la production communale. Personne n'a échappé aux interminables heures de travail que cela impliquait. Les habitants de Dongshigu regardaient avec tristesse les récoltes pourrir sur pied, alors qu'eux-mêmes avaient le ventre vide. Certains essayaient bien de moissonner, mais quiconque allait dans les champs pour récolter quelque chose était aussitôt puni. L'année suivante, des villageois ayant déterré des patates douces qui avaient pourri sur pied pour les manger se sont empoisonnés. Pendant trois ans, il n'y a eu presque rien à manger, si bien que certaines personnes ont été forcées de se nourrir d'écorce d'arbre, denrée qui a commencé elle aussi à se faire rare. Une véritable famine s'est alors répandue sur le pays.

Le Parti servait le peu de nourriture disponible dans les cantines communales, où tout le monde partageait une même grande marmite. Si de la fumée sortait d'une maison, les occupants étaient aussitôt soupçonnés et le logement fouillé. Étaient-ils en train de cuisiner en douce ? Avaient-ils des réserves secrètes ? Un sévère châtiment attendait ceux qui empruntaient la « voie capitaliste » en cherchant à se nourrir par eux-mêmes.

L'accès à la nourriture, c'était le pouvoir. Une fois, ma mère m'a raconté qu'elle était restée debout jusqu'au petit matin à cuire des *jianbing* pour la commune. À l'aube, elle s'était ensuite rendue à la cantine communale pour cuisiner. Il n'y avait pas beaucoup d'horloges dans le village, si bien que les gens se fiaient aux signes de la nature pour connaître l'heure ; mais, comme elle n'avait pas entendu le coq chanter, elle était arrivée en retard. Le secrétaire du Parti l'avait interrogée avec méchanceté, tout en tenant à la main son bol de nourriture qu'il refusait de lui donner :

– Où étais-tu, ce matin ?

– J'ai cuisiné toute la nuit.

Il avait alors reversé le contenu du bol dans la marmite. Peu importait qu'elle ait travaillé dur ou qu'elle soit épuisée, arriver en retard signifiait être privé de nourriture, et cuisiner pour la commune n'était pas une excuse. Ma mère s'était résignée à rentrer le ventre vide en espérant qu'elle pourrait enfin manger plus tard dans la journée.

J'ai cinq ans et Quatrième Frère en a dix. Nous jouons dans les champs pendant que notre mère travaille. Lorsqu'il est temps de rentrer, mon frère et moi partons devant à toute allure. « Allons acheter des guobing *! » lance-t-il. Je connais si bien le village que je ne crains pas de me cogner.*

Comme nous n'avons pas d'argent, nous cherchons quelque chose à troquer. Mon frère retire le couvercle de la jarre en terre cuite où notre famille conserve les céréales : du blé fera l'affaire. Il me fait prendre quelques poignées pour donner à la marchande qui fabrique ces délicieuses galettes de haricots rouges appelées guobing *; étant le plus jeune, je risque moins de me faire gronder. Nous ne prêtons pas attention au fait que la réserve censée durer toute l'année est presque terminée, car l'idée des* guobing *nous met déjà l'eau à la bouche.*

À la boutique, la marchande jure avec bonne humeur en recevant notre maigre offrande. Elle pèse le grain afin de calculer la quantité que cela nous permettra d'acheter.

Notre mère, qui rentre tout juste, nous croise en chemin. « Comment osez-vous donner notre blé pour des guobing *? » Furieuse, elle se baisse pour ramasser une pierre qu'elle lance sur Quatrième Frère. Je sais qu'elle ne me visera pas : je suis le bébé de la famille. Mon frère part en courant vers la maison, en larmes. Ma mère a des remords, voyant bien que nous sommes maigres et affamés. Elle appelle Quatrième Frère, mais celui-ci boude avec entêtement, tourné vers la fenêtre. Ma mère coupe le morceau de* guobing *en deux, un pour chacun, mais je proteste, car je veux d'abord toucher pour trouver la plus grosse part. Elle donne la plus petite à mon frère et je suis satisfait. Elle-même, qui a travaillé toute la journée aux champs, ne mange rien.*

Les voyants considèrent beaucoup de choses comme acquises. À quoi ressemble un oiseau ? Quelle est la différence entre une hirondelle et un moineau ? Comment vole un cerf-volant ? Qu'est-ce qui différencie deux arbres ? Si les autres enfants étaient en mesure de comprendre de telles choses d'un seul coup d'œil, je devais pour ma part trouver d'autres façons d'appréhender le monde. Comme ma mère travaillait aux champs et que mon père était souvent absent, mes frères ont joué un rôle important dans mon éducation en m'aidant à développer un large éventail de connaissances sur le fonctionnement du monde, les animaux et la vie elle-même. Ils ne manquaient jamais de m'emmener dans leurs aventures, que ce soit pour escalader les arbres, attraper des insectes et des oiseaux ou explorer les bois alentour. Lorsqu'ils voulaient me faire découvrir quelque chose, il leur suffisait de le glisser entre mes mains. Grâce à eux, j'ai appris pendant mon enfance plus que ce que d'autres aveugles ne connaîtront jamais en une vie entière.

Nous fabriquions nos propres jouets, car il n'en existait pas d'autres : nous façonnions des ballons ou des voitures avec la boue et l'argile des champs, et fabriquions un arc et des flèches ou des frondes avec du bambou et du bois que nous trouvions dans la cour. Parfois, pour m'occuper ou me consoler, Troisième Frère m'emmenait dans les arbres. Il brisait une branche, qu'il me tendait. Je la serrais dans ma main pour palper la douceur des feuilles et la rugosité de l'écorce, afin de comprendre d'après sa texture et sa forme ce qui différenciait cet arbre des autres. Il m'arrivait aussi souvent de goûter les feuilles et, avec le temps, j'ai été capable de reconnaître de nombreux arbres et de les nommer sans hésiter. Quand j'ai été plus grand, mes frères m'ont appris à pêcher avec une assiette et un sac en toile ; par la suite, quand j'ai compris les cycles de vie du poisson, je suis devenu très habile. J'avais une connaissance à la fois intime et physique des choses et j'ai appréhendé le monde d'une façon que la plupart des voyants ne peuvent comprendre.

Une fois, je devais avoir trois ou quatre ans, Troisième Frère était en train de se baigner avec moi dans la Meng, près du village, lorsqu'il a aperçu un pivert qui rentrait dans son trou, à l'intérieur d'un très grand saule sur la berge opposée. Il a escaladé l'arbre, s'est emparé du pivert et me l'a rapporté. Je tenais ses ailes dans mes mains, stupéfait par ce long bec et cette langue lisse qui sortait sans cesse pour me lécher les doigts. L'oiseau s'est échappé alors que nous arrivions à la maison, mais mon frère s'est lancé à sa poursuite, courant à travers le village et les champs jusqu'à ce qu'il le rattrape pour le rapporter, triomphant. Le récit de sa persévérance est devenu légendaire dans le village. Pourtant, il nous arrivait souvent de pourchasser un seul oiseau pendant tout un après-midi, tout à l'envie de sentir entre nos mains cette douceur et cette vulnérabilité.

Je me suis mis à beaucoup aimer le chant des oiseaux et à admirer leurs habitudes ; pendant des années, chaque printemps, je grimpais aux arbres pour être parmi eux. Je ramenais parfois des oisillons à la maison afin de les élever, les nourrissant d'insectes ou de blé, et je les apprivoisais. Je faisais tout pour les inciter à chanter et à rester avec moi. Le soir, nous les cachions dans de petits pots à moitié recouverts, pour les protéger des souris. Lorsqu'ils grandissaient, nous les laissions voler dans la cour et la maison, ravis de les voir se percher sur une chaise, une table ou une épaule, comme des éléments naturels de notre décor familial.

Sous les avant-toits des maisons du village, les hirondelles construisaient d'adorables nids qu'elles enduisaient, becquée par becquée, de boue ramassée près de la rivière. Je les affectionnais tout particulièrement en raison de leurs constructions méthodiques, de leur persévérance à créer, jour après jour, quelque chose d'à la fois durable et beau. Les fermiers les aimaient également, car elles mangeaient les insectes. Les moineaux, en revanche, construisaient des nids peu résistants, faits de paille prise sur le toit de nos maisons, ce qui ouvrait souvent des trous par lesquels l'eau s'écoulait en cas de forte pluie. Ils mangeaient également les grains de blé dans les champs et pillaient les nids élégants des hirondelles, attaquant à coups de bec les occupants et les forçant à abandonner leur gîte. Ils poussaient ensuite les œufs ou les oisillons jusqu'à les faire tomber au sol afin de pondre leurs propres œufs dans le nid. J'aimais profondément les oiseaux, mais, quand nous étions enfants, ce genre d'injustice nous révoltait, si bien que nous tentions souvent d'attraper des moineaux en grimpant sur les toits pour atteindre leur nid.

Comme certains oiseaux mangeaient du blé ou du millet plutôt que des insectes, cela me facilitait grandement la tâche et ils engraissaient joliment. Même après mon mariage, j'ai continué à élever des oiseaux comme le *banjiu*, la tourterelle. J'aimais les garder pendant un temps, puis, quand ils semblaient forts et en bonne santé, je les relâchais. Au moment de leur envol, j'éprouvais de la joie, mais aussi une certaine tristesse de les perdre quand je sentais leurs ailes caresser ma main une dernière fois.

Cette fois, j'ai cinq ou six ans. C'est l'été et les garçons de mon âge ne portent aucun vêtement : nous restons nus toute la journée. Le matin, je bondis hors de mon lit, dévore rapidement une jianbing, *puis sors retrouver mes amis. Je cours, le vent glisse sur ma peau, mes pieds battent le sol en un rythme régulier. Sur les routes et sentiers autour du village, je n'ai rien à craindre et ma vitesse me donne un sentiment de liberté. Je me fiche bien des cailloux et des brindilles.*

Si je rencontre un mur, je l'escalade. Tous les murs sont un défi et une joie ; mes doigts cherchent des failles dans la roche, l'humidité rafraîchit mes orteils. Petits murs, hauts murs, anciens et nouveaux : je finis par les connaître tous. Parfois, je grimpe sur le toit d'un voisin et me laisse glisser avec souplesse le long d'un arbre, de l'autre côté. Les gens semblent surpris par mon agilité, ce qui me remplit de bonheur.

Sur le chemin de la rivière, des hommes plus âgés sont en train de faucher de l'herbe sur le bord de la route ; ils plaisantent avec nous, désignant du doigt notre entrejambe : « Hé ! Vous avez quelque chose qui pousse, là ! C'est quoi ? Venez, on va vous le couper ! » Ils font semblant de nous poursuivre avec leur faux. J'apprends aussi à nager avec mes amis ; plus tard, lorsqu'ils sont à l'école, j'évolue seul dans la fraîcheur de l'eau, plongeant jusqu'au fond de la rivière pour sentir les couches lisses de sable entre mes doigts.

Enfant, j'étais confronté en permanence aux lois de la nature qui, pour nombre d'entre elles, s'appliquaient également aux personnes. Si vous achetez un cochon pour le mettre dans un enclos et qu'il s'échappe, même pendant un jour ou deux seulement, vous aurez ensuite toutes les peines du monde à le faire revenir. Les gens de la campagne le savent d'instinct et cela est vrai des vaches, chevaux, chiens, poulets et de nombreux autres animaux – y compris des hommes, comme je l'ai compris à l'âge adulte. Il y a des rythmes dans le monde naturel qui ne doivent pas être ignorés, et les habitudes et coutumes propres à toute créature, même les oiseaux, insectes et plantes, doivent être respectées.

Bien sûr, quand nous étions enfants, nous adorions déranger l'ordre naturel. Nos parents aimaient à répéter un proverbe familier pour nous inciter à bien nous comporter : « Il ne faut jamais perturber un nid de guêpes », c'est-à-dire qu'il ne faut pas chercher des ennuis qui peuvent être évités. Évidemment, c'était précisément ce que nous aimions faire : ouvrir des nids de guêpes juste pour le plaisir. Les larves de guêpe et d'abeille sont délicieuses, surtout frites dans une omelette, et elles constituent une excellente nourriture pour les oiseaux apprivoisés, particulièrement lorsqu'il n'y a rien d'autre à leur proposer. Nous renversions le nid avec des bâtons et des pierres, en poussant des cris aigus lorsque des dizaines de guêpes se ruaient sur nous. Elles pouvaient facilement rattraper un enfant, mais nous avions appris à courir en zigzag ou à changer brutalement de direction pour les semer. Nous avions découvert également qu'elles voyaient mieux les contrastes que les formes, si bien que nous leur échappions en nous réfugiant dans l'ombre tachetée de soleil d'un champ de sorgho ou de blé. Les plus âgés d'entre nous, qui portaient parfois un T-shirt, savaient qu'ils devaient éviter le blanc.

Une fois le nid en main, il fallait trier les larves, compter le nombre d'alvéoles ouvertes ou scellées dans le rayon. Si une alvéole était ouverte, nous savions que les guêpes nourrissaient encore la larve logée à l'intérieur, ce qui voulait dire que le système digestif de celle-ci contenait des excréments qui la rendaient impropre à la consommation. Lorsque l'entrée de l'alvéole était bouchée, cela signifiait que la larve avait atteint un certain stade de développement et que les guêpes avaient cessé de la nourrir ; la larve jeûnait alors jusqu'à être « propre », avant de se métamorphoser en adulte. Nous partagions notre butin en fonction de la bravoure et du courage dont chacun avait fait preuve pour venir à bout du nid.

Nos parents nous grondaient lorsque nous rentrions couverts de piqûres ; comme j'étais aveugle, ma mère s'inquiétait particulièrement pour moi. Elle disait : « Chaque jour, tu reviens avec de nouvelles coupures ! » J'avais beau me blesser encore et encore en ouvrant des nids et en fuyant devant des guêpes en colère, je ne me lassais jamais de l'excitation que cela me procurait.

Quand j'étais petit garçon, j'adorais tous les animaux, au point de parfois transformer notre maison en véritable ménagerie. À l'âge de six ans environ, un oncle qui déménageait m'a offert une petite chienne noire. Comme ma mère était aux champs et mes frères à l'école, cette chienne est devenue ma compagne de jeu permanente. Nous nous allongions ensemble dans la cour et je touchais doucement son ventre, ses oreilles, sa gueule, ses dents ; parfois, je soulevais ses pattes arrière et nous courions ainsi dans la poussière. J'avais accroché une clochette à son cou afin de pouvoir l'entendre où qu'elle aille. « Tu es plus proche de cette chienne que de ta mère », me disait une tante, mi-figue, mi-raisin.

Après la mort de Mao, en 1976, les dirigeants du Parti ont décidé qu'il fallait « appliquer les politiques et les consignes données par Mao, quelles qu'elles soient ». Cela comprenait la mise à mort des chiens, sous prétexte que ces derniers propageaient la rage. En 1978, j'avais alors six ans, le Parti a donc décidé de mettre en application sa politique barbare anti-chiens. « Chaque famille possédant un chien devra le tuer ou le vendre », beuglait le haut-parleur de propagande du village. Presque toutes les familles avaient un chien, qui faisait partie de leur vie. Certains villageois ont repoussé la décision, espérant que la campagne prendrait fin, tandis que d'autres ont obéi et vendu leur bête ; en revanche, rares étaient ceux qui étaient prêts à tuer leur propre chien.

J'ai insisté pour garder ma chienne, mais un jour ma mère a fini par dire : « Il faut la vendre ! » Couché par terre, j'ai pleuré de désespoir. Ma chienne a fini par être emmenée, une corde nouée autour du cou. Mais, juste avant d'être pendue à un arbre voisin par les exterminateurs, elle s'est enfuie pour revenir à la maison. Ma mère lui a barré l'entrée, mais je l'ai poussée pour que ma pauvre chienne puisse se cacher sous une table, où elle a attendu, haletante, la corde toujours autour du cou, jusqu'à ce que, finalement, Frère Aîné la ramène au tueur de chiens. Je l'ai pleurée pendant très, très longtemps.

Une autre fois, un membre de la famille m'a offert un cabri femelle. La chevrette m'a rapidement considéré comme sa mère et elle se mettait à bêler avec force dès qu'elle ne me voyait plus. La nuit, je ne supportais pas de l'attacher et je défaisais le nœud, mais je l'entendais ensuite me chercher dans la cour, traînant sa corde derrière elle. La journée, je l'emmenais partout avec moi et nous arpentions ensemble les sentiers du village jusqu'à la rivière, où elle broutait l'herbe grasse. Elle savait se mettre à courir quand je lui touchais la queue ou ralentir le pas pour marcher à mon rythme et me guider.

Lorsque j'ai eu huit ou neuf ans, elle a été grosse pour la première fois, ce qui a été pour moi la source d'un émerveillement jusqu'alors inconnu. J'étais fasciné par les changements dans sa physionomie, son ventre qui devenait rond et plein, et ses pis qui gonflaient. Chaque jour, je caressais doucement son corps, son ventre et ses pis pour voir s'il y avait déjà du lait, signe de l'imminence de la mise bas, que j'attendais avec impatience. Pendant tout le travail, je suis resté près d'elle, car je voulais l'aider, mais ma chèvre a donné naissance à deux chevreaux blancs toute seule.

Elle a léché ses deux petits avec soin, poussant de frêles bêlements et les bousculant du museau. Puis, instinctivement, l'un d'eux a essayé de se glisser sous le ventre de sa mère, ce qui lui demandait de gros efforts, et il est tombé à plusieurs reprises. Je savais qu'il voulait téter, mais il ne parvenait pas à tenir droit sur ses pattes flageolantes et semblait trop faible pour atteindre le pis. Il poussait des bêlements plaintifs et angoissés. J'ai alors essayé d'amener le pis dans la bouche du chevreau, tout comme j'avais glissé des vers dans le bec de mes oiseaux apprivoisés, mais je sentais bien que je ne m'y prenais pas correctement. Je craignais aussi que la mère n'écrase son petit avec ses pattes arrière puissantes, ce qui arrivait parfois.

Un peu plus tard, le père d'un copain, que j'appelais Quatrième Oncle, est venu nous rendre visite. Expérimenté dans l'élevage des chèvres, je lui ai parlé de la mise bas et de mes inquiétudes pour les chevreaux qui ne tétaient pas encore. Quatrième Oncle n'était pas doux et tendre comme moi avec les animaux. Après s'être accroupi dans la poussière pour avoir un bon angle d'approche, il a tiré le chevreau sous le ventre de sa mère et lui a ouvert le museau avec quatre doigts et, de l'autre main, il a fourré le pis dans la bouche du petit.

Bien sûr, je ne pouvais pas voir la scène, mais j'avais posé mes mains sur celles de Quatrième Oncle pour sentir ce qu'il faisait. Ma main gauche sur sa main gauche et ma droite sur sa droite, j'ai commencé à comprendre. « Si le pis sort, m'a expliqué Quatrième Oncle, tu n'as qu'à le remettre dedans. Lorsqu'il va goûter le lait et qu'il trouvera ça bon, il tétera. »

Ensuite, j'ai contourné la mère, tout en tenant l'autre chevreau doucement serré dans mes bras. J'ai essayé d'imiter les gestes de Quatrième Oncle en positionnant la tête du petit d'une main et en poussant le pis de l'autre. Le chevreau s'est aussitôt mis à téter et, en glissant mes doigts sous sa mâchoire, j'ai senti qu'il avalait le lait. J'étais émerveillé par la découverte de cette vie toute neuve. La mère tournait de temps en temps la tête pour regarder, bêlant d'une façon que je ne lui avais jamais connue auparavant, mais qui, je le savais, représentait le lien intense qui unit une mère à son petit.

Je n'ai gardé aucun souvenir du temps où je pouvais voir le monde. Quand j'étais encore tout petit, les couleurs revêtaient pour moi une importance toute particulière, car je distinguais encore des taches de couleur pure, mais seulement si elles se trouvaient juste devant mes yeux ou s'il s'agissait de quelque chose de grandes dimensions, comme la canopée d'un arbre par une belle journée. En dehors de cela, j'étais déjà complètement aveugle et, en grandissant, j'ai fini par perdre également la capacité de percevoir la lumière et les couleurs. Sans ces premières années, je ne serais même pas en mesure de comprendre le concept de couleur.

Pendant longtemps, mes parents ont cherché un remède à ma cécité ; ils ont tenté tout ce qui était en leur pouvoir et je suis sûr que leurs efforts ont épuisé leurs maigres économies. La première opération a eu lieu quand j'avais quatre ans, à l'hôpital d'un district voisin, où on m'a arraché, pleurant et hurlant, aux bras de ma mère. Pour me préparer à l'opération, j'ai dû jeûner toute la journée, si bien que j'étais non seulement terrifié, mais aussi affamé. On m'a allongé sur la table d'opération avec un masque qui me couvrait le nez, puis quelqu'un a posé un linge sur mon visage. En sanglotant, j'ai inhalé l'odeur pharmaceutique de l'éther et j'ai lentement perdu connaissance.

Mon père m'a raconté par la suite que l'opération avait duré quatre heures. Lorsque les infirmières m'ont ramené dans ma chambre sur un brancard, je respirais calmement et mes yeux étaient bandés. Je n'ai repris connaissance que bien plus tard le lendemain après-midi. Dès mon réveil, je me suis mis à crier que j'avais un chapeau attaché au visage et, griffant l'air de mes doigts, je suppliais ma mère de m'aider à l'enlever.

Dans les jours qui ont suivi l'opération, le médecin m'a mis dans les yeux des gouttes qui me faisaient affreusement mal. Mais ce qui me causait la plus grande douleur, c'était la lumière vive qu'il passait devant mes yeux. Toute lumière était devenue une torture. Mes parents devaient me tenir les mains pendant qu'il dirigeait sa lampe vers mes yeux, tout en faisant de leur mieux pour me consoler et me distraire.

À ma sortie de l'hôpital, je devais me couvrir les yeux et garder le visage baissé vers le sol tant la lumière du jour me blessait. En plus des deux semaines à l'hôpital, j'ai dû conserver mes bandages pendant près de un mois. Lorsque le moment est enfin venu de les retirer, mes parents, qui se tenaient anxieux près de moi, m'ont aussitôt demandé si je voyais quelque chose. Je leur ai répondu que rien n'avait changé. Refusant de me croire, ils ont essayé de placer divers objets devant moi, mais tout ce que je distinguais, c'était une vague forme noire à l'endroit où se tenait ma mère. Elle a pleuré amèrement.

L'année suivante, nous avons tenté une nouvelle opération. Mon grand-père maternel, qui vivait plus au sud, à Hangzhou, dans la province de Zhejiang, avait évoqué dans une lettre un nouveau traitement dans un hôpital de sa ville. De nombreux détails de notre voyage et de notre séjour là-bas sont restés gravés dans ma mémoire : jamais auparavant je n'avais vécu autant d'événements, ni voyagé aussi loin. Mon cousin nous accompagnait, car ma mère, qui ne savait pas lire, n'aurait pas été en mesure de trouver seule son chemin jusqu'à la nouvelle maison de son père.

Nous avons quitté le village par une matinée d'été et avons réussi à nous faire prendre à l'arrière d'un tracteur de cinquante chevaux, qui était justement en train de pomper de l'eau dans la rivière pour son radiateur. Je me souviens de sa couleur rouge vif, ma préférée à l'époque, semblable à celle des bus qui passaient parfois près du village et à celle des petits badges Mao en plastique que nous portions. Le conducteur se rendait à Dongzhou, à environ soixante-cinq kilomètres, d'où nous devions prendre le train pour le Zhejiang. De tels engins étaient rares sur les routes, aussi étais-je très excité. Après avoir sauté dans la remorque, je me suis mis à en explorer chaque centimètre, cherchant à comprendre comment toutes les pièces s'emboîtaient. Combien de morceaux de fer avaient été nécessaires pour fabriquer cette remorque ? Les différentes pièces étaient-elles tenues ensemble par des vis ? Bien vite, je me suis retrouvé avec les mains couvertes de cambouis et, comme nous n'avions pas d'eau, ma mère me les a nettoyées avec un trognon de pomme.

Nous avons voyagé dans la remorque jusqu'à Dongzhou, où nous avons passé la nuit, avant de prendre le train le lendemain. Jamais je n'avais connu quelque chose de semblable. Lorsque la locomotive est entrée en gare, en entendant le *hudong*, *hudong*, *hudong* des roues, j'étais persuadé que seul un objet anguleux pouvait produire un tel son en roulant. Je savais qu'une vis à tête carrée ou hexagonale produisait ce type de bruit, tout comme une pierre anguleuse si je la jetais sur le sol. Incapable de voir les roues du train, je sentais pourtant leur présence et je mourais d'envie de les toucher, afin de vérifier ma théorie. Avant de monter dans le wagon, j'ai tenté de m'en approcher, mais ma mère m'a brutalement tiré vers elle en me criant que j'allais me faire écraser si je ne faisais pas attention.

Une fois monté, j'ai commencé à tout explorer autour de moi : la fenêtre, les fauteuils, la petite table. Un haut-parleur jouait *L'orient est rouge* et d'autres chansons semblables. Tous les sens en alerte, j'attendais que le train se mette en marche, demandant sans cesse à ma mère si nous étions déjà partis. « Pas encore, pas encore », répondait-elle.

Quand la locomotive s'est mise en branle, j'étais subjugué. À un moment, en croisant un autre train, j'ai aperçu des éclats fugitifs de lumière, lorsque les fenêtres des deux trains s'alignaient momentanément pour laisser passer le soleil. Comme je voulais toucher l'autre train, j'ai pensé que je pouvais tendre le bras par la fenêtre ouverte. J'ai été furieux quand ma mère m'a fait rentrer ma main à l'intérieur et que mon cousin s'est empressé de refermer la fenêtre.

Le lendemain, nous sommes arrivés chez mon grand-père, qui vivait au premier étage d'un immeuble. C'était un logement simple, avec un petit poêle et une table pour seuls meubles. Grand-père était ravi de me voir et je me suis jeté dans ses bras. Il vivait avec sa femme, la belle-mère de ma mère, et mon oncle. Ce dernier a accepté de nous accompagner à l'hôpital pour rencontrer un ophtalmologiste réputé.

Tôt le lendemain matin, mon oncle, ma mère et moi sommes partis pour l'hôpital à bord d'une camionnette, dont j'avais d'abord examiné avec soin les flancs, les phares et le capot, afin de bien m'imprégner de toutes ses caractéristiques. Lorsque j'ai annoncé mon intention d'apprendre à conduire, tout le monde m'a immédiatement fait comprendre que cette possibilité était exclue pour toujours. J'ai répété à ma mère que j'étais déterminé à conduire une voiture un jour et je n'ai pas changé d'avis depuis.

Nous sommes restés chez Grand-père un mois environ. Un jour, dans la vitrine d'une boutique près de l'appartement, ma mère a repéré une paire de ciseaux. Elle a demandé au marchand de pouvoir les examiner et en essayer les lames. C'était elle, en effet, qui confectionnait tous nos habits, car il n'existait encore aucun magasin de vêtements et, de toute façon, nous n'aurions pas eu assez d'argent pour en acheter. Les vieux ciseaux de couture qu'elle possédait étaient émoussés et cette nouvelle paire lui faisait très envie, mais nous n'avons pas pu nous permettre de dépenser quelques yuans pour l'acheter.

Chez Grand-père, les occasions ne manquaient pas de me familiariser avec les particularités exotiques de mon environnement. Pour la première fois, j'ai goûté au sucre de canne, ce qui m'a immédiatement rappelé les tiges de maïs que je suçais à la maison pour leur goût sucré, après en avoir pelé la peau du bout des dents et des ongles. J'étais également fasciné par un buffle que ma mère m'avait décrit. L'animal arpentait les bords escarpés d'une ravine près de chez Grand-père et je m'inquiétais qu'il ne tombe dans le fossé plein d'eau, en contrebas. Pourtant, chaque fois que son bouvier criait : « *Hui lai !* », « Reviens ! », le buffle se retournait immédiatement et revenait le long du ravin, sans jamais cesser de brouter.

Puis, un jour, nous avons pris le bus pour un autre hôpital, où un médecin m'a une fois de plus écarté les paupières avec ses doigts et a commencé à passer une lampe devant mes pupilles. C'était comme si quelqu'un m'électrocutait en branchant des fils dans mes orbites. J'ai crié et repoussé la lampe. « D'accord, d'accord, la lumière te fait peur, a dit celui-ci doucement. Je ne le referai plus. » Il a ensuite placé sa lampe sur le côté de mon visage, ce qui était beaucoup moins douloureux. C'était le premier médecin qui comprenait la douleur que je ressentais et essayait de la réduire, et je n'ai jamais oublié cette attention. En revanche, lui aussi a affirmé qu'il ne pouvait rien pour moi et a suggéré à ma mère de m'emmener à Pékin.

Peu de temps après, nous avons pris le chemin du retour. Le matin du départ, j'ai enfilé une nouvelle paire de baskets que Grand-père m'avait achetées, mes toutes premières chaussures manufacturées. Au début, il m'était difficile de savoir quelle chaussure allait à quel pied, car je n'avais eu jusqu'alors que des souliers de tissu confectionnés par ma mère, que je pouvais porter indifféremment à droite ou à gauche.

Grand-père, sa femme et mon oncle ont fait avec nous le long trajet à pied jusqu'à la gare routière, ignorant les protestations répétées de ma mère qui insistait pour qu'ils rentrent. Leur courtoisie et leur sollicitude étaient dans la plus pure tradition chinoise, qui exige qu'on raccompagne un être cher aussi loin que possible, jusqu'au moment inévitable de la séparation. À la gare, alors que j'étais déjà installé dans le car, on a frappé un petit coup à la vitre et j'ai entendu Grand-père appeler d'une voix émue : « Petit Cinquième ! Reviens nous voir, s'il te plaît ! » Je n'ai compris que plus tard à quel point cette visite avait été précieuse, car je n'ai jamais eu l'occasion de retourner chez lui. Ma mère pleurait quand le car s'est éloigné.

Durant les années qui ont suivi ce voyage, mes parents ont tenté d'autres remèdes. Nous avons consulté un docteur aux pieds nus, qui m'a prescrit une potion puissante à boire trois fois par jour, sans aucun effet sur mes yeux. Un des collègues de mon père a également recommandé un médecin réputé d'un autre district. C'était un homme très bon, mais qui n'a même pas suggéré de médicament. Pour ma mère, cela signifiait qu'il n'y avait plus le moindre espoir.

Cela n'a pas empêché mon père de faire une dernière tentative, lorsque j'ai eu neuf ans. Ayant entendu parler d'une nouvelle méthode pour guérir la cécité, il m'a conduit chez un médecin de Jinan, la capitale de province. Une fois encore, nos espoirs ont été anéantis : après m'avoir examiné, le médecin a affirmé qu'il ne pouvait rien. Il nous a adressés à un de ses confrères en ville dont le diagnostic a été le même.

Dans les rues de Jinan, en sortant de l'hôpital, j'entendais les cris des chalands qui vendaient des glaces. Mon père me tenait par la main, très abattu ; il pleurait, sans que je comprenne vraiment pourquoi. Moi, j'avais très envie d'une glace, mais n'osais pas le demander.

Lorsqu'un passant a demandé à mon père pourquoi il pleurait, celui-ci a levé ma main en s'exclamant : « Mon fils est aveugle et il n'existe aucun remède ! »

Tandis que nous cherchions un hôtel où passer la nuit, mon père a fini par remarquer que je n'arrêtais pas de tourner la tête en direction des cris du marchand. « *Binggun ! Xuegao !* » appelait-il. « Glaces ! Sorbets ! » Mon père m'a acheté un bâtonnet, puis nous avons pris une petite chambre, que nous devions partager avec plusieurs autres clients. Plus tard, étant sorti acheter les billets de train, car nous repartions le lendemain, il est revenu avec quelques bananes, une nouvelle expérience pour moi. J'étais ravi, avide de toucher les fruits assemblés en une seule grappe, exactement comme sur l'arbre. Il y en avait cinq en tout. J'en ai mangé une, me délectant de la saveur et de la texture, toutes deux nouvelles pour moi. Le lendemain matin, avant de monter dans le train, je n'ai pu m'empêcher d'en manger une deuxième, ce qui n'en laissait plus qu'une pour mon père et deux à rapporter à la maison, pour ma mère qui n'avait jamais vu une banane de sa vie.

Après ce voyage, les visites chez le médecin ont cessé et il n'a plus été question d'intervention. Mes parents avaient le cœur brisé et j'étais profondément déçu. Ma cécité m'avait souvent donné l'impression d'être un enfant différent des autres ; quand j'ai grandi, mon isolement n'a fait que s'accentuer.

2

L'EMPREINTE DE LA NATURE

Quand j'ai eu six ou sept ans, mes amis sont soudain devenus moins disponibles : ils partaient à présent chaque matin pour l'école, avec un tabouret sous un bras et leurs livres dans un petit sac cousu à la main sous l'autre. Il n'avait jamais été question d'école en ce qui me concernait, car il était entendu que je n'irais pas. Après tout, je ne voyais rien. Je n'avais même pas accès aux deux classes de l'école du village. Parfois, je suivais les autres et m'asseyais tout seul sur la marche de pierre à l'entrée de la classe, attendant que mes copains sortent pour jouer. J'écoutais la leçon du jour et le silence des élèves quand le maître traçait à la craie des caractères sur le tableau noir.

À force, je me suis rendu compte que je connaissais déjà souvent ce dont le maître parlait. Un jour que la leçon portait sur les cascades, le maître, après avoir dit aux élèves de fermer leur manuel, a demandé :

– À quoi ressemble une cascade ?

Silence.

– Qu'est-ce qui vous prend ? a-t-il crié. N'avez-vous donc rien retenu ? Je suis prêt à parier que même Petit Cinquième peut répondre.

– Ça ressemble à un rideau de perles nacrées, ai-je répété, car je me souvenais d'une leçon entendue un peu avant.

Tout en étant ravi de ma réponse, le maître a grondé ses élèves, furieux qu'un petit aveugle qui n'allait même pas à l'école et ne possédait pas le moindre manuel puisse répondre, alors qu'eux en étaient incapables.

C'est peut-être le fait d'avoir été privé d'école qui a nourri mon insatiable curiosité et ma soif de connaissances sur le monde physique. Je voulais connaître le fonctionnement de tout, les cycles de la nature, la terre autour de nous… Quand je me retrouvais confronté à un élément nouveau, j'interrogeais quiconque voulait bien m'écouter, harcelant les gens jusqu'au moment où j'estimais avoir épuisé leurs connaissances, avant de passer à quelqu'un d'autre qui saurait peut-être me procurer des détails supplémentaires. Parfois, lorsqu'une question me brûlait les lèvres, j'étais capable de rester assis pendant des heures sur le bord de la route, à attendre la personne précise qui serait en mesure de me fournir les informations manquantes. Bien sûr, impossible pour moi de savoir avec certitude qui approchait avant d'avoir entendu une voix. J'attendais donc que les bruits de pas se soient rapprochés pour saluer : « Bonjour, Oncle ! Tu rentres des champs ? » Lorsque j'étais sûr qu'il s'agissait bien de la bonne personne, je lui emboîtais le pas. Je bavardais un moment, avant de la bombarder de questions, gravant chacune des réponses dans ma mémoire.

Il y avait au village un homme du nom de Chen Guangsheng, que j'appelais « Grand Frère », même s'il était en réalité plus vieux que mon père. À l'époque où Dongshigu était encore organisé en commune populaire, il avait la fonction de garde forestier ; on appelait ça le « travail du bois ». Guangsheng devait arpenter la forêt, qui s'étendait sur plusieurs kilomètres le long de la rivière, afin de s'assurer que personne n'abattait des arbres, ne nous volait du bois ou ne se sauvait avec des feuilles mortes, également utilisées comme combustible. La haute taille de Guangsheng ainsi que sa voix tonitruante lui avaient valu le surnom de « Grand Cheval ».

Chaque matin, il partait de bonne heure le long de la rivière pour gagner la pointe sud de la forêt, où un énorme arbre avait été arraché, laissant un trou béant d'environ trois mètres cinquante de diamètre. Guangsheng aimait y prendre le soleil, allongé à l'abri des parois de cette cavité. Il faisait une petite sieste, puis se réveillait pour rentrer déjeuner.

Un matin, Guangsheng s'est arrêté près de ma maison avant de partir à son travail et, sur un coup de tête, il m'a proposé de l'accompagner. Il ne s'attendait certainement pas à ce que je saute sur l'occasion. J'étais tout excité quand ma mère a dit : « Pourquoi pas ? » Je connaissais bien le village, mais j'avais rarement l'occasion de m'en éloigner, car il n'y avait jamais personne pour me guider.

Grand Frère Guangsheng m'a pris par la main pour me conduire à travers les bois, le long de la rivière. En chemin, nous bavardions et il m'interrogeait sur les oiseaux et les arbres, me félicitant pour toutes mes connaissances.

Comme il avait autrefois été dans l'armée, il avait gardé la cadence d'un soldat et, petit comme j'étais, je devais trottiner à ses côtés pour ne pas me laisser distancer. Avec ses grands pas lents et sonores et mes petits pas hâtifs, nous produisions une musique rythmée et régulière, un quatre-quatre distinct qui faisait bruisser les feuilles du sous-bois.

Arrivé au trou, Guangsheng s'est aussitôt installé confortablement. Lorsque je lui ai demandé de me raconter des histoires, il a gentiment accepté et s'est mis à puiser dans sa connaissance du folklore chinois et des fables classiques. Malgré l'hiver, le soleil était chaud, et, bientôt, Grand Frère Guangsheng s'est mis à ronfler avec force. Trop excité pour me reposer, je suis resté à jouer par terre, m'agitant dans tous les sens. Soudain, un bruit m'a fait me redresser et tendre l'oreille.

Malgré la saison, le sol était encore jonché de feuilles mortes. Ce combustible, distribué selon des règles strictes par l'équipe de production, représentait une nécessité absolue et une ressource rare rigoureusement contrôlée. Chaque famille avait le droit de venir à des moments précis avec un râteau, des paniers et une palanche pour en ramasser.

Grand Frère Guangsheng dormait encore. Impossible de se tromper sur ce *shuashuashua* : quelqu'un était en train de voler des feuilles ! J'ai secoué Guangsheng.

– Réveille-toi, vite ! Quelqu'un nous vole des feuilles !

Il s'est réveillé en sursaut.

– Quoi ? Où ça ?

– Écoute ! Là-bas !

Comme il n'entendait rien, il s'est levé et a bien vite aperçu quatre ou cinq personnes armées de râteaux et de paniers, en train de ramasser des feuilles. C'étaient des gens d'un village voisin.

– Qui vous a permis de prendre nos feuilles ? a-t-il crié dans leur direction d'une voix autoritaire et mécontente.

– On n'a presque rien pris, a protesté l'un d'eux. Nous n'avons plus du tout de combustible chez nous.

– Si je vous laisse faire, alors d'autres vont venir, et ensuite nous n'aurons plus rien pour nous.

– D'accord, d'accord, on arrête là. On part juste avec ce qu'on a déjà ramassé.

Ils se sont avancés jusqu'au trou pour discuter avec Grand Frère Guangsheng. Ils avaient fait tout ce chemin pieds nus, traversant à gué les eaux glaciales de la Meng en plein cœur de l'hiver pour ramasser du combustible. L'un d'eux, remarquant ma présence, m'a lancé :

– Je parie que tu n'es pas capable de sortir tout seul de ce trou, par le côté nord. Si tu arrives jusque-là, je t'aiderai pour le reste.

Je savais qu'ils doutaient de mes capacités parce que j'étais aveugle. Comme j'avais déjà exploré toute la surface du cratère, je savais que le versant nord était le plus escarpé. Aucun problème, ai-je pensé, mais pas question d'essayer, juste parce qu'ils me l'ont demandé : je n'allais quand même pas leur donner ce plaisir. Grand Frère Guangsheng est alors intervenu :

– Je ne le sous-estimerais pas, si j'étais vous… Je suis certain qu'il en est tout à fait capable.

Tout en parlant, j'entendais les villageois continuer à ramasser des feuilles pour les mettre dans leurs paniers. Je ne comprenais pas pourquoi Guangsheng ne les en empêchait pas. Ce n'était pas parce que celui-ci les avait autorisés à garder ce qu'ils avaient déjà ramassé qu'ils devaient en prendre plus ! À tâtons, j'ai fouillé le sable autour de moi jusqu'à trouver une pierre de la taille d'une châtaigne. Tout en palpant ses contours, j'ai évalué la situation. Soudain, j'ai levé le bras et lancé de toutes mes forces le projectile, qui a atteint l'un des hommes en plein sur la main. C'était bien mieux que je ne l'avais espéré !

– Quoi ! s'est écrié le villageois. Tu ne vois rien et tu arrives à me viser ? Et fort, en plus !

Guangsheng a éclaté de rire.

– J'ai la main toute rouge ! Je ne vois pas ce qu'il y a de drôle !

Toujours hilare, Guangsheng leur a fait signe de partir et ils ont retraversé la rivière. Nous sommes rentrés déjeuner, bavardant et plaisantant tout le long du chemin. À partir de ce jour, Grand Frère

Guangsheng et moi avons vécu beaucoup d'aventures ensemble, et avions toujours une histoire à raconter.

Aveugle et privé d'école, j'ai rapidement appris à découvrir les objets qui m'entouraient en les fabriquant moi-même. J'ai même fini par développer un certain talent pour créer mes propres inventions ou améliorer celles des autres. Quand je voulais jouer avec quelque chose ou étudier un nouvel objet, je ne pouvais pas me rendre dans un magasin ; je devais me débrouiller pour le fabriquer de A à Z. J'ai confectionné toutes sortes de trucs à partir d'argile, me servant de mes mains pour façonner des objets que j'avais touchés ou dont j'avais entendu parler. Lorsque j'avais le sentiment d'avoir exploré à fond quelque chose et d'avoir véritablement compris son fonctionnement, je passais rapidement à ma marotte suivante.

À une époque, je me suis passionné pour les armes à feu. Quand j'étais petit, un de mes jouets préférés était un pistolet en plastique qui suscitait les convoitises de tous les gosses du village. Par la suite, quelqu'un m'a offert un pistolet en métal qui tirait des petites billes de plastique. C'est comme ça que j'ai commencé à me demander si je pouvais en fabriquer un et que je me suis mis à harceler mon entourage pour qu'on m'en explique les différentes parties.

Quelques fermiers du village possédaient un *tupao*, un type d'arme à feu très ancien, utilisé pour la chasse.

– À quoi sert cette partie ? demandais-je à l'un d'eux.

– C'est le canon. C'est par là que sort la balle.

– Et ça ? demandais-je à un autre.

– C'est la détente, qui permet de tirer.

En examinant une de ces armes, j'ai découvert la chambre pour les munitions et j'ai compris comment le chien venait frapper l'arrière de la balle pour la faire avancer dans le canon, puis la faire sortir à l'autre extrémité. En soufflant dans le canon, j'ai aussitôt compris son fonctionnement. Mais qu'est-ce qui propulsait la balle ? Quelqu'un a fini par m'expliquer que le fond de la cartouche contenait un peu de poudre, que l'on pouvait fabriquer avec du soufre, du salpêtre et du charbon.

Comme je ne parvenais pas à trouver un morceau de tuyau assez long pour faire une carabine, j'ai fabriqué un pistolet avec une chaîne de vélo, du câble et un morceau de chambre à air. J'ai trouvé quelques cartouches vides, que j'ai remplies de petits cailloux ramassés sur le lit de la rivière, ainsi que de papier et de têtes d'allumette. J'ai aussi acheté un peu de poudre à un voisin, avec de l'argent emprunté à un ami qui venait de vendre des œufs au marché. Il était facile de se procurer de la poudre au village, car les fermiers s'en servaient pour faire exploser la roche dans les carrières.

Un jour, je suis descendu à la rivière pour essayer mon invention. J'ai visé en l'air et appuyé sur la gâchette. Surpris par l'explosion, qui a résonné comme un coup de tonnerre juste sous mes oreilles, j'ai touché le canon : il était chaud. J'avais réussi ! Rapidement, des amis m'ont aidé à perfectionner ma création et nous nous sommes rebaptisés le « Gang du pistolet ». Les armes ont eu un grand succès et j'en ai fabriqué des dizaines, en expliquant aux gens du village quel matériel ils devaient me fournir.

Inévitablement, ma fascination pour les armes à feu a fini par me causer des ennuis. À quatorze ans, cela faisait déjà plusieurs années que je manipulais des pistolets. Ce printemps-là, quand l'herbe autour du village a commencé à repousser en abondance, je suis parti avec mon neveu Chen Kegui cueillir de l'herbe pour mes chèvres. J'avais glissé dans ma poche mon pistolet artisanal, ainsi qu'un peu de poudre, afin de pouvoir jouer avec. Après avoir ramassé toute l'herbe dont nous avions besoin, j'ai mis un peu de poudre dans mon arme, que j'ai stupidement posée sur ma jambe le temps de la charger. Je ne sais pas comment le coup est parti, mais j'ai eu la jambe criblée de plombs, et la blessure était grave.

On m'a emmené à l'hôpital le plus proche, où j'ai dû subir une opération afin de retirer tous les projectiles, ce qui a coûté 200 yuans. Je me souviens encore avec précision de la somme ; la même année, Frère Aîné avait dépensé 190 yuans pour acheter un ventilateur électrique, un luxe dans notre village à l'époque. Quand je suis sorti, au bout d'une semaine, ma blessure n'était toujours pas guérie et j'ai encore dû faire changer mes pansements tous les jours pendant deux mois – une sérieuse contrainte pour ma famille, car quelqu'un devait m'accompagner à l'hôpital à chaque fois.

À l'hôpital, les autres patients s'esclaffaient en apprenant qu'un gamin aveugle s'était blessé en jouant avec une arme à feu, mais je sentais bien qu'ils étaient un peu impressionnés de savoir que j'étais devenu l'armurier du village. Mes parents, en revanche, ont insisté pour que je renonce à fabriquer mes pistolets, ce que j'ai fini par accepter à contrecœur.

Par la suite, j'ai développé un nouveau centre d'intérêt complètement inoffensif. Vers l'âge de quatre ou cinq ans, j'avais été pour la première fois en contact avec des gens qui jouaient avec des cerfs-volants et, après ma blessure, j'ai décidé de m'en fabriquer un. De nouveau, j'ai dû me procurer tout le matériel : des tiges de bambou récupérées sur de vieux emballages pour la structure, de la ficelle à ballots de paille et du papier provenant d'un sac de ciment vide. J'ai plié les tiges de bambou pour former deux grosses ailes de papillon ovales, puis j'ai posé avec soin le papier sur le cadre et l'ai fixé à l'aide d'une colle à base de farine et d'eau. J'ai alors attaché un élastique entre les deux antennes pour produire un son – après tout, quel était l'intérêt pour moi s'il n'y avait pas le moindre son ? Puis j'ai réalisé une traîne avec des fibres arrachées à des tiges de lin. Lors des premiers essais, mon cerf-volant s'écrasait au sol, toujours de la même façon. Le côté qui tombait en premier devait être trop lourd, ai-je pensé, si bien que j'ai placé le cerf-volant en équilibre sur deux aiguilles pour vérifier. À ma grande surprise, c'était le côté le plus léger qui touchait le sol en premier. J'ai donc ajusté l'équilibre et mon cerf-volant a fini par voler haut dans les airs. Même si je ne pouvais pas le voir, j'entendais le vent qui faisait vibrer l'élastique et, lorsque je pinçais la corde, j'entendais les ondes remonter jusqu'à lui. Je percevais les nombreuses forces physiques en action et c'est ainsi que j'ai découvert les courants aériens et les principes physiques élémentaires du vol.

Quand la plupart des amis de mon âge ont commencé à s'éloigner, j'ai passé de plus en plus de temps avec un enfant sourd du nom de Du Dezhen, qui vivait près de chez nous. Les gens se demandaient comment nous faisions pour communiquer, mais, entre ses sons et mes gestes, nous parvenions toujours à nous débrouiller. Un hiver, alors que nous assistions avec envie aux jeux des autres enfants sur la rivière gelée, nous avons décidé de fabriquer notre propre luge pour faire des glissades, nous aussi. Des menuisiers du village nous ont suggéré d'utiliser du saule pour les patins, un bois à la fois résistant et souple. Nous sommes partis dans la forêt et j'ai guidé Dezhen jusqu'au type d'arbre que je cherchais, puis je lui ai montré avec mes mains la longueur et l'épaisseur des morceaux dont j'avais besoin. C'était ainsi que nous communiquions.

Une fois grimpés dans l'arbre, nous avons cherché longuement les branches qui convenaient, car j'étais un vrai perfectionniste. De retour à la maison avec les branches, j'en ai scié les extrémités avec soin pour qu'elles soient parfaitement droites et carrées. En plus de la vitesse, je voulais que notre luge ait de l'allure. À l'aide d'une hache, j'ai fendu quelques branches en deux pour fabriquer l'assise ; malgré ma cécité, je maniais la hache avec adresse. Mais, une fois terminée, notre luge n'allait malheureusement pas assez vite à notre goût. Nous avons alors ajouté du câble électrique fin sur les patins et notre luge s'est mise à filer plus vite qu'un vélo. Et, bientôt, tout le monde a voulu la même !

En dépit de ma volonté de comprendre le monde, je me heurtais sans cesse à des préjugés, qui s'exprimaient de façon plus ou moins marquée. La cécité n'était simplement pas comprise ni acceptée et les personnes atteintes d'un handicap, quel qu'il soit, étaient perçues comme intrinsèquement déficientes ; on les considérait comme des êtres incomplets, voire pas tout à fait humains. Je devais en permanence prouver, aux autres et à moi-même, que j'avais ma place dans la communauté. Certes, on reconnaissait que j'étais intelligent, mais à quoi bon, puisque je ne pouvais pas voir ?

Si mes camarades de jeu et les adultes proches oubliaient facilement que j'étais différent, je restais pour la plupart des gens une sorte de curiosité. Parfois, lorsque je tendais la main pour attraper quelque chose sur la table, un enfant se dépêchait de l'enlever, pensant que je ne remarquerais rien. Il trouvait ça amusant et les adultes riaient de bon cœur, sans réfléchir au message qu'ils transmettaient à leurs enfants.

Un jour que j'étais au bord d'une petite mare, à la recherche de grenouilles qui sautaient dans l'eau dès qu'on approchait, des enfants ont essayé de me jouer un tour en lançant des pierres dans l'eau, puis en s'écriant : « Oh, regarde ! En voilà une ! » Ils ne se doutaient pas que je les avais entendus se baisser pour ramasser une pierre, puis pivoter pour la jeter dans l'eau. J'étais peut-être aveugle, mais mes oreilles me fournissaient des informations ignorées des voyants.

Parfois, lorsque je quittais notre cour, des enfants mettaient des pierres ou des branches épineuses sur mon chemin, dans l'espoir de me voir tomber. Ils ne comprenaient pas que je les entendais, souvent de loin, et pouvais en général déterminer l'emplacement approximatif de leurs obstacles, même s'il m'arrivait de trébucher et de tomber.

Parfois aussi, alors que je jouais seul dans le village, un enfant s'approchait de moi sans un mot et me frappait avec force, puis s'enfuyait à toutes jambes, sachant que je ne pouvais pas le poursuivre. Les enfants faisaient ça pour s'amuser ou frimer devant les autres et, souvent, les adultes ne prenaient même pas la peine de les gronder. Malgré ma fureur, j'ai rapidement pris l'habitude de ne pas réagir du tout, préférant attendre que l'enfant tente de nouveau sa chance. Lorsque je l'entendais approcher, je l'attrapais et le malmenais à mon tour. C'était souvent le seul moment où les adultes intervenaient avec vigueur. Tout cela me mettait hors de moi, bien sûr, car personne ne se souciait de savoir ce que je ressentais. Pour eux, la façon dont on me traitait ne posait aucun problème.

Heureusement, des gens ont ouvert d'autres portes dans mon imagination, ce qui a été vital pour mon développement. Au début des années 1960, mon père avait suivi des cours pour adultes et avait fini par apprendre à lire et écrire, juste avant la fermeture des écoles pendant la Révolution culturelle. Sans ces cours du soir, il serait resté analphabète, comme ma mère et tant d'autres personnes de mon entourage. Quand j'étais petit, mon père me faisait souvent la lecture et, quand il a pris sa retraite de son travail dans une école du Parti communiste, j'ai pu passer plus de temps avec lui. Chaque soir, nous nous installions sous la lampe à pétrole et il lisait à voix haute, ânonnant les mots d'une voix rauque et grave.

Mon père a été membre du Parti toute sa vie et, dans l'ensemble, il croyait en la supériorité du socialisme. Pourtant, c'est en discutant avec lui de ces lectures que j'ai développé un esprit critique, tant vis-à-vis des textes que des connaissances généralement admises. Les fables populaires, simples et enchantées, ainsi que les classiques chinois qu'il me lisait étaient par nature critiques à l'encontre du pouvoir, car ils décrivaient les grandeurs et décadences des dynasties, les actes de bravoure des héros et les crimes odieux des méchants antiques. Tous les petits Chinois connaissent ces histoires d'un autre âge : *Au bord de l'eau*, *Pérégrination vers l'ouest*, *L'Histoire des Trois Royaumes*, *Rêve dans le pavillon rouge*, *Contes des dynasties Sui et Tang*, *Trois chevaliers et cinq redresseurs de torts*. Une de mes préférées était *L'Investiture des dieux*, avec son défilé glorieux de dieux et de déesses, ses immortels et ses esprits étranges, les récits fascinants de Wu, roi des Zhou, qui renversa le cruel Zhou, roi des Shang, pour fonder une nouvelle dynastie, ouvrant ainsi un âge d'or mythique dans le monde chinois antique.

Lorsque nous quittions le mythe pour mettre un pied dans l'Histoire, les récits de mon père reflétaient la très ancienne croyance chinoise selon laquelle les despotes finissent toujours par subir la colère du peuple. Il me parlait de Zhu Yuanzhang, empereur fondateur de la dynastie Ming, qui mena le peuple chinois dans une guerre de libération nationale et chassa avec héroïsme les envahisseurs mongols. Mon père me décrivait les derniers jours de la dynastie Sui, dont la cour ne se souciait plus du bien-être du peuple et dont les fonctionnaires étaient devenus affreusement corrompus, au point de provoquer la fureur populaire.

Combien de fois m'a-t-on raconté que, malgré le pouvoir absolu de l'empereur, aucune dynastie ne pouvait survivre sans le soutien du peuple, et que même le plus puissant des tyrans finissait toujours par tomber. Je me demandais pourquoi le début et la fin des dynasties étaient si différents. Tout semblait toujours si prometteur au début, lorsque les nouveaux dirigeants cherchaient à alléger les souffrances du peuple. Malheureusement, toute dynastie finissait par s'effriter au fil du temps, sombrant dans le despotisme et la corruption, exactement comme les précédentes. J'ai fini par comprendre que l'Histoire chinoise n'était qu'une longue succession de dictatures.

Les histoires que mon père me lisait offraient un véritable contrepoint à la ligne officielle du Parti et à la propagande habituelle. Avec les conversations qui s'ensuivaient, elles m'ont également apporté une éducation éthique fondamentale, me fournissant un cadre qui m'a aidé à comprendre ce que je vivais en tant qu'enfant handicapé. Elles me permettaient de me mettre à la place des personnages, de me demander comment je réagirais devant des défis semblables aux leurs, de trouver mes propres réponses et de les comparer ensuite à ce que je vivais au quotidien. Grâce à ces histoires, ces mythes et ce folklore, j'ai appris la puissance de la persévérance et l'importance de lutter pour ce qui est juste et bon. L'Histoire chinoise regorge d'exemples d'opprimés déjouant la fatalité avec esprit et audace. Si je ne bénéficiais pas de l'instruction conventionnelle de mes camarades, j'échappais de fait à la propagande inhérente au système éducatif du Parti. Les récits de mon père sont donc devenus mes textes fondateurs en matière de morale, d'Histoire et de littérature. Ils m'ont fourni mes premiers repères dans la vie de tous les jours.

Quand j'étais enfant, ma famille possédait un petit poste de radio, une vraie nouveauté dans notre village, à l'époque. Dès la fin des années 1970, j'écoutais les innombrables récits diffusés sur les ondes et j'absorbais également des informations auxquelles la plupart des gens n'avaient pas accès. Cela m'a grandement aidé à élargir mon horizon. Au début des années 1980, lorsque Dongshigu a connu un véritable engouement pour la radio, la plupart des familles ont fini par s'équiper. Cela a joué un rôle important dans le développement de la société chinoise, en répandant des connaissances sur le droit, les sciences, l'agriculture, la nature et bien d'autres sujets encore. Comme il n'y avait pas encore l'électricité à Dongshigu, les radios fonctionnaient avec des piles. Mais c'était sans importance : chaque soir vers 18 h 30, tout le monde allumait son poste.

J'avais dix ans quand les autorités du village ont annoncé que l'électricité allait être installée. En dépit de l'enthousiasme général, ç'a été un véritable parcours du combattant, entravé par la politique, le manque de fonds (c'est le village qui devait financer le projet, sans la moindre aide du gouvernement) et les problèmes d'organisation du travail des villageois, qui devaient creuser à la main des trous pour les poteaux. Ce n'est qu'en 1984, trois ans après le début du projet, que nos maisons ont enfin été éclairées. Tout le monde était ravi.

Bien sûr, une fois l'électricité installée, les habitants ont voulu plus que de simples ampoules. Malheureusement, comme la plupart n'avaient pas d'argent, ne gagnant que quelques centimes par kilo sur leur récolte de patates douces, de maïs ou de blé, le superflu et le luxe n'étaient qu'un rêve.

Lorsque le premier téléviseur est arrivé à Dongshigu, à l'hiver 1986, j'étais en train de jouer chez un voisin. Tout le village, très excité, s'est réuni à 18 heures, pour le premier programme de la journée. Personne ne savait de quoi il s'agissait et tout le monde s'en fichait. Avec précaution, le voisin a sorti le poste de son carton, puis l'a posé sur une table et l'a branché. Ensuite, il a entrepris de chercher une chaîne en tournant doucement la molette, qui faisait *che-che-che*. À cette époque, je ne voyais plus rien du tout ; cela ne m'empêchait pas de savoir que, dès que le voisin trouverait une chaîne, j'entendrais des voix parler normalement. Mais il avait beau tourner la molette dans tous les sens, je n'entendais qu'un *chhhhh*.

Après deux heures d'efforts vains, un électricien a été appelé. Dès que celui-ci est arrivé, il s'est dirigé droit sur la télé et, d'un mouvement de poignet, *ka-ka-ka*, il a tourné la molette comme s'il s'agissait d'un vieux bouton et pas d'un instrument fragile et délicat dont il fallait prendre grand soin. Comme on ne captait toujours rien, l'électricien a retourné le poste, puis a tâtonné un instant avant de déployer l'antenne. Aussitôt une chaîne est apparue avec une clarté parfaite. Tout le monde a poussé un cri de joie.

Pendant des jours, les gens ont regardé la télé avec une dévotion presque religieuse, s'entassant chaque soir dans la maison du voisin, certains assis ou accroupis, d'autres dans l'encadrement de la porte ou même dehors, sur la pointe des pieds pour jeter un œil entre les têtes. Lorsque quelqu'un installé devant devait sortir pour aller aux toilettes, c'était un véritable parcours du combattant pour se frayer un passage jusqu'à la cour.

La télé m'intriguait beaucoup. Je ne voyais pas l'image, mais j'entendais les voix et j'appréciais d'être avec tout le monde. Cela mettait certains en colère. « Tu ne vois rien, qu'est-ce que tu fais là ? Tu prends la place de quelqu'un d'autre ! »

Cela me faisait beaucoup de peine, toutefois, je restais impassible. Oui, je ne pouvais pas voir et j'occupais une place dont d'autres auraient pu profiter. Peut-être prenait-on mon silence pour une approbation tacite. C'était une injustice flagrante, mais, à l'époque, je n'avais aucun moyen de défendre mon point de vue. Garder le silence était la seule chose qui me venait à l'esprit. Je me suis cependant juré que, si un jour j'avais le plus petit avantage sur quelqu'un, je ne chercherais pas à profiter de la situation. J'essaierais plutôt de me montrer généreux et de traiter les gens avec respect. Au final, mon seul recours a été de rester à l'écart, et j'ai passé de plus en plus de temps dehors, à profiter de la nature sublime et à apprendre des choses sur la vie.

Dans les campagnes chinoises, un aveugle n'a pas beaucoup de métiers à sa portée, ni de moyens de subsistance. Quand j'étais petit, un aveugle pouvait devenir devin ou conteur, ou les deux. S'il avait un peu de talent, il pouvait rester chez lui et laisser les autres venir pour connaître leur avenir, surtout après le Nouvel An chinois, quand les gens veulent savoir ce que l'année leur réserve. Il avait alors la possibilité de gagner sa vie correctement, ou du moins d'atteindre un certain degré de confort, étant donné les circonstances. Sinon, il devait errer de village en village, sur des sentiers mal balisés et des chemins incertains, en faisant sonner une petite cymbale de cuivre pour annoncer son arrivée. Toutefois, la plupart des aveugles quittaient rarement l'enceinte de leur maison.

Quand j'étais petit garçon, j'adorais les récits que les conteurs itinérants aveugles déroulaient sur le bord des routes. Les jours de marché, une foule se rassemblait pour les écouter. Chaque fois qu'un conteur atteignait une étape dans son histoire, au bout d'une demi-heure environ, il marquait une pause. L'auditoire savait alors que le moment était venu de lui donner quelques pièces. Parfois, des villageois lui proposaient un endroit où passer la nuit et d'autres familles apportaient de la nourriture pour partager les frais.

Je me souviens encore d'un jour où un conteur aveugle d'une quarantaine d'années est venu à Dongshigu et a donné une longue représentation devant un public assez nombreux. À la fin, un silence gêné s'est installé, car tout le monde savait qu'il était temps de lui proposer un toit. Comme personne ne se portait volontaire, je sentais l'inquiétude du pauvre conteur grandir au fur et à mesure que la nuit tombait et que la foule se dispersait. J'étais vraiment embarrassé, mais il était impossible de l'accueillir chez nous, où deux familles logeaient déjà. Malgré tout, mon père m'a demandé de l'inviter, si personne d'autre ne le faisait. Finalement, un autre villageois a accueilli le conteur chez lui.

Le lendemain, nous avons cuisiné des *jianbing*, que mon père m'a demandé de porter à l'aveugle. Plus tard, avec un vieil homme du village, j'ai fait le tour des maisons pour récupérer des céréales et des patates douces séchées, car les villageois étaient souvent plus disposés à donner de la nourriture qu'à puiser dans leurs maigres réserves d'argent. Nous avons ainsi rassemblé un gros sac de victuailles, que j'ai porté sur mon épaule.

Le conteur a alors revendu cette nourriture à des villageois qui en avaient besoin. C'était un processus typique : que pouvait-il en effet faire d'un gros sac, surtout quand il ne savait pas ce qui l'attendait au-delà du village ? Avec quelques sous en poche, il a repris sa canne et s'est mis en route pour se rendre au village suivant. En Chine, il y a peu de mesures de sécurité publique, et les rambardes et barrières sont rares sur les ponts ou près des ravines. Le conteur dépendait donc de la bienveillance des villageois, qui l'avertissaient de « se méfier de ce fossé » ou de « prendre garde à la rivière ». Telle était la vie d'un aveugle dans la Chine rurale.

1982 a été l'année où mon père est revenu à la maison et où la vie du village a commencé à changer. Nous vivions encore dans une grande misère, parvenant parfois à peine à survivre, mais, après des années de peur et de stagnation, les campagnes reprenaient vie peu à peu et les réformes économiques offraient de nouvelles opportunités. Le système de responsabilité, notamment, qui a petit à petit remplacé les communes, a apporté plus de souplesse aux fermiers dans leur façon d'exploiter les terres et de répartir la main-d'œuvre. Le premier tracteur a été acheté par notre village en 1978 et le deuxième en 1981, ce qui, chaque fois, a été un véritable événement, dont tout le monde a parlé plusieurs mois à l'avance. Et chaque fois, nous avons attendu pendant des heures sur le bord de la rivière l'arrivée du tracteur, qui a été pris d'assaut et escorté jusqu'au village.

En dépit de ces modernisations, la vie d'un fermier restait précaire et impitoyable. Mon père et d'autres villageois réfléchissaient en permanence aux moyens d'améliorer notre sort. Certains, comme mon père, ont décidé d'élever des cochons pour les vendre au marché. C'était une perspective qui nous remplissait d'espoir et il m'incombait la tâche de broyer des tranches de patates douces séchées avec de l'eau dans notre moulin à bras, avant de les faire cuire pour obtenir une bouillie. Cependant, quand nous avons enfin conduit nos bêtes au marché, nous avons tous été très déçus : on nous les a payées moins de 1 yuan par livre, ce qui ne couvrait même pas le prix de la nourriture, sans parler de la main-d'œuvre et des autres dépenses.

À cette époque, mes frères étaient déjà mariés ou avaient quitté la maison et je restais donc seul pour aider mon père et ma mère aux champs. Mais je travaillais comme tout le monde, car, comme on disait souvent : qui veut manger doit travailler. Mon père était aussi dur avec moi qu'il l'avait été avec mes frères. Peu lui importait que je sois aveugle. Je faisais tout : le sarclage et la récolte des arachides, la préparation du maïs pour le bétail, le désherbage des champs au printemps et en été. À la maison, je cuisais le pain frit et les ravioles. Lorsque quelque chose était cassé, je le réparais. Mon père me comparait parfois aux autres enfants de mon âge : « Regarde ce qu'ils peuvent faire et pas toi », disait-il, ce qui me semblait profondément injuste. Je comprends aujourd'hui qu'il me préparait à affronter le monde et à surmonter ce qui me semblait impossible. Son éthique était simple : si d'autres le faisaient, alors je pouvais le faire ; si les autres n'y parvenaient pas, alors je devais quand même en être capable. « Tu n'as qu'à comprendre le principe et trouver une solution ! » me répétait-il souvent. Il était particulièrement fier quand je réussissais là où mes frères, tous voyants, avaient échoué.

Une année, mon père a décidé de cultiver du tabac pour gagner un peu d'argent. Lorsque les feuilles ont été prêtes à être récoltées pour être torréfiées, j'ai enfilé une paire de sandales en plastique, très communes dans la Chine rurale, pour patauger tant bien que mal dans le champ détrempé. Rapidement, mes chaussures ont été couvertes de boue, si bien que je les ai enlevées pour marcher pieds nus. Dès le début, un problème s'est posé à moi : comment savoir quelles feuilles du plant étaient mûres ? En général, c'était à la couleur qu'on déterminait le degré de maturité, mais j'avais alors perdu la capacité de distinguer les couleurs.

J'ai longtemps peiné pour surmonter ce défi et trouver une solution. Impossible de distinguer les feuilles mûres à l'odeur : quiconque a déjà traversé un champ de tabac connaît l'odeur puissante et âcre qui se dégage de la récolte. Mon père m'a alors suggéré de simplement cueillir les trois feuilles du bas, car c'était celles qui mûrissaient en premier ; chaque plant avait en général trois feuilles mûres en même temps. Cette solution m'a cependant paru trop imprécise et coûteuse. En palpant du bout des doigts chacune des feuilles, j'ai fini par découvrir que leur texture changeait de façon subtile au cours de leur cycle, détail que la plupart des voyants ne remarquaient même pas.

Mon père me regardait apprendre.

– Pourquoi ne ramasses-tu pas celle-là ? a-t-il un jour demandé, après que j'ai laissé de côté une feuille.

– Elle n'est pas mûre, ai-je répondu avec confiance.

– Tu sens la différence au toucher ? s'est-il exclamé, stupéfait.

La première année, nous avons bien vendu la récolte : les divers degrés de qualité des feuilles étaient évidents et la différence de prix entre chacun, intéressante. L'année suivante, nous avons découvert avec les autres fermiers que les autorités avaient décidé de profiter de la situation en faisant jouer leurs relations. Lorsque nous sommes entrés dans la halle pour vendre notre tabac, on nous a annoncé que nos feuilles étaient de moindre qualité et ne nous seraient donc achetées qu'à un vil prix, selon des standards établis par le gouvernement. Le stratagème était cousu de fil blanc, car tout le monde savait que nous avions produit des feuilles de grande qualité. Nous sommes ressortis en colère. Dehors nous attendaient d'autres fonctionnaires qui nous ont spontanément proposé un prix légèrement supérieur à celui qu'on venait de nous indiquer à l'intérieur. Comme le gouvernement avait le monopole total sur le tabac, il était impossible de proposer notre récolte ailleurs de façon légale. Nous n'avions pas d'autre choix que de vendre à perte.

La corruption gouvernementale empoisonnait la chaîne de distribution tout entière et les officiels du Parti organisaient la surproduction en nous encourageant à planter de plus en plus de tabac, avant de refuser d'acheter les feuilles à un prix correct. Il a fallu longtemps pour que la population comprenne qu'elle était en train de se faire avoir, la plupart des gens continuant à croire en la propagande gouvernementale qui vantait les bénéfices potentiels de la culture du tabac. « Peut-être que cette année, ce sera différent », se disaient-ils, mon père y compris. Et le cercle vicieux recommençait.

Une année, nous avons vendu la totalité d'une récolte pour seulement 200 yuans, environ 25 dollars de l'époque. Cela couvrait à peine la torréfaction des feuilles, sans parler de l'engrais, des pesticides et notre propre main-d'œuvre. Notre cas était loin d'être isolé. Malheureusement, c'est la situation à laquelle les fermiers, qui représentent plus de 70 % de la population chinoise, sont encore confrontés aujourd'hui. Ils se tuent à la tâche pour une misère, sans véritable espoir d'une vie meilleure.

La patience des Chinois n'est cependant pas sans limites, même s'il a fallu attendre la fin des années 1980 pour que les gens cessent d'écouter les campagnes annuelles de propagande. Petit à petit, les fours pour la torréfaction sont tombés dans l'abandon, car les villageois ont fini par comprendre qu'il était impossible de confier leur survie ou leur bien-être entre les mains du gouvernement. Comme le tabac invendu n'a jamais nourri un homme, les gens ont alors décidé de planter des pastèques. Grâce à ce geste d'insoumission pacifique, le niveau de vie est remonté. La tendance n'a cependant pas duré dans des villages comme Dongshigu, car l'intérêt du Parti avait déjà commencé à se tourner vers les villes. Certains villageois continuaient à faire confiance au gouvernement central, affirmant que la corruption était le fait des officiels locaux. D'autres leur répondaient alors : « À quoi bon chercher les gentils et les méchants ; tous les corbeaux de la terre sont noirs. » Les méchants sont les mêmes partout.

Vers la fin de mon adolescence, mes parents ont commencé à s'inquiéter. Quel avenir pouvais-je espérer ? Serais-je jamais capable de subvenir à mes besoins ou de vivre seul ? J'avais beau travailler dur aux champs et à la maison, à leurs yeux je restais dépendant. À la campagne, les préjugés contre les handicapés étaient solidement ancrés, au point que même les membres de ma famille ne parvenaient pas vraiment à s'en défaire. Si ma cécité me permettait parfois de bénéficier d'un traitement de faveur auprès de mes proches, il m'était, le plus souvent, difficile de lutter contre les injustices permanentes. Depuis ma petite enfance, les gens me méprisaient : j'étais déficient, incapable de subvenir à mes besoins et je ne valais pas la peine qu'on me consacre du temps ou des efforts. La cécité était un problème physique, bien sûr, mais également social. Comme de nombreuses personnes me considéraient comme inutile, j'étais presque invisible. Pour ainsi dire, je n'existais pas.

L'avenir semblait malheureusement tout tracé pour moi. Chaque fois que quelqu'un suggérait à mon père que je devienne conteur, je protestais haut et fort, répliquant que cette forme de distraction était vouée à disparaître avec le développement de la radio, puis de la télévision. Lorsque les gens commenceraient à écouter des émissions de meilleure qualité, ils n'auraient plus que faire d'un conteur de rues. De plus, il pouvait être lassant de rester assis pendant de longues heures sur le bord de la route à écouter des histoires ; et comment conserver une certaine continuité dans le récit, alors que celui-ci était raconté sur plusieurs jours ? D'ailleurs, les paysans n'avaient pas forcément le temps d'écouter des histoires toute la journée, chaque fois qu'ils allaient au marché.

Dans les campagnes, les avis sur les handicapés étaient bien tranchés : peu importait leur contribution à la maison et aux champs, ils restaient dépendants de leur famille, surtout à cause des taxes et des heures de travail dues au gouvernement dont ils devaient quand même s'acquitter. Suivant cette logique, si je parvenais à gagner un peu d'argent en racontant des histoires et en prédisant l'avenir, je pourrais au moins contribuer à la vie du foyer. Dans mon cœur, cependant, je savais que la plupart des gens considéraient les conteurs et les devins comme des sortes de mendiants.

J'envisageais certaines choses avec plus de clarté que la plupart des gens. En général, les enfants voyants grandissent sous le regard vigilant de leurs parents et acquièrent graduellement de nouvelles compétences avec la maturité. Ils voient comment ils peuvent aider les autres et comment leur « utilité » dans la société se traduit en termes de respect et d'estime. En grandissant, ils sont de plus en plus appréciés par la société. Puis, quand ils commencent à vieillir et à faiblir, leur « utilité » perçue décline, jusqu'à ce qu'ils aient de nouveau besoin des autres. Ils sont alors considérés comme « inutiles ». C'est particulièrement frappant dans les zones rurales, où l'on rencontre souvent des cas d'extrême pauvreté en fin de vie. Les Chinois parlent beaucoup du respect envers les anciens, mais cela ne reflète en rien la réalité. Pour la plupart des personnes âgées en Chine, ce respect se limite souvent à quelques paroles bienveillantes.

Pour ma part, ce sentiment d'« inutilité » me poursuivait depuis toujours. Quand j'ai eu dix-sept ans, mon père a fini par se laisser convaincre et s'est arrangé pour que j'aille étudier chez un maître-devin qui vivait à quelques kilomètres de chez nous. Farouchement opposé à cette idée, j'ai tenté de persuader mon père de trouver une meilleure idée, lui signalant que même ma mère était contre et qu'il valait mieux chercher un remède à ma cécité. J'ai refusé de partir.

Puis, à l'automne 1988, Quatrième Frère nous a apporté des nouvelles inattendues. Gao Bo, un garçon aveugle que j'avais connu enfant, allait à l'école et apprenait le braille. Mon frère l'avait vu à la télévision.

– Où se trouve cette école ? a demandé mon père. Et comment se peut-il qu'il aille en classe ?

– C'est une école pour les aveugles, à Linyi, a répondu mon frère.

– Alors, nous devons nous renseigner.

Jusqu'au début des années 1980, il n'y avait que cinq écoles pour aveugles en Chine, toutes situées dans les villes les plus grandes et les plus développées : Pékin, Shanghai, Nankin, Tianjin et Qingdao. Les deux dernières avaient été fondées par des missionnaires, avant d'être reprises par le gouvernement en 1949. L'école de Qingdao était la plus proche, mais nous n'avions que peu de liens réguliers avec le monde extérieur et aucune information sur ce sujet. Avant d'entendre parler de Gao Bo et de l'école pour aveugles de Linyi – qui n'était ouverte que depuis trois ans –, je n'avais jamais envisagé qu'une instruction en bonne et due forme puisse être à ma portée.

J'étais partagé. En réalité, je trouvais cette nouvelle à propos de Gao Bo profondément déprimante, car je n'avais jamais abandonné l'espoir de guérir et, chaque jour, j'espérais qu'un médecin découvrirait un remède miracle pour mes yeux. Alors, fréquenter une école pour les aveugles revenait à admettre que toute guérison était impossible. De fait, malgré ma curiosité insatiable du monde, je n'avais pas du tout envie d'aller à Linyi.

J'ai fini par changer d'avis quand j'ai compris qu'une instruction primaire me donnerait de solides bases pour mes études, si ma cécité venait à être guérie plus tard. Se rendant compte que c'était ma seule chance de connaître un avenir meilleur, mes parents ont décidé de se débrouiller pour payer les frais de scolarité. Mon père a repris espoir, persuadé qu'après mes études je serais au moins en mesure de travailler comme enseignant dans une école pour aveugles. Ce serait mon « bol de riz en fer », une source de revenus permanente, la sécurité et le respect. De toute façon, c'était toujours mieux que devin itinérant.

En 1989, envoyer un enfant aveugle à l'école était considéré par certains habitants du village comme un véritable gâchis, surtout qu'à bientôt dix-huit ans j'allais simplement entamer le cycle primaire. « L'école n'est déjà pas si utile pour les enfants normaux, répétaient les voisins à mon père. Alors, à quoi bon y envoyer un aveugle ? » Les enfants des campagnes poursuivaient rarement leur scolarité au-delà du collège. Quant aux études supérieures, c'était simplement inimaginable, surtout pour un enfant aveugle originaire de Dongshigu.

Tout l'été, j'ai essayé de me représenter les changements radicaux qui m'attendaient. À l'automne suivant, j'allais passer la plupart de mes journées à l'école, pendant plusieurs trimestres, et je n'aurais presque plus de temps pour moi. Après avoir couru librement pendant toute ma vie parmi les arbres au bord de la rivière, j'allais devoir partager un dortoir avec d'autres élèves aveugles. Au village, certains anciens n'étaient jamais partis de chez eux et d'autres n'avaient quitté Dongshigu que pour se rendre sur des chantiers collectifs obligatoires. Moi, j'allais vivre loin de ma famille et de mon village pendant plusieurs mois d'affilée.

La veille de mon départ, j'ai décidé de me baigner une dernière fois dans la Meng, pour emporter un petit souvenir. Comme on était déjà à la mi-septembre, j'avais la rivière pour moi tout seul. Malgré la fraîcheur, j'ai enlevé mes habits, que j'ai déposés sur la berge afin de les retrouver sans peine. Tout autour de moi m'était profondément familier. Je me suis laissé flotter dans les profondeurs confortables de la rivière, savourant la caresse de l'eau froide sur mon corps et le murmure du courant. Je savais que le sable du fond était blanc et très propre. Plongeant la tête sous l'eau, je me suis confectionné un petit oreiller sous-marin avec ce sable et me suis allongé un instant. Quelques secondes plus tard, le courant avait emporté mon oreiller.

Je jouais avec la rivière depuis mon plus jeune âge ; rien n'était plus naturel pour moi. Ce soir-là, j'ai nagé longtemps, plein de nostalgie et de souvenirs. Je me revoyais enfant, en train de me baigner ou de pêcher, chahutant avec mes amis. Autour de moi, tout n'était que quiétude et paix. Chaque parcelle de mon être écoutait le murmure de l'eau, le clapotis des vagues sur la berge, le vrombissement des insectes dans les airs ou dans les herbes.

La température avait baissé et, une fois ma baignade terminée, j'ai enfilé mes vêtements en toute hâte. En rentrant chez moi, sur le sentier qui longeait la berge, j'ai réfléchi à tous ces changements qui m'attendaient. J'ai pensé au sentier lui-même, sur lequel je courais autrefois, nu et sans chaussures, plaisantant et riant avec mes amis dans notre course bruyante. En cet instant de calme absolu, j'ai compris que la vie était une succession d'étapes qui se déroulaient l'une après l'autre, sans qu'aucune ne puisse se répéter. Lorsqu'une étape était franchie, aucun retour n'était possible.

Le lendemain, je me suis levé à l'aube. Ma mère m'a préparé des nouilles, puis m'a tendu une couverture et un petit sac contenant des vêtements ayant appartenu à mes frères. Elle m'a également donné une boîte pleine d'arachides bouillies, aspergées de sauce soja et saupoudrées de graines de fenouil et de sel. Comme cadeau d'adieu, Troisième Frère m'a apporté des gâteaux au sésame. En dehors de ça, je n'ai emporté qu'une tasse ébréchée qui commémorait la participation de mon père à la construction d'une voie ferrée, dans les années 1950.

Mon père et moi avons pris le car pour Linyi, une ville située à soixante-cinq kilomètres au sud de Dongshigu. Comme il n'y avait plus aucun siège de libre, nous sommes restés debout pendant les deux heures de trajet, ballottés au moindre virage. Je ne cessais de m'interroger sur l'avenir. À quoi ressemblerait mon école ? Est-ce que j'allais bien m'entendre avec les autres élèves ? J'essayais d'imaginer ma nouvelle vie, jusque dans les moindres détails tactiles. Quel genre de sol trouverais-je à l'école ? De la brique ou de la terre battue ?

À notre arrivée à Linyi, une ville bourdonnante d'activité, personne n'était capable de nous indiquer le chemin de l'école pour aveugles. Nous avons loué un pousse-pousse, mais le chauffeur nous a déposés devant une école pour les sourds. Quand enfin nous sommes arrivés à la bonne adresse, mon cœur s'est serré, car j'ai immédiatement ressenti une certaine froideur se dégager de ce grand bâtiment, dont la cour était pavée de briques. Lorsque la cloche a sonné, les élèves se sont précipités dans les escaliers à grand bruit et l'un d'entre eux est venu me demander si j'étais nouveau.

À droite dans le hall, nous sommes d'abord entrés dans le bureau de Xue Keming, le directeur pédagogique, qui nous a accueillis et m'a pris la main. Il a expliqué le fonctionnement de l'école et mon père lui a tendu le règlement intérieur signé, que l'école nous avait envoyé, ainsi que l'argent pour mon inscription. M. Xue nous a ensuite parlé du programme, en insistant sur le fait qu'il était presque identique à celui des écoles normales.

Puis M. Xue a appelé le maître chargé de notre classe, qui nous a conduits au troisième étage, où se trouvait le dortoir des garçons. Au deuxième, c'était le dortoir et les salles de classe pour les filles, car un seul bâtiment suffisait à loger tous les élèves. La pièce où j'allais dormir mesurait six mètres sur six et contenait dix lits. Comme j'étais le premier nouveau à arriver, nous avons choisi un lit au coin sud-est, à proximité d'une table de nuit avec un tiroir et une petite commode. L'espace sous le lit servait de rangement et c'est là que j'ai glissé les vêtements rapportés de la maison. Tous les lits du dortoir étaient neufs et il y avait des stores à l'intérieur. Rien à voir avec les écoles rustiques en pierre de la campagne.

Il était déjà 9 h 45 quand j'ai eu fini de m'installer, et la deuxième leçon de la journée était terminée. Tandis que les élèves sortaient de classe, j'ai ouvert le store, qui était plein de poussière et n'avait pas été nettoyé depuis des lustres. Dans la cour, j'entendais les élèves faire de la gymnastique, suivant des instructions diffusées par un haut-parleur. Mon père était très impressionné. « Tu vas même faire de l'éducation physique ! » J'écoutais avec attention la voix de l'homme dans le haut-parleur, cherchant à comprendre ce qu'il disait ; je savais que j'allais bientôt devoir à mon tour effectuer des exercices semblables.

Mon père est ensuite parti m'acheter quelques affaires : une bassine en émail, une bouteille thermos pour l'eau chaude, une serviette et du savon. Il m'a même acheté une brosse à dents et du dentifrice, alors que je ne m'étais jamais brossé les dents de ma vie. J'ai essayé un peu plus tard dans la journée et, la bouche piquante et les gencives tout endolories, j'ai pensé : c'est vraiment une nouvelle vie qui commence !

Peu après, mon père a annoncé qu'il était temps pour lui de partir, promettant de revenir me chercher aux vacances suivantes. Comme il n'y avait pas de téléphone dans le village, nous n'avions aucun moyen de communiquer pendant les mois d'école. En raccompagnant mon père au portail, je me suis rendu compte que le temps et les longues journées de travail manuel avaient fini par le marquer. Son bras que je tenais n'était plus puissant et solide comme quand j'étais enfant, mais amaigri, avec la peau qui commençait à pendre.

Près du portail, mon père a dit :

– Retourne au dortoir. Tu n'as pas besoin de me raccompagner plus loin. Travaille dur et, si tu as le moindre problème, va voir tes professeurs. Fais bien ce qu'ils te demandent.

Il m'a ensuite donné presque tout l'argent qu'il avait dans ses poches, ne conservant que la somme nécessaire pour le billet du retour. Il a aussi détaché quelques tickets de rationnement qu'il m'a tendus.

Tandis qu'il s'éloignait en traînant le pied, ses pas résonnaient contre les murs de l'école, ce qui accentuait leur lenteur. Au bout de quelques mètres, il s'est retourné et m'a répété de rentrer au dortoir. J'ai acquiescé sans bouger. Je suis resté là jusqu'à ce que le bruit de ses pas s'estompe.

3

UNE ÉDUCATION PEU COMMUNE

À pas lents et prudents, j'ai pris l'escalier qui remontait au dortoir et commencé ainsi à mémoriser mon environnement. Je m'interrogeais sur la myriade de changements, petits et grands, qui affectaient ma vie et ne cessaient d'ébranler ma conscience. Par exemple, chez moi, il n'y avait pas d'écho à l'intérieur de la maison. À l'école, en revanche, chaque bruit provoquait un *wengwengweng* qui m'écorchait les oreilles. Même le bruit de mes pas dans l'escalier de béton résonnait avec force. J'allais devoir, entre autres choses, m'habituer au bruit.

Arrivé au troisième étage, j'ai entrepris d'explorer le dortoir, en vérifiant avec mes mains l'emplacement de mon lit par rapport aux murs, à la fenêtre, à la porte et aux autres lits. Dans le couloir, j'ai suivi la rambarde de chaque côté et compté les portes en enfilade. J'ai trouvé les toilettes, dont les portes étaient fermées à clé. Étrange, ai-je pensé. Pourquoi en interdire l'accès aux élèves ?

L'après-midi, Gao Bo est venu me souhaiter la bienvenue. Comme j'avais hâte d'en savoir plus sur les cours, il m'a conduit jusqu'à sa salle de classe pour me montrer l'un de ses manuels. C'était la première fois que je touchais des lettres braille. Alors même que les cours n'avaient pas commencé pour les nouveaux, j'ai décidé de demander à des élèves plus anciens de m'expliquer les rudiments du braille. En chinois, cet alphabet comporte cinquante-deux lettres, avec des marques supplémentaires pour le ton et la ponctuation. Par la suite, j'ai appris à écrire à l'aide d'une tablette, une petite grille de métal percée de rangées de petits trous rassemblés par groupes de six, en formant des creux dans un papier épais à l'aide d'un poinçon pour composer des mots de droite à gauche. Pour relire ce qu'on vient d'écrire, il suffit de retourner le papier pour déchiffrer les bosses du bout des doigts, de gauche à droite. C'est un procédé plus lent que l'écriture au stylo, mais c'était alors le seul moyen à notre disposition.

Les véritables cours n'ont pas tardé à commencer. Comme l'école de Linyi n'existait pas depuis longtemps – ma promotion était la quatrième –, les matières enseignées n'étaient pas très variées et couvraient à peu près le cursus primaire. Nous étudiions le chinois, les maths, la géographie, l'Histoire, l'éducation physique, la réflexion et l'éthique, la musique et les travaux manuels. L'Histoire m'intéressait particulièrement, même si je n'ai pas tardé à me rendre compte que la vision que j'avais du passé de mon pays était parfois très différente de celle du professeur, et que ce qu'on nous faisait ingurgiter en classe était une version simplifiée de ce que j'avais appris au cours de mes conversations avec mon père, à la lueur de la lampe à pétrole.

Au fur et à mesure que je progressais en braille, je trouvais profondément libérateur de laisser courir mes doigts sur une page de texte et, ainsi, de me défaire de ma dépendance vis-à-vis des lecteurs voyants. Bientôt, j'ai dévoré tous les livres en braille disponibles à l'école. J'appréciais particulièrement une célèbre collection intitulée *Les 100 000 Pourquoi*. Ces livres étaient faits pour moi et, tandis que j'engloutissais les volumes sur l'astronomie, la géographie, la biologie et la physique, je me rendais compte que mes années d'exploration dans le village m'avaient donné une compréhension naturelle de ces domaines. Par exemple, en lisant un texte sur la Lune et le phénomène de gravité qui la fait tourner en orbite autour de la Terre, je repensais à cette lueur laiteuse et froide que je distinguais encore dans ma toute petite enfance. Lorsque *Les 100 000 Pourquoi* évoquaient les forces centrifuge et centripète, je revivais l'une de mes expériences d'autrefois : avec de l'argile encore humide ramassée dans les champs, j'avais formé une boule autour de l'une des extrémités d'une corde ; une fois la sphère sèche, je l'avais fait tourner encore et encore, sentant les forces physiques qui l'attiraient vers l'extérieur.

Le rythme de vie à l'école pour aveugles de Linyi était très structuré et nous n'avions pas beaucoup de temps pour nous. En dehors des cours et des repas, les seuls moments de liberté se limitaient à trente ou quarante minutes juste avant le coucher. Pendant ces instants précieux, de nombreux élèves sortaient une flûte pour jouer des airs populaires et traditionnels, se promenant dans les couloirs ou la cour. Les murs de ciment offraient une magnifique surface pour l'écho et toutes les flûtes se mêlaient pour former une merveilleuse cacophonie.

Un soir, dans le couloir, j'écoutais des élèves jouer des airs que j'avais déjà entendus sur le tourne-disque d'occasion acheté par mon père quelques années plus tôt. Jamais je n'avais appris à jouer d'un instrument. Au bout d'un moment, je me suis approché d'un camarade particulièrement doué. Après m'être enquis de son nom, je lui ai demandé s'il voulait bien m'apprendre.

– Bien sûr, a-t-il répondu.

J'ai alors avoué que je ne possédais pas de flûte.

– Eh bien, pourquoi n'en achètes-tu pas une ?

Je n'ai rien dit. Comment pouvais-je envisager de dépenser de l'argent pour une flûte ? Un seul yuan, c'était déjà trop pour moi.

Avant l'extinction des feux, nous nous précipitions tous pour nous brosser les dents au premier étage et aller aux toilettes dans la cour. Non seulement les toilettes de notre étage étaient inaccessibles en permanence, mais, chaque soir, tout le bâtiment était fermé à clé, si bien qu'il était impossible de sortir faire nos besoins la nuit. Personne ne savait pourquoi. Au cours du premier semestre, lorsque des élèves étaient malades, ils n'avaient d'autre choix que de se soulager dans le couloir.

Je me suis rapidement rendu compte que l'école pour aveugles de Linyi ne ressemblait en rien à ce que j'avais imaginé. Ma famille et moi avions entendu dire que ces écoles d'État dispensaient aux handicapés une excellente éducation. Nous étions persuadés que le gouvernement, soucieux de prouver la supériorité du socialisme à laquelle nous croyions tous, ne se contentait pas de répondre aux besoins élémentaires des élèves. La réalité était tout autre. Complètement dépourvue de moyens, l'école n'assurait que la scolarité, ce qui nous a complètement pris au dépourvu.

Quelques jours à peine après mon arrivée, j'ai compris qu'il me serait très difficile de survivre avec les 26 yuans que mon père m'avait donnés en partant. La cantine de l'école, par exemple, fonctionnait encore sur le modèle d'économie planifiée, avec un système de tickets de rationnement achetés par les élèves au début de chaque semestre. J'ai rapidement fait le calcul : en me nourrissant comme d'habitude, j'épuiserais mes économies en deux mois. De plus, j'avais d'autres frais à payer, comme le papier et les fournitures scolaires. J'ai donc décidé de me nourrir principalement de *bao*, des petits pains farcis cuits à la vapeur, et de galettes de maïs, le tout complété par un bocal de légumes en saumure à bas prix, qu'un professeur a bien voulu acheter pour moi en ville.

La nourriture et l'eau étaient un véritable problème. En raison de la pression insuffisante, les robinets de l'école étaient souvent à sec, ce qui signifiait que nous n'avions pas d'eau pour nous laver ou nous brosser les dents, et que la cantine n'en avait pas pour cuisiner. Pour compenser, les enseignants avaient établi un roulement entre les élèves seulement malvoyants, qui allaient chercher de l'eau à l'extérieur. Le personnel de la cantine était censé la faire bouillir avant de nous la servir, mais nous avons découvert que l'eau de nos thermos avait servi avant à faire cuire les *bao* à la vapeur. Notre hygiène quotidienne représentait aussi un véritable défi : sans eau dans les tuyaux, impossible d'utiliser les toilettes ou de remplir nos bassines pour nous laver.

Pendant ma première année à Linyi, j'ai été désigné délégué des élèves pour participer aux réunions administratives concernant la vie étudiante. J'ai rapidement soulevé le problème de notre accès limité à l'eau, car il me semblait de mon devoir d'avertir les directeurs de l'école afin qu'ils puissent répondre à nos besoins. J'ai bien senti que mes remarques les piquaient au vif, mais ils ont fait bonne figure et m'ont remercié pour mes « bonnes suggestions ». Plus tard, comme l'école ne réagissait pas, je me suis adressé au département de l'Éducation du canton de Linyi, espérant faire avancer les choses. Une fois de plus, cela n'a rien changé, mais ma démarche a tellement agacé le principal de l'école qu'il a dénoncé mon comportement auprès du département de l'Éducation. Il m'a même pris à partie un jour, pendant que nous étions dans la cour pour la gym, pour me rappeler que c'était à lui que je devais m'adresser en cas de problème.

– Avez-vous vraiment besoin qu'on vous explique les choses ? ai-je répondu. Depuis le début de l'année scolaire, personne ne peut se laver. Dites-moi, monsieur le principal : combien de fois vous êtes-vous lavé, cet hiver ?

Il a semblé choqué par ma franchise, mais je n'ai pas cédé. Les autres étudiants ont commencé à se plaindre que l'école ressemblait parfois à une prison. Nous n'avions pas le droit de quitter l'enceinte du bâtiment, pour quelque motif que ce soit, à moins d'être accompagnés par un membre de notre famille. La plupart des élèves étant originaires de la campagne, leurs parents ne leur rendaient pas souvent visite. Les miens, par exemple, m'ont reconduit à l'école après les vacances pendant quelques trimestres, puis je me suis débrouillé tout seul pour faire le trajet et je ne voyais ma famille que pour les grandes vacances d'hiver et d'été. L'école prétextait qu'il était trop dangereux pour nous de sortir seuls, car il y avait beaucoup trop de circulation et le monde était plein de mauvaises gens qui essaieraient de profiter de nous.

Selon moi, nous ne pouvions vivre comme des prisonniers ; tôt ou tard, il nous faudrait nous mêler à la communauté. Après tout, en plus de notre éducation, l'école avait la responsabilité de nous aider à nous insérer dans la société. Si nous n'étions jamais autorisés à quitter l'école, comment pouvions-nous espérer nous adapter un jour à un environnement inconnu ? Je me demandais si l'école ne violait pas la loi en restreignant ainsi notre liberté de mouvement. Un jour, j'ai même posé la question à une de mes enseignantes.

– Oh ! s'est-elle exclamée, surprise. Alors, comme ça, tu connais aussi le droit !

Nous avons persisté dans notre désir d'indépendance et, au bout de presque deux ans, nous avons enfin réussi à convaincre l'administration de nous laisser sortir, un ami et moi, sans accompagnateur. La direction ne voyait cependant pas mes efforts d'un bon œil et me le faisait savoir de diverses manières : par exemple, pendant presque deux ans, le personnel de la cantine m'a servi des *bao* plus petits ou cuits de la veille. Lorsque mes camarades m'ont élu l'élève des « Trois bons points », pour mes bons résultats scolaires, ma bonne morale et ma bonne santé, l'école a refusé de me remettre le prix. À la place, la direction s'est plainte à mes parents que j'étais un fauteur de troubles qui nourrissait des idées indisciplinées.

Malgré des conditions de vie difficiles et mes conflits avec l'administration, étudier était une chance : il y avait encore peu d'établissements scolaires pour handicapés dans le pays. L'école comptait moins de quarante élèves en tout, dont seulement un cinquième de filles. On travaillait très dur et nos enseignants étaient très consciencieux. Nos profs n'étaient pas responsables des problèmes d'internat et se montraient au contraire tous attentifs et chaleureux, toujours prêts à nous aider. Contre vents et marées, et malgré le peu de moyens, l'équipe enseignante de Linyi s'efforçait de nous donner la meilleure éducation possible.

En 1992, j'ai commencé à passer mes samedis à étudier le chant dans une école d'art du quartier ; bientôt, j'ai insisté auprès de l'école pour que les élèves bénéficient d'une formation artistique plus poussée, avec de véritables occasions de se produire au sein de l'établissement. Pour commencer, nous avions besoin de plus d'instruments et je dois dire, à la décharge du principal, que celui-ci a emprunté de l'argent pour en acheter. Au fil du temps, nos compétences musicales se sont améliorées, au point que nous avons même remporté des compétitions contre d'autres écoles pour handicapés de la province du Shandong. Espérant améliorer la réputation de notre établissement, j'ai un jour invité des journalistes à un concert pour qu'ils rédigent un article. Cela a mis le principal très mal à l'aise : il m'a convoqué dans son bureau et m'a réprimandé pour avoir contacté la presse de mon propre chef.

La quatrième année, l'arrivée d'un nouveau principal a permis de grandement améliorer nos conditions de vie : bientôt, nous avons pu bénéficier d'une plomberie adaptée et d'une meilleure alimentation. Le nouveau principal a réussi à faire financer un forage de près de cent mètres, afin de résoudre le problème de l'eau. Il a également obtenu de l'argent du bureau des Affaires civiles pour acheter une réserve de farine suffisante pour un an. Cela signifiait que nous n'avions plus besoin de dépenser nos économies en tickets de rationnement. Mon père était ravi : pour lui, ces changements prouvaient bel et bien la supériorité du socialisme. Malheureusement, il en a aussi conclu que je n'avais plus besoin de son argent, si bien que, le dernier semestre, j'ai mangé moins que jamais, me nourrissant presque exclusivement de *bao* et de pain de maïs. J'ai fini par tomber malade et je n'ai pas pu aller en classe pendant plusieurs jours. Grelottant de fièvre, j'ai dû garder le lit et les médicaments n'y ont rien changé. Quand j'ai fini par être hospitalisé, les médecins m'ont expliqué que la malnutrition avait gravement exacerbé les effets d'un mauvais rhume.

Pendant ma maladie, mes professeurs se sont montrés bons et attentionnés. L'un d'eux m'a donné une pomme et une poire, un autre, du sucre blanc. En temps normal, j'aurais été heureux de manger n'importe quoi, mais à cette période tout aliment avait un goût amer. Un troisième professeur m'a acheté deux œufs crus, qu'il a cassés dans ma tasse et mélangés avec de l'eau tiède. Cela n'avait rien de ragoûtant, mais je me suis forcé à boire cette mixture très nutritive.

Lorsque l'école a notifié à ma famille ma maladie, comme le voulait le règlement, ma mère et Frère Aîné sont venus. En voyant mon état, ma mère a pleuré.

– Pourquoi n'achètes-tu rien d'autre que du pain ? m'a-t-elle reproché. Tu devrais manger un peu plus de légumes et de protéines.

– Et avec quel argent ? ai-je répondu avec colère.

Je lui ai rappelé qu'on ne m'avait rien donné pour ce semestre ; j'avais commencé l'année scolaire avec les 20 yuans donnés par Troisième Frère, plus quelques yuan que j'avais été en mesure de gagner par moi-même. Après cette conversation douloureuse, ma mère et Frère Aîné ont réussi à réunir 23 yuans supplémentaires.

Quand je suis rentré chez moi pour les vacances, mon père était furieux du manque d'attention et de soutien de la part du gouvernement pour notre école.

– Si le socialisme n'est pas capable de prendre soin de ses handicapés, alors en quoi ce système est-il supérieur aux autres ?

De toute évidence, le gouvernement se fichait bien du sort des handicapés. Le fait que des étudiants comme moi souffrent de difficultés financières n'intéressait personne. La triste vérité, c'était que, sans argent, je ne pouvais pas manger. Et sans nourriture, comment espérer m'instruire ?

À l'automne 1990, pendant ma scolarité à Linyi, des cadres du Parti sont venus à Dongshigu pour percevoir taxes et impôts. Comme depuis deux millénaires en Chine, les percepteurs sont passés de maison en maison avec une liste, pour recenser le nombre de personnes vivant dans chaque foyer et ainsi déduire le montant des impôts à payer. Malgré mon infirmité, je devais payer depuis ma naissance une taxe en tant que résident du village, au même titre que tous les habitants des zones rurales. Le fait que, à cette époque, je n'avais encore aucun moyen de subsistance ne changeait rien à l'affaire. De plus, chaque année, le gouvernement exigeait de tout membre d'un foyer qu'il consacre un certain nombre de journées au travail « volontaire », pour la construction d'un pont ou la réfection d'une route, par exemple. Quand on était trop jeune, trop vieux ou infirme comme moi, c'était à la famille de payer ou de travailler à notre place. Enfin, les fermiers devaient « verser » chaque année à l'État une certaine quantité de céréales, toujours selon le nombre de personnes dans le foyer.

Un peu plus tôt cette année-là, mon père était tombé par hasard sur un article de journal évoquant une nouvelle loi promulguée par le gouvernement : la loi sur la protection des personnes handicapées*. En vérité, ce texte ne faisait qu'encourager les gens à traiter les handicapés avec respect, mais il contenait bien quelques éléments suggérant que les infirmes qui n'étaient pas en mesure de travailler (dont les aveugles) « ne devaient pas assumer de charges matérielles supplémentaires ». Très peu d'articles dans cette loi avaient une utilité pratique, mais l'un d'eux stipulait quand même que les aveugles devaient être autorisés à emprunter gratuitement les transports en commun métropolitains.

Mon père payait l'impôt annuel pour moi depuis ma naissance, mais cet article l'a fait réfléchir. Il a commencé à affirmer que me forcer à

* Cette loi a été modifiée depuis. Sauf mention contraire, je fais allusion dans ce texte à la version originale de 1991. *(N.d.A.)*

payer était inhumain ; selon lui, le gouvernement aurait dû aider les infirmes, plutôt que les surcharger de problèmes. Depuis longtemps, la dépendance des personnes handicapées m'agaçait : nous devions déjà nous en remettre aux autres pour nos besoins les plus élémentaires et ce travail « volontaire » obligatoire nous rendait la vie encore plus difficile. La société nous faisait déjà clairement comprendre que nous étions inutiles, ou en tout cas moins importants que les gens « normaux ». À présent, chaque journée de travail volontaire nous rappelait que la société nous considérait comme intrinsèquement inaptes.

Lorsque mon père a tenté de discuter avec les cadres de cette nouvelle loi et de la Constitution chinoise, qui garantissaient la protection des handicapés et stipulaient que tout citoyen dans le besoin avait droit à un soutien financier de la part du gouvernement, les percepteurs ont haussé les épaules, avant de réitérer les ordres qu'on leur avait donnés. N'ayant d'autre choix que de se soumettre, mon père a fini par payer.

Cet hiver-là, quand je suis rentré pour les vacances, mon père et moi avons commencé à décortiquer la loi, article par article, pour essayer d'en comprendre les points les plus importants. À la rentrée suivante, j'ai décidé d'enquêter avec quelques camarades pour savoir si l'article sur les transports en commun était véritablement appliqué. À cette époque, l'école avait assoupli le règlement sur les sorties non accompagnées, si bien que nous sommes partis faire un petit tour en bus, histoire de voir ce qui se passerait.

À peine étions-nous montés dans le bus que la contrôleuse a exigé de voir nos tickets. Nous avons invoqué la loi, mais cela ne lui a fait ni chaud ni froid.

– Jamais entendu parler d'un truc pareil ! Si tout le monde commence à voyager gratuitement, comment le réseau va-t-il fonctionner, hein ?

Le chauffeur s'en est mêlé.

– Quoi ? Vous ne voulez pas payer ? Et puis après, vous allez vouloir manger gratuitement dans les restaurants ? Buffet à volonté et par ici la sortie !

À l'arrêt suivant, le chauffeur a refusé d'ouvrir les portes, mais, comme les autres passagers s'impatientaient, il a fini par nous laisser descendre. Par la suite, nous avons demandé à l'école un exemplaire du texte de loi – imprimé, pas en braille. À partir de ce jour, j'ai emmené le texte partout où j'allais, dans ma poche.

Nous n'avons pas retenté l'expérience. D'abord, parce qu'il n'est pas très agréable de se faire houspiller devant les autres usagers, même quand on a la loi de son côté. Ensuite, nous savions déjà comment cela se terminerait : une réponse méchante, bornée et ignorante. Nous avons préféré signaler notre mésaventure aux deux directeurs de notre école, persuadés qu'à leur tour ils feraient remonter nos préoccupations aux services gouvernementaux idoines. Après tout, la propagande ne cessait de nous rabâcher qu'il fallait « mettre en application avec enthousiasme les lois et politiques nationales ! Protéger les droits des handicapés ! », etc. Toutefois, rien n'a changé et j'ai continué à entendre parler d'aveugles obligés de payer leur ticket de bus.

Lorsque la loi sur la protection des personnes handicapées est officiellement entrée en vigueur en mai 1991, j'espérais noter quelques améliorations, même si je savais que tout changement substantiel à l'échelle du système demanderait du temps. Au printemps et à l'automne 1992, les cadres sont revenus percevoir ma part de l'impôt annuel chez mon père, en dépit de la loi. Pendant les vacances d'hiver, je me suis d'abord rendu avec mon neveu Kegui aux bureaux du village, avant de remonter échelon par échelon la hiérarchie administrative, pour tenter de faire appliquer la loi. Je demandais que le gouvernement cesse d'exiger de l'argent et des services des handicapés, comme le stipulait le texte. Sans exception, les fonctionnaires m'ont ignoré et ont continué à réclamer de l'argent aux indigents et aux infirmes. Ceux qui refusaient de payer recevaient la visite d'une « petite équipe de travail » composée de cadres, qui frappaient toute la famille et pillaient effrontément la maison.

Pendant l'année scolaire 1993, j'ai appelé la branche du Canlian à Linyi, la Fédération chinoise des personnes handicapées, une organisation quasi gouvernementale chargée de la défense des droits des handicapés. Doté de financements gouvernementaux généreux – notamment grâce aux taxes payées par les entreprises qui n'emploient pas le nombre requis d'handicapés –, le Canlian a des bureaux dans toutes les villes et tous les districts de Chine. Tout comme la Fédération chinoise des syndicats « représente » les travailleurs chinois et que la Fédération chinoise des femmes représente les femmes, le Canlian prétend représenter les infirmes de tout le pays. En vérité, c'est une branche du Parti qui engloutit des fonds qui devraient être utilisés pour aider les infirmes. Le Canlian lui-même n'emploie que très peu de handicapés et ne contribue presque en rien aux luttes menées par les infirmes ordinaires pour le droit à la justice, à la dignité et à un moyen de subsistance.

Lorsque j'ai discuté au téléphone de ce qui nous arrivait avec des employés du Canlian, c'est tout juste s'ils n'ont pas bâillé d'ennui. Je me suis ensuite rendu en personne au bureau local du Canlian, puis à celui du district et de la préfecture, ainsi que dans d'autres agences gouvernementales. L'un des responsables que j'ai rencontrés a à peine haussé un sourcil quand j'ai décrit la façon dont la loi était bafouée : « Il y a tant d'infirmes, a-t-il répondu quand j'ai déposé la plainte sur son bureau. S'ils étaient tous exemptés, où trouverions-nous l'argent ? »

Pendant longtemps, je n'ai pas compris pourquoi je piétinais ainsi : que diable faisaient-ils donc de leurs journées, ces fonctionnaires ? Le plus infime effort d'un de ces employés aurait dû apporter une amélioration graduelle. Comme dit le proverbe : « Un moine doit au moins frapper le gong une ou deux fois par jour. » Si c'est votre boulot, alors il faut le faire.

En 1994, comme ma famille continuait à payer des impôts exorbitants, je suis retourné au Canlian, bien décidé à me faire entendre et à trouver quelqu'un qui prendrait ma plainte au sérieux. Avec Kegui et plusieurs camarades de classe, j'ai d'abord été aux bureaux du niveau provincial, avant d'envisager de déposer une requête directement au bureau central de Pékin. L'un de mes camarades s'est montré sceptique : « Ne sais-tu pas à quel point il est difficile pour un infirme de franchir la grille du bureau central ? Quand on demandera à rencontrer M. Untel, on nous répondra simplement qu'il n'est pas là pour l'instant ou qu'il est occupé. »

J'ai quand même réussi à obtenir un rendez-vous avec un haut fonctionnaire du bureau central, lui-même aveugle. Malheureusement, cet entretien s'est révélé inutile : le fonctionnaire s'est contenté d'écouter nos doléances, sans un mot ou presque, puis est resté très évasif. L'un de ses commentaires résumait cependant bien la situation et illustrait parfaitement le cercle vicieux administratif : « Vous devriez retourner à votre bureau local pour demander de l'aide. »

J'étais abasourdi. C'est finalement un voisin cynique et inhabituellement instruit qui m'a éclairé : « Le droit n'existe pas en Chine. Le système judiciaire est sous le contrôle de la branche administrative du gouvernement, qui dépend du Parti. »

– Contrairement à ce qui se passe dans les pays occidentaux, a-t-il poursuivi, le droit ne peut être considéré comme un domaine bien établi en Chine.

– Même le droit constitutionnel ou le droit pénal ? ai-je demandé.

Mon voisin a lâché un rire méprisant.

– Compare avec les autres pays. Aux États-Unis, par exemple, même le Président doit se soumettre à la loi. En Chine, ce serait inimaginable.

À l'époque, je pensais qu'un président, c'était la même chose qu'en empereur, et qu'il pouvait agir en toute impunité.

– Lis plus de livres et tu comprendras, m'a-t-il alors conseillé.

Avec le temps, j'ai bel et bien fini par comprendre. Pour commencer, j'ai découvert que la loi sur la protection n'avait jamais véritablement été appliquée. Aujourd'hui encore, elle reste une promesse creuse, un mensonge de plus que la nation se raconte à elle-même. Bien que promulguée la même année que le Disability Act aux États-Unis, la loi chinoise demeure vague et sans application réelle, très loin derrière son équivalent américain. Dans l'espoir de faire passer la Chine pour un pays civilisé et progressiste aux yeux du monde, ce texte, comme tant d'autres dans le pays, déborde de grands mots pompeux. Or la Chine des textes n'est pas la Chine de la rue, et une loi inscrite sur le papier ne se traduit pas nécessairement dans la réalité. Le Canlian a-t-il jamais eu l'intention de faire appliquer la loi sur la protection et d'agir de façon concrète pour améliorer la vie de plus de cent millions de handicapés chinois, dont les trois quarts vivent à la campagne ? Nous ne le saurons jamais avec certitude, mais les preuves démontrent que, dès le départ, cette loi n'était que de la poudre aux yeux.

Au cours de mes cinq années à l'école de Linyi, j'ai rapidement acquis le programme d'enseignement primaire. Les professeurs faisaient preuve d'un dévouement merveilleux, mais nous continuions à souffrir d'un manque de moyens et de variété dans les cours. Comme j'attendais davantage, j'ai décidé de faire transférer mon dossier à l'école pour aveugles de Qingdao, censée proposer de meilleures conditions et une plus grande ouverture sur le monde extérieur. Cette institution de renom, qui avait été fondée par des missionnaires, proposait un large éventail de matières, y compris la physique et la chimie, domaines réputés inaccessibles aux aveugles.

Bien que j'aie réussi les deux examens d'entrée requis, l'administration de Qingdao a mis un temps inhabituellement long pour me faire savoir si j'étais ou non accepté. Lorsque Deuxième Frère a appelé l'école, le principal a expliqué qu'il avait oublié de nous contacter. Il a ensuite annoncé à mon frère que j'étais le bienvenu, mais que les frais de scolarité étaient élevés. Ma famille allait devoir faire des sacrifices majeurs pour trouver l'argent, même si elle soutenait pleinement ma décision.

Le 3 septembre 1994, Deuxième Frère et moi avons fait un voyage de près de huit heures en car jusqu'à Qingdao, juste pour apprendre que l'école exigeait 1 000 yuans de « frais de transfert », en plus des frais de scolarité, sous prétexte que j'arrivais d'ailleurs. « Vous devriez réfléchir encore un peu », nous ont conseillé les responsables de l'école.

Deuxième Frère, qui avait d'abord accepté de s'acquitter des frais de scolarité, a soudain hésité. Au son de sa voix, j'ai compris la pression qui pesait sur lui. Son propre salaire était de moins de 200 yuans par mois, et la retraite de mon père s'élevait à peine à plus. Pourtant, mon frère a fini par accepter de régler à la fois ma scolarité et les frais imprévus. Pendant mes années à Qingdao, Deuxième Frère m'a aidé avec beaucoup d'abnégation, en prenant en charge non seulement les frais d'inscription, mais également ma nourriture, mes dépenses médicales et le reste. Sachant les sacrifices que cela leur imposait à tous, j'ai tout fait pour limiter mes dépenses au minimum.

Mes premières semaines à l'école pour aveugles de Qingdao ont été difficiles, en partie parce que l'administration a d'abord insisté pour que je redouble une année de primaire. Ils partaient du principe qu'un étudiant en provenance d'une autre école ne pouvait pas avoir le niveau, mais j'ai réussi à les convaincre du contraire. La pression restait toutefois énorme, entre un environnement complètement nouveau, l'exigence des cours et le coût de ma scolarité. Petit à petit, cependant, je me suis adapté.

À Qingdao, mon horizon s'est élargi : je jouissais de plus de liberté, je rencontrais de nouveaux camarades talentueux et motivés, et nos cours étaient plus poussés et mieux encadrés. En réalité, on nous enseignait presque la même chose que dans les autres collèges, notamment en histoire, géographie, maths et chimie. Nous avions aussi des cours de musique, de travaux manuels et de « vie pratique », ainsi qu'un cursus spécialisé en acupuncture, moxibustion* et massage, avec l'objectif de travailler ou de poursuivre des études dans le domaine de la médecine traditionnelle chinoise, seule carrière réellement envisageable pour les étudiants aveugles, en dehors de la musique. Je me suis appliqué à apprendre les méridiens du corps, également appelés « canaux énergétiques », au travers desquels circule le *qi*, la force vitale, ainsi que les centaines de points d'acupuncture que l'on trouve sur l'ensemble du corps humain.

Les voyants se demandent souvent comment les aveugles peuvent étudier et quelles techniques ils utilisent pour appréhender et mémoriser le contenu des cours. Je ne peux pas parler pour les autres, mais, en ce qui me concerne, prendre des notes en cours avec une tablette braille m'était plus difficile que me concentrer sur les explications du professeur. Pendant les cours de physiologie, par exemple, j'écoutais attentivement, tout en essayant de recréer dans mon esprit une carte du corps fidèle à ce que l'enseignant décrivait. Ainsi, comme j'avais déjà compris la structure du corps et ses principes de fonctionnement,

* Technique de stimulation des points d'acupuncture par la chaleur. *(N.d.T.)*

je n'avais pas besoin de prendre trop de notes, car l'information était claire dans ma tête. Lorsque j'avais un moment de libre, dans ma chambre, je notais quelques-uns des points les plus importants du cours à l'aide de ma tablette braille. Grâce à cette méthode, ma mémoire se développait et mon esprit travaillait plus rapidement, retenant mieux les informations importantes. Il se peut que les étudiants voyants qui ne se fient qu'à la prise de notes le fassent au détriment de leur mémoire.

Tous mes cours m'intéressaient, mais j'ai rapidement développé une nette préférence pour la physique. L'enseignant chargé de cette matière nous incitait en permanence à bien réfléchir aux problèmes qu'il nous soumettait, tout en nous encourageant également à poser des questions. Une fois, nous avons débattu du principe de levier et de la célèbre phrase d'Archimède : « Donnez-moi un levier assez grand et un point d'appui, et je soulèverai le monde. » Selon ce principe, nous répétait notre enseignant, une petite force peut en soulever une grande.

Un jour, lors d'un cours sur la gravité, j'ai commencé à réfléchir à un problème : j'ai demandé au professeur ce qui se produirait si je tombais dans un tunnel creusé tout droit jusqu'au centre de la Terre, entre Qingdao, dans la province du Shandong, et la ville de New York. En partant du principe que la gravité m'attirerait vers l'intérieur, m'arrêterais-je au centre de la Terre ou bien ferais-je des allers-retours entre New York et Qingdao ?

Mon professeur n'en savait rien et, pendant longtemps, ma question est restée sans réponse. De nombreuses années plus tard, j'ai interrogé un ami qui connaissait bien le sujet. « Je crois que tu as déjà la réponse, m'a-t-il dit. Dans l'hypothèse où ton tunnel serait un vide parfait, tu devrais te balancer entre le Shandong et New York indéfiniment. »

En plus de travailler dur, j'étais bien décidé à découvrir le monde. Pour un aveugle, cependant, rien n'est plus intimidant que de se déplacer dans un endroit inconnu et de se retrouver aux prises avec les incertitudes infinies de l'espace physique. Un voyant qui parcourt à pied une ville fourmillante avec un bandeau sur les yeux se rend rapidement compte que son environnement lui semble soit très vaste, soit très étriqué. Enfant, je connaissais Dongshigu par cœur, mais une fois sorti de mon village je devais surveiller chacun de mes pas ; dans une grande ville, mon sentiment d'indépendance s'envolait tout simplement. Pour les voyants, apprendre à marcher se résume à bouger les jambes de façon coordonnée ; pour les aveugles, c'est beaucoup plus compliqué. Marcher sans aide peut être un processus tortueux, qui demande une grande expérience et se paie parfois très cher. Depuis mon enfance, j'avais pris l'habitude de me diriger avec souplesse, sans repères ; j'avais également développé la capacité d'interpréter la façon dont les ondes sonores se répercutaient sur ce qui m'entourait pour mieux comprendre où je me trouvais. En ville, c'était beaucoup plus délicat, car j'essayais en vain de me servir de mes oreilles pour me repérer parmi la foule, les klaxons, les vrombissements des camions et des bus et le vacarme des chantiers.

Un jour, un de mes profs de physique préférés, Cui Beihong, m'a demandé si j'étais déjà sorti du campus tout seul. « Non, pas tout seul, ai-je avoué. Seulement avec des amis. » Il m'a alors expliqué que je devais m'efforcer d'être plus indépendant si j'entendais un jour m'intégrer dans la société et y jouer un rôle. Jusqu'alors, je n'avais jamais utilisé de canne, mais j'ai décidé de rendre visite au principal de l'école, qui m'a conduit jusqu'à un placard dans lequel il stockait de nombreuses cannes. Après en avoir acheté une qui semblait convenir, je suis allé trouver un de mes camarades qui avait l'habitude de sortir en ville pour acheter des bricoles ou passer un coup de téléphone. Il a accepté de m'emmener avec lui lors de sa sortie suivante. Quelques jours plus tard, lorsque nous avons arpenté ensemble les rues de la ville, j'ai surtout trouvé qu'il marchait trop lentement, ce qui m'a donné confiance en moi.

Rapidement, j'ai été convaincu que l'école devait nous fournir des cannes et nous apprendre à nous en servir en dehors du campus. Les autres étudiants étaient d'accord. Je me suis entraîné avec M. Cui : il me suivait dans Qingdao tandis que j'essayais de comprendre comment traverser une rue ou un marché encombré, ou bien comment trouver la plage de la ville. Une fois, j'ai même escaladé un sentier de montagne sans personne pour me guider. Peu d'enseignants étaient prêts à prendre ce genre de responsabilités, mais M. Cui a fait preuve d'un véritable courage, non seulement en m'accompagnant, mais aussi en insistant auprès de l'administration pour que ce genre d'apprentissage fasse partie de notre formation. Dès que l'école a commencé à nous enseigner comment trouver notre chemin dans le monde, nous avons rapidement pu quitter l'enceinte de l'école pour participer de façon plus normale à la société. J'avais l'impression que mon univers s'ouvrait de façon exponentielle.

J'ai aussi découvert d'autres horizons grâce à un petit poste de radio que j'avais acheté à Linyi. La radio a toujours été pour moi une source vitale d'informations et de savoir. À Linyi, j'avais déjà compris que, si je voulais aller plus loin dans la vie, j'allais devoir apprendre l'anglais. Pour cela, il me fallait un lecteur de cassettes, car il n'existait aucun livre en braille.

L'acquisition d'un tel appareil n'a cependant pas été aisée. Au début de ma scolarité, j'avais pensé que mon père m'aiderait à en acheter un, persuadé qu'il comprendrait son importance pour mon instruction. Son refus n'en a été que plus douloureux. N'avait-il donc pas à cœur de m'aider à m'épanouir pleinement ? J'étais toutefois déterminé, quitte à épuiser mes propres économies. Depuis plus de dix ans, j'engrangeais soigneusement de l'argent, sou par sou, en vendant par exemple la laine de mes lapins angoras ou des fleurs médicinales récoltées sur un arbre du village, ou encore en travaillant dans le verger de gens de ma famille. Deux ou trois ans après avoir eu l'idée de m'acheter un lecteur-enregistreur de cassettes, j'ai enfin réuni la somme nécessaire. Malheureusement, j'ai découvert peu de temps après que les cassettes de cours d'anglais étaient trop chères pour ma bourse et je n'ai trouvé personne pour m'en prêter. J'ai quand même pu me servir de mon appareil pour enregistrer mes cours et les revoir par la suite.

Parmi les programmes proposés à la radio, je suivais particulièrement les émissions locales sur le droit, comme *La Hotline de l'avocat*, qui encourageait les gens à appeler pour demander des conseils d'ordre juridique. Les efforts que je faisais pour faire appliquer la loi sur la protection des personnes handicapées, ainsi que les nombreuses injustices dont j'étais témoin, m'ont poussé à m'intéresser de plus en plus au droit. La radio m'a également aidé à comprendre le pouvoir des médias et, au cours de ma première année, une expédition dans Qingdao a achevé de me convaincre.

La loi nationale sur la protection des personnes handicapées stipulait que les aveugles pouvaient emprunter gratuitement les réseaux de transports en commun métropolitains. La plupart du temps, nous sortions sans aucune carte d'identité ni ticket de bus fourni par le gouvernement. À Qingdao, contrairement à Linyi, nous ne rencontrions aucun problème sur le réseau de bus – les gens ont la réputation d'y être très gentils et courtois. Nous avons donc été surpris lorsqu'un contrôleur a un jour insisté pour que mes amis et moi payions notre trajet.

Après avoir été forcés d'acheter un ticket, nous avons appelé une station de radio locale depuis une cabine, afin de raconter notre mésaventure. Un journaliste a contacté la société de transport, et, le lendemain, le principal a interrompu le cours pour nous informer que trois de leurs représentants attendaient dans son bureau, prêts à nous présenter des excuses et à rembourser le prix de notre ticket. Ils nous ont également donné deux vieux calendriers muraux, dont les feuilles épaisses se sont par la suite révélées bien utiles pour remplacer le papier braille, qui était très cher. C'était la première fois que ce genre de problème se résolvait grâce aux médias. Ç'a été une belle leçon sur le rôle primordial des médias dans la promotion de la justice.

Si les lecteurs de cassettes pouvaient aider à l'instruction des aveugles, alors j'ai dès le début été convaincu que les ordinateurs joueraient un rôle encore plus grand. À l'automne 1996, un camarade m'a appris qu'un professeur de l'université Tsinghua, à Pékin, avait conçu un ordinateur parlant. La nouvelle m'a presque fait perdre la tête. J'ai harcelé notre principal pour qu'il se renseigne sur cette machine, puis j'ai fini par appeler moi-même le professeur. Il a décroché et dit d'une voix douce : « Ici Mao Yuhang. » J'ai alors expliqué que j'étais étudiant à l'école pour aveugles de Qingdao et que je voulais venir à Pékin pour apprendre à me servir de l'ordinateur qu'il avait inventé. À ma grande surprise, il a tout de suite accepté et m'a proposé de lui rendre visite pendant les quinze premiers jours des grandes vacances du Nouvel An chinois, au début de l'année 1997.

M'aventurer seul dans Qingdao était une chose ; parcourir seul en train plusieurs centaines de kilomètres jusqu'à Pékin, c'était une tout autre aventure. Je suis parti avec un camarade d'école ; à deux, nous avons rapidement appris à ne rien considérer comme acquis dans de telles circonstances. Prendre un billet de train, trouver des toilettes, acheter de quoi manger... tout était une épreuve redoutable. À Jinan, la capitale de province, nous avons dû changer de train, ce qui signifiait traverser la ville pour rejoindre une autre gare. Nous nous sommes élancés, nos cannes à la main, sans trop savoir quelle direction prendre. Lorsque nous nous sommes retrouvés dans un passage piéton souterrain, j'ai eu l'impression de pénétrer dans une grotte. J'entendais de l'eau tomber goutte à goutte quelque part et des gens passer en toute hâte dans les deux sens, leurs voix résonnant de façon chaotique. Nous avons demandé au premier conducteur de pousse-pousse que nous avons croisé de nous conduire jusqu'à l'autre gare, car nous voulions soit prendre le prochain train pour Pékin, soit trouver un endroit où passer la nuit. Mais l'homme a tenté de nous faire les poches, avant de nous abandonner sur le bord de la route, profondément ébranlés.

Nous avons rapidement trouvé un autre pousse-pousse. En montant, j'ai touché la manche en coton de la veste matelassée du conducteur. Cela m'a rappelé mon village, et j'ai instinctivement eu confiance en cet homme. J'ai eu raison ; il nous a conduits à l'école pour handicapés de la ville, où il savait que nous pourrions passer la nuit, et a refusé le prix de la course. Je me souviens encore aujourd'hui de son nom, Wang Xiaoqing, et de sa chaleur. Juste avant qu'il ne s'éloigne, j'ai parcouru des mains son vélo-taxi pour en graver chaque détail dans ma mémoire. Remarquant un gant sur le guidon, j'ai compris qu'il devait être bien difficile de faire ce métier les jours de grand froid. « Vous saluerez bien votre famille de ma part, lui ai-je dit quand nous nous sommes séparés. – Vous avez encore du chemin à faire, a-t-il répondu. J'espère qu'on vous viendra en aide. »

Le lendemain, nous sommes enfin arrivés à Pékin. Sur le parvis bondé de la gare, nous nous sommes rendu compte que nous n'avions aucun moyen de retrouver le professeur Mao. J'ai eu l'idée de lever nos cannes au-dessus de nos têtes, car ces « bâtons clairs » devaient être faciles à repérer. Nous avons essuyé quelques quolibets de la part de Pékinois qui nous insultaient et se moquaient de ce que nous étions perdus. Enfin, Liu Ning, l'assistante du professeur Mao, s'est approchée. Après deux jours épuisants, c'était un immense soulagement d'avoir quelqu'un pour nous guider.

Liu Ning nous a conduits jusqu'au campus de la célèbre université Tsinghua, où j'ai entendu des pies voler et des gens chanter. Je sentais que l'endroit était vaste et je savourais l'idée de me tenir entre les murs de cette institution sacrée, vénérée par les universitaires et les étudiants de toute la Chine. Liu Ning nous a ensuite escortés jusqu'au petit hôtel que le professeur Mao nous avait trouvé. L'employé de la réception n'en croyait pas ses yeux.

– Comment peuvent-ils dormir ici ? a-t-il demandé à Liu Ning.

– Ne vous inquiétez pas, l'ai-je rassuré. Ce ne sera pas un problème. Vous n'avez qu'à nous conduire à notre chambre et nous montrer où se trouve la salle de bains.

Le passage souterrain qui menait à la chambre m'a fait l'effet d'un terrier. La salle de bains, bien que peu accessible, était équipée d'une douche, juste à côté des toilettes, et il y avait de l'eau chaude.

Lorsque le professeur Mao est venu à notre hôtel, ce soir-là, il a commencé par nous demander si nous avions déjà utilisé, ou même simplement vu un ordinateur. J'ai répondu que j'en avais déjà vu un – j'avais été en présence de l'appareil, je l'avais même touché –, mais c'était tout.

– Est-ce qu'on peut lire des livres avec ? ai-je demandé, très impatient.

En riant, M. Mao m'a expliqué que ce serait très certainement possible à l'avenir. Nous étions excités comme des puces à l'idée de passer les quinze jours suivants à apprendre les bases du fonctionnement d'un ordinateur sous sa direction.

Le lendemain matin, dans le bureau du professeur, j'ai eu la joie de passer mes mains sur l'ordinateur tout entier. Je savais qu'il était comme n'importe quel autre appareil, à une exception près : le logiciel du professeur Mao lui permettait d'énoncer à voix haute les mots que nous tapions sur le clavier. La qualité du son était atroce, l'ordinateur était d'une lenteur horripilante et la disposition des touches sur le clavier me paraissait complètement illogique. Pourtant, pendant deux semaines, nous avons appris l'art presque impossible de saisir des mots que l'on ne pouvait pas voir, ainsi que quelques notions de traitement de texte, comme copier, coller ou effacer. L'expérience était compliquée, mais c'était révolutionnaire : pas besoin de tout recommencer en cas d'erreur et il était enfin possible de faire lire notre travail à d'autres. En braille, le lectorat est très limité et la « traduction » en écriture standard est laborieuse.

Même si les chances de trouver un ordinateur à notre retour à Qingdao étaient minces, nous étions profondément reconnaissants envers M. Mao pour son enseignement généreux. Le dernier jour de notre séjour à Pékin, le professeur nous a invités à dîner chez lui, avec sa famille. Ce soir-là, comme pendant tout notre séjour, je ne l'ai jamais senti gêné par notre présence, comme c'est souvent le cas avec les voyants. Il s'est toujours montré chaleureux et attentionné, et semblait comprendre un peu ce que nous avions dû surmonter pour venir étudier avec lui.

– Servez-vous de votre esprit et réfléchissez bien, nous a-t-il conseillé le dernier soir. Je sais que vous nourrissez de grandes aspirations et de nobles idéaux, mais cela peut être difficile en Chine, à l'heure actuelle.

– C'est vrai, ai-je répondu. Mais si on n'a pas le courage d'affronter des difficultés, alors la vie ne rimera jamais à rien.

Après le dîner, le professeur Mao nous a raccompagnés à l'hôtel et nous a demandé de transmettre ses hommages à notre famille. Le lendemain matin, nous avons rassemblé nos affaires et, comme prévu, nous sommes partis en compagnie de Liu Ning en direction d'un vieux quartier de Pékin appelé Yongdingmen. C'est là que nous nous sommes dit adieu.

De nouveau seuls, mon camarade et moi avons trouvé notre chemin jusqu'à une ruelle où se trouvait le bureau des Lettres et des Visites, également connu sous le nom de « bureau des Plaintes ». Selon une tradition chinoise qui remonte à l'époque impériale, les pétitionnaires peuvent se présenter dans ces bureaux pour signaler leurs malheurs et leurs peines les plus graves, espérant envers et contre tout se faire entendre et obtenir justice. Si la Chine avait été dotée d'un système judiciaire digne de ce nom, ce genre d'endroit serait inutile. En réalité, il s'agit de l'unique administration où l'on peut encore quémander de l'aide, même si la seule chose que les Chinois y reçoivent en échange de leurs efforts, c'est la certitude que leur plainte est vaine. À l'époque, je ne le savais pas encore et j'étais plein d'espoir.

D'une certaine façon, cette matinée d'hiver était l'aboutissement de six années de protestations. À vingt-six ans, j'étais un étudiant aveugle et dépendant, sans moyens de subsistance. Ma famille, déjà étouffée par le coût de mon éducation, devait encore payer des taxes pour moi et accomplir à ma place chaque année le service de travail volontaire. La loi sur la protection, qui existait officiellement depuis six ans, n'avait apporté aucun véritable changement dans la vie de mes parents et n'avait certainement pas allégé leur peine. Je voulais donc profiter de mon séjour à Pékin pour présenter ma requête directement au gouvernement central. D'un côté, j'agissais dans la tradition du « sujet loyal » en passant par les canaux officiels ; de l'autre, je posais un acte téméraire qui pouvait très bien me créer des ennuis avec les autorités de mon village, qui risquaient de perdre la face vis-à-vis de Pékin. Ces dernières années, de nombreux pétitionnaires avaient été battus, jetés en prison ou kidnappés par les fonctionnaires locaux, à leur retour.

Mon camarade et moi sommes entrés au bureau des Plaintes avec les autres mécontents et désespérés, afin d'essayer de faire respecter nos droits. Après avoir fait la queue pendant longtemps, nous avons rempli un formulaire pour expliquer la raison de notre venue. Un fonctionnaire a fini par me diriger vers une salle, et mon camarade, vers une autre. L'homme que j'ai alors rencontré a griffonné quelques mots sur une feuille de papier, m'indiquant que je devais transmettre le document aux autorités du niveau provincial. Il ne m'a pas expliqué ce qu'il avait écrit et, évidemment, je ne pouvais pas le lire.

– Ne montre ce document à personne d'autre, m'a-t-il averti, avant de se lever.

– Vous ne pouvez pas partir comme ça sans avoir rien fait ! ai-je protesté en lui barrant la route.

– Laisse-moi passer ! Je t'ai déjà dit ce qu'il fallait faire.

Depuis cinq ans, je m'étais adressé à tous les degrés possibles de la hiérarchie pour déposer ma requête, depuis le village jusqu'à la préfecture, en passant par le canton et le district. À présent que je me trouvais au niveau national, au bureau d'État, je n'avais plus personne vers qui me tourner, à moins de forcer l'entrée du Zhongnanhai, le quartier réservé aux chefs du Parti. Profondément choqué, j'ai fini par comprendre que le système de plaintes tout entier était inutile et que le Parti communiste ne ferait jamais rien pour moi. À partir de ce jour, j'ai décidé que la meilleure façon de répondre aux injustices sociales était de prendre des mesures légales et de chercher la justice dans un tribunal.

Mon camarade et moi avons quitté le bureau pour nous diriger vers la gare. Dans la ruelle, un homme s'est approché et nous a demandé si nous sortions du bureau des Plaintes. Comme il semblait bienveillant, je lui ai tendu le morceau de papier qu'on m'avait donné et lui ai demandé de nous le lire à voix haute.

– « Chen Guangcheng est venu nous trouver concernant un problème dans le Shandong. Nous espérons que vous pourrez répondre à sa demande. »

L'inconnu m'a expliqué que, en dehors de mon nom, le reste n'était qu'un formulaire prérempli, sans signature ni tampon pour indiquer qui l'avait écrit. De toute façon, je savais que personne ne prendrait la peine de lire ce document.

Mes fréquentes réclamations et plaintes à Pékin n'ont pas échappé à l'attention des officiels locaux. Plus tard cette même année, tandis que j'étais à Qingdao, les autorités locales ont envoyé à Dongshigu un représentant qui a allègrement informé mon père qu'au lieu de prélever des taxes, le gouvernement lui verserait à présent 200 yuans par an pendant toute la durée de ma scolarité. Tout ce que mon père avait à faire, c'était signer un document en mon nom. Mon père a accepté, soulagé d'être enfin libéré de cette taxe et heureux que mon voyage à Pékin ait porté ses fruits.

À l'époque, de nombreux habitants des campagnes se servaient d'un sceau personnel, ou *chop*, et d'encre rouge pour signer les documents officiels. Il fallait positionner le sceau le plus près possible du dernier mot du document, afin d'empêcher l'insertion de tout texte additionnel. Mon père, qui ignorait ce détail, a apposé son sceau dans une marge. Profitant de cette erreur, le fonctionnaire a par la suite ajouté quelques mots qui changeaient tout. Le document certifiait à présent que mon père était d'accord pour me décrire comme un être « indigne de confiance et capable de fournir de fausses preuves ». Il nous a cependant fallu quelque temps avant de comprendre ce qui s'était réellement passé.

Au printemps, saison où les fermiers préparent leur terre pour le semis, nous avons découvert que le gouvernement avait confisqué les deux tiers de mes terres – environ mille mètres carrés, attribués à chaque villageois au moment de la réforme agraire. Sans aucun avertissement ni fondement juridique, le gouvernement avait loué mes terres à d'autres villageois.

J'ai protesté à maintes reprises, allant jusqu'à rencontrer le secrétaire du Parti et porter plainte par écrit auprès des officiels du gouvernement, mais cette saisie foncière semblait être une affaire réglée. Depuis des années, le gouvernement volait mon argent au travers d'une imposition illégale ; cette confiscation flagrante de mes terres ne faisait que témoigner davantage de l'étendue de la corruption. L'habileté du fonctionnaire démontrait que en dépit de la loi, tout ce qui avait changé, c'était le moyen d'extorsion. De plus, le gouvernement considérait à présent l'affaire comme classée. Des années d'efforts qui avaient abouti à ma plainte déposée à Pékin venaient d'être balayées par la plume sournoise d'un fonctionnaire bien à l'abri dans son bureau. Par la suite, le gouvernement a également saisi le reste de mes terres, sous le prétexte absurde que j'étais parti faire mes études.

En 1998, j'ai commencé à envisager sérieusement d'aller à l'université. Au printemps, alors que j'étudiais toujours à Qingdao, j'ai entendu dire que l'université de médecine chinoise de Nankin devait recruter des étudiants à la rentrée suivante. À l'époque, seules deux universités acceptaient des étudiants aveugles en Chine, dont celle de Nankin, qui inscrivait un petit groupe d'aveugles tous les trois ans, et seulement pour les cursus d'acupuncture et de massage chinois. Jusqu'alors, environ quatre cents étudiants aveugles avaient fréquenté l'université en Chine. Quelles étaient donc les chances pour un jeune aveugle issu d'une pauvre famille de paysans ?

La possibilité de m'inscrire à Nankin m'a tout de suite interpellé. Cependant, je n'avais pas encore terminé mes études à Qingdao et je savais que l'école ne serait pas ravie de me voir partir plus tôt. J'étais partagé : j'avais à la fois l'envie de terminer mon cursus à l'école, mais aussi celle de commencer l'université le plus vite possible, afin d'obtenir un travail et de devenir indépendant. En dépit des obstacles, j'étais convaincu qu'une formation universitaire était le seul moyen d'assouvir ma soif de connaissances.

L'un de mes camarades se demandait comme moi quelles étaient les conditions pour entrer à Nankin, si bien que nous avons décidé d'appeler l'université pour demander des détails sur les inscriptions, les examens d'entrée et les frais de scolarité. Après avoir quitté l'école avec nos cannes, nous avons rejoint en bus un bureau des Postes et Télécommunications pour trouver un téléphone public. Après nous être entretenus avec quelqu'un de l'université, nous étions tous les deux pleins d'espoir et j'ai immédiatement commencé à me préparer pour l'examen d'entrée. Ma seule inquiétude concernait les frais de scolarité, qui étaient exorbitants pour une famille aussi pauvre que la mienne. Il fallait débourser 200 yuans rien que pour faire une demande d'inscription et l'année elle-même coûtait 2 800 yuans, sans compter la nourriture, le logement et les dépenses diverses.

J'ai rapidement décidé de parler à ma famille de cette rare opportunité et de mon intention de tenter l'examen d'entrée. Une telle occasion ne se représenterait sans doute jamais. J'ai appelé Deuxième Frère, qui vivait à présent dans le district de Yinan, pour lui expliquer que Nankin était l'occasion pour moi de suivre une véritable formation et qu'un diplôme universitaire aurait bien plus de valeur que celui de Qingdao. Son refus catégorique m'a désarçonné. À ses yeux, cela n'avait aucun sens. D'ailleurs, a-t-il ajouté, les gens de Nankin parlaient un dialecte complètement différent* ; que pouvais-je espérer apprendre si je n'étais même pas en mesure de comprendre ce que mes professeurs racontaient ? Quatrième Frère s'est lui aussi opposé à mes projets. Je savais que leurs réticences étaient en partie dues à des questions d'argent : mes frères s'inquiétaient du coût élevé de l'inscription, une somme qu'ils devraient sans doute en partie prendre en charge. Je savais aussi qu'ils étaient sans doute aux prises avec des préjugés latents. Aucun de mes frères n'avait fréquenté l'université ; l'idée que je puisse y aller leur paraissait sans doute un gâchis ahurissant. Leur refus m'a blessé.

J'ai parlé de mon dilemme à Wang Yongbo, une amie voyante qui préparait un diplôme de médecine occidentale à l'université. Elle m'a encouragé à me présenter. Ainsi, plein d'idéalisme et d'espoir, j'ai choisi de tenter l'impossible pour être accepté à l'université de médecine chinoise de Nankin. Peu importaient les difficultés qui m'attendaient – la résistance de ma famille, le manque d'argent –, j'étais décidé à me présenter à l'examen d'entrée. Wang Yongbo m'a aidé à remplir le formulaire et m'a accompagné à la poste pour envoyer ma demande. J'ai payé les frais avec les 200 yuans que m'avait donnés un oncle lors d'une de ses visites à l'école, l'année précédente, une somme si conséquente que je n'avais pas osé y toucher.

Pour l'examen d'entrée, je devais me rendre à Nankin avec une pièce d'identité officielle – une « preuve », comme ils disaient – émise par mon village natal. L'idée me mettait mal à l'aise, car j'allais devoir faire face une fois encore aux objections de ma famille. J'ai pris le car pour rentrer. Deuxième Frère est venu me chercher à Yinan, insistant toujours pour que je renonce à passer l'examen. Finalement, arrivé à Dongshigu, j'ai trouvé le soutien que j'espérais. En apprenant mes intentions, mon père a simplement dit : « Si tu es capable de réussir l'examen, alors nous devons te soutenir. »

* L'auteur vient d'une région où l'on parle le mandarin, alors que dans la région de Nankin on parle le wu. *(N.d.T.)*

Le défi suivant a été de préparer cet examen, qui, en plus de la médecine chinoise, comportait des épreuves de chinois, de maths et de politique. Comme il n'existait presque aucun matériel pédagogique en braille, Wang Yongbo avait entrepris, avant mon départ, d'enregistrer ses cours à voix haute, afin que je puisse m'en servir. Par la suite, lorsqu'elle a été trop occupée par ses propres études, des amis à elle se sont proposés pour prendre le relais.

Au village, les journées d'été étaient étouffantes. Comme il n'y avait qu'un seul ventilateur dans la maison, j'avais toutes les peines du monde à me concentrer, si bien que je préférais réviser la nuit et me reposer le jour. Parfois, des pannes de courant m'empêchaient d'écouter mes cours. Je relisais alors les quelques livres en braille que je possédais.

À la fin du mois de juillet, le moment est enfin venu de me préparer pour le voyage à Nankin, à près de cinq cents kilomètres au sud. Mon cousin de dix-neuf ans, Chen Kegui, devait m'accompagner. À ce moment crucial, comme si souvent dans ma vie, les membres de ma famille ont fait d'immenses sacrifices pour moi. Ma mère, sachant que je devais être en forme pour la journée d'examens, a préparé assez de *jianbing* pour tout le trajet. Nous avons également emporté une boîte de larves de cigales frites et saupoudrées de sel, un en-cas croustillant et délicieux pour qui sait l'apprécier.

L'examen d'entrée à l'université, le *gaokao*, est un rite annuel en Chine, appréhendé par tous, depuis les lycéens fraîchement diplômés jusqu'à leur famille, et parfois même leur communauté entière. Son équivalent en braille avait lieu plus tard et il était également structuré et noté différemment ; la pression était cependant tout aussi grande. Les épreuves étaient longues et difficiles. À la fin du *gaokao*, j'étais confiant ; mais cela suffirait-il ?

Après les épreuves, je suis rentré à Dongshigu et c'est alors qu'a commencé l'attente angoissée des résultats. Je m'inquiétais tout le temps que l'université ne parvienne pas à me joindre, car ma famille n'avait le téléphone. Enfin, un courrier est arrivé par la poste : j'avais réussi l'examen et j'étais accepté à l'université. Je devais commencer les cours à Nankin le mois suivant.

4

LE POINT DE NON-RETOUR

En septembre 1998, après une nuit sans sommeil à bord d'un car non climatisé, mon père et moi sommes arrivés à Nankin aux premières heures du jour. Avant même le lever du soleil, nous nous sommes dirigés vers l'école pour aveugles de la ville. Bien qu'inscrit à l'université de médecine chinoise, c'était là que j'allais suivre mes cours, car les aveugles étudiaient dans un lieu à part et les professeurs de l'université se déplaçaient jusqu'à nous pour dispenser leur enseignement. La seule exception était le cours de dissection, pour lequel nous étions conduits en car jusqu'à l'université, à une demi-heure de route. Comme je l'ai bientôt compris, l'administration dissimulait ce système de ségrégation injuste sous un voile de bureaucratie et d'excuses officielles.

Mon père et moi nous sommes rendus à la salle 102, au premier étage de l'internat, où nous avons découvert quatre lits superposés. J'ai choisi un lit en hauteur, près de la fenêtre. Le responsable de l'internat est ensuite passé pour m'aider à m'installer et m'a tendu un paquet : un oreiller et des draps, une thermos, deux bols émaillés, deux cuillers et deux bassines pour la toilette, tous inscrits d'un numéro, le 98018. Il m'a ensuite expliqué le fonctionnement de l'internat et j'ai appris avec soulagement que la cantine se trouvait non loin de ma chambre et que j'avais une source d'eau potable à proximité.

Plus tard dans la matinée, mon père et moi avons découvert que l'université souhaitait encaisser la totalité des frais d'inscriptions dès le lendemain. Cette nouvelle a assombri mes premières heures à Nankin ; au lieu d'être excités par cette nouvelle vie étudiante qui m'attendait, mon père et moi étions au contraire déprimés et abattus. Notre situation financière était simple : mon père, qui touchait à l'époque un peu moins de 300 yuans par mois pour sa retraite, allait devoir couvrir les 2 800 yuans exigés pour l'année scolaire, auxquels s'ajoutaient

3 000 yuans environ pour mes manuels et mes frais quotidiens. Or, il était parti de chez nous avec exactement 3 000 yuans en poche ; conscient d'être loin du compte, il avait pensé se débrouiller pour réunir le reste à son retour à Dongshigu. Je savais pourtant qu'il avait déjà frappé à toutes les portes du village pour emprunter de l'argent, mais sans grand succès. J'avais aussi remarqué qu'il ne souriait plus autant qu'avant, la pression étant trop forte. Sachant le fardeau financier que je lui imposais, j'étais également très tendu.

Après un déjeuner de beignets frits et de lait de soja frais dans ma chambre, je me suis allongé pour faire une sieste. Cet après-midi-là, plusieurs autres étudiants sont arrivés et ont commencé à s'installer. Le soir, à l'approche de l'heure du coucher, je me suis rendu compte que j'avais perdu la trace de mon père dans toute cette excitation. Je l'ai retrouvé à la cantine, assis sur un petit banc, tenant à la main le petit sac râpé contenant ses affaires.

– Je n'ai nulle part où dormir, m'a-t-il expliqué. Je crois que je vais rester ici ce soir.

– Tu ne peux quand même pas dormir là, ai-je protesté.

– Ce banc fera l'affaire. Quand je serai fatigué, je n'aurai qu'à m'allonger.

Le banc était si étroit qu'il était presque impossible de dormir dessus. Mon père, à présent âgé de plus de soixante ans, devait-il vraiment passer la nuit dans la cantine ? Neuf ans plus tôt, lorsqu'il m'avait conduit à l'école de Linyi, il montrait déjà les premiers signes de l'âge. À présent, c'était un vieillard. Il marchait en traînant les pieds, plus lent que jamais. Peiné, j'ai insisté pour qu'il partage mon lit et je l'ai aidé à monter tant bien que mal sur la structure branlante. J'avais l'esprit en ébullition : je pensais au sort amer de mon père et à la situation de notre famille qui devait impérativement s'améliorer. Finalement, mon père s'est endormi rapidement et a même commencé à ronfler.

Le lendemain, nous sommes descendus payer les frais de scolarité. Des membres du personnel de l'université de Nankin, venus jusqu'à l'école pour aveugles afin d'inscrire la nouvelle promotion, nous ont alors annoncé que, en plus des frais de scolarité, nous devions verser la somme de 400 yuans pour la literie et les articles divers achetés pour nous par l'école. En tout, les deux factures s'élevaient à 3 200 yuans, c'est-à-dire plus que ce que mon père avait avec lui. Le personnel de l'université a accepté une simple avance de 1 800 yuans sur les 2 800 des frais de scolarité, à condition que mon père envoie les 1 000 yuans manquants dès que possible. Après avoir payé les 400 yuans que nous devions à l'école locale, mon père n'avait plus que 800 yuans. Le lendemain, j'ai appris que la moitié de cette somme servirait à couvrir le prix des manuels pour le premier semestre. Le peu qu'il restait devrait suffire pour ma nourriture et toutes les autres dépenses. J'allais devoir me débrouiller pour tenir pendant les mois à venir, au risque de connaître encore la famine.

Comme tous les étudiants de première année, nous avons commencé par deux semaines de service militaire. Cela a été pour moi l'occasion d'être avec mes camarades, dont certains sont restés des amis proches pendant mes trois années d'études. Il y avait Geng Yao, qui s'est par la suite converti au christianisme et avec qui je suis encore en contact aujourd'hui. J'ai aussi fait la connaissance du génial Chen Xianyang, dont la famille était si aisée qu'il venait à Nankin en avion, chose presque inouïe à l'époque pour les gens normaux. Un autre ami, du nom de He Zhou, était très intelligent mais manquait malheureusement d'ambition. Chaque fois que nous nous retrouvions, c'étaient des débats passionnés sans fin sur la politique, la vie et tant d'autres choses encore.

Enthousiasmé par la vie universitaire, je me suis plongé avec délices dans mes études. Le premier semestre, j'ai étudié l'anatomie, la dissection, le diagnostic, l'acupuncture et le massage ; j'ai également suivi un cours obligatoire intitulé « Marxisme élémentaire ». La salle de dissection sentait toujours très fort le formol ; il y avait un cadavre par table, mais nous travaillions parfois sur des mannequins imitant les tissus humains. Je n'avais pas peur de toucher les corps et la dissection ne me mettait pas mal à l'aise. Mes camarades et moi avons appris la façon dont les os s'assemblent les uns avec les autres, la disposition des muscles et le tracé des veines et artères. J'ai aussi découvert que les mains sont souvent plus précises que les yeux pour déterminer l'emplacement exact des points d'acupuncture.

Cet automne-là, en plus de toutes mes autres matières, je me suis inscrit à un cours facultatif sur les principes élémentaires du droit et de la médecine ; c'est d'ailleurs le seul et unique contact universitaire que j'ai eu avec le droit. Mon intérêt pour ce domaine s'était développé au fils des ans et je demandais sans cesse qu'on me lise les textes juridiques sur lesquels je parvenais à mettre la main. Pourtant, à l'exception de la loi sur la protection des personnes handicapées, je n'avais jamais été en mesure de trouver des livres ou des documents juridiques adaptés aux aveugles. Évidemment, nous n'avions aucun manuel en braille pour ce cours, si bien que j'écoutais avec attention et prenais quelques notes après le cours magistral. Nous n'avions d'ailleurs de livres en braille que pour la moitié de nos cours, même si, dès la fin du premier semestre, je n'ai plus eu les moyens d'en acheter. Je me suis alors contenté d'emprunter ceux de mon ami et voisin de classe He Zhou, après qu'il les avait lus.

Malgré mon enthousiasme, ma santé restait un sujet de préoccupation. La routine m'était à présent tristement familière. Les premières semaines de cours étaient tolérables. Sans être jamais vraiment rassasié, je ne souffrais pas trop de la faim et pouvais tenir ainsi pendant quelque temps. Lors de ces premiers stades, je salivais souvent abondamment dès que je percevais la moindre odeur de nourriture – quelque chose d'aussi banal que des nouilles instantanées était capable de me faire tourner la tête.

Au bout de un mois ou deux, le manque de nourriture commençait à se faire sentir de façon plus douloureuse et inquiétante. Pour commencer, je perdais toute énergie, au point de devenir apathique, sans pour autant être capable de dormir la nuit. Enfant, j'avais toujours été agile et vif; je pouvais m'accrocher à une branche d'arbre d'une main tout en fouillant un nid d'oiseau de l'autre. À présent, rester debout trop longtemps suffisait à me fatiguer. Plus troublant encore, ma mémoire, autrefois si réactive, me faisait souvent défaut. Au début du semestre, j'étais capable de mémoriser les textes et les devoirs, et une seule lecture me suffisait pour être prêt pour le lendemain. Au fil des semaines, cependant, la malnutrition a englué les rouages de mon esprit et j'ai eu besoin de plus en plus de temps pour mémoriser quelques lignes. J'avais souvent l'impression que mon cerveau était devenu rugueux et rigide, et que toute la partie inférieure de mon crâne était épaisse et sans vie.

Chaque fois que je rentrais chez moi pour les vacances, mon père, horrifié de me voir aussi émacié et en mauvaise santé, cuisinait aussitôt un ragoût de choux aux travers de porc. Cependant, comme je n'avais rien mangé de nourrissant depuis longtemps, mon corps se rebellait. Après quelques bouchées, j'étais obligé de reposer ma cuiller, l'estomac ballonné et lourd.

Le lendemain, mon ventre se mettait à enfler comme un énorme tambour – cela faisait même des *dongdongdong* sonores quand je tapais dessus – et il me fallait encore quatre ou cinq jours avant de commencer à digérer correctement. Pendant les vacances d'hiver, j'avais à peine le temps de me remettre, que déjà je devais retourner à l'université pour affronter de nouveau la faim. Pendant les vacances d'été, j'avais plus de temps pour reprendre des forces. Je dormais alors mieux et il m'était moins difficile de me concentrer. Toutefois, à chaque début de semestre, le cercle vicieux recommençait.

En plus de ce que j'apprenais en cours, je continuais à affiner mes connaissances sur la politique et l'actualité, principalement grâce à la radio. Radio Free Asia, une association fondée par le gouvernement américain, a été une révélation. La première fois que j'ai écouté cette station, c'était sur le petit poste de mon camarade de chambrée. Ce soir-là, comme souvent, nous étions allongés sur nos lits pour écouter *La Hotline de l'auditeur*. Le concept de cette émission était simple : n'importe qui pouvait appeler pour donner son opinion ou partager une expérience. J'entendais toutes sortes de Chinois ordinaires s'exprimer librement : certains étaient avides de découvrir le vaste monde, d'autres subissaient des injustices et d'autres même étaient des nationalistes bornés qui cherchaient une occasion de critiquer le gouvernement des États-Unis. Ce qui m'impressionnait le plus, c'était qu'une radio soutenue par le gouvernement américain n'essayait pas de censurer ce genre de critiques sur ses propres ondes. J'empruntais souvent son petit poste de radio à mon camarade lorsqu'il ne s'en servait pas, pour écouter RFA ou La Voix de l'Amérique jusque tard dans la nuit, surtout lorsque la faim m'empêchait de trouver le sommeil.

Certaines émissions radiophoniques m'ont fait découvrir des mondes entièrement nouveaux, comme *La Grande Évasion de Tian'anmen*, sur RFA. C'étaient des chroniques relatant au jour le jour le parcours de Chinois qui avaient fui les répressions brutales de Pékin en 1989, afin de se réfugier aux États-Unis, à Hong Kong, Taïwan ou ailleurs. L'émission, aussi palpitante qu'une minisérie, racontait pourtant des histoires réelles. Je me suis rendu compte que, dans d'autres circonstances – si je n'avais pas été un jeune aveugle de dix-huit ans qui apprenait tout juste à lire et à écrire –, je me serais peut-être moi aussi trouvé sur la place Tian'anmen, comme des centaines de milliers de manifestants, parmi ces étudiants, travailleurs ou simples citoyens qui sont morts pendant les événements.

Peu après le début du deuxième trimestre, j'ai été directement impliqué dans un incident concernant mon ami Chen Xianyang. Cela a été mon premier choc frontal avec les autorités. Un soir, alors que j'étais au lit avec une migraine, un camarade a fait irruption dans la chambre en s'écriant :

– Xianyang s'est fait tabasser !

Nous nous sommes précipités dans sa chambre : effectivement, Xianyang était assis sur son lit, couvert de bleus, le visage et les bras en sang. Encore tremblant, il nous a alors raconté qu'il était au téléphone lorsqu'un professeur de l'école s'était approché en exigeant qu'il lui cède la place. Comme l'homme semblait ivre, Xianyang l'avait ignoré. Furieux, le professeur l'avait alors attaqué avec une arme quelconque, puis l'avait roué de coups de poing et de pied dans les côtes. Une telle agression, déjà effrayante en soi, avait été particulièrement traumatisante pour Xianyang, incapable de se protéger de ces coups qu'il ne voyait pas tomber.

Après l'agression, le professeur s'était enfui dans les étages, mais deux témoins ont confirmé l'histoire. Nous avons immédiatement signalé l'incident au principal de l'école, qui, après avoir convoqué le professeur, a fait un rapport au bureau de l'Éducation de Nankin et au département de l'Éducation de la province de Jiangsu. Plusieurs semaines sont passées, sans aucune réponse de la part de ces deux institutions. Outrés par une telle lenteur après une agression aussi révoltante, nous avons exigé que le professeur s'acquitte des frais d'hôpital de Xianyang et que l'école nous informe des sanctions prises à son encontre. En vain.

Nous avons eu beau frapper à toutes les portes, celles de l'école, de l'université ou des agences cantonales responsables des questions d'éducation, le résultat a été le même : des excuses, puis plus rien. À chaque échelon de la hiérarchie, on nous répondait de nous adresser plus haut, puis, lorsque nous arrivions au sommet de l'échelle, on nous conseillait de retourner voir les responsables directement concernés. Vers la fin de l'année universitaire, Xianyang a compris que nous n'arriverions à rien et a préféré que nous nous concentrions sur nos examens, qui approchaient.

Comme je refusais de baisser les bras, j'ai proposé de contacter les médias, comme je l'avais déjà fait à Qingdao. Il existait des talk-shows radiophoniques, telle cette émission célèbre sur Nankin Traffic, une radio locale, qui s'appelait *L'Émission spéciale pour vous débarrasser de vos problèmes*. Animée par un homme du nom de Dong Sheng, elle avait pour but de dénoncer les maux de notre société. Les auditeurs pouvaient appeler pour raconter un événement troublant, puis les journalistes de l'émission menaient leur enquête et rendaient compte de leurs découvertes lors d'une émission ultérieure. Mes camarades et moi étions bien décidés à appeler, mais de nombreux étudiants craignaient des représailles de l'école. Finalement, c'est un ami à moi, de passage en ville, qui a accepté de téléphoner en mon nom, pendant que nous passions nos examens.

Lorsque l'animateur Dong Sheng a entendu parler de l'agression de Xianyang en direct, il était furieux. Les auditeurs ont immédiatement appelé en masse pour exiger une enquête, non seulement sur l'incident, mais aussi sur la lenteur de l'école pour traiter le problème. De retour chez moi pour les vacances d'été, j'ai appris que Dong Sheng s'était rendu en personne à l'école et que cette visite avait causé un tel scandale que le département provincial de l'Éducation du Jiangsu avait été forcé d'agir. À la rentrée suivante, l'école pour aveugles de

Nankin, cédant à la pression des médias, a accédé à nos trois principales demandes : que Xianyang soit dédommagé, que ses frais médicaux soient pris en charge et que le professeur s'excuse publiquement. Cet automne-là, lors d'une réunion, le professeur a présenté ses excuses devant tous les enseignants de l'école, ainsi que devant les vingt-deux étudiants aveugles. Il a admis avoir frappé Xianyang en état d'ivresse et a finalement donné à celui-ci 600 yuans en compensation.

Dans l'ensemble, les réactions étaient mitigées. D'un côté, nous avions compris que, lorsque des citoyens ordinaires sont confrontés à des injustices infligées par les autorités, les médias peuvent devenir une arme puissante – que nous avions réussi à manier avec succès. Au lieu d'être blessé, humilié, puis réduit au silence, Xianyang avait connu un certain sentiment de triomphe et de justice, grâce à nos efforts collectifs. D'un autre côté, nous avions également vu jusqu'où la politique et la bureaucratie du Parti édictaient et infectaient les lois tacites de la société. De plus, j'avais agacé l'école et offensé de nombreux fonctionnaires du système éducatif en prenant la parole, et je savais qu'ils finiraient par se venger.

La résolution de la mésaventure de Chen Xianyang a coïncidé avec un autre événement important dans ma vie, également en lien avec les médias et la politique. Un jour d'automne 1999, alors que j'écoutais sur RFA une émission de reportages réalisés par un certain Han Dongfang, basé à Hong Kong, j'ai décidé d'appeler le numéro répété à l'antenne – je le connais encore par cœur aujourd'hui. L'animateur assurait qu'il était possible d'appeler en PCV. Lorsqu'on m'a mis en relation avec Han Dongfang, j'ai commencé à bavarder avec lui, notamment des énormes vagues de licenciements qui avaient lieu dans les entreprises d'État chinoises, mettant des millions de travailleurs sur la paille. Quand Dongfang m'a posé des questions sur ma vie, j'ai décrit le sort d'un étudiant qui peinait pour acheter des manuels ou même se nourrir correctement. « Pourquoi ne fais-tu pas du tutorat pour gagner un peu d'argent ? » a-t-il demandé. J'ai alors expliqué que j'étais aveugle, ce qui rendait presque impossible le fait de trouver un travail rémunéré. Avec une générosité toute spontanée, il a proposé de m'aider.

Au début, j'ai refusé, car l'idée d'accepter la charité me mettait mal à l'aise. J'ai cependant fini par changer d'avis, avec gratitude, à la condition expresse de rembourser jusqu'au dernier yuan dès que j'en aurais les moyens. Avant de m'envoyer les fonds, Dongfang s'est assuré que je savais qu'il avait été un syndicaliste en Chine continentale et qu'il était à présent à Hong Kong ; il voulait que je comprenne le risque d'établir un lien aussi net avec lui. J'ai répondu que je n'avais pas peur et que rien de tout cela ne justifiait que je refuse son aide. C'est finalement son soutien inconditionnel qui m'a permis de tenir les dix-huit derniers mois à l'université ; pendant cette période, nous avons tissé des liens d'amitié vifs et chaleureux, que nous entretenons encore aujourd'hui. Cependant, il a eu raison de m'avertir avant de me proposer son aide financière : son statut d'« ennemi d'État » a rapidement eu des conséquences.

Si l'école pour aveugles de Nankin avait fini par capituler devant nos exigences, après l'agression de Chen Xianyang, l'administration nous a rapidement fait sentir que l'exposition médiatique de l'affaire lui était restée en travers de la gorge. En accord avec l'université, l'école se chargeait en temps normal de trouver des stages d'internat d'une durée de un an à tous ses étudiants aveugles. Cependant, au printemps 2000, l'administration nous a demandé de nous débrouiller, en expliquant qu'aucun employeur ne voulait de nous à cause de la controverse Chen Xianyang. Heureusement, tous les étudiants ont réussi à trouver un stage. Lorsque nous avons transmis les informations nécessaires à l'école, l'administration a annoncé qu'elle effectuerait des changements dans l'attribution des stages, selon ses propres modalités. D'un seul coup, les administrateurs nous écartaient de l'équation, tout en récupérant pour eux les avantages officieux de ces nouveaux liens institutionnels.

Avec quelques camarades, nous avions trouvé un stage prestigieux à Nankin, ce qui n'a pas empêché l'école d'appeler l'hôpital concerné pour expliquer qu'on m'avait attribué un stage ailleurs. Je n'étais pas le seul : sept d'entre nous, les moins « obéissants » de notre classe, ont été envoyés à l'hôpital de Luoyang, dans le Henan, à huit cents kilomètres de là, tandis que les étudiants plus dociles étaient autorisés à rester à Nankin. Furieux, nous avons essayé d'aborder la question avec les administrateurs, mais leurs explications restaient complètement infondées. Pour eux, il s'agissait de « mauvaise conduite » ; nous savions ce que cela cachait : nous avions désobéi. C'était encore là une preuve de la pensée corrompue du Parti, selon laquelle, dans n'importe quelle situation, le pouvoir en place peut agir en toute impunité et au mépris total du bien-être d'autrui et de la réalité.

En juin 2000, après la fin des cours et des examens, les sept étudiants aveugles mis au ban par l'école – parmi lesquels Xianyang et moi – ont pris le train pour Luoyang. Transpirant dans nos habits, nous nous sommes installés dans la partie la moins chère du train, les « sièges durs ». Si la trahison de l'école nous laissait amèrement déçus, après toutes ces années d'études, ce départ pour Luoyang nous remplissait quand même d'espoir. Nous étions heureux de découvrir une nouvelle culture et d'acquérir de nouvelles connaissances.

Nous sommes arrivés là-bas vers 22 heures et avons rapidement rejoint le troisième étage de l'internat, où nous devions loger. Le lendemain, on nous a présentés à nos formateurs en massage, dont certains étaient aveugles. Pendant les semaines suivantes, j'ai découvert que l'hôpital offrait un aperçu intéressant, bien que troublant, de notre société. De nombreux fonctionnaires locaux fréquentaient l'hôpital, notamment l'adjoint au maire et les responsables de nombreux cabinets du gouvernement cantonal. Pendant que nous les massions ou travaillions sur leurs méridiens, ces fonctionnaires passaient leur temps au téléphone, souvent avec un parent qui espérait obtenir une faveur d'une quelconque administration. Parfois, le responsable que j'étais en train de masser était immédiatement mis en relation avec un fonctionnaire du service concerné, afin de donner des ordres directs. Ce genre d'arrangements officieux m'a permis de constater par moi-même le fonctionnement de la corruption en Chine.

Parfois, les fonctionnaires étaient d'humeur bavarde. Pendant que je travaillais sur leur dos ou leurs jambes, ils me confiaient par exemple : « Ah, j'ai trop joué au mah-jong, j'ai trop joué au poker… On y joue toute la journée. J'en ai mal aux vertèbres et aux épaules. » Pourquoi est-ce que je cherchais à soulager ces fonctionnaires ? Pour qu'ils puissent continuer à jouer au mah-jong ? Petit à petit, j'ai décidé que je ne pouvais plus accepter ce genre de situations, surtout quand de nombreux Chinois n'avaient même pas les moyens d'acheter des médicaments de première nécessité. Oui, je pouvais devenir riche grâce à ce métier, mais à quoi bon ? Un hôpital devait servir à guérir les gens et à sauver des vies. À Luoyang, cette mission n'était évidente nulle part.

Nos conditions de travail étaient terribles. Mes camarades et moi étions traités comme la propriété de l'hôpital et nos chefs nous exploitaient sept jours sur sept, sans aucune rémunération. Nous avons fini par nous plaindre : nous avons rencontré l'un des directeurs pour l'informer que l'hôpital ne respectait pas le droit du travail, qui impose une semaine de quarante heures maximum. N'ayant jamais été confrontés à ce genre de plaintes, les autres directeurs et lui n'étaient pas ravis. De mauvaise grâce, ils ont fini par nous accorder nos samedis. Leur mécontentement était si évident que nous avons vite compris qu'ils n'avaient pas l'intention d'en rester là.

Tandis que j'entamais mon internat à Luoyang, j'avais l'esprit préoccupé : des tensions qui couvaient depuis très longtemps dans mon village commençaient à éclater au grand jour.

L'année précédente, lors de mon retour à Dongshigu pour les vacances d'hiver, une femme m'avait interpellé dès que j'étais passé devant la première maison :

– Oh, tu es revenu ?

C'était une villageoise du nom de Su Zhilan et la chaleur de son accueil cachait quelque chose.

– Je suis revenu, avais-je répondu simplement. Comment vas-tu ?

Sa réponse avait été sombre : son frère s'était récemment effondré en plein marché. Il avait été conduit de toute urgence à l'hôpital, mais les médecins n'avaient pas été en mesure de le sauver et la cause de sa mort restait indéterminée.

Comme j'étais en permanence plongé dans des questions d'ordre médical à l'université, j'avais immédiatement commencé à envisager des diagnostics possibles. J'avais également réfléchi à un sujet qui me préoccupait déjà beaucoup depuis quelque temps, et dont tout le monde parlait au village : la pollution de notre eau potable.

Depuis une dizaine d'années, la Chine connaissait une croissance extraordinaire, au point que certains parlaient même de miracle économique. Or, cette croissance avait un prix : des dégradations environnementales à très grande échelle et une forte pollution de l'air et de l'eau. Une fois de plus, évidemment, c'était la population qui en payait le prix. Presque dix ans auparavant, juste après mon départ pour l'école, une énorme usine de papier avait été construite dans la ville de Duozhuang, sur les berges de la Meng, à quelques kilomètres en amont de Dongshigu. Depuis, l'usine déversait ses eaux usées non traitées dans la rivière, qui avait pris la couleur brune de la sauce soja, tandis qu'une écume abondante recouvrait la surface. Les effets n'avaient pas tardé à se faire sentir dans le village : d'abord, les poissons étaient morts en grand nombre et on n'avait bientôt plus trouvé dans la Meng que des loches de rivière, des grenouilles et des crapauds. Par la suite, même ces animaux ne parvenaient plus à survivre. De nombreux villageois avaient continué à irriguer les récoltes avec l'eau de la rivière, mais les pastèques étaient mortes sur pied. Plus personne n'osait se baigner, par peur de l'urticaire ou des irritations. La Meng, autrefois propre et belle, source de vie du village, était empoisonnée.

Il n'y avait pas de puits profond à Dongshigu : notre seule source d'eau potable était un petit puits d'à peine deux mètres de profondeur, tout près de la rivière, dont l'eau provenait en réalité de la Meng, après avoir été filtrée par des couches de terre et de sédiments. Cela ne posait aucun problème tant que la rivière était propre, mais tout avait changé. Depuis quelques années, toutes sortes de nouvelles maladies étaient apparues à Dongshigu, pour la plupart sans nul doute provoquées par l'eau polluée que nous buvions.

Tout cela m'est revenu à l'esprit quand Su Zhilan m'a décrit la mort de son frère. Combien d'autres étaient peut-être infectés et quelle était l'étendue des dégâts ? J'ai décidé sur-le-champ d'aborder la question avec les chefs du village. Il était évident que Dongshigu avait besoin d'un puits profond, dont l'eau pourrait être acheminée jusqu'aux maisons au moyen de tuyaux. C'était le seul moyen pour que les habitants puissent « manger » de l'eau propre, comme on dit à la campagne.

Les villageois essayaient depuis quelques années d'attaquer la pollution à la source, en exigeant la fermeture de l'usine, ou du moins en réclamant que celle-ci cesse de déverser des produits chimiques dans la rivière. Toutes leurs protestations étaient restées sans suite. Les visites officielles des membres du bureau de la Protection environnementale se terminaient en général de la même façon : de grandes quantités d'alcool étaient ingurgitées et des liasses de billets changeaient de poche. Un jour, me disais-je, il faudrait aller au fond de ce problème. Pour l'instant, le plus urgent était la question de l'eau potable et d'un nouveau puits.

De retour à Nankin après les vacances du Nouvel An chinois, début 2001, j'ai appelé Han Dongfang pour le remercier de l'argent qu'il m'avait envoyé. Pendant la conversation, j'ai par hasard évoqué ma récente visite à Dongshigu, car je ne parvenais pas à me sortir de l'esprit le frère de Su Zhilan, ni les dangers posés par la pollution de notre rivière. Depuis des années, mon père et d'autres villageois essayaient d'obtenir l'eau courante, mais les fonctionnaires locaux avaient toujours botté en touche en prétextant un manque d'argent. En entendant mon histoire, Dongfang m'a assuré qu'on pouvait faire quelque chose : la communauté internationale, une organisation caritative par exemple, pouvait peut-être financer un forage pour le village. Je savais à peine ce que signifiait « communauté internationale », mais j'étais très enthousiaste : si nous parvenions à trouver les fonds, les fonctionnaires de Dongshigu seraient obligés d'agir. « Discutes-en avec les gens de ton village, m'a conseillé Dongfang. Établissez un budget, puis faites-le-moi parvenir. »

J'ai immédiatement appelé l'unique ligne téléphonique de Dongshigu, qui avait fini par être installée en 1996, et j'ai demandé à parler à Du Dexiang, le maire du village. M. Du, un ancien maître d'école qui vivait près de chez nous, venait juste d'être élu ; c'était la première fois qu'un candidat authentiquement choisi par le peuple battait les politicards du Parti dans notre village.

– Grand Frère, l'ai-je salué avec familiarité. C'est Petit Cinquième.

– Ah, Vieux Cinquième ! a-t-il répondu avec bonne humeur, utilisant le terme de respect « vieux » alors qu'il était plus âgé que moi. Que se passe-t-il ?

Je lui ai demandé s'il y avait du nouveau concernant la source d'eau potable, mais il a répondu que tous leurs efforts avaient été vains.

– Les autorités sont toujours disponibles quand il s'agit de nous soutirer de l'argent, mais quand on vient leur demander quelque chose en retour, il n'y a plus personne.

Je lui ai demandé s'il pouvait établir un devis pour le forage d'un puits et d'un réseau pour amener l'eau jusqu'au village, en précisant que j'avais peut-être trouvé une source de financement. Il a tout de suite accepté en me remerciant et m'a fait comprendre qu'il me faisait confiance. Ce n'était pas rien, car les aveugles ne sont en général pas mêlés à ce genre de projets. J'ai rapidement pu transmettre un budget à Han Dongfang, qui s'est mis à la recherche d'un potentiel bienfaiteur. Plusieurs mois après, il a trouvé : la première secrétaire de l'ambassade du Royaume-Uni à Pékin.

La secrétaire m'a été présentée sous son nom chinois, Wu Ruolan, mais son nom anglais était Caroline Elizabeth Wilson. La première fois que j'ai parlé à Mme Wilson au téléphone, j'ai été frappé par son ton respectueux et attentif ; en tant qu'infirme, j'avais rarement été traité de cette façon. Où étaient donc la fourberie capitaliste et la cupidité opiniâtre dont nous avait tant parlé le Parti ? Après avoir écouté mon histoire sur la rivière polluée de Dongshigu et le besoin urgent d'un nouveau puits, Mme Wilson m'a expliqué que le gouvernement britannique disposait effectivement de fonds pour soutenir ce genre de projets et que notre budget de 205 000 yuans (environ 26 000 dollars) se situait tout à fait dans leur fourchette. Selon elle, son gouvernement serait presque certainement disposé à approuver ce financement. Toutefois, ses collègues et elle devaient d'abord nous rencontrer, le maire et moi, à Pékin, puis se rendre à Dongshigu, afin de vérifier par eux-mêmes l'existence du problème et s'assurer que le forage répondait aux normes environnementales élémentaires.

Reconnaissants et pleins d'optimisme, le maire et moi avons commencé à nous préparer à partir pour Pékin, le voyage étant prévu plus tard au cours de l'été. Pendant ce temps, la résistance contre l'usine de papier et la pollution qu'elle provoquait dans la rivière gagnait rapidement du terrain. Les habitants de deux villages voisins avaient déjà commencé à s'organiser, et l'opposition s'est bientôt étendue. Environ quarante mille personnes, réparties dans quarante-trois villages, étaient concernées. Au fur et à mesure que la colère populaire montait, les conseillers du canton rejoignaient le mouvement pour réclamer eux aussi officiellement la fermeture de l'usine. Les autorités, elles, restaient muettes.

Des villageois courageux ont pénétré en secret dans l'usine de papier la nuit pour filmer à l'aide d'un caméscope l'évacuation infecte qui faisait virer l'eau au rouge, puis au noir. Ils ont ensuite porté ces images à Linyi pour en faire des DVD, qu'ils ont montrés à des fonctionnaires de l'Environnement. Sans résultat. Ils ont également transmis ces images à plusieurs journalistes, mais tous ont répondu qu'ils n'oseraient jamais traiter le problème. Si par miracle un article parvenait jusqu'au bureau d'un rédacteur en chef, il serait certainement censuré par les autorités locales de propagande ; si l'article franchissait le barrage des censeurs, le département central de la Propagande interviendrait à son tour et les journalistes risquaient d'avoir de sérieux ennuis. À cette époque, aborder un journaliste étranger n'était pas envisageable. Jusqu'en 2008, les reporters internationaux n'étaient pas autorisés à se déplacer dans le pays pour interroger les populations et il était dangereux pour les citoyens ordinaires d'entrer en contact avec eux.

Peu avant notre départ pour Pékin afin de rencontrer Mme Wilson, plusieurs villageois à l'origine de la contestation contre l'usine sont venus me trouver. Comme ils savaient que j'avais déjà déposé une requête à Pékin et que je m'intéressais au droit, ils m'ont demandé conseil. J'ai réfléchi longuement avant de leur répondre. Étant donné que les fonctionnaires locaux chargés de la protection de l'environnement se fichaient complètement de notre problème, j'ai pensé qu'il valait mieux aller voir plus haut, d'abord au bureau national de la Protection environnementale à Pékin. En même temps, il fallait contacter le bureau d'État des Lettres et des Visites, le fameux « bureau des Plaintes ». Je n'espérais rien de cette dernière démarche, mais je ne savais pas quoi faire d'autre. Je pensais également que nous devions envoyer une lettre officielle aux instances juridiques compétentes, afin de signaler notre volonté de porter l'affaire devant les tribunaux si le problème n'était pas résolu. Tout le monde a trouvé ces propositions cohérentes et nous avons décidé qu'une délégation profiterait du voyage à Pékin pour rendre visite aux ministères concernés.

Vers la mi-août 2000, un petit groupe de mécontents a loué un minibus, fait un large détour par Luoyang pour passer me prendre à l'hôpital, puis est parti en direction de Pékin. Frère Aîné était du voyage, et nous avons tous passé une nuit dans un petit hôtel près des locaux de la télévision. Le lendemain, mon frère et moi avons attendu Mme Wilson, qui devait nous emmener dîner. Je me souviens encore de ses premières paroles et de sa voix claire et distincte : « Excusez-moi. Êtes-vous M. Chen ? Accepteriez-vous de monter avec nous dans notre voiture ? » Jamais de ma vie je n'avais entendu une phrase pareille, une politesse aussi exquise, un tel respect pour le droit de chacun à décider librement.

Nous avons roulé jusqu'à un petit restaurant élégant, où un parfum de fleurs s'élevait de toutes les tables. Je ne me souviens plus exactement de ce que nous avons mangé – l'un des plats comportait des lys, un autre, des aubergines –, mais c'était délicieux. Nous avons bavardé jusqu'à minuit passé, plus de six heures en tout, abordant des sujets aussi variés que le projet d'eau potable, l'éducation rurale, le niveau de vie dans les campagnes, le statut des handicapés en Chine et même les chiens d'aveugle, qui n'existent pas en Chine. Pourquoi ? s'est étonnée Mme Wilson. J'ai expliqué que la plupart des gens n'avaient jamais entendu parler de chiens guides et que, de nombreux aveugles en Chine étant dépendants de leur famille, ils n'étaient pas vraiment en mesure de s'occuper d'un chien.

Cette rencontre avec Mme Wilson m'a laissé une impression merveilleuse. Elle semblait parfaitement à l'aise avec moi, ce qui n'était pas courant. Dans la voiture, tandis que nous nous dirigions vers le restaurant, elle me décrivait le paysage : tel ou tel bâtiment sur notre gauche, un édifice célèbre qui approchait sur notre droite. Elle savait parfaitement comment s'y prendre pour me guider, me tenant la main ou le bras comme si c'était la chose la plus naturelle du monde. J'avais davantage l'habitude qu'on me tire par ma chemise, du bout des doigts, comme pour garder la plus grande distance possible avec moi. Mme Wilson avait le plus profond respect pour moi. Par la suite, je me suis rendu compte que, pour la première fois, j'avais l'impression d'être un être humain à part entière. Cela n'était jamais arrivé, même avec ma famille.

Au cours de cette mémorable soirée, je me suis efforcé de comprendre le gouffre qui me séparait d'elle. Âgé de vingt-neuf ans, je terminais ma troisième année à l'université et mon avenir était incertain. Mme Wilson, qui avait un an de plus, était déjà une diplomate accomplie. Nous étions sur cette terre depuis à peu près le même nombre d'années, alors, pourquoi cette différence ? Était-ce simplement lié aux avantages culturels et sociaux d'une éducation occidentale ? Aux défaillances de la Chine ? À mes propres limites ou à mon handicap ? Impossible de répondre. L'intelligence de Mme Wilson était telle que je me suis senti indigne et me suis juré de redoubler d'efforts pour devenir meilleur et trouver ma place dans le monde.

– Comment puis-je vous aider ? m'a-t-elle demandé ce soir-là.

Comme je l'ai fait par la suite d'innombrables fois, j'ai répondu :

– Présentez-moi à vos amis.

Elle a promis de le faire et a tenu parole. Le lendemain soir, par exemple, nous avons dîné avec un de ses amis avocats. Je me souviendrai toujours de la façon dont s'est terminée cette soirée qui est passée comme un rêve. Nous traversions un large couloir magnifiquement meublé que Mme Wilson me décrivait, lorsqu'elle m'a arrêté pour guider ma main vers quelque chose de grand, large et rond.

– Touchez ceci.

Avec retenue, j'ai posé mes mains sur l'objet. Depuis l'enfance, je me fiais à mes doigts pour comprendre les choses nouvelles qui se présentaient à moi. Je laissais mes doigts fureter à la recherche des contours, creux, sillons et entailles, comme si c'étaient de minuscules explorateurs sur une planète inconnue. Je sais pourtant d'expérience qu'un tel comportement met souvent les voyants mal à l'aise ; pour qui apprend avec les yeux, il est difficile d'observer quelqu'un apprendre avec ses mains. Pourtant, à cet instant précis, Mme Wilson semblait savoir exactement ce que je voulais.

– N'ayez pas peur. Allez-y, touchez-le. Découvrez-le tout entier. Regardez-le bien.

J'ai poursuivi mon exploration avec plus de hardiesse, sans plus me soucier de savoir si on me regardait, comme si ma façon de connaître et d'appréhender le monde était parfaitement normale. Mes mains sont remontées vers le col fin et courbé de l'objet, caressant sa surface lisse et froide, jusqu'à ses lèvres délicatement cannelées. Devant moi se dressait un énorme vase, un objet magnifique et bien plus haut que moi.

Ce soir-là, Mme Wilson m'a fait un cadeau très simple, mais extraordinaire : elle est restée patiemment à mes côtés pour m'encourager et s'assurer que je puisse dévorer de mes propres yeux ce vase somptueux.

En septembre 2000, la visite imminente de Caroline Wilson à Dongshigu a plongé les autorités locales dans la panique. Dès que nous en avons informé le secrétaire du Parti au niveau du canton, celui-ci s'est empressé d'avertir ses responsables, le département des Relations internationales, puis le secrétaire du Parti du district. Par téléphone, des consignes sévères ont été données : il ne fallait en aucun cas évoquer la pollution de l'eau devant ces étrangers ! Il n'y avait aucun problème dans notre pays ! L'un de nos compagnons de lutte a reçu l'ordre strict de ne pas montrer le bout de son nez pendant la visite de Mme Wilson. Trouver un peu d'argent pour construire un puits dans un village était une chose, un scandale environnemental et de santé publique majeur en était une autre.

Le jour de l'arrivée de Mme Wilson, Frère Aîné et moi sommes allés à l'aéroport de Linyi pour l'accueillir. Elle était accompagnée de Zhang Lijia, correspondante pour le journal britannique *The Independent*. Plusieurs responsables locaux avaient également fait le déplacement et, avant de pouvoir nous accompagner à Dongshigu, Mme Wilson et Zhang Lijia ont dû subir l'habituel *jiedai*, le protocole étouffant et copieusement arrosé de la bureaucratie chinoise. Nous sommes tous partis en voiture jusqu'à un hôtel de la capitale du district de Yinan, où, assis autour d'une table croulant sous les vers à soie en fricassée, les scorpions croquants et les bouteilles d'alcool fort, les officiels ont soufflé d'énormes nuages de fumée de cigarette en se vantant en long, en large et en travers des pays qu'ils avaient visités et de leurs virées shopping à l'étranger. En portant toast sur toast, ils entendaient enivrer tout le monde, dans l'espoir que nos invitées oublient la raison de leur venue. En résumé : une perte de temps phénoménale.

Mme Wilson et Zhang Lijia étaient impatientes de se rendre dans notre village afin de découvrir ma maison et notre vie là-bas, mais le dîner s'éternisait. Les autorités locales avaient bel et bien l'intention de contrecarrer nos projets. Pour ces fonctionnaires confits de mentalité communiste, tout étranger était un ennemi, une menace. Ils se méfiaient particulièrement de Zhang Lijia, car elle était de surcroît journaliste. La veille, lorsqu'ils avaient tenté de nous interdire de rencontrer ces deux femmes en privé, j'avais rappelé avec colère qu'elles avaient le droit de travailler et de loger où bon leur semblait.

Lorsque le dîner s'est enfin terminé, les responsables nous ont informés qu'ils avaient réservé une chambre pour Mme Wilson et Lijia dans l'hôtel même. Mme Wilson, agacée par le tour qu'avaient pris les événements, est sortie pour échapper à la fumée de cigarette ; lorsqu'elle a quitté la pièce, j'ai entendu les fonctionnaires discuter entre eux : « Notre plan va-t-il fonctionner ? » Je n'ai compris que plus tard ce qu'ils avaient voulu dire. Finalement, ils ont bien été obligés de laisser les deux femmes partir avec mon frère et moi jusqu'à notre village.

Quand Mme Wilson et Zhang Lijia sont arrivées à Dongshigu ce soir-là, je les ai conduites chez le docteur aux pieds nus du village, qui leur a décrit les maux divers qui affectaient les villageois à cause de l'eau polluée ; je leur ai également présenté nos compagnons de lutte. Plus tard, à la lueur de lampes torches, nous nous sommes rendus sur les rives de la Meng. « Regardez comme le niveau est haut ! » s'est exclamé mon frère en désignant les eaux noires. Quelqu'un avait tenté de nettoyer la rivière, sans grand résultat. Certaines portions de la Meng avaient l'air relativement propres, tandis que d'autres conservaient leurs habituelles couleurs criardes, rouge et noir, car toute l'eau polluée n'avait pu être emportée en aval. C'était cela le plan dont les fonctionnaires avaient parlé un peu plus tôt : apparemment, quelqu'un s'était arrangé pour que de l'eau propre soit lâchée dans la rivière, depuis un réservoir artificiel en amont. Une ruse pitoyable destinée à tromper nos visiteuses.

Sachant que l'ambassade britannique validerait le projet dès que Mme Wilson aurait constaté en personne la situation dans notre village, nous avions déjà recruté une entreprise locale afin de démarrer le forage sur-le-champ. Avant que Mme Wilson ne retourne à Pékin, nous avons donc organisé une cérémonie pour inaugurer le chantier. Presque tout le village était venu écouter le discours enthousiaste du secrétaire du Parti. Puis, le maire m'a lancé : « Il faut que tu dises quelques mots, Vieux Cinquième ! » J'ai bafouillé une simple phrase : « J'espère que cela nous permettra d'améliorer nos conditions de vie ! » Une fois les discours terminés, nous avons fait exploser quelques feux d'artifice, puis les machines-outils ont été mises en route et le forage a commencé.

Forer un puits s'est révélé plus compliqué que prévu et j'ai bientôt été complètement immergé dans chaque détail du projet, depuis Luoyang, où je poursuivais mon internat. Je savais que nous devions creuser profond, à plus de quarante mètres, afin de trouver une eau épargnée par la pollution de la rivière, mais également dépourvue des nitrates qui persistaient naturellement dans le sol. Il fallait aussi pouvoir fournir assez d'eau pour tout le village, c'est-à-dire environ neuf mètres cubes par heure. Le trou grandissait, mais restait parfaitement sec, au point que j'ai commencé à douter de la motivation et de la compétence des ouvriers. À l'approche de l'hiver et du froid qui risquait d'interrompre les travaux, nous étions si agacés que nous avons décidé de faire appel à une nouvelle société de forage.

Un peu plus de un mois plus tard, la nouvelle équipe a trouvé de l'eau. Des cris de joie retentissaient chaque fois que les ouvriers atteignaient une nappe : quarante mètres, quatre-vingts mètres et finalement jusqu'à cent soixante mètres, la profondeur finale du puits. Au mois de décembre, la pompe a fonctionné pour la première fois, remontant l'eau avec une force prodigieuse. C'était fascinant. Lorsque l'eau a jailli, une immense clameur s'est élevée de la foule nombreuse venue assister à l'événement.

Bientôt, nous étions prêts à poser les tuyaux. J'avais insisté pour acheter du matériel un peu plus cher, mais de très bonne qualité, à la Light Snowflake Electric Company de Pékin, réputée fournir les meilleurs équipements. De nombreux autres villages avaient choisi de faire des économies sur leurs tuyaux et, au bout de cinq ou six ans à peine, des fuites étaient apparues. Cela avait non seulement engendré un gâchis en eau, mais aussi très fortement augmenté la facture d'électricité des villageois. De nombreux habitants de Dongshigu se sont portés volontaires pour creuser les tranchées et chaque foyer a pu bénéficier d'un raccord au réseau. Peu après le Nouvel An chinois, nous pouvions tous « manger » de l'eau propre.

À l'automne 2000, tout en poursuivant mon internat, je m'efforçais d'entretenir les liens que j'avais commencé à tisser grâce à Mme Wilson. J'appréciais la médecine chinoise, mais je commençais à comprendre que ce n'était pas ce que j'avais envie de faire, à long terme. Pendant toute la préparation du forage, j'avais ressenti un grand élan d'optimisme : l'idée d'améliorer la vie des gens et d'aider à faire naître une étincelle de changement social m'enthousiasmait au plus haut point.

À trois ou quatre reprises, au cours de l'année universitaire, je me suis arrangé pour aller à Pékin pendant de longs week-ends. Avant chaque séjour, je demandais à un ami ou à une connaissance de me présenter à des amis ou collègues, afin que je puisse élargir mon réseau. Je voyageais toujours seul en train, depuis la gare de Luoyang jusqu'à la gare de l'ouest de Pékin, trouvant mon chemin à l'aide de ma canne et sautant des repas sur le trajet pour faire des économies.

Pour mon premier week-end, j'avais eu l'intention de retourner à l'hôtel où j'avais dormi la fois où j'avais rencontré Mme Wilson, mais j'ai découvert que c'était beaucoup trop loin de la gare. Par la suite, j'ai donc choisi une chambre en sous-sol dans un hôtel bon marché situé tout près. Une fois mes rendez-vous terminés, je prenais le train de nuit pour rentrer, et j'arrivais à Luoyang le lendemain, au lever du soleil, juste à temps pour le petit déjeuner et le début de ma journée à l'hôpital.

Je débordais toujours d'énergie en rentrant de Pékin, la tête pleine de nouveaux projets. En avril 2001, le retour à la réalité a été brutal lorsqu'un des professeurs de l'université ainsi qu'un enseignant et le vice-président de l'école pour aveugles de Nankin sont arrivés à Luoyang. Ils ont convoqué les sept internes pour nous informer que l'équipe de l'hôpital était venue se plaindre ; en particulier, l'hôpital avait exprimé de graves inquiétudes quant à ma conduite, ainsi que celle d'un camarade. La petite délégation de Nankin nous a ensuite annoncé que ce camarade et moi ne pouvions plus poursuivre notre internat à Luoyang et devions rentrer à Nankin ; les cinq autres étaient autorisés à rester. Personne n'a voulu nous préciser les raisons de cette décision, mais nous savions que c'était parce que nous avions protesté contre les conditions de travail.

Furieux, nous avons fait nos valises pour rentrer à Nankin. Une fois sur place, nous avons eu une discussion avec le principal de l'école pour aveugles.

– Votre comportement était déplacé. Vous ne vous êtes pas conformés aux désirs de vos supérieurs.

– Qu'y avait-il de déplacé dans notre comportement ? ai-je demandé. Nous recevions sept à huit patients par jour, ce qui est beaucoup. Où est le mal ?

Deux jours plus tard, le principal adjoint de l'école est venu me trouver le matin en m'annonçant :

– Les chefs veulent te parler.

– D'accord, ai-je répondu, sans savoir de quels chefs il s'agissait.

Il m'a conduit jusqu'à une petite salle de réunion au premier étage du bâtiment où se déroulaient nos cours, avant de disparaître rapidement. Je me suis retrouvé assis en face de deux hommes, l'un d'une quarantaine d'années, et l'autre d'une vingtaine, d'après leur voix. C'est alors qu'une série glaçante d'événements s'est produite, qui illustre parfaitement les efforts que la police d'État chinoise est prête à faire pour empêcher des citoyens ordinaires d'entrer en contact avec des gens hors des frontières du pays.

– Nous sommes du ministère de la Sécurité d'État, a annoncé l'un des deux hommes. Sais-tu ce que nous faisons ?

Il cherchait de toute évidence à m'effrayer.

– Aucune idée… Vous fabriquez des missiles ou quelque chose dans le genre ? ai-je répondu, plaisantant sur la ressemblance entre les mots « missiles » et « sottises » en chinois.

– Non, pas du tout, a dit le plus âgé.

Il semblait décontenancé. Pourquoi ne rampais-je pas en tremblant devant eux ? Avec beaucoup de condescendance, il m'a expliqué que le ministère s'occupait des affaires extérieures, de la même façon que le bureau de la Sécurité publique, autre organe d'État, s'occupait des affaires intérieures.

– Selon des rapports que nous avons reçus, tu as été en contact avec des gens à l'étranger. Est-ce vrai ?

Au début, je ne comprenais pas de quoi ils parlaient, puis je me suis souvenu de mes échanges avec Han Dongfang, dont la radio était basée à Hong Kong. Apparemment, quelqu'un au sein de l'administration avait découvert mes liens avec lui. Au fur et à mesure de l'interrogatoire, j'ai appris que l'école pour aveugles de Nankin avait écrit à l'université une lettre affirmant que j'avais des contacts avec l'étranger, en profitant au passage pour signaler que j'abordais souvent des problèmes sociaux pendant les cours d'éthique médicale, de morale socialiste et de principes marxistes. L'université n'avait pas réagi, mais, par la suite, l'école pour aveugles s'était plainte au ministère de la Sécurité d'État. De toute évidence, l'école était décidée à se venger de mon rôle dans la controverse autour de l'agression de Chen Xianyang.

– Quelqu'un t'a-t-il donné de l'argent ? m'a demandé l'homme plus âgé d'un ton menaçant.

Je n'ai pas nié.

– Qui te l'a donné ?

– Han Dongfang m'a donné de l'argent pour que je puisse me nourrir, ai-je répondu.

– Comment le connais-tu ?

J'ai raconté comment j'étais entré en contact avec lui, puis qu'il avait proposé de m'aider. Les deux hommes n'ont pas semblé du tout satisfaits de ma réponse. Pendant ce temps, plusieurs de leurs collègues fouillaient ma chambre et prenaient ce que bon leur semblait : ma liste de contacts, ma carte bancaire et tout mon argent, y compris les fonds donnés par Han Dongfang.

Cet après-midi-là, les deux hommes m'ont conduit jusqu'à un hôtel, où ils m'ont pressé de questions pour obtenir des détails sur l'argent de Han Dongfang.

– Sais-tu ce qu'il fait ?

– Non. Tout ce que je sais, c'est que c'était un syndicaliste. Pourquoi cette question ? Même s'il était en contact avec les nationalistes, je ne vois pas quel mal il y aurait à aider les infirmes.

– Tu es un naïf. Si quelqu'un t'appelle pour te proposer de l'argent, tu ne trouves pas ça trop facile ?

L'interrogatoire s'est poursuivi pendant plusieurs jours. Ils me questionnaient pendant des heures, notamment à propos des noms figurants sur ma liste de contacts. Chaque fois que je leur demandais de me lire à voix haute la loi sur la sécurité nationale, afin que je puisse comprendre le fondement légal de leurs actions, ils refusaient, prétextant que ce texte n'était destiné qu'à un usage interne.

– Quoi ? m'écriais-je alors, avec stupéfaction. Il existerait donc deux lois en Chine, une pour usage interne, et l'autre, pour usage externe ? C'est ahurissant !

– Ce sont des règlements internes, répondaient-ils. Nous ne pouvons pas en parler.

Petit à petit, ils ont commencé à me menacer, m'informant que la décision de ma détention était secrète et que je ne devais en parler à personne. J'étais furieux de voir que l'État pouvait exercer son pouvoir aussi effrontément.

Après cinq jours, les deux officiers ont fini par reconnaître que je n'avais rien fait de mal. Ils m'ont ramené à l'école et m'ont conduit jusqu'à ma chambre. Là, le plus âgé a dit :

– Nous détenons les notifications stipulant que tu étais en résidence surveillée et que tu as été libéré. Tu es autorisé à demander ces documents, si tu le désires.

– Comment ça, « je suis autorisé » ? ai-je répliqué. Vous devez obéir à la loi.

Ils ont fini par me donner une feuille de papier indiquant que j'avais été placé en résidence surveillée, et une autre certifiant que j'avais été libéré, puisque je n'étais soupçonné d'aucun crime. Ils ont cependant étoffé leur tissu de mensonges, car les documents évoquaient trois jours à l'hôtel, au lieu de cinq.

Un jour ou deux après les interrogatoires, le personnel de l'école pour aveugles de Nankin m'a informé que je devais terminer mon internat dans mon village natal. Quelques semaines avant mon retour, plusieurs agents de la Sécurité d'État ont appelé pour m'annoncer qu'ils allaient m'emmener au commissariat de Shuanghou. Une fois sur place, je me suis plaint avec colère de tous ces interrogatoires sans fin et de la décision de me renvoyer à Dongshigu. Plus tard, de retour chez moi, j'ai tenu des conversations imaginaires avec les deux agents. Je criais : « Toi, le Parti communiste, tu laisses un étudiant aveugle mourir de faim à l'école, puis tu t'en prends à lui quand un individu a la gentillesse de lui offrir l'aide dont il a tant besoin. Tu accuses ce bienfaiteur d'être hostile au gouvernement, tu menaces d'expulser l'étudiant de l'université et tu fais main basse sur l'argent. Le seul secret d'État, c'est que tu m'as retenu prisonnier et que tu as pris l'argent qui m'avait été donné. »

Je pensais en avoir fini avec la Sécurité d'État, mais j'avais tort. Deux mois plus tard, alors que j'étais revenu à l'école pour la cérémonie de remise des diplômes, les deux agents se sont présentés et m'ont conduit dans la même salle de réunion. Ils m'ont tout de suite annoncé qu'ils n'avaient pas l'intention de me rendre l'argent. Lorsque j'ai demandé pourquoi, ils m'ont expliqué que c'était parce que Han Dongfang était un « ennemi d'État ».

– Et même si c'était vrai, n'aurait-il pas le droit d'aider un étudiant handicapé ?

Ils ont alors changé de tactique, exigeant que je récite devant une caméra une déclaration apprise par cœur, selon laquelle je leur avais donné cet argent de mon plein gré.

– Si tu acceptes, on classera l'affaire dès aujourd'hui, m'a assuré le plus âgé.

Comme j'ai refusé, ils ont tenté de me faire chanter : soit j'acceptais d'enregistrer la vidéo, soit ils informaient l'université que je ne pouvais pas obtenir mon diplôme.

J'étais furieux. L'infamie du Parti était sans limites. Les fonctionnaires étaient donc prêts à tout pour parvenir à leurs fins ? J'avais compris depuis longtemps que le Parti contrôlait tous les degrés de la société et du gouvernement, mais j'avais à présent des preuves directes de cet ascendant. La corruption de ces fonctionnaires était de toute évidence tolérée par la hiérarchie et je ne doutais pas une seconde que ces deux hommes mettraient leur menace à exécution. Ils savaient à quel point j'étais vulnérable. J'ai tenu aussi longtemps que possible, mais, comme mon diplôme était en jeu, je n'ai finalement pas eu le choix. J'ai accepté de leur laisser l'argent et d'enregistrer une déclaration dont ils m'ont dicté le texte. Une fois mon diplôme sauvé, j'espérais récupérer mon argent et dénoncer l'injustice dont j'avais été la victime.

Jamais de ma vie je ne m'étais senti aussi humilié et impuissant. Mon diplôme était le symbole de tout ce pour quoi j'avais lutté pendant douze ans. Jusqu'alors, j'avais toujours défendu mes principes, en dépit des épreuves et des problèmes que cela pouvait m'apporter. À présent, non seulement on me menaçait de me priver de mon diplôme, mais on me forçait à aller à l'encontre de ce que je savais être juste et vrai.

Le ventre noué par une douleur atroce, j'ai enregistré la déclaration : « De mon plein gré, je donne l'argent de Han Dongfang au ministère de la Sécurité d'État. » Les deux hommes, un peu agités, ont ensuite exigé que je rédige la même déclaration en braille. Sachant qu'ils n'avaient aucun moyen de me relire, j'ai ajouté une note en marge du texte, expliquant que j'avais signé ce document sous la contrainte. Si jamais je parvenais à convaincre quelqu'un d'enquêter sur ce chantage flagrant, j'espérais que la vérité éclaterait au grand jour.

Ç'a été ma première rencontre avec la sécurité d'État chinoise. De toute évidence, les deux agents étaient censés me terroriser. Pourtant, au lieu d'avoir peur, je bouillais de colère. À partir de cet épisode, je me suis farouchement opposé au Parti, convaincu de son inhumanité et de sa corruption inhérente. Et je me suis juré de ne plus jamais céder devant lui.

J'ai fini par obtenir mon diplôme de l'université de médecine chinoise de Nankin en juillet 2001. Selon la politique de l'époque, le gouvernement chinois garantissait à tous les diplômés un emploi dans leur domaine. Après avoir obtenu notre licence, nous étions censés apporter notre dossier scolaire complet, avec diplôme, notes et rapport politique, au bureau local de la gestion du personnel, où quelqu'un devait décider de l'endroit où nous partirions travailler. Les nouveaux diplômés étaient souvent envoyés loin de chez eux, mais, comme cette perspective ne m'enchantait guère, je n'ai pas pris la peine de me rendre à la gestion du personnel. Au cours de l'été, cependant, mon père a commencé à s'inquiéter ; il avait aussi l'impression que je ne participais pas aux frais. Je ne pouvais pas vraiment lui en vouloir : en réalité, je générais d'énormes factures de téléphone pour continuer à me battre pour la justice et rester en contact avec mes amis. J'ai donc fini par remplir la paperasserie nécessaire à l'attribution d'une unité de travail officielle, tout en sachant que je ne deviendrais jamais médecin.

À quelques semaines de mon trentième anniversaire, j'étais convaincu que la médecine n'était pas faite pour moi. Pour commencer, l'idée de passer huit heures par jour dans un hôpital ne me réjouissait pas, car la majorité des honoraires que je gagnais devait être aussitôt reversée à l'institution. Ensuite, je ne pensais pas que la médecine me permettrait de satisfaire mon envie grandissante d'aider mes semblables à améliorer leur quotidien. La médecine chinoise me fascinait, mais je ne voyais pas bien comment elle suffirait à soigner les maux politiques et sociaux fondamentaux qui affectaient la Chine. Je voulais faire quelque chose qui compte vraiment, qui fasse une réelle différence dans la société. Je repensais souvent à un dicton d'une grande sagesse que j'avais lu quelque part : « Un bon médecin soigne les maladies et un excellent médecin soigne les gens ; mais le plus grand des médecins est celui qui guérit la nation. » Sans savoir où cette voie me mènerait, j'avais envie de la suivre jusqu'à l'horizon, et plus loin encore.

5

DÉFENDRE NOS DROITS

J'aurais pu ne pas être obligé de terminer mon internat à Dongshigu. Je n'aurais alors pas été chez moi ce jour de mai. Ou bien, j'aurais pu ne pas décider de m'allonger un moment pour écouter la radio et échapper à la chaleur de midi. Ou bien, elle aurait pu ne pas appeler ce jour-là et rester une simple auditrice.

– Que peut-on faire pour vous ? a demandé l'animateur d'un ton vif et professionnel.

Il y a eu un long silence, puis une jeune femme a fini par répondre :

– Je crois… Je crois que je cherche du travail.

– D'accord. Quel genre de travail ?

– Je ne sais pas… Je… Enfin, je veux dire, peut-être dans l'enseignement ou quelque chose comme ça ?

– Dans ce cas, dites-nous ce que vous avez étudié et quelles sont vos compétences.

– J'ai… Enfin, j'étudiais l'anglais. À l'Institut d'industrie chimique de Qingdao.

– D'accord. Voulez-vous laisser votre numéro de téléphone, au cas où quelqu'un voudrait vous contacter ? Un employeur potentiel, par exemple ?

Il y a eu un autre silence, puis la femme a récité son numéro en articulant bien : 6450567.

– Bonne chance et merci encore d'avoir appelé !

Et puis l'animateur a coupé la communication pour passer à l'auditeur suivant, qui décrivait déjà d'autres espoirs et inquiétudes, un nouvel univers condensé en quelques instants publics. C'était une émission diffusée en direct depuis Linyi, une sorte de service de petites annonces radiophoniques dont le principe de base était très apprécié, car l'antenne était ouverte à quiconque avait besoin d'aide ou de conseils. Sans être un auditeur fidèle, j'aimais parfois écouter ces Chinois ordinaires raconter des histoires sur leur vie.

Ce jour-là, quelque chose m'a tout de suite intrigué dans les réponses nerveuses de l'auditrice. D'après sa voix, elle devait avoir une vingtaine d'années et avait sans doute grandi à la campagne. Cependant, comme elle l'avait évoqué, elle avait étudié l'anglais à la ville, ce qui n'était pas ordinaire. Alors, pourquoi semblait-elle si désespérée ? Qu'est-ce qui pouvait bien l'empêcher d'avancer ?

Je ne sais pas pourquoi, mais le numéro de cette jeune femme est resté gravé dans ma mémoire. Quelques jours plus tard, j'ai fini par l'appeler. Je ne la connaissais absolument pas et je n'avais aucun emploi à lui offrir, mais j'avais envie de l'encourager. Nous avons parlé en mandarin standard, signe d'instruction, même si sa ville natale se trouvait à quatre-vingts kilomètres à peine de Dongshigu et que son dialecte était similaire au mien.

Lors de ce premier contact téléphonique, elle m'a raconté avec une remarquable franchise avoir échoué à ses examens d'entrée à l'université ; cela avait porté un sérieux coup à son estime d'elle-même et, bien qu'elle ait terminé le lycée, elle s'était sentie honteuse et indigne. À présent, elle était sans emploi. Après son échec aux examens d'entrée, elle avait dû financer elle-même ses études et ne pouvait donc prétendre à un emploi gouvernemental. Elle avait passé l'année précédente chez ses parents, la plupart du temps seule dans sa chambre à écouter la radio. Ne sachant comment trouver du travail et craignant de rencontrer qui que ce soit, elle sortait rarement de chez elle.

Comment était-ce possible ? ai-je demandé. Il fallait avoir confiance. Elle possédait de toute évidence de réels talents. Peu de gens de la campagne avaient étudié l'anglais et elle semblait le parler très bien, ce qui était preuve d'une grande intelligence. Sinon, comment aurait-elle pu poursuivre ses études en ville ? De nombreuses écoles devaient rechercher des professeurs compétents. Elle devait sortir de chez elle pour trouver un emploi.

– Tu parles si bien, a-t-elle répondu. Puis-je te rappeler, si jamais j'ai besoin de conseils ?

– Bien sûr.

Et je lui ai donné mon numéro. Elle s'appelait Yuan Weijing et m'a appelé trois fois le mois suivant, en général pour discuter de ce qui la préoccupait. Je n'ai pas tardé à me rendre compte que nos échanges se faisaient de la façon la plus naturelle qui soit.

– Puis-je venir te rendre visite ? a-t-elle demandé un jour.

Elle voulait savoir quel genre d'homme j'étais et rencontrer celui qui avait réussi à lui redonner confiance en elle rien qu'en parlant au téléphone. J'ai alors répété, avec plus d'insistance, ce que je lui avais déjà expliqué :

– Tu sais que je suis infirme. Alors, s'il te plaît, ne viens pas me voir si tu n'es pas prête à être amie avec un infirme. Tu nous épargneras à tous les deux du désagrément.

– Pas de souci, a-t-elle répondu aussitôt. Je viendrai bientôt.

Le jour de la première visite de Weijing, le 21 juillet 2001, j'étais allongé dans ma petite chambre, profitant de la *wushui*, la sieste chinoise, quand j'ai soudain entendu sa voix.

– Tu as de la visite, a annoncé ma mère.

Un instant plus tard, j'ai senti dans la pièce la présence d'une jeune femme, celle-là même avec qui j'avais discuté au téléphone.

Je me suis rapidement redressé tout en enfilant mes lunettes noires. Weijing était stupéfaite de me voir me déplacer normalement. Elle m'a expliqué par la suite que, pour elle, l'infirmité était synonyme de fauteuil roulant et, dans son imagination, elle s'était représenté un paraplégique comme Deng Pufang*, le plus célèbre handicapé de Chine. Comme la plupart des gens ayant grandi à la campagne, elle n'avait pas idée des différents types de handicap qui pouvaient exister.

Sans parler, elle a observé ma chambre spartiate, les quelques pauvres meubles qui conféraient à la pièce un air rustique et peu attrayant. Plus tard, elle m'a raconté que ma maison lui rappelait celle de ses

* Deng Pufang (né en 1944) : fils aîné de l'ancien président Den Xiaoping. Devenu paraplégique en 1968, il a consacré sa vie à la défense des droits des handicapés. Les Nations unies lui ont remis en 2008 le prix des Droits de l'homme. *(N.d.T.)*

grands-parents ; sa famille, par contraste, était plus prospère. Elle a ensuite regardé mes pieds partir à la recherche de mes sandales de plastique jaune qui traînaient par terre, balayant le sol d'un geste large, comme s'ils étaient dotés d'une vie propre, maladroite et aveugle. Après avoir enfilé mes chaussures, je me suis levé. C'est alors qu'elle a vu que, même en été, je portais le pantalon de nylon grossier informe d'un fermier.

Weijing commençait à comprendre. La voix douce et raisonnable du jeune homme instruit avec qui elle discutait au téléphone appartenait en réalité à un paysan autodidacte, fils aveugle d'un pauvre fermier.

– Je n'avais jamais rencontré quelqu'un comme toi, m'a-t-elle confié de nombreuses années plus tard. Tu ne me faisais pas peur, alors que j'avais les mêmes préjugés que les autres, à l'époque. Une de nos voisines était aveugle, quand j'étais petite. C'était une femme remarquable, aux talents méconnus. Elle élevait trois enfants, faisait à manger pour toute la famille et se chargeait des tâches domestiques. Mais elle m'effrayait un peu. Avec les autres enfants, on se cachait pour l'observer de loin, curieux de savoir si elle allait tomber et si elle parviendrait à se relever. Au lieu de ça, on la voyait nourrir les cochons et accomplir d'autres travaux avec une précision complètement inattendue. Ç'a été mon premier contact avec le monde des aveugles. Pourtant, elle continuait à m'inquiéter vaguement. Contrairement à toi, elle ne me semblait pas tout à fait humaine.

Au cours de cette première visite, Weijing et moi avons échangé des plaisanteries pendant quelques minutes, puis, petit à petit, nous avons réellement commencé à parler, comme nous avions pris l'habitude de le faire au téléphone. Les différences entre nous se sont estompées. Nous étions tous deux innocents et passionnés, et peu nous importaient l'avis des autres ou les obstacles sur notre chemin. À l'époque, il nous paraissait impensable que quelqu'un cherche à nous séparer. Nous ne pouvions pas non plus imaginer tout ce qui nous est arrivé par la suite, ensemble ou séparément. La seule chose qui comptait, c'était notre envie de nous revoir ; nous espérions qu'il y aurait une prochaine fois, puis une autre encore après. Cet après-midi d'été, nous étions si heureux de nous rencontrer que nous avons simplement continué à bavarder de choses sérieuses ou légères, échangeant conseils et encouragements, nous questionnant l'un l'autre et rêvant ensemble.

Une semaine plus tard environ, la chance a tourné pour Weijing : une nouvelle école privée devait s'ouvrir dans la région et recrutait plusieurs professeurs d'anglais. J'ai encouragé Weijing à postuler, lui assurant qu'elle n'était pas moins apte que les autres, bien au contraire. Malgré ses doutes, elle a présenté sa candidature, qui a été la première retenue par l'école. Elle a quitté la maison de ses parents pour s'installer dans l'école où elle allait travailler. Au téléphone, sa voix est devenue claire et pleine d'espoir. J'avais toujours pensé qu'elle était capable d'y arriver ; à présent, elle aussi en était convaincue.

Voyant que nos efforts pour faire forer un puits dans le village avaient porté leurs fruits, les gens ont commencé à venir à Dongshigu pour me demander conseil. Mon intérêt pour la loi chinoise et mes efforts pour faire respecter mes droits m'avaient amené, au fil du temps, à amasser de nombreux ouvrages et documents sur le sujet, que ma famille me lisait à voix haute quand j'étais à la maison. Dans notre région rurale, qui, comme beaucoup d'autres, souffrait d'un manque chronique de professionnels du droit, cette éducation informelle, combinée à mon expérience en matière de requêtes et à mon travail sur le projet du puits, faisait de moi un « expert » ad hoc. Quand j'étais à l'école, mon père et mon frère aîné, qui avaient appris beaucoup de choses en même temps que moi, étaient en mesure d'aider les gens qui se présentaient. Non seulement leurs connaissances juridiques permettaient à nos visiteurs de comprendre leurs droits, mais elles sont par la suite devenues indispensables, quand nous avons commencé à intenter de véritables procès.

Au début, c'étaient surtout des handicapés qui venaient me voir, pour s'informer sur leurs droits sur la perception illégale de taxes, sur le « travail volontaire » et les amendes qui en découlaient. En somme, les mêmes problèmes que j'avais soulevés dans mes propres requêtes.

Tous les habitants, sans distinction d'âge ou d'aptitude physique, devaient se soumettre à ces impôts perçus par les autorités locales.

Les taxes n'étaient pas censées dépasser un certain pourcentage du revenu moyen tel qu'il était estimé par le gouvernement de chaque ville ou région. Toutefois, au fil du temps, les autorités du village ont commencé à tricher en surévaluant les revenus de leurs administrés, avant de transmettre des chiffres gonflés à l'étage supérieur, c'est-à-dire au canton. Le canton exagérait alors à son tour et transmettait des chiffres excessifs au niveau supérieur, et ainsi de suite. Par exemple, si un fermier gagnait 500 yuans par an, les autorités déclaraient parfois une somme allant jusqu'à 3 000 yuans, qui était ensuite taxée à 5 %, soit 150 yuans, presque un tiers du revenu réel du fermier. De plus, le chiffre imaginaire des revenus augmentait en général d'au moins 10 % chaque année, sans que quiconque se soucie de la réalité. Pour couronner le tout, les campagnes d'imposition se terminaient toujours de la même façon : le soir du dernier jour, les percepteurs se retrouvaient tous pour un énorme banquet afin de célébrer leur succès lors d'une nuit de gloutonnerie et de beuverie, aux frais du contribuable. Cela a duré jusqu'en 2006, date à laquelle ces impôts injustes ont commencé à être supprimés.

Voici comment se déroulaient les campagnes d'imposition : dès le début des années 1980, les autorités de chaque village étaient responsables de la perception de l'impôt, mais, comme le montant annoncé des revenus ne cessait d'augmenter, les gens se sont mis à refuser de payer ces taxes injustes. Les autorités ont alors demandé au canton de faire venir la police et d'autres fonctionnaires, afin d'intimider les mauvais payeurs. Au bout de quelques années, les gens se sont habitués à voir arriver policiers et percepteurs main dans la main et ne leur ont plus prêté attention.

En réponse, les gouvernements locaux formaient parfois des « petites équipes de travail », composées de trente ou quarante cadres du Parti, et recrutaient des hommes de main. Dans certains villages, les habitants se rendaient au « bureau du Gouvernement », souvent une simple cour, afin de payer ce qu'ils devaient et obtenir un reçu. Ceux qui refusaient étaient parfois conduits dans une pièce où un groupe de cadres se tenaient sur une rangée de chaises, flanqués d'hommes armés de gourdins. Le villageois était envoyé s'asseoir sur un petit banc en face des notables assemblés. « As-tu apporté ce que tu dois ? » menaçaient les cadres. Si le villageois ne payait pas les taxes, on le passait à tabac, avant de le renvoyer chez lui avec l'ordre de revenir avec l'argent.

Et si on essayait d'échapper aux cadres en ne se présentant pas au bureau de la Perception ? Les cadres débarquaient chez vous et, si vous n'ouvriez pas la porte, ils la forçaient à coups de pied, de bêche ou de hache. Après avoir réclamé l'argent, certains vous plaquaient au sol pendant que les autres volaient tout ce qui avait de la valeur chez vous, y compris le bétail, le grain, les patates douces séchées ou même un vieux poste de télévision cassé. Tout ce qui pouvait être revendu le lendemain et leur rapporterait de l'argent, qu'ils empochaient sans la moindre hésitation. Si par malheur vous tentiez de résister, ils hurlaient, vous battaient ou vous torturaient. Ils pouvaient vous enfermer dans un grand sac en toile, puis s'emparer d'une cruche d'eau bouillante et la vider sur le sac. Leur cruauté était sans limites.

En dépit du danger, certains s'opposaient aux autorités, même si leurs actes de résistance déclenchaient invariablement une nouvelle vague de châtiments encore plus durs. Parmi ces braves se trouvait Liu Naitang, un sexagénaire d'une intelligence inhabituelle, qui avait été frappé de cécité tardivement et gagnait à présent sa vie comme conteur et devin itinérant. C'est l'un des premiers à être venu me demander conseil et, au fil des années, nous sommes devenus alliés et bons amis.

J'ai fait la connaissance de Liu Naitang à la fin de l'année 2000. Ayant entendu dire que j'étais rentré chez mes parents pour les vacances d'hiver, il a fait un long voyage en bus, contournant la chaîne de montagnes qui se dressait entre nos deux villages. Autour d'une potée aux navets, au chou et aux travers de porc, Naitang nous a raconté que, en novembre 1997, il lui avait été impossible de réunir la somme nécessaire pour payer l'impôt exorbitant et la taxe de travail qu'on lui demandait. Il avait donc tout simplement refusé de payer.

– Je suis un aveugle qui ne peut plus travailler, avait-il expliqué aux percepteurs. Il m'est extrêmement difficile de nourrir ma famille et je peine déjà à vous verser ce que je dois. Il n'est pas juste que je doive payer en plus.

Le secrétaire du Parti du village s'était emporté :

– Si tu es aveugle comme une chauve-souris, c'est que tes ancêtres étaient des rustres et à présent tu dois payer pour leurs actions ! Tu veux que le gouvernement te dispense de taxes, mais qu'as-tu fait pour ton pays pour mériter un traitement de faveur ? Tu ne vaux rien du tout et tu ne peux même pas payer l'impôt que tu dois.

Le secrétaire du Parti avait ensuite insulté et menacé Naitang pendant vingt-sept jours d'affilée sur le haut-parleur du village, le raillant ouvertement devant les autres habitants. « Si j'étais au pouvoir, hurlait-il, je tuerais tous les aveugles de Chine jusqu'au dernier ou bien je les ferais jeter dans un puits ! » Lorsque quelqu'un lui avait fait remarquer qu'il était illégal de se servir d'un haut-parleur public de cette façon, il s'était mis à parcourir les rues du village en hurlant ses insultes.

À plusieurs reprises, Naitang s'était plaint directement auprès du canton, mais sans résultat. Après qu'un ami lui avait parlé de la loi sur la protection des personnes handicapées, il était venu me demander conseil. Lors de sa première visite chez mes parents, j'étais malheureusement à l'école, mais mon père avait pu lui expliquer ce qu'il savait ; armé de cette information, Naitang était ensuite retourné voir les autorités. Cette fois-là, on lui avait répondu que la loi sur la protection des personnes handicapées était une initiative nationale qui n'était pas destinée à être appliquée au niveau cantonal. Naitang avait également tenté de se faire entendre auprès du Canlian, censé représenter les handicapés, ainsi qu'auprès d'autres instances compétentes. Pour toute réponse, on lui avait surtout répété avec insistance qu'il devait présenter ses excuses au secrétaire du Parti de son village.

– Montrez-moi le règlement qui dit que la victime doit s'excuser auprès de son bourreau ! s'était emporté Naitang devant le maire du canton.

– Le secrétaire du Parti est ton supérieur, avait répondu celui-ci. Tu devrais lui présenter tes excuses.

Démuni, Naitang avait décidé de raconter ses malheurs en chanson sur les marchés, et c'est ainsi qu'il avait appris par cœur des passages de la loi sur la protection des personnes handicapées.

Lorsque mon père, membre du Parti de longue date, avait entendu les mésaventures de Naitang, il était entré dans une colère noire. À force de cruauté et de cupidité, le Parti avait oublié son idéal premier, qui était de « servir le peuple », comme la propagande continuait pourtant à le proclamer haut et fort. Mon père en tremblait de rage.

Plus tard, quand Naitang est revenu à Dongshigu pour me raconter son histoire en personne, j'ai moi aussi eu une réaction de colère. J'ai également ressenti une sympathie immédiate pour lui, en tant qu'aveugle. Je lui ai fait préciser de nombreux points, pour m'assurer que je comprenais bien son histoire et l'organisation de la perception d'impôts dans son canton. Naitang n'accusait pas les fonctionnaires de Pékin, car, comme de nombreuses personnes à l'époque, il pensait du bien du gouvernement central. Il tenait plutôt pour responsables les fonctionnaires locaux et s'était juré de ne plus jamais payer des impôts illégaux. Selon lui, c'était « jouer le jeu de l'ennemi ». D'ailleurs, tout le monde savait que ces fonctionnaires qui les brutalisaient, lui et d'autres villageois, détournaient pour leur propre compte tout ce qu'ils pouvaient. Naitang n'espérait pas d'aides supplémentaires du gouvernement ; il voulait simplement que les insultes cessent.

Je lui ai expliqué que c'était contraire à la loi sur la protection, ainsi qu'à d'autres lois, d'exiger de lui qu'il paie un impôt. La perception de toute taxe matérielle supplémentaire appliquée à une personne handicapée était tout simplement illégale. Je lui ai suggéré de porter plainte contre le maire du canton, afin de forcer les percepteurs à lui rendre son argent. Avec les preuves d'actes illégaux consignées dans le dossier, nous pouvions aussi exiger que le secrétaire du Parti du village lui présente des excuses pour les insultes répétées. Naitang était tout excité par cette proposition, mais il s'inquiétait des frais juridiques que cela engendrerait. Je lui ai assuré que je ferais tout mon possible pour l'aider, mais que je ne lui demanderais jamais de paiement, sous quelque forme que ce soit.

À l'époque, j'avais un téléphone portable dont je ne me servais que pour les urgences, car les communications étaient très chères. Pourtant, après avoir entendu le récit de Naitang, j'ai immédiatement appelé un avocat de Pékin, Wang Shiqiang, dont j'avais fait la connaissance grâce à Mme Wilson. Wang était un homme chaleureux et charmant, avec qui j'avais déjà débattu de questions de société. Il doutait que le progrès social puisse jaillir d'un procès à petite échelle, tandis que j'affirmais le contraire, persuadé qu'il n'existait rien au monde qui ne puisse être changé. Celui qui prétendait autre chose n'était à mon avis pas très motivé ou n'avait pas encore trouvé le bon moyen de canaliser ses efforts. Un dossier même très confidentiel pouvait faire boule de neige.

Wang et moi avions déposé une demande de bourse auprès du gouvernement britannique afin de mettre sur pied un projet de défense des droits des handicapés. Lorsque j'ai appelé Wang, ce jour-là, j'ai suggéré de placer le cas de Naitang au cœur de notre action et de nous servir de cette bourse pour couvrir tous les frais engendrés. Wang a tout de suite accepté et a annoncé qu'il se chargeait de trouver un avocat. Liu Naitang était ravi.

– Je suis tellement heureux d'être venu te voir. Puis-je te toucher ?

– Bien sûr.

Je me suis mis debout devant lui et suis resté immobile pendant qu'il me regardait à la façon des aveugles. Ses doigts ont parcouru la totalité de mon corps, depuis le sommet de mon crâne, pour connaître ma taille et ma corpulence.

– À présent, je sais combien tu mesures ! a-t-il dit.

Peu après, Wang a trouvé un avocat assermenté du nom de Sun Ting qui était prêt à représenter Naitang au tribunal. En juillet 2001, à peu près au moment de l'obtention de mon diplôme à Nankin, nous avons enfin été en mesure de déposer la plainte de Liu Naitang, qui visait directement le maire. Lorsque les fonctionnaires du canton ont eu vent de la nouvelle, ils ont commencé à s'inquiéter. « Nous avons fait une erreur », ont-ils expliqué à Naitang en promettant de rendre l'argent s'il retirait sa plainte.

Naitang m'a demandé conseil. « Les autorités sont prêtes à reconnaître leurs torts, mais seulement si tu retires ta plainte, ai-je expliqué. Or, si tu retires ta plainte maintenant, crois-tu vraiment qu'on va te rendre ton argent ? Quel recours auras-tu, alors ? » Naitang a refusé de retirer sa plainte. C'est alors que les fonctionnaires du canton ont commencé à exercer des pressions sur ses proches.

Le 10 août, jour de l'audience, personne ne représentait le canton ni le maire. Cela n'a pas empêché Sun Ting d'exposer les faits : un homme aveugle, illégalement contraint de payer l'impôt, était de surcroît victime d'insultes et de harcèlement, sur ordre du maire. Quelques jours plus tard, ce dernier a eu de nouveau l'occasion de se défendre, mais il ne s'est pas non plus présenté à l'audience. Le tribunal a alors rendu son verdict : l'accusé devait cesser son comportement vis-à-vis du plaignant Liu Naitang et lui restituer l'argent des impôts prélevés illégalement. Nous avions gagné le procès.

En tant que conteur et devin itinérant, Naitang a saisi cette occasion pour distribuer des copies du verdict partout où il allait, à qui se montrait intéressé. Notre succès a redonné du courage à de nombreux paysans et handicapés de la campagne, mais n'a malheureusement pas mis un terme à la perception abusive d'impôts, ni au traitement illégal des handicapés. En réalité, malgré le verdict, les « petites équipes de travail » du canton sont revenues au village de Naitang pour « régler certaines dettes ». Heureusement, Naitang n'était pas chez lui, mais les fonctionnaires ont enfoncé la porte de sa maison pour exiger 300 yuans auprès de sa famille. Devant cette menace physique, ses proches ont été obligés d'emprunter de l'argent. Ce genre d'actions s'est répété ; c'est pour cela que le cas de Liu Naitang a par la suite été inclus dans notre recours collectif en justice.

Après notre première rencontre à l'automne 2001, Weijing et moi nous sommes vus de plus en plus souvent. Lorsqu'elle me rendait visite à Dongshigu, nous descendions à la rivière après le dîner pour nous promener parmi les arbres, main dans la main, sans la moindre gêne. La plupart des villageois étaient couchés depuis longtemps. La brise faisait bruisser les feuilles et la rivière coulait tranquillement près de nous ; au loin, nous entendions les bruits nocturnes du village.

Weijing et moi abordions toutes sortes de sujets au cours de ces longues soirées près de la rivière. Elle m'avait rapidement expliqué qu'elle n'avait jusqu'alors jamais réfléchi à d'autres vies que la sienne, et que jamais elle n'avait consacré beaucoup de temps à considérer la politique ou les souffrances d'autrui. Pourtant, le travail que je faisais et ma façon de remettre en question les défauts sous-jacents de la société chinoise, ainsi que les problèmes de la Chine et du monde, lui avaient ouvert les yeux. Ces idéaux politiques étaient complètement nouveaux pour elle, tout comme les sentiments qui naissaient de nos nombreuses conversations.

J'ai vite remarqué que Weijing était miraculeusement dépourvue de cette crainte fréquente et inexplicable envers les infirmes. Rapidement, les émois d'un amour naissant ont commencé à fleurir entre nous. Au début, j'ai fait comme si je ne me rendais compte de rien, car, si mes sentiments pour elle devenaient plus intenses, l'idée de souffrir m'était insupportable. J'avais conscience des préjugés qu'elle devrait affronter en aimant un handicapé et qu'elle ne serait peut-être pas capable de supporter une telle pression. Selon ma conception de l'amour, le moindre manque de sincérité, la plus légère fausse note était inacceptable ; aucun compromis n'était possible. L'engagement devait être total : si nous décidions d'emprunter ce chemin, il nous faudrait le suivre jusqu'au bout.

Weijing n'osait pas parler de nous à ses parents. Pourtant, à l'automne 2001, elle m'a appelé un jour depuis son école en s'écriant : « Ne sais-tu pas que je ne fais que penser à toi toute la journée ? »

J'ai senti mon cœur s'épanouir. Jamais de ma vie je n'avais entendu des mots aussi tendres, ni même espéré entretenir une telle relation, tant les préjugés me semblaient ancrés dans la société chinoise. Quelle personne saine de corps pourrait m'aimer, m'épouser ? Si je craignais de souffrir, j'appréhendais également les contraintes que notre relation imposerait à Weijing pour son avenir. Cependant, son cri du cœur cet après-midi-là a tout changé. Par la suite, je l'appelais presque tous les jours, désireux de partager mes sentiments avec elle. Nous parlions souvent pendant des heures.

Malheureusement, les voies de l'amour sont rarement directes. Un soir, Weijing a appelé de chez ses parents, inquiète, car quelqu'un essayait d'arranger un mariage avec un parti potentiel. Elle a alors dirigé le combiné du téléphone vers la pièce afin que je puisse écouter les deux hommes en train de parler. Il était fréquent à la campagne d'avoir recours à des entremetteurs pour réunir des personnes issues de familles et de contextes similaires, mais jamais je n'aurais imaginé que ses parents feraient ce choix. J'étais à Pékin, ce jour-là, mais j'ai annoncé à Weijing que je quitterais la capitale quelques jours plus tard pour venir la voir. Le reste de mon séjour m'a paru interminable.

Dès mon retour chez moi, je me suis rendu à Linshu, la ville natale de Weijing. Je suis allé rendre visite à un ancien professeur de Linyi, qui travaillait à présent à l'école pour sourds du district et m'a permis de passer la nuit dans le dortoir. J'avais peine à contenir mon impatience de voir Weijing.

Le lendemain matin, je l'attendais dans le couloir quand soudain j'ai entendu un vélo s'approcher. « La voilà ! » ai-je pensé, le cœur battant.

Weijing a échangé quelques mots avec le portier avant de se précipiter dans l'escalier. Ses pas ont résonné dans la cage ; le sac plastique qu'elle tenait à la main bruissait. Je me suis précipité vers le sommet des marches pour la prendre dans mes bras. Un peu timide, elle m'a rapidement repoussé. Je lui ai alors pris la main et nous sommes allés dans ma chambre.

– Qu'est-ce que tu as dans ta main ? ai-je demandé.

– Quelque chose pour toi.

Elle m'a tendu le sac, dont j'ai sorti un caleçon long tout neuf. Je n'avais jamais porté ce genre de sous-vêtement de ma vie : la plupart de mes habits avaient appartenu à mes frères. Comme je vivais seul et loin de chez mes parents depuis longtemps, rentrant rarement à la maison, je n'étais pas habitué à ce genre d'attentions. Pourtant, Petite Yuan, comme je l'appelais, avait acheté ce vêtement spécialement pour moi. Le cœur débordant de tendresse, je l'ai prise dans mes bras pour l'embrasser.

Plus tard dans la journée, nous nous sommes préparés à retourner chez mes parents ensemble, tout en nous racontant ce qui nous était arrivé depuis notre dernière rencontre. Le bus pour Dongshigu nous a rapidement déposés au bord de la route nationale 205, qui passe juste à côté de mon village. Nous avons marché en direction de la Meng, franchi le pont, puis traversé la forêt en longeant la berge, sans jamais nous lâcher la main. Mes parents, qui travaillaient sur notre petit lopin de terre, nous ont vus arriver de loin. Je savais déjà qu'ils appréciaient Weijing et ils se sont écriés : « Ah, on vous voit vous tenir par la main ! Nous sommes tellement heureux pour vous ! »

À partir de ce jour, je me suis autorisé à espérer que Weijing et moi pourrions trouver un moyen de rester ensemble pour toujours.

Les cas similaires à celui de Naitang ne manquaient pas et nous avons discuté avec de nombreuses personnes ayant subi des injustices du même type. L'un des exemples les plus frappants concernait un homme et une femme, tous deux valides, qui devaient s'occuper de leurs deux enfants lourdement handicapés, ainsi que des parents aveugles du mari. Le couple ployait littéralement sous le poids de l'impôt. Un jour, Weijing et moi nous sommes rendus dans la région montagneuse très pauvre où ils habitaient, afin de rencontrer la femme et sa famille. Le mari, qui avait dû accepter un travail très loin pour nourrir les siens et payer l'impôt domestique, ne rentrait que quelques fois par an. C'était donc à sa femme qu'incombait la charge quotidienne des quatre infirmes, ainsi que le travail aux champs et toutes les autres corvées dans leur petite maison isolée.

Weijing était stupéfaite de la façon dont cette femme s'occupait, jour après jour, de quatre infirmes, sans aucun espoir d'une vie meilleure.

– Où trouvez-vous la force de continuer ? lui a-t-elle demandé sans détour.

– Vu comme ça, a répondu la femme de façon inattendue, je dirais que je n'ai pas grand-chose à espérer, vraiment. Il y a même des jours où je n'ai simplement plus envie de vivre. Mais si je mets fin à mes jours, qui va s'occuper de mes enfants ? Ils ne peuvent même pas marcher. Je dois rester pour eux. C'est ma responsabilité de les élever. Si je ne suis pas prête à m'en occuper, alors comment espérer que quelqu'un d'autre le fera ? Voilà pourquoi je continue.

À partir de ce jour, Weijing s'est sentie plus directement concernée par ce que nous faisions, au point de démissionner un peu plus tard de son poste d'enseignante. Par la suite, elle m'a expliqué qu'elle n'était pas la seule à pouvoir enseigner l'anglais, mais qu'elle doutait que d'autres qu'elle soient prêts à défendre les droits des handicapés. De plus, elle voulait travailler avec moi.

Vers la fin de l'année 2001, Weijing et moi avons décidé de réunir quelques dossiers sur lesquels nous avions enquêté afin de déposer un recours collectif, dans l'espoir d'informer un public plus large sur ces pratiques brutales de perception d'impôts. En juillet 2002, après des mois de travail pour réunir les documents, nous étions enfin prêts à déposer une plainte qui couvrait trois affaires : les agressions contre Naitang, qui persistaient malgré un premier verdict en sa faveur ; cette famille de six personnes écrasée par l'impôt ; et le dossier d'un dénommé Yin Xiangping, qui avait subi des dommages cérébraux à la suite d'un accident. Le fil conducteur de notre recours était la perception illégale par les autorités d'impôts et de taxes sur des personnes handicapées, avec violences. Dès le départ, nous savions que nous devrions nous débrouiller seuls, car il n'y avait pas d'argent pour payer un vrai avocat.

Dans les campagnes, les avocats étaient à l'époque aussi rares qu'aujourd'hui ; il n'y avait que des paysans qui avaient appris le droit tout seuls, mus par un puissant désir de se défendre eux-mêmes. Ces paysans déterminés ont fini par être connus sous le nom d'« avocats aux pieds nus », version moderne d'une expression datant de la Révolution culturelle, quand le gouvernement permettait à des paysans d'acquérir des compétences médicales de base afin de soigner les habitants de leur région. Comme ces derniers passaient le plus clair de leur temps aux champs, ils allaient souvent sans chaussures, ce qui leur avait valu le surnom de « docteurs aux pieds nus ». Ils ne recevaient en contrepartie aucun salaire, mais gagnaient des « points » qu'ils pouvaient ensuite échanger contre des céréales ou de l'argent, comme cela se faisait dans toutes les communes populaires. Plus récemment, les gens ont commencé à appeler « avocats aux pieds nus » des personnes ayant acquis une certaine connaissance de la loi et qui s'en servent pour aider leurs semblables, en qualité d'avocats. La différence primordiale, cependant, est que le gouvernement n'a jamais soutenu ces avocats ; au contraire, il les persécute sans relâche. De plus, ces autodidactes n'ont pas le droit de toucher des honoraires « au titre du métier d'avocat » et risquent donc d'être accusés d'escroquerie et d'exercice illégal de la profession. Le travail d'un avocat aux pieds nus n'est cependant pas très différent de celui de ses confrères assermentés : il enquête pour rassembler des preuves concernant les affaires qu'il traite, rédige des rapports basés sur les informations récoltées et prépare dossiers et documents légaux pour les présenter aux tribunaux. Il lui arrive parfois de plaider pour ses clients lors des procès, même si cela n'a jamais été mon cas. En bref, il fait pratiquement la même chose qu'un avocat assermenté, à la seule différence que ces derniers sont, eux, en droit d'attendre une rémunération appropriée.

La plupart des clients représentés par un avocat aux pieds nus n'ont pas le moindre sou pour payer des honoraires ; pour ma part, je n'ai de toute façon jamais été très à l'aise avec l'idée de demander de l'argent en échange de mes conseils. Les gens faisaient souvent de leur mieux pour m'aider : par exemple, le propriétaire d'un tracteur me conduisait au tribunal ou bien un villageois payait le taxi pour que je puisse rendre visite à une personne qui avait besoin de mon aide. Par la suite, j'ai fait des demandes de financement auprès d'organismes afin de couvrir les dépenses liées à ces dossiers. Au début, cependant, je faisais simplement de mon mieux pour aider ceux qui en avaient besoin.

La plupart des avocats se montrent réticents à accepter des dossiers concernant des infirmes ou des indigents, en partie parce qu'ils savent qu'ils ne seront jamais rétribués de façon suffisante. De plus, comme ces dossiers impliquent souvent des instances gouvernementales, un procès est souvent risqué. Soucieux de ne pas attiser la colère du gouvernement et d'éviter un retour de flamme, beaucoup préfèrent garder leurs distances. Leur inquiétude est compréhensible : tout le monde sait que les avocats qui acceptent de défendre les droits civils subissent des représailles politiques qui vont de la perte de leur licence de travail jusqu'à l'agression physique ou à l'emprisonnement. Aujourd'hui encore, je continue à suivre de nombreux amis et associés courageux, qui, en qualité de défenseurs des droits civils, ont été emprisonnés, battus ou harcelés. Le gouvernement s'acharne sur eux simplement parce qu'ils persistent à défendre ceux qui ne sont pas capables de le faire eux-mêmes.

Pendant la préparation de notre recours collectif, j'ai contacté Li Zhizeng, un autre avocat autodidacte de la région, pour lui demander de travailler avec nous sur le dossier. Nous avons recueilli des preuves et rassemblé d'autres documents avec un soin extrême, afin de respecter scrupuleusement les procédures judiciaires habituelles. Je savais depuis le début que l'attention des médias serait cruciale, si bien que j'ai invité deux journalistes expérimentés de Pékin pour couvrir l'événement, espérant créer un précédent et faire mieux connaître les droits des handicapés.

Le 29 juillet, jour de l'audience, le tribunal était plein : tout le monde avait fait le déplacement sauf les accusés, qui avaient refusé de venir. Il y avait bien quelques administrateurs et membres du Parti, dont la curiosité avait été piquée par le fait qu'un handicapé ose attaquer en justice un représentant du gouvernement. C'est pourtant une autre catégorie de spectateurs qui a créé la véritable surprise : la salle était pleine d'aveugles et d'infirmes venus des quatre coins du pays, la plupart sans le moindre lien avec la plainte déposée.

Ce rassemblement était une preuve de soutien remarquable : pendant quelques heures, la communauté handicapée est devenue une réalité. Depuis à peu près deux mille ans, les aveugles des campagnes chinoises gèrent leurs propres affaires et revendiquent leurs droits d'une façon bien particulière, s'organisant entre eux en guildes informelles. Ils fixent les tarifs de professions comme celle de conteur ou de devin, défendent ceux qui ont été traités de façon injuste et punissent ceux qui nuisent au groupe ou dont le comportement entache la réputation des autres. Les messages circulaient autrefois grâce à une branche de sorgho ornée d'une plume de coq, passée de main en main. La tige était porteuse de différentes informations en fonction de la position de la plume. Traditionnellement, ces messages étaient relayés entre les villages par les voyants. Depuis quelques années, cependant, les aveugles ont de plus en plus souvent recours au téléphone portable.

Au tribunal, j'ai eu l'occasion de discuter un peu avec les membres de cette communauté, pour connaître leur avis. Dans 99 % des cas, les lois censées les protéger n'étaient pas appliquées. Tous s'accordaient à dire qu'un procès comme le nôtre pouvait faire avancer les choses, mais nombreux étaient ceux qui doutaient que nous bénéficiions d'un traitement équitable. À chaque degré de la hiérarchie, le Parti actionnait les leviers du pouvoir et contrôlait l'issue de ces procès grâce à des comités d'affaires politiques et législatives. Comme de nombreuses personnes dans la salle n'hésitaient pas à le dire : « Ce sont eux qui disent aux tribunaux ce qu'il faut faire ! » J'étais malheureusement d'accord : je savais que ce procès dépassait les limites du droit pour entrer dans le royaume de la politique, mais je ne voyais pas d'autre solution.

Le maire du canton, l'accusé toujours absent, aurait dû perdre ce procès, mais c'était sans compter un allié de poids dans son camp : le juge. Après l'audience, on nous a informés que nos preuves soigneusement présentées avaient été jugées insuffisantes et que notre plainte était considérée comme « irrecevable ». Le tribunal a bien reconnu que les impôts avaient été perçus par erreur, sans pour autant imposer le remboursement des sommes. Nous avons aussitôt fait appel auprès des tribunaux intermédiaires de la ville, espérant qu'une instance urbaine serait un peu moins redevable aux autorités du district et nous donnerait plus de chances d'être entendus. Le jugement a bel et bien été une victoire : la perception illégale d'impôts devait cesser, tout comme le comportement du maire.

En dépit des nombreux obstacles que nous rencontrions lorsque nous portions plainte au tribunal, cela me revigorait d'améliorer de façon concrète la vie de mes concitoyens. Au fil du temps, j'ai compris que, si je pouvais aider mes clients à obtenir la dose de justice la plus infime en guidant leur dossier dans les méandres du système judiciaire, j'en tirerais une immense satisfaction.

Malgré le nombre grandissant de gens qui venaient me demander de l'aide, je n'avais aucun mal à décider quels dossiers accepter. C'était un processus complètement naturel, simplement motivé par ma conception du bien et du mal, par mon sens de la justice et par ma compréhension du droit. Afin de déterminer si un dossier méritait une enquête, mon seul critère était de savoir s'il existait suffisamment de preuves de comportements illégaux ayant débouché sur la persécution ou le harcèlement du plaignant. Lorsque les preuves étaient flagrantes, je ne pouvais m'empêcher de réagir pour redresser les torts et défendre ceux qui ne pouvaient le faire eux-mêmes.

Bien que particulièrement sensible aux souffrances des handicapés, j'étais prêt à aider tous ceux dont les droits avaient été bafoués. Je prenais en général les choses comme elles venaient, menant les batailles au fur et à mesure qu'elles se présentaient. Comme il m'était impossible de prétendre à un diplôme de droit, et encore moins à une assermentation, je n'avais pas grand-chose à perdre... du moins, c'est ce que je pensais.

Petit à petit, j'ai dû me rendre à Pékin de plus en plus souvent, parfois seul, parfois avec Frère Aîné ou mon neveu Chen Hua ; par la suite, Weijing m'a également accompagné quelques fois. D'autres défenseurs des droits humains m'ont encouragé à déménager à Pékin pour les rejoindre, mais j'ai toujours été persuadé que ma place était à la campagne, où je pouvais apporter une aide que personne d'autre n'était en mesure de fournir. De plus, à Dongshigu, j'étais nourri et logé par ma famille, alors qu'en ville j'aurais été obligé, pour gagner ma vie, d'accepter des dossiers qui ne m'intéressaient pas. Je suis donc resté au village, chez mes parents, et nous vivions comme toujours : chichement, mangeant le fruit de notre labeur et ne générant que peu de dépenses.

Le travail que j'ai entrepris pendant ces années se fondait sur des idéaux que je défends encore aujourd'hui. Nous offrions à gens ordinaires un moyen pacifique de résoudre leurs problèmes. Nous tentions de faire de l'État de droit une réalité dans un pays qui en était totalement dépourvu, malgré les affirmations hypocrites du gouvernement. J'étais persuadé qu'il fallait que la population comprenne ses droits et connaisse la loi ; je voulais faire savoir aux autres paysans et handicapés qu'ils étaient en mesure d'exiger certaines choses, et les encourager à se défendre par eux-mêmes. Je voulais qu'ils sachent que le seul moyen de changer les choses durablement, c'était de s'unir pour parler d'une seule voix.

À travers une longue série de procès, nous avons commencé à améliorer la compréhension que les gens avaient du droit et à encourager un éveil juridique des consciences. Un dossier peut avoir un impact réel sur le sort d'une famille, laquelle, à son tour, peut influencer d'autres familles. Afin que la société change, la population doit s'unir pour revendiquer ses droits ; la justice ne sera jamais possible si le peuple attend que le changement vienne d'en haut.

Au printemps 2002, à mon retour à Dongshigu après un voyage à Pékin, je me suis arrêté à l'entrée du village, où les habitants se retrouvent pour échanger les dernières nouvelles ou jouer aux échecs. C'était souvent pour moi l'occasion de me tenir au courant des derniers événements et d'entendre des opinions franches et directes sur la politique ou les affaires en cours.

Je m'étais absenté longtemps, mais j'ai rapidement compris autour de quoi tournaient les discussions les plus enflammées. Apparemment, les dirigeants du village, c'est-à-dire les représentants du Parti et les autorités soi-disant élues, comme le maire, avaient passé un accord secret pour vendre le sable des berges de la Meng à une société privée. Leur intention était de déclarer une vente de 4 000 yuans sur les comptes du village, mais d'empocher entre 40 000 et 50 000 yuans sur le contrat. La discussion s'est encore animée et j'ai suivi plusieurs villageois jusqu'au pont : en contrebas, des bulldozers étaient déjà sur place et des ouvriers montaient les tentes sous lesquelles le travail devait être accompli.

Debout sur le pont, j'ai pensé qu'il avait fallu des millions d'années pour fabriquer ce sable que les villageois utilisaient avec parcimonie, n'en prélevant qu'une petite portion chaque année pour l'étaler sur la terre battue de leur cour ou de leur allée. Enfant, j'adorais venir nager à cet endroit et je gardais un souvenir vivace de la douceur du sable sous mes pieds. Lorsqu'en 1996 un pont nous avait enfin reliés au reste du monde, ce sable avait en partie servi de substrat pour ancrer les piles dans le sol. À présent, je ne ressentais que de la rage ; l'idée que la cupidité des hommes était sur le point de supprimer cette ressource nécessaire et de détruire la beauté de notre précieuse rivière me dégoûtait.

De toute évidence, les villageois étaient du même avis, car ils se sont soudain tous tournés vers moi :

– Vieux Cinquième ! Que faut-il faire, à ton avis ?

J'ai aussitôt trouvé comment leur répondre :

– Pour la santé à long terme du village et de notre environnement, il ne faut pas vendre ce sable. Nous devons empêcher à tout prix ce chantier, quitte à descendre nous-mêmes à la rivière pour arrêter les machines. Si le dialogue et la raison échouent, il sera alors temps de prendre des mesures juridiques.

Ensuite, j'ai proposé une stratégie.

– Pour commencer, il faudrait choisir de nouveaux délégués pour signifier aux autorités du village que nous ne sommes pas d'accord avec leur projet et que nous réclamons l'annulation du contrat. Nous devons également exiger de la mairie qu'elle règle certains problèmes qui traînent depuis longtemps, comme ce sentier dans les collines qui n'a pas été réaménagé depuis la dernière tempête. Enfin, nous devons avoir la promesse qu'à partir de ce jour les finances du village seront transparentes. Si les autorités refusent ou ne procèdent à aucun changement, nous les informerons de notre intention d'entamer une procédure d'annulation des élections pour en organiser de nouvelles.

Mes propositions ont plu aux villageois et nous avons tout de suite commencé à discuter de la façon de mettre notre plan à exécution. C'est alors que les bulldozers se sont mis en route, juste sous nos yeux. Sans réfléchir aux conséquences, nous avons traversé le pont en courant pour descendre sur la berge et encercler les tentes et les machines. N'ayant plus de place pour manœuvrer leurs équipements, les conducteurs ont éteint leurs moteurs. Ce jour-là au moins, notre action avait servi à quelque chose.

Sans même se concerter, les villageois ont organisé un tour de garde près du site. Au moindre signe d'activité sur le chantier, l'alerte devait être donnée. Le lendemain matin, quelqu'un est d'ailleurs arrivé en courant chez moi. Le temps que je gagne la berge, le bulldozer s'était figé en pleine action, moteur éteint. J'ai passé la main sur le cou cambré et la pelle de la machine, dont les dents reposaient doucement sur le sol.

Le statu quo a duré plusieurs jours. Nous savions que les autorités du village et la société de travaux recrutée pour enlever le sable tenaient des conciliabules houleux – les dirigeants de la société étaient furieux de ce retard, qui leur coûtait très cher. De leur côté, les villageois persistaient à demander l'annulation du contrat et la restitution de l'argent avancé. Après tout, comment un tel chantier pouvait-il être valide sans l'accord du peuple ? Finalement, la société de travaux a bien été obligée de partir, mais nous n'avons jamais su si l'acompte avait été remboursé.

Parallèlement, nous suivions nos autres requêtes auprès des autorités du village et rassemblions les documents nécessaires pour réclamer la tenue de nouvelles élections. La procédure exigeait d'abord que nous récoltions les signatures d'au moins un cinquième des villageois en âge de voter ; puis, nous devions notifier les autorités cantonales de Shuanghou de notre mécontentement vis-à-vis du comité directeur du village et de notre intention de demander l'annulation des élections. Le canton avait alors un certain délai pour répondre à notre demande et organiser un nouveau scrutin. Pendant ce temps, nous voulions faire connaître nos intentions au plus grand nombre en affichant nos idées et l'action que nous entendions mener sur le panneau public du village.

Nous avons scrupuleusement respecté la loi et suivi à la lettre le règlement, afin d'éviter tout obstacle ou délai inutile. Malheureusement, cela n'a servi à rien : malgré tous nos efforts et notre vigilance, le canton nous a bloqués en refusant simplement de répondre. Au final, nous n'avions aucun moyen pratique d'organiser une nouvelle élection. Pendant des mois, la situation est restée au point mort.

À l'automne 2002, je travaillais dans la cour lorsque j'ai entendu une annonce sur l'un des nombreux haut-parleurs accrochés dans le village, à des poteaux ou à des arbres. Les autorités municipales annonçaient publiquement aux habitants que le secrétaire du Parti – l'instance la plus puissante du village, nommée directement par le Parti pour une durée indéterminée – venait de démissionner. Ce secrétaire n'étant pas élu, son départ n'était pas directement lié à notre procédure, mais le message était clair. Pour le Parti, lorsqu'un représentant officiel commence à faire l'objet de critiques virulentes de la part de ses administrés, cela signifie qu'il n'est plus utile. La meilleure solution est alors de se débarrasser de lui. Le fait que notre secrétaire démissionne plutôt que d'être renvoyé n'avait aucune importance : sa hiérarchie lui permettait simplement de sauver la face. S'il refusait la démission, le Parti serait alors obligé de le renvoyer, ce qui compromettrait sérieusement son avenir.

Pour l'instant du moins, le sable de la rivière était sauvé. Le plus important, cependant, restait le fait que les habitants de Dongshigu avaient revendiqué leurs droits comme jamais et prouvé qu'en s'unissant ils avaient réussi à apporter un changement positif dans leur vie.

L'affaire de Dongshigu n'était pas un incident isolé : partout dans les campagnes chinoises les cas de révoltes légales se multipliaient. Début 2002, l'édition internationale du magazine *Newsweek* a publié un article sur les « avocats aux pieds nus » qui mettait en avant mon travail sur le dossier de Liu Naitang et la pollution de la Meng. Nos efforts, trop controversés pour être évoqués dans la plupart des médias chinois, recevaient pourtant une reconnaissance internationale. De plus, notre lutte avait enfin un visage.

J'étais dans un hôtel à Pékin en compagnie de Frère Aîné lorsque celui-ci a vu ma photographie à la une de *Newsweek*. Tout excité, il me l'a décrite : vêtu d'une veste noire, je pose avec mes lunettes de soleil devant le *chunlian* de notre village, le distique décoratif que l'on accroche aux portes à l'occasion du Nouvel An, pour la touche traditionnelle. C'est mon amitié avec Zhang Lijia, la journaliste venue à Dongshigu en compagnie de Mme Wilson, qui avait rendu possible cette publication. Cela a marqué un tournant pour moi. Cette reconnaissance internationale m'a fait comprendre que je commençais peut-être à avoir un impact significatif. J'ai continué à me rendre à Pékin chaque fois que c'était nécessaire pour mon travail, ainsi que pour renforcer mes liens dans le milieu de la défense des droits de l'homme. Je rencontrais le plus de monde possible, demandant à chaque nouvelle connaissance de me présenter à son tour à ses amis. Ainsi, j'avais rencontré Zhang Lijia grâce à Mme Wilson, qui m'a ensuite présenté Nick Young, dont la publication *China Development Brief* était une source d'informations cruciale sur les développements récents de la société civile chinoise et de l'aide de la communauté internationale. Grâce à Zhang Lijia, j'ai rencontré le photographe Li Wei, qui a pris la photo pour *Newsweek*. Par Li Wei, j'ai fait la connaissance du responsable culturel de l'ambassade des États-Unis à Pékin, qui m'a par la suite invité à participer à l'« International Visitor Leadership Program » proposé par le département d'État américain – un programme visant à promouvoir la compréhension entre les deux pays via des échanges professionnels. Soudain, l'Amérique semblait presque à portée de main.

Dès que j'en avais l'occasion, j'assistais à des réunions et des conférences pour étendre mon réseau d'amis et renforcer ma conscience politique. Des projets prometteurs de toutes sortes étaient en discussion, et, dans certains cas, déjà mis en œuvre. Un meeting à Pékin a par exemple réuni des défenseurs des droits des handicapés du monde entier, afin de partager des stratégies et des expériences. J'ai alors eu l'impression qu'il serait peut-être un jour possible de contourner le monopole officiel du Canlian sur ces questions. J'ai également pris conscience d'une forte augmentation du nombre d'associations d'aide juridique, avec deux centres majeurs autour des écoles de droit des universités de Pékin et de Wuhan. J'ai d'ailleurs eu la chance de visiter ces deux établissements. Certaines des conférences auxquelles j'ai assisté m'ont fait découvrir des problématiques comme le féminisme et l'écologie, dont je n'avais jamais entendu parler à l'école ou au village. J'ai pris l'habitude d'accorder des interviews à la presse afin d'attirer davantage l'attention des médias internationaux, comme la BBC, ainsi qu'à des publications progressistes nationales, comme *Caijing* (« Finances et économie »), un magazine qui repoussait les limites de ce qui pouvait être publié en Chine à l'époque.

Moi, le pauvre paysan chinois aveugle, je me faisais petit à petit une meilleure idée du vaste monde. Un soir, Li Wei est venu nous chercher à notre hôtel pour nous emmener manger une pizza, avec un crochet par un McDonald's. C'était la première fois que Weijing et moi goûtions des plats étrangers. Je me suis également rendu pour la toute première fois de ma vie à une vraie soirée, organisée chez Lijia à Pékin. La nourriture, tout comme les invités, était à moitié occidentale et à moitié chinoise. Lors d'un événement semblable chez des Chinois, il aurait fallu attendre pour manger et observer des règles d'étiquette spécifiques ; là, tout était informel et détendu. Diplomates, journalistes et politiques passaient de conversation en conversation, discutant ouvertement de tout, échangeant sur leur travail, le tout avec un verre ou un petit canapé à la main. J'aimais aussi la façon dont les amis de Lijia me traitaient : ils ne me méprisaient pas parce que j'étais handicapé, sans pour autant se montrer excessivement respectueux ou déférents à mon égard. Je me suis senti étonnamment à l'aise.

À l'époque, je répétais à tous ceux que je rencontrais que mon but principal était de fonder une association de défense des droits des personnes handicapées dans toute la Chine. Certains m'ont mis en garde quant aux difficultés que je ne manquerais pas de rencontrer. Li Wei, par exemple, m'a expliqué qu'il faudrait sans doute attendre dix ans pour que mon organisation commence à avoir un impact réel. Ce genre de commentaires ne me décourageaient pas, au contraire, et je passais la plupart de mes visites à Pékin à chercher un moyen de fonder et de financer une telle association. La notion d'organisme à but non lucratif était relativement nouvelle en Chine, mais je n'étais pas le seul à croire que la société civile serait porteuse de changements politiques réels et que le progrès était inévitable.

Je travaillais dur pour fonder mon association, mais la résistance que nous avons rencontrée laissait présager les ennuis que j'ai eus par la suite. La priorité du Parti communiste est d'empêcher le développement de tout pouvoir indépendant et d'écraser tout individu ou organisme qui ne lui est pas directement redevable ou qui n'est pas placé sous son contrôle. Avant de pouvoir enregistrer quelque type d'organisation que ce soit – un processus parfois long et coûteux, mais nécessaire, même pour une association de taille très modeste –, il faut trouver une *guakao danwei*, une « unité de travail de rattachement ». Ces unités étant des structures officielles, cela signifie qu'elles sont des organes d'État ou du Parti, ou bien qu'elles dépendent d'une instance similaire. C'est par exemple ainsi que fonctionnent les universités en

Chine. Cette affiliation n'a rien de vague ni de symbolique : il est impossible de fonctionner sans. Au final, tout organisme n'est donc qu'une filiale, un élément détachable d'un tout plus grand, contrôlé par le Parti. En résumé, en Chine, il est impossible d'être à la fois véritablement indépendant et légal.

En ce qui me concernait, aucune *guakao danwei* ne voulait entendre parler de moi ; personne n'était prêt à prendre cette responsabilité. Et comme aucune unité de travail n'acceptait de me soutenir, je ne pouvais enregistrer mon association. À l'époque, je soupçonnais que le Canlian, qui aurait été un partenaire logique, sentait en moi la présence d'un rival. Sans soutien officiel, la question des fonds devenait compliquée puisque les sources potentielles de financement – de grandes fondations internationales, des ambassades occidentales ou des groupes de défense des droits de l'homme à l'étranger – n'aimaient pas trop aider un individu isolé, sans statut officiel. Le problème reste encore aujourd'hui sans solution : de nombreuses structures, ONG et associations étrangères cherchent à améliorer la justice sociale en Chine, mais ne peuvent investir leurs capitaux que dans des programmes ou organisations très proches du gouvernement chinois. De ce fait, elles ne peuvent aider la société chinoise à évoluer sans être elles-mêmes touchées par les injustices du pays. Encore de nos jours, la communauté internationale n'apporte presque aucune aide aux personnes impliquées localement dans les véritables luttes de terrain, et l'argent va inexorablement aux bureaucrates, créatures d'État, et à ceux qui possèdent les bons contacts.

J'ai passé de longues nuits sans sommeil à Pékin, à cette époque ; parfois, ne supportant plus de rester enfermé dans mon petit hôtel, je partais pour de longues promenades nocturnes, laissant mon esprit vagabonder. Tout en cherchant à tâtons mon chemin parmi la foule et les voitures, je réfléchissais à des questions fondamentales et creusais dans les plus profonds méandres de mon esprit. Peu à peu, une vérité importante m'est apparue : même si une organisation ou une plate-forme officielle m'auraient été d'une grande utilité, j'allais devoir me débrouiller en tant que simple individu, dossier par dossier. Ce qui comptait à présent, c'était simplement d'agir.

D'ailleurs, je ne me sentais pas vraiment seul : je savais que d'autres que moi exigeaient avec autant d'insistance que le gouvernement s'engage de façon concrète et réelle pour l'État de droit et la justice sociale. Avec le recul, je comprends que les avocats aux pieds nus s'inscrivaient alors dans le mouvement plus large du Weiquan qui se développait alors en Chine. *Weiquan* signifie « défense des droits », ce qui a toujours été la base : nous défendions les droits civils des gens ordinaires, dans le cadre de la loi. Nous prenions les réformes judiciaires des années 1980 au pied de la lettre, pour régler au tribunal des questions touchant aux droits humains, à l'écologie et à des droits fondamentaux comme la liberté d'expression, de culte et de la presse. Les réformes politiques se faisaient attendre depuis trop longtemps, le changement économique semblait inévitable et la réponse brutale du gouvernement sur la place Tian'anmen avait clairement indiqué les limites et les dangers de la contestation populaire. Le mouvement Weiquan cherchait un autre moyen de résister au régime répressif en Chine. Sans chef ni organe central, nous formions un simple assemblage disparate d'activistes, avocats, universitaires et autres, qui se servaient du droit, à la fois national et international, pour forcer communiste à respecter la loi, que ce soient des décrets rédigés par lui-même ou des accords signés lors de conférences internationales.

Cependant, comme nous mettions au défi le Parti de tenir ses promesses, la véritable nature de celui-ci a commencé à poindre derrière la rhétorique. En cherchant la justice et en exigeant le respect de la loi, nous représentions une menace, et les cadres du Parti nous voyaient comme leurs ennemis. Bientôt, j'ai découvert que, pour protéger leur pouvoir, ils étaient prêts à tout pour nous écraser.

6

DE NOUVELLES RACINES

Après avoir savouré l'euphorie première de notre amour naissant, Weijing et moi avions fini par comprendre que nous étions devant un mur. En raison de ma cécité, sa famille restait farouchement opposée à toute perspective de mariage. Dans un sens, cela n'avait rien de personnel, car ils ne m'avaient pas encore rencontré. Ils pensaient simplement que mon handicap était un stigmate qui ne pourrait jamais être effacé, quel que soit mon degré d'autonomie ou le travail que je puisse faire. La mère de Weijing, qui se remettait d'une hémorragie cérébrale, était particulièrement obstinée. « Si nous décidons de nous marier quand même et que quelque chose lui arrive, serai-je jamais capable de me le pardonner ? » me demandait Weijing.

Ses parents devenaient plus stricts et autoritaires de jour en jour. Un jour, j'ai demandé à Weijing si elle avait vraiment envisagé la possibilité que sa famille accepte jamais notre union.

– Je le croyais, a-t-elle admis. Mais au fond de moi, sans doute que non.

– Alors, tu ferais mieux de réfléchir encore. Si tu te sens capable d'affronter cette situation, nous avancerons.

Je savais qu'une rupture avec Weijing me laisserait anéanti, mais je ne voulais pas poursuivre une relation sans avenir. Je savais aussi que je ne pourrais jamais accepter un mariage arrangé par mes parents et un entremetteur. À moins d'être nés dans une famille aisée, la plupart des handicapés chinois épousent d'autres handicapés, ou restent célibataires.

À l'automne 2001, Weijing et moi communiquions tous les jours par téléphone et elle est venue me voir plusieurs fois à Dongshigu. Pourtant, les derniers mois de l'année s'écoulaient lentement. Parfois, les heures que nous passions ensemble étaient un enchantement ; d'autres fois, nous étions tous deux trop tristes pour parler. Début 2002, Weijing est venue me rendre visite pour la fête des lanternes, qui clôt les festivités du Nouvel An chinois dans un crépitement de feux d'artifice. Préoccupée, elle n'était pas d'humeur à assister à ce spectacle, mais j'ai insisté pour que nous montions sur le toit afin de jouir d'une meilleure vue, espérant que le spectacle lui redonnerait un peu le sourire. Sans un mot, elle m'a suivi. Je savais que des fleurs explosaient au-dessus de nos têtes, illuminant les cieux de leurs couleurs éclatantes, mais je restais dans ma tristesse sous ce ciel inaccessible. Weijing était devenue mes yeux. À présent, non seulement le monde radieux m'était fermé, mais la femme que j'aimais et qui aurait pu me le décrire et lui donner vie restait silencieuse à mes côtés.

En dépit de toutes les difficultés, Weijing refusait de mettre un terme à notre relation. Au printemps, son père, qui savait que notre attachement mutuel restait sérieux, a décidé de rendre visite à mes parents pour se rendre compte par lui-même de la situation. Accompagné par une des sœurs de Weijing, il est venu à Dongshigu. J'avais espéré qu'une rencontre le ferait changer d'avis, mais il est reparti plus que jamais opposé à ce mariage, car il avait constaté par lui-même à quel point cette union était défavorable pour sa fille : non seulement j'étais aveugle, mais je vivais dans une maison délabrée, dans un village extrêmement pauvre et reculé, à des kilomètres de la famille de Weijing, qui ne possédait pas de voiture, comme souvent à la campagne.

Peu après la visite de son père, le coup de fil que je redoutais tant est arrivé. « Nous devons rompre », m'a annoncé Weijing, la voix encore pleine de larmes. Toute sa famille s'opposait à notre relation, et ses amies, camarades d'école et collègues la bombardaient de remarques et de raisonnements blessants, la pressant d'y mettre un terme. Sois réaliste, répétaient-ils. Comment un infirme peut-il gagner sa vie ? De tous les hommes du monde, il faut que tu choisisses un aveugle ? Que va-t-on penser de ton enfant si son père est infirme ? Tu as une bonne situation et tu viens d'une bonne famille... Tu pourrais faire un bon mariage. Il est si pauvre... de quoi vivrez-vous ? Ses amies pensaient qu'elle était devenue folle. Pour ne rien arranger, Weijing n'avait que deux sœurs : l'absence d'enfant mâle inquiétait grandement son père et sa mère, car les femmes mariées vont en général vivre dans leur belle-famille, ne restant donc pas pour prendre soin de leurs vieux parents.

Avec le temps, sa famille a même réussi à convaincre l'école où travaillait Weijing de surveiller ses contacts avec moi, ce qui m'a blessé et rendu furieux lorsque je l'ai appris. J'ai fini par demander à un ami de me conduire à l'école, d'où j'ai arraché Weijing pour une conversation douloureuse. Je l'ai encouragée à se montrer plus forte devant la pression. Ensemble, nous pouvions surmonter tous les obstacles. Pendant un long week-end du début du mois d'avril, Weijing s'est retrouvée pratiquement emprisonnée chez elle ; le téléphone avait même été retiré de sa chambre et ses parents surveillaient la ligne. « Tu dois partir de chez tes parents, lui ai-je dit lorsqu'elle est retournée travailler. Tu dois décider par toi-même. » Je savais qu'elle était soumise à une pression énorme. Elle m'aimait et ne voulait pas me quitter. En même temps, elle aimait sa famille et ne voulait pas blesser ses parents, surtout sa mère, à la santé si fragile. Elle ne voulait pas non plus quitter ses élèves, auxquels elle était profondément attachée.

Puis sa famille a changé de tactique en proposant un parti convenable : un beau soldat issu d'une bonne famille, qui a emmené Weijing se promener à moto dans les collines, un après-midi. Weijing a eu ensuite trois jours pour donner sa réponse. À la grande déception de ses parents, elle a refusé. La seule raison pour laquelle elle avait accepté de rencontrer le soldat, c'était parce qu'elle espérait faire comprendre à ses proches que quel que soit le Parti qu'on lui présenterait elle refuserait de la même façon.

Les mois suivants ont été insoutenables et je me suis jeté à corps perdu dans le travail, redoublant d'efforts pour fonder mon ONG. Je préparais depuis un moment une demande de subvention auprès d'une fondation canadienne et Weijing m'avait aidé à rassembler la plupart des documents nécessaires. À l'approche de la date butoir, je l'ai persuadée de m'accompagner à Pékin, à la fois pour échapper aux pressions intenables chez elle et pour m'aider à terminer le travail. Nous sommes partis le 21 avril et avons loué une chambre chez l'habitant, une famille d'ouvriers dont nous partagions la cuisine et la salle de bains. Peu après notre arrivée, et malgré son attachement pour ses élèves, Weijing a décidé de quitter son travail. Ensemble, nous avons rédigé une lettre pleine d'émotion à son père, puis elle a appelé sa mère pour tout lui expliquer. Cette dernière a pleuré tant et plus.

La réaction de sa famille a plongé Weijing dans le tourment, si bien qu'elle a décidé de rentrer dans le Shandong au bout de quelques jours. Je l'ai accompagnée, mais suis rapidement revenu à Pékin avec mon neveu Chen Hua. Lorsque je ne travaillais pas, j'appelais Weijing, qui a finalement accepté de me rejoindre à nouveau. À Pékin, notre situation était difficile : une fois le loyer payé, il ne nous restait plus rien pour la nourriture et nos autres dépenses. Au marché, nous achetions des pastèques, dont nous pouvions à la fois manger la chair et la peau. C'est vous dire à quel point nous étions pauvres. Au bout de deux mois, nous n'avions plus un sou et avons dû rentrer à Dongshigu pour l'été.

La fête de la mi-automne, qui se déroule pendant le huitième mois du calendrier lunaire*, est consacrée à la famille. C'est pourquoi mes parents ont proposé de faire le voyage jusqu'à Linshu afin de rencontrer les parents de Weijing, comme le veut la coutume pour les couples non mariés. Toutefois, Weijing a préféré rentrer seule chez elle. À cette époque, malgré mes sentiments sincères pour elle, je me préparais psychologiquement à mettre un terme à notre relation, car je sentais qu'elle ne résisterait plus longtemps à la pression familiale. Un jour, accompagné de mon père et de mon frère aîné, je me suis rendu dans le village de Weijing avec un coq vivant, de la viande et des gâteaux de lune.

Weijing et sa mère, qui avait recouvré la santé, nous ont accueillis à la grille. Comme c'était la première fois que je la rencontrais, j'étais très nerveux.

– Voici ma mère, a dit Weijing.

– *Ma*, je suis Guangcheng, ai-je simplement répondu.

Puis nous sommes tous rentrés pour manger ensemble un plat de poulet sauté aux pousses d'ail. Son père s'est montré courtois et

* Ce jour férié est le plus important du calendrier chinois, après le Nouvel An. Il se déroule la nuit de la pleine lune, dans le courant du mois de septembre. *(N.d.T.)*

accueillant, mais la visite n'a rien résolu. Weijing et moi avions beau essayer encore et encore, sa famille refusait froidement de croire que nous étions faits l'un pour l'autre. Notre relation était au point mort.

L'automne a cédé la place à l'hiver. Vers la fin de l'année 2002, Weijing a un jour fait irruption chez mes parents, sans annoncer sa venue. Je savais à quel point la situation était difficile pour elle et j'étais résigné à tout accepter. Elle a commencé par m'expliquer qu'elle avait toujours été la préférée de sa mère, qui avait donc particulièrement du mal à accepter les liens qu'elle entretenait avec moi. Très en colère, elle s'en prenait directement à Weijing, la houspillant et se disputant sans cesse avec elle pour essayer de lui arracher la promesse de ne plus jamais entrer en contact avec moi. Weijing se sentait extrêmement coupable de tourner ainsi le dos à l'amour de sa famille. Elle était à bout. Déchirée entre son affection pour moi et celle pour les siens, elle a fini par ne plus supporter l'intensité de ses émotions. Un jour, elle a tenté de mettre un terme à sa peine et aux tourments qu'elle infligeait à ceux qu'elle aimait. Heureusement, son père a pu l'arrêter avant qu'il ne soit trop tard.

– Je devais venir te voir pour trouver une solution, m'a-t-elle annoncé ce jour-là. Quoi qu'il arrive, nous resterons ensemble. C'est peut-être une folie, mais je suis prête à prendre le risque.

J'ai cru que mon cœur allait exploser de joie. Je ne pouvais rien garantir, mais j'avais confiance en l'avenir. J'ai pris Weijing dans mes bras pour l'embrasser, puis, pour la première fois, nous avons évoqué la façon dont nous passerions le restant de nos jours ensemble.

Il y avait cependant une touche positive au tableau : nous avions enfin réussi à gagner le soutien tacite du père de Weijing, qui était même prêt à nous aider à nous marier. Pour que l'union soit officialisée, nous devions tous les deux fournir des pièces d'état civil et des extraits de livret de famille, ainsi qu'un acte officiel délivré par nos villages respectifs. Nous avons demandé au père de Weijing de nous transmettre en secret les documents de sa fille et de se procurer l'acte auprès des autorités de son village.

Une fois tous les documents réunis, Weijing est retournée à Linshu pour les récupérer. Sa mère, qui n'avait pas été avertie de la venue de sa fille, a aussitôt commencé à la couvrir de reproches. « N'aimes-tu donc pas ta mère ? se lamentait-elle encore et encore. Comment peux-tu te montrer aussi cruelle ? C'est moi qui t'ai élevée et tu n'as pas le moindre respect à mon égard ! » Elle l'a même suivie pendant presque trois kilomètres jusqu'à l'arrêt du car.

Éperdue, Weijing devait pourtant faire comprendre à sa mère qu'elle avait fait un choix. Elle lui a expliqué que si elle me quittait elle en aurait le cœur brisé, et que, certainement, sa mère ne pouvait lui souhaiter un tel malheur. « Je te l'ai déjà expliqué, mais tu n'as pas voulu nous soutenir. » Weijing est partie, des larmes amères plein les yeux, laissant sa mère sur le bord de la route.

Les choses n'en sont cependant pas restées là, au point que, pour échapper à l'emprise maternelle, nous avons finalement pris la décision de déménager et sommes partis vivre chez mon quatrième frère dans le district de Yinan. La première nuit, Weijing était désespérée ; elle a pleuré pendant des heures, sans parvenir à fermer l'œil, presque folle de culpabilité de s'être montrée aussi ingrate. Allongé à ses côtés, j'aurais tant voulu la réconforter, apaiser sa peine et son chagrin, mais tout ce que je pouvais faire, c'était essuyer ses larmes.

Juste après le Nouvel An, et avec l'aide de mon frère, nous nous sommes rendus au bureau des Affaires civiles du district de Yinan afin d'accomplir les dernières formalités. Le 3 janvier 2003, nous en sommes ressortis avec un certificat de mariage.

– Me voilà enfin une femme mariée, a soupiré Weijing, la voix pleine d'émotion.

– Eh oui…

Cela aurait dû être le plus beau jour de notre vie, mais je sentais bien que Weijing avait le cœur lourd. Après avoir pris quelques photos, nous avons distribué des gâteaux aux employés du bureau. Au bout de un an d'efforts, cette lutte-là, au moins, touchait à sa fin.

Mon ami Liu Naitang, spécialiste en la matière, a choisi le huitième jour du premier mois lunaire – le 8 février 2003 – pour notre mariage traditionnel. Dans la Chine rurale, les noces se composent d'une cérémonie rituelle, d'une réunion de famille, d'un banquet du village et d'une cérémonie d'emménagement. Notre « nouvelle maison », construite quelques années plus tôt par Deuxième Frère, se trouvait dans la partie sud du village, non loin de celle de mes parents. Il n'était pas prévu que nous y habitions longtemps, cependant, par une horrible ironie du sort, elle a par la suite été réquisitionnée par les autorités pour nous servir de prison. Mais cela a eu lieu bien plus tard ; pour l'heure, c'était là que notre mariage devait avoir lieu.

Avant la cérémonie, Weijing et moi avons nettoyé notre nouvelle maison de fond en comble. Nous n'avions pas d'argent pour acheter des meubles, mais mes frères, qui n'étaient pourtant pas riches eux-mêmes, nous ont sauvés en réunissant 6 000 yuans, sur ordre de mon père. Avec leur aide, Weijing et moi avons ainsi pu acheter le strict nécessaire à notre vie commune. La coutume exige normalement que les jeunes mariés aient un lit conjugal neuf. Comme nous n'avions pas les moyens, à ma grande honte, nous avons dû nous contenter de récupérer celui dont mon père s'était autrefois servi, lorsqu'il travaillait pour une école du Parti communiste. Nous avons acheté un simple matelas de paille, complété par des édredons neufs, des draps et des oreillers, ainsi qu'un canapé, une table basse, une machine à laver et un poste de télévision.

Quelques jours avant le mariage, les cuisiniers sont arrivés chez mes parents pour construire le fourneau de briques dans la cour et aussi préparer tous les ingrédients dont ils avaient besoin, stockant les denrées périssables dans une pièce fraîche. Mon père et mes frères, tous habiles en cuisine, leur ont prêté main-forte. Nos proches ont commencé à arriver nombreux, et, même si nous étions ravis de les voir, nous savions que les enveloppes rouges qu'ils apportaient, contenant de l'argent pour participer aux frais, ne couvriraient jamais nos dépenses. Le mariage devait être très modeste, en partie parce que nous ne recevions aucune aide de la part de la famille de Weijing, qui n'avait même pas été avertie. Le troisième jour des noces, traditionnellement à la charge de la famille de la mariée, n'a donc simplement pas eu lieu. Weijing et moi étions alors inquiets, mais résignés. Sa famille avait tout fait pour nous mettre des bâtons dans les roues et nous savions qu'aucun de ses proches n'accepterait jamais de se joindre à la célébration de notre union.

Notre « voiture de mariage » était une Santana 2000 presque entièrement recouverte de fleurs. Nous étions très déçus de ne pas partir de la maison des parents de Weijing, comme le veut la coutume ; à la place, nous sommes partis de chez Quatrième Frère. Selon la tradition, Weijing a enveloppé dans du papier rouge porte-bonheur de la petite monnaie, qu'elle a ensuite jetée par la fenêtre chaque fois que nous franchissions un pont. Nous sommes entrés dans Dongshigu au pas, sous des acclamations triomphales, et avons traversé tout le village dans un crépitement de feux d'artifice. Pour compléter notre petite caravane, deux autres voitures nous suivaient, avec à bord un collègue de Quatrième Frère et Deuxième Belle-Sœur (et sa famille), qui figuraient la famille absente de Weijing. Pas moins de six voitures étaient garées dans le village pour l'occasion.

Parmi les invités présents, il y avait Wang Shiqiang, l'avocat de Pékin que m'avait présenté Mme Wilson. Il était accompagné de sa femme et d'un ami qui travaillait pour CCTV, la télévision centrale d'État. En chemin, ils s'étaient arrêtés au bureau du Canlian à Linyi, où des fonctionnaires leur avaient gravement recommandé de ne pas se rendre à la noce, en leur précisant que j'étais surveillé par la branche locale du ministère de la Sécurité d'État, la même police politique qui m'avait interrogé à Nankin. Un coup de fil au ministère avait coupé court à la rumeur et les représentants du Canlian avaient alors retourné leur veste pour accompagner Wang au mariage. Ils nous ont même offert un couvre-lit. Pendant ce temps, l'ami de Wang travaillant pour CCTV avait informé la télévision de Linyi et amené une équipe de reporters et de cameramen. À leurs yeux, le mariage rural d'un aveugle et d'une voyante était digne d'intérêt et j'ai entendu dire que les images de la cérémonie, diffusées le lendemain, avaient ému de nombreuses personnes. Les officiels du Canlian ont plus ou moins forcé Wang à partir avant le début du déjeuner, mais il a quand même eu l'occasion de nous offrir la généreuse somme de 2 000 yuans, qui nous a beaucoup aidés les mois suivants.

Une fois arrivés devant notre nouvelle maison, nous sommes sortis de la voiture sous le soleil. Une fleur à la boutonnière, je me tenais droit et fier ; j'avais l'impression de renaître. Weijing et moi avons échangé deux fleurs de soie, puis nous sommes avancés dans la cour pour franchir le seuil de notre maison et entrer dans notre chambre nuptiale, afin de symboliser notre union. Malgré une ombre de tristesse, causée par tous les obstacles que nous avions dû surmonter, mon cœur débordait de joie. Et, même si Weijing m'a par la suite avoué à quel point elle était triste que sa famille ne soit pas à ses côtés, elle a également affirmé que c'était le plus beau jour de sa vie.

Des dizaines de parents et d'amis se serraient dans la cour et je me souviendrai toujours de la fierté de mon père, qui n'avait jamais pensé être un jour le témoin heureux de nos noces. Nous avons répondu à quelques questions des journalistes de la télé de Linyi et j'ai même ouvertement parlé de mon travail de défense des droits de l'homme. Comme le fils d'un voisin se mariait également le même jour, le village tout entier était sens dessus dessous et éclatait de joie. La musique a commencé, marquant le début du banquet à la maison de mes parents.

Vers la fin du repas, nous nous sommes retirés dans notre nouvelle maison pour nous amuser, en compagnie d'une large foule de villageois et d'amis qui se tassaient pour être avec nous. Le caractère du « double bonheur », *shuangxi*, découpé dans du papier rouge, était accroché aux murs, symbolisant le bonheur conjugal. Après avoir distribué les traditionnels bonbons et cigarettes, nous avons servi de l'eau dans de petits gobelets en plastique. Ce soir-là, nos amis et les plus jeunes membres de la famille sont restés pour jouer à des jeux de mariage. Mes neveux ont suspendu une pomme à une ficelle et Weijing et moi avons dû tenter de la croquer sans nous servir de nos mains. Tout le monde riait lorsque la pomme remontait brusquement hors de notre portée ou bien que nous nous embrassions par inadvertance, ce qui était bien sûr le but recherché. À la campagne, les gens ne s'embrassent pas en public, si bien que les convives adorent voir les mariés se tortiller d'embarras.

Le lendemain, nous nous sommes levés tôt pour déplacer notre lit nuptial dans ce qui deviendrait ensuite sa position normale. Selon la coutume, ma nièce a accompli le rituel de « l'adoration des chaussures », passant de maison en maison avec une paire de souliers neufs et des paquets de bonbons posés sur un plateau. Les chaussures ont une double signification, car le mot *xie*, « chaussure », est homophone de « merci ». Les chaussures permettent ainsi de remercier, au nom des jeunes mariés, les efforts consentis par tous lors de la préparation du mariage, au point parfois d'user leurs propres souliers. En retour, les voisins et amis expriment leur gratitude en déposant sur le plateau des petits tas de monnaie enveloppés de papier rouge.

Après le déjeuner, nous avons préparé quelques offrandes pour aller « rendre visite à la tombe de la joie », c'est-à-dire rendre hommage aux ancêtres de la famille, dont les tombes étaient recouvertes de papier rouge pour exprimer le bonheur des disparus pour leurs descendants. Sur celle de mon grand-père paternel, nous avons déposé des gâteaux et des légumes, puis versé un peu d'alcool et brûlé du faux argent. Après avoir accompli le *kowtow**, nous sommes rentrés. Dans cet instant d'intense émotion, j'ai repensé aux précédentes visites à la tombe de mes ancêtres, lors du mariage de mes frères. J'ai alors eu la sensation tangible qu'il existait peut-être un autre monde, plus mystérieux, quelque part entre ciel et terre.

Les mois qui ont suivi notre mariage ont eu une saveur douce-amère. Pour commencer, les noces ont connu un épilogue douloureux : Weijing a appelé ses parents, qui avaient appris notre mariage par la télévision de Linyi ; sa conversation avec eux a été un cauchemar. Nous préparions également un voyage qui nous semblait un rêve impossible : après avoir entendu parler de mon travail grâce à l'article dans *Newsweek*, le département d'État américain m'avait invité à participer à un programme d'échange universitaire aux États-Unis. Weijing et moi devions partir au mois de juillet suivant, si bien qu'il fallait dès à présent s'occuper des passeports et autres formalités, et discuter de nos projets avec l'ambassade des États-Unis à Pékin.

* Salut marquant un profond respect, qui s'exécute à genoux, la tête contre le sol. *(N.d.T.)*

Nous attendions également un événement de la plus grande importance : la naissance de notre premier enfant. En Chine, la plupart des femmes mariées doivent se soumettre à des examens réguliers auprès des médecins de la planification familiale afin de vérifier si elles sont enceintes ou non. Or les médecins ne surveillent pas les femmes non mariées et personne n'avait remarqué que Weijing était enceinte avant la cérémonie. Nous avions donc échappé à leur vigilance. L'idée de devenir parents et d'élever un enfant ensemble nous rendait fous de joie, et tous les ennuis qui avaient précédé notre mariage nous semblaient à présent insignifiants.

Le 3 mai, vers 23 heures, Weijing a ressenti des douleurs à l'abdomen, que nous avons d'abord attribuées à la longue promenade que nous avions faite plus tôt dans la journée. Nous étions prêts, car Weijing m'avait lu un livre sur la grossesse et l'accouchement. Pourtant, lorsque le travail a commencé, je me suis senti dépassé et inquiet de ne pas pouvoir l'aider davantage. Nous nous sommes rapidement préparés à partir pour l'hôpital. Pendant les contractions, Weijing s'accroupissait, tandis que je la soutenais dans cette position. Avec de nombreux arrêts, nous sommes arrivés chez mes parents, d'où nous avons appelé le numéro d'urgence, le 120. Une heure plus tard, une ambulance est arrivée pour nous emmener à la maternité la plus proche.

À l'hôpital, l'obstétricienne qui a pratiqué l'échographie a constaté que le bébé se présentait par le siège et a aussitôt cherché à convaincre Weijing d'avoir une césarienne, la menaçant de graves conséquences si nous refusions. L'hôpital ne saurait être tenu responsable si nous persistions à vouloir une naissance par voie basse et que le moindre problème survenait, nous a-t-elle informés. Nous étions furieux : je savais que le médecin se trompait et j'ai même envisagé de changer de maternité, mais, en vérité, tous les hôpitaux se ressemblent et poussent les patients à accepter des procédures coûteuses, tout en cherchant à se prémunir de la moindre responsabilité par une signature. En fin de compte, nous avons été obligés d'accepter la césarienne.

Pendant que Weijing était conduite au bloc opératoire, je suis resté dehors avec Frère Aîné, car l'hôpital n'autorisait aucun membre de la famille à assister à l'opération. Je faisais de mon mieux pour bavarder avec mon frère comme si de rien n'était, mais je tendais l'oreille, guettant le moindre son en provenance de la pièce voisine. Un peu moins d'une heure plus tard, nous avons entendu les cris vigoureux d'un bébé. Mon frère s'est tourné vers moi : « C'est le tien, ça ? s'est-il exclamé, surpris par la puissance des vagissements. – On dirait un bébé de six mois ! » ai-je répondu.

Pourtant, les cris étaient bien ceux de notre fils. Lorsqu'une infirmière est sortie pour nous dire que la mère et l'enfant se portaient bien, j'ai immédiatement appelé mon père pour lui annoncer la nouvelle. Il était fou de joie. Quelques minutes plus tard, l'infirmière est revenue avec notre fils et nous a demandé de nous en occuper, Weijing devant se reposer. Débordant de bonheur, je n'ai pu m'empêcher de poser doucement mes mains sur son merveilleux petit corps ; c'était la première fois que je touchais des pieds si menus et des jambes si délicieusement fines. On aurait dit celles d'une de ces grenouilles que j'attrapais dans la rivière, quand j'étais enfant.

Weijing a dû rester alitée pendant cinq jours. Cette lente convalescence l'empêchait de profiter pleinement de son bonheur. Notre fils, que nous avions appelé Kerui, pleurait tout le temps et, comme Weijing ne pouvait se lever pour le prendre dans ses bras, je tentais parfois de lui donner le biberon. Je n'étais pas doué pour mélanger le lait et finissais inévitablement par renverser la préparation soit sur Kerui, soit sur moi. J'avais du mal à lui mettre la tétine dans la bouche, ce qui me rappelait l'épisode avec mes chevreaux. Je voulais tellement m'occuper de notre fils et le tenir dans mes bras, mais ce n'est pas facile d'être parent pour la première fois, surtout quand on est aveugle.

Lorsque nous sommes rentrés chez nous au bout de sept jours, ma mère a enterré le placenta sous notre maison, selon la coutume, afin que notre fils s'épanouisse dans la vie en sachant toujours où se trouvent ses racines. Douze jours après la naissance, les cheveux de Kerui ont été rasés lors d'une cérémonie. Avec les branches d'un buisson de *latiao* et des tiges de sorgho, nous lui avons fabriqué un petit arc et des flèches symboliques, auxquels nous avons noué une tête d'ail et un morceau de tissu rouge pour chasser le mauvais œil et lui porter chance. Nous avons accroché le tout à la porte de notre maison, afin que notre petit garçon soit combatif et savant.

Weijing a alors entamé un mois de confinement rituel, au cours duquel elle ne devait pas prendre de bain et éviter les traditionnels aliments qui inhibent la lactation. À la place, ma mère lui préparait des mets spécifiques : gruau de millet au sucre brun, œufs pochés, poisson tête-de-serpent. Les cent premiers jours de sa vie, le petit Kerui est resté à la maison, admiré et gâté par de nombreux visiteurs, dont les parents de Weijing, pour notre plus grande joie. Ravis de la naissance de leur petit-fils, ils semblaient enfin disposés à mettre leur hostilité de côté.

L'arrivée de l'été a apporté de nouveaux changements. Afin d'être plus près de mes parents, nous avons décidé d'emménager avec eux, laissant la « nouvelle maison » vacante une fois encore. Dans la maison de mon enfance, Weijing et moi pouvions élever notre enfant et, enfin, décider de notre avenir.

À la mi-juillet, nous sommes partis pour les États-Unis. Cela a été un véritable déchirement de laisser Kerui, alors âgé de onze semaines, car nous étions malheureux et inquiets de le sevrer si petit. Comme il restait avec mes parents, il allait cependant devoir s'habituer à boire exclusivement le biberon.

Nous n'avons emporté qu'une seule petite valise pour nous deux. Un taxi nous a déposés à Linyi, où nous avons pris le train pour Pékin, avant de nous envoler pour les États-Unis. Au moment de quitter la maison, je suis resté longtemps auprès de mon fils endormi, à murmurer : « Je dois partir, maintenant. » Pourtant, mes pieds refusaient de bouger. Quelques minutes plus tard, alors que j'étais presque arrivé à la voiture qui nous attendait à l'entrée du village, j'ai soudain ressenti un immense regret et j'ai tourné les talons pour retraverser le village en courant et dire encore une fois au revoir à mon fils. Debout près du lit de mes parents, j'ai murmuré son surnom : « Ruirui, ton père part en voyage. » Je me suis penché sur le bébé emmailloté dans de fines couvertures pour caresser tout son corps et embrasser sa bouche minuscule, prenant ses petites mains moites et tendres dans les miennes, jusqu'à ce que mon cœur ne puisse presque plus le supporter. J'ai dû m'attarder trop longtemps ou bien ma moustache l'a chatouillé, car il a commencé à se réveiller avec des petits bruits très doux. Après l'avoir bercé un instant pour qu'il se rendorme, j'ai fermé la porte et j'ai couru jusqu'au taxi.

C'était la première fois de ma vie que je prenais l'avion. Extrêmement curieux, je touchais tout autour de moi : le fauteuil, la tablette pliante et même les boutons de l'accoudoir. Tandis que l'appareil roulait sur la piste pour se présenter au décollage, Weijing et moi nous tenions par la main, une étreinte qui s'est faite plus forte lorsque nous avons commencé à nous élever dans les airs. Weijing me décrivait d'une voix nerveuse la façon dont tout devenait de plus en plus petit par le hublot. J'ai fini par me détendre et j'ai bientôt commencé à me demander à quoi ressembleraient les États-Unis. Qu'allais-je apprendre et que ressentirais-je, une fois là-bas ? Une kyrielle de questions et de conjectures se formaient dans mon esprit, tandis que l'avion entrait dans sa phase de croisière et que le puissant bruit des moteurs s'apaisait. Le commandant de bord a alors commencé à nous parler de notre vol.

De nombreuses heures plus tard, nous sommes enfin arrivés à Washington, D.C. Tout nous semblait complètement nouveau. Bien qu'ayant étudié l'anglais, Weijing n'avait plus pratiqué depuis longtemps et peinait à comprendre ce qu'on lui disait. Heureusement, Annie Wang, une interprète prévue par le département d'État, était là pour nous accueillir et nous conduire jusqu'au Hilton. En explorant la chambre d'hôtel, j'ai tout de suite remarqué une foule de petites différences : un fer à repasser dans le placard (jamais je n'avais vu ça dans les petits hôtels de Pékin), l'étrange système en Fahrenheit pour la température, le lait beaucoup trop froid pour être bu, les fenêtres qui s'ouvraient à peine (pour des raisons de sécurité, m'a-t-on expliqué), et le calme remarquable qui régnait dans une ville de cette taille. Weijing m'a décrit les bâtiments de la ville, tous assez bas, contrairement aux immeubles de Pékin, qui sont hauts et surpeuplés.

Lorsque le département d'État avait suggéré de nous inviter, j'avais expliqué que je voulais surtout essayer de comprendre les lois sur le handicap et les droits des handicapés aux États-Unis, particulièrement le rôle de la société civile dans la défense de ces droits. Comment les handicapés vivaient-ils réellement aux États-Unis, notamment dans les zones rurales ? Quelles leçons utiles pouvais-je tirer lorsque nous fonderions une association d'aide aux handicapés en Chine ?

Le département d'État avait organisé un itinéraire afin de mieux m'éclairer sur ces points, et, en moins de un mois, nous avons visité Washington, D. C., New York, le Vermont, Cincinnati, Austin, l'État de Washington et San Francisco. Partout, nous avons rencontré de nombreux groupes, organisations et individus impliqués dans l'action sociale. Ce voyage nous a permis d'élargir grandement le champ des possibles, même si, à chaque coin de rue, les différences entre la Chine et les États-Unis étaient ahurissantes.

Dans le Vermont, j'ai compris que la campagne américaine n'avait rien à voir avec la campagne chinoise. Chez moi, la vie rurale est synonyme de pauvreté et de sous-développement ; aux États-Unis, le paysage rural est plus beau que la ville et tout ce dont on peut avoir besoin, n'importe quel matériel ou aliment, est à portée de main.

Au fil de notre voyage, nous avons rencontré des gens travaillant dans divers organismes, y compris des écoles, dédiés aux aveugles et autres invalides. J'ai pu constater par moi-même la puissance de la société civile américaine au niveau local et j'ai commencé à comprendre les actions concrètes que ces associations accomplissaient, fournissant par exemple des aides financières, des emplois, des formations et du soutien. Nous avons découvert la loi s'appliquant aux handicapés et la façon dont les handicapés américains la font respecter, n'hésitant pas à agir pour se faire entendre, comme lorsqu'ils avaient enchaîné leurs fauteuils roulants au pont de Brooklyn.

Nous avons également rencontré des représentants d'associations et des universitaires travaillant sur la question des droits de l'homme en Chine, parmi lesquels Jerome Cohen, professeur à la faculté de droit de l'université de New York et spécialiste du droit chinois. De nombreuses années plus tard, M. Cohen m'a avoué qu'il s'était d'abord montré réticent à me rencontrer car je n'étais pas un véritable étudiant en droit. Par chance, nous nous sommes tout de suite bien entendu. Comme M. Cohen et moi pouvions discuter directement en chinois, sans passer par un interprète, c'est grâce à lui que j'ai enfin pu avoir une meilleure compréhension générale du droit américain, surtout en ce qui concernait l'indépendance du pouvoir judiciaire. C'était très intéressant de se faire expliquer ces choses par quelqu'un qui non seulement étudiait la question depuis des décennies, mais avait également un point de vue plus large.

Au début, je lui ai posé beaucoup de questions, mais, rapidement, il s'est mis à m'interroger à son tour sur divers points. Perdant toute notion du temps, nous avons évoqué la situation des handicapés dans la Chine rurale, la façon dont le droit se pratiquait et le travail des avocats aux pieds nus. À la fin de notre conversation, M. Cohen a insisté pour que nous gardions le contact et que nous nous retrouvions lors de son prochain séjour à Pékin, prévu à l'automne suivant. J'ai accepté avec joie. Notre rencontre à New York a été le début d'une importante amitié.

J'ai été profondément marqué par l'honnêteté, la gentillesse et l'intrépidité des gens que j'ai rencontrés là-bas, ainsi que par la façon dont les politiques et les institutions américaines reflétaient ces valeurs. En Chine, par exemple, le Canlian affirme sans hésiter que le taux d'emploi chez les handicapés est passé de 73 % en 2002 à 84 % en 2003. Ces deux chiffres sont absurdes et évidemment mensongers, car le taux véritable est beaucoup plus bas. En revanche, le taux d'emploi chez les handicapés américains, tel qu'il a été fourni par le gouvernement en 2003, est de 25 %. Un chiffre modeste, mais qui a le mérite d'être crédible.

À San Francisco, j'ai été surpris d'entendre la responsable d'une association de défense des droits des femmes critiquer longuement le gouvernement américain pour ne pas avoir signé plusieurs conventions internationales. Elle semblait persuadée que parler ouvertement des gens au pouvoir était l'un des rôles naturels de son association. J'ai été sidéré lorsqu'elle a même commencé à vanter les mérites du système socialiste en Chine.

– Au moins, quand vous critiquez votre gouvernement, vous pouvez toujours quitter le pays, lui ai-je fait remarquer. Vous n'avez pas peur qu'on refuse de vous accorder un passeport ?

– Pas vraiment, a-t-elle répondu simplement. Il suffit que j'aille dans le bureau de poste le plus proche pour en obtenir un.

Des échanges tels que celui-là m'ont permis de comprendre à quel point la critique était vitale au bon fonctionnement d'une société. D'évidence, le pluralisme se portait bien aux États-Unis. Personne n'aime être critiqué, mais tout le monde là-bas a le droit de donner son avis, quel qu'il soit, et chaque voix est importante pour la santé de la nation. En fait, mon impression première était que les États-Unis possédaient un petit gouvernement, mais une grande société : seules la diplomatie et la défense nationale semblaient être la prérogative du gouvernement fédéral. Contrairement à la Chine, Washington ne paraissait pas avoir le droit de se mêler de la vie quotidienne des citoyens, à moins de recevoir leur autorisation explicite.

Dans plusieurs aéroports, j'ai tenté une petite expérience pour me rendre compte de l'attention portée aux handicapés. Si je m'aventurais seul dans le terminal, un employé me proposait immanquablement de me conduire où je voulais aller. D'autres voyageurs semblaient également ravis de me venir en aide, allant jusqu'à se déranger pour aider un étranger aveugle et seul, qui, de surcroît, ne parlait pas leur langue. En Chine, si quelqu'un tombe dans la rue, personne n'ose l'aider à se relever. Ce n'est pas que les Chinois soient mauvais, mais le système décourage les comportements éthiques, altruistes ou les élans de sympathie. Les gens se méfient aussi particulièrement des handicapés. Aux États-Unis, en revanche, quelqu'un est presque toujours venu à mon secours.

Évidemment, je ne suis pas en train de dire que tout ce que j'ai vu aux États-Unis me paraissait supérieur à la Chine. Lors de notre visite de New York, par exemple, il pleuvait ; lorsque nous sommes sortis du métro, je me suis souvenu que les stations du nouveau métro de Pékin disposaient d'une vaste entrée en verre qui permettait d'ouvrir son parapluie avant de sortir. À New York, la pluie se déversait directement dans les stations par les escaliers ouverts. En Chine, les aveugles sont également autorisés à emprunter les transports publics gratuitement. Du moins, c'est ce que prévoit la loi…

À notre retour à Pékin, en août 2003, je débordais d'enthousiasme. J'ai d'abord été reçu à l'ambassade des États-Unis par des diplomates avec lesquels j'ai discuté de ce que j'avais vu, ressenti et vécu pendant mon voyage. Aux États-Unis, ai-je expliqué, la plupart des gens comprennent que défendre les droits des handicapés, c'est déjà défendre les droits de l'homme au sens large. En Chine, le handicap reste un fardeau privé, supporté par les handicapés eux-mêmes et leur famille. Que pouvions-nous faire pour changer ça ?

De retour à Dongshigu, j'étais fou de joie de pouvoir de nouveau prendre Kerui dans mes bras. Même si nous n'étions partis que un mois, je sentais que notre petit Ruirui avait beaucoup grandi. Weijing et moi étions aussi heureux de retrouver toute notre famille. Comme nous n'avions pas les moyens d'acheter de véritables cadeaux, nous avions rapporté toutes sortes d'échantillons que l'on trouve dans les hôtels américains, tels des bonbons, des savons ou des bouteilles de shampoing.

En septembre, nous devions retourner à Pékin pour rendre visite à M. Cohen. J'étais impatient de reprendre la discussion que nous avions commencée à New York à propos de la loi sur la protection des personnes handicapées, les conditions de vie dans la Chine rurale et la réforme judiciaire. Je savais que le professeur Cohen avait conseillé de nombreuses grandes universités de Chine et qu'il avait rencontré en personne Zhou Enlai* et Deng Xiaoping. Son influence aux États-Unis était reconnue et il était l'auteur de nombreux articles importants sur mon pays. Il avait également joué un rôle clé dans la mise en place des relations diplomatiques sino-américaines et dans l'entrée de la République populaire de Chine aux Nations unies. À présent, j'espérais qu'il ferait une troisième contribution d'importance : aider à la lutte pour une Chine libre, démocratique et constitutionnelle.

Weijing et moi avons donc quitté Linyi en train. Arrivés à Pékin, nous avons pris le métro pour nous rendre à l'université Tsinghua, où enseignait le professeur Cohen. Weijing a acheté son ticket et j'ai

* Premier Premier ministre de la République populaire de Chine, sous Mao Zedong, de 1949 à 1976. *(N.d.T.)*

présenté ma carte d'invalidité, un document officiel censé être reconnu partout en Chine. Cependant, la contrôleuse a refusé ma carte et exigé que je paie mon ticket. Pour la énième fois, j'ai expliqué avec patience la loi sur la protection des personnes handicapées, que je connaissais par cœur, allant jusqu'à citer l'article 44, section 3, qui stipule que les handicapés ont le droit d'emprunter gratuitement les transports en commun. La contrôleuse ne s'en est pas émue pour autant. « Il vous faut la carte d'invalidité de Pékin », m'a-t-elle rétorqué, faisant référence à un document propre à chaque grande ville. Cela n'avait aucun sens : le but de cette loi était justement d'établir un standard national unique. « Le règlement de votre entreprise va à l'encontre de la loi de ce pays », ai-je expliqué, mais elle m'a répondu d'aller raconter mon histoire à son entreprise, pas à elle.

Comme Weijing et moi étions un peu pressés, nous n'avons pas discuté plus longtemps. J'ai acheté un ticket, que j'ai précieusement gardé, me jurant d'intenter un procès au métro de Pékin dès que possible. Depuis que j'étais étudiant, je devais me justifier partout où j'allais et lutter pour ce droit essentiel. Si je savais avoir la force de me battre jusqu'à mon dernier souffle, en revanche, comment un handicapé lambda, déjà accablé, pouvait-il espérer se faire entendre dans une telle situation ? Quelle image cela renvoyait-il de la Chine si une loi nationale vieille de plus de douze ans restait inconnue de tous et n'était toujours pas mise en application ? Dans une ville comme Linyi, on pouvait prétexter que les montagnes étaient hautes et que l'empereur vivait loin, pour reprendre un vieux dicton chinois. Mais à Pékin, sous le regard même de l'empereur ?

Le même jour, après un entretien très fructueux avec M. Cohen, au cours duquel nous avons longuement parlé de mon travail récent et des difficultés que je rencontrais, je suis parti à la recherche d'un avocat prêt à m'aider à porter plainte contre la Beijing MTR Corporation, la société qui gérait le métro pékinois. Un ami m'a présenté Lu Ziming qui a accepté de m'accompagner dans mes démarches, en renonçant à ses honoraires. À cette époque, la marche à suivre m'était suffisamment familière pour que M^e^ Lu et moi puissions nous concentrer directement sur les détails. Il a rédigé ma plainte, je lui ai signé un pouvoir, puis nous sommes passés à l'enregistrement même, ce qui n'a pas demandé beaucoup de temps.

L'incident du métro n'avait rien d'une exception. Après notre entretien, M[e] Lu, Weijing et moi sommes retournés dans le métro, accompagnés d'un ami qui possédait un caméscope. De nouveau, j'ai tenté d'entrer, mais, de nouveau, l'employé a refusé de reconnaître ma carte d'invalidité. Sur la vidéo, on voit distinctement le contrôleur m'empêcher physiquement de franchir la grille, pendant que M[e] Lu lui explique la loi dans les termes les plus limpides. « Nous ne pouvons rien faire, a répondu le contrôleur. Nous obéissons simplement aux ordres de notre supérieur. » Ensuite, le chef de station est arrivé et a répété, sous l'œil de la caméra, que je devais acheter mon ticket. Un extrait de deux minutes de cette vidéo a par la suite été diffusé lors d'une émission télévisée, *Traffic Light*. Pendant ce temps, armé de mon enregistreur, j'ai continué à faire des expériences chaque jour et j'ai invité d'autres que moi à faire de même et à enregistrer les réactions.

Lorsque nous avons déposé notre plainte, nous avons réussi à échapper aux frais habituels en expliquant que cette affaire pouvait avoir un rôle déterminant et faire prendre conscience aux gens de l'importance des droits des handicapés, étant donné que le métro de Pékin était le plus connu des transports en commun de Chine. Par miracle, les employés du tribunal se sont montrés efficaces et enthousiastes, allant jusqu'à avertir les médias en envoyant une déclaration intitulée : « Un aveugle du Shandong porte plainte au tribunal du district de Xicheng à cause d'un trajet en métro. » Le département de la Propagande de Pékin n'a pas tardé à censurer la nouvelle, mais la rumeur s'était déjà répandue et nous savions que de nombreuses personnes nous soutenaient.

Peu de temps après notre retour à Dongshigu, nous avons appris par notre avocat que la Beijing MTR avait été notifiée de notre plainte et que la direction voulait régler ça à l'amiable dès que possible, promettant une compensation matérielle. Je n'ai en effet pas tardé à recevoir un appel de Cui Junfeng, vice-président du métro pékinois, qui m'a informé d'un ton poli et professionnel que le juge souhaitait que cette affaire se règle en dehors du tribunal et que l'argent n'était pas un problème. Après tout, le métro gagnait plus de 5 millions de yuans chaque jour grâce à la vente des tickets, sans compter les revenus publicitaires. Toutefois, l'argent n'était pas le fond du problème et nous avons refusé le moindre *fen* de cette société. Mieux valait que des millions de handicapés puissent jouir de leurs droits à perpétuité, plutôt qu'un seul usager reçoive une grosse somme. J'ai rejeté tout accord, pensant que l'attention des médias internationaux nous permettrait de faire pression sur les autorités afin qu'elles acceptent de laisser la presse nationale couvrir l'affaire. Sans couverture médiatique, toute victoire serait creuse – seuls l'intérêt et la pression populaires pouvaient provoquer un réel changement de politique. Lorsqu'un ami de la BBC m'a appelé pour un entretien approfondi, je savais que la machine était en route.

L'audition préliminaire a eu lieu à l'automne. Au début, le juge Zhang nous a incités à régler l'affaire à l'amiable : si j'acceptais, disait-il, lui et le tribunal se proposaient de superviser la Beijing MTR pour s'assurer que la loi sur la protection des personnes handicapées était bien respectée. Une fois encore, je me suis montré inflexible : je voulais que le tribunal tranche en accord avec la loi, car c'était la seule façon de contraindre légalement la Beijing MTR de changer sa politique, alors qu'un accord amiable risquait de maintenir le statu quo. À un moment, j'ai entendu Cui Junfeng demander discrètement au juge s'il était encore temps de négocier pour régler tout cela sans battage. Le juge Zhang a répondu sans détour que le plaignant refusait tout accord et que lui-même connaissait les sérieux défis auxquels les handicapés chinois étaient confrontés, et qu'il jugerait l'affaire du mieux qu'il pouvait. L'intégrité exemplaire de ce juge était-elle due au fait qu'il travaillait à Pékin ? Pour une fois, je semblais être tombé sur un tribunal juste et impartial, et j'ai décidé d'accepter avec sérénité la décision de ce juge, quelle qu'elle soit.

Le juge Zhang a décidé d'une date pour le procès : le 10 décembre 2003. Ce matin-là, je me suis arrivé au tribunal à 8 h 48 précisément, en compagnie de Weijing et de mon ami Li Wei, le photographe. Weijing m'a annoncé que des dizaines de journalistes chinois se trouvaient déjà sur les lieux, dont de nombreux travaillant pour des journaux officiels. Apparemment, lorsque le Parti avait compris que l'histoire ne pouvait plus être étouffée, l'interdiction de couvrir l'affaire avait été levée. De plus, les procès en Chine n'étant pas encore un phénomène courant, contrairement à ce qui se passait dans de nombreux pays occidentaux, le fait qu'un aveugle cherche à défendre ses droits en attaquant en justice une entreprise monolithique telle que la Beijing MTR avait de quoi faire la une de tous les journaux.

Alors que je montais les marches du tribunal, j'ai entendu la voix d'un célèbre animateur de la CCTV s'écrier : « Le voilà ! Le voilà ! » Un moment plus tard, j'étais cerné de journalistes. Après avoir répondu à quelques questions, je suis entré dans la salle pour m'asseoir entre Weijing et M^e^ Lu, puis j'ai mis en route mon enregistreur et j'ai posé une copie en braille de la loi sur la protection devant moi.

Lorsque le juge Zhang a réclamé le silence, plus de quarante personnes s'étaient entassées dans la pièce et les appareils photo crépitaient à tout-va. J'entendais les soupirs agacés de Cui Junfeng, qui avait du mal à croire que les choses aient pu aussi mal tourner pour lui. Lorsqu'il a été appelé à la barre, il s'est défendu en expliquant que la Beijing MTR n'avait fait qu'obéir au règlement communément établi par les autorités municipales de Pékin, le comité du Parti de la capitale, la corporation des transports publics, le bureau des Affaires civiles et le Canlian de Pékin. C'était peut-être vrai, mais j'avais des arguments contraires : « Vous devriez aller trouver ceux qui vous ont poussé à cette mauvaise application de la loi, car cela a provoqué une violation de mes droits. Vous devez prendre vos responsabilités. »

Lorsque M^e^ Lu a résumé nos arguments, il s'est montré d'une telle éloquence que plusieurs personnes dans l'auditoire n'ont pu s'empêcher d'applaudir, avant de se souvenir que ce n'était pas un comportement adapté dans un tribunal. À la fin du procès, les journalistes m'ont de nouveau entouré et je leur ai lu la loi sur la protection des personnes handicapées, avant de répondre à des questions spécifiques sur notre dossier.

Quelques jours plus tard, le juge Zhang a rendu son verdict : notre position était en parfait accord avec la loi, mais il ne nous accordait qu'une partie de la somme requise en dédommagement du prix du trajet et des diverses dépenses liées au procès. J'ai annoncé aux journalistes que je me réservais le droit de faire appel si le métro pékinois ne changeait pas ses habitudes. Pour achever de les convaincre, je les ai invités à me suivre jusqu'à la première station de métro, où ils ont pu filmer une scène devenue banale : le refus du contrôleur, les mêmes réponses bornées du chef de station, l'insistance pour que nous cessions de filmer la rencontre, qui se déroulait pourtant dans un lieu public.

Les jours suivants, j'ai demandé qu'on me lise plusieurs fois le verdict à voix haute. Plus je l'analysais, plus je sentais grandir en moi un certain sentiment d'insatisfaction. Un dossier clair aurait débouché sur un verdict clair. Or j'avais l'impression d'avoir gagné sans que la Beijing MTR ait perdu pour autant. Je voulais un jugement tranché qui pousserait la société de transports à modifier son règlement une fois pour toutes, établissant un précédent pour le pays tout entier. J'envisageais donc sérieusement de faire appel, convaincu que l'injustice devait être corrigée au niveau le plus bas, afin que les aveugles soient en mesure de revendiquer leur droit de voyager gratuitement sans tracas. Pour cela, il fallait cependant que le procès reste à la une des médias. De nombreux amis de Pékin, eux-mêmes des intellectuels défenseurs des droits civils, ont été surpris par ma réaction, ce qui m'a amené à me demander si leur seuil de tolérance était plus bas que le mien ou s'ils étaient simplement plus ouverts au compromis que moi.

Lorsque j'ai évoqué la possibilité d'un appel avec M^e^ Lu, il s'est montré peu enthousiaste. J'ai donc décidé d'opter pour une autre tactique : la publicité. Par tous les moyens possibles, je devais faire connaître le verdict qui avait été rendu, espérant ainsi établir une véritable jurisprudence. J'ai maintenu la pression en accordant de longs entretiens à des médias de confiance, comme la télévision de Pékin, ou en effectuant régulièrement des tests dans le métro pendant plusieurs mois. J'enregistrais chaque fois tous les détails et je suis même allé jusqu'à appeler le juge pour lui expliquer que les contrôleurs enfreignaient toujours la loi. À ma grande déception, le juge semblait peu se soucier que son verdict soit respecté. Il m'a même conseillé de laisser tomber, lui qui s'était proposé de superviser la MTR ! Sa réponse m'a conforté dans ma décision première de ne pas accepter une résolution à l'amiable. Cela a aussi renforcé mon scepticisme envers le système judiciaire.

Cela ne s'est pas fait en un jour, mais mes tests fréquents dans le métro et le battage régulier des médias ont fini par porter leurs fruits et les contrôleurs ont cessé de m'interdire l'entrée du métro. De toute évidence, la consigne était enfin venue d'en haut : non seulement la Beijing MTR reconnaissait la carte d'invalidité nationale, comme l'exigeait la loi, mais elle a même commencé à autoriser toute personne accompagnant un handicapé à voyager gratuitement. Le métro pékinois était, pour ainsi dire, devenu un modèle du genre.

La pression permanente que j'avais exercée avait fini par payer. Lorsque la rumeur de notre victoire s'est répandue, les coups de fil se sont mis à pleuvoir et on m'appelait à l'aide depuis les quatre coins du pays. Dans ce domaine, le travail n'est jamais fini.

Tandis que j'étais engagé dans cette partie de bras de fer avec le métro pékinois, j'acceptais parallèlement de nombreux dossiers dans lesquels le gouvernement avait enfreint des droits civils. J'ai également mis sur pied un programme qui permettrait aux voyants de vivre une cécité simulée en se couvrant les yeux avec un bandeau pour accomplir des tâches quotidiennes, comme trouver leur chemin tout seuls jusqu'à une station de métro.

Mes contacts répétés avec le professeur Cohen m'ont beaucoup aidé. Grâce à lui, j'ai fait l'acquisition de mon premier ordinateur, un IBM dernier cri qui m'a permis de réaliser un rêve cher à mon cœur, depuis mon stage chez le professeur Mao. J'ai appris à m'en servir du mieux que je pouvais et, avec l'aide de Weijing, j'ai bientôt été en mesure de communiquer avec M. Cohen par mail, en plus du téléphone. Le professeur comprenait également que j'avais besoin de davantage d'ouvrages de référence et m'a aidé à acheter un ensemble de documents juridiques couvrant une grande variété de sujets. Weijing me faisait la lecture à voix haute, ce qui était très utile étant donné le nombre croissant de dossiers qui arrivaient.

Au printemps 2004, mon père a commencé à avoir des difficultés à déglutir. Malgré ses objections stoïques, le reste de la famille a réussi à le convaincre d'aller faire un bilan de santé à l'hôpital, où les médecins lui ont découvert une grosseur dans la thyroïde. Bien qu'elle soit bénigne en apparence, ils ont recommandé la chirurgie et nous avons décidé d'accepter. Avant l'opération, mon père a dû rester plusieurs jours à l'hôpital et nous l'avons entouré, pleins d'inquiétude.

L'opération s'est bien passée et, quelques jours plus tard, mon père a pu sortir. Il se plaignait encore d'un certain inconfort quand il mangeait, mais refusait catégoriquement de retourner se faire ausculter. Sa santé restait cependant un sujet d'inquiétude et, en septembre 2004, nous l'avons de nouveau conduit à l'hôpital pour une endoscopie, qui a révélé une tumeur. Les médecins ont diagnostiqué un cancer de l'estomac, ce qui a été confirmé par un second hôpital.

C'était comme si le soleil venait de disparaître. J'ai fait appel à un célèbre maître de médecine chinoise, mais aucun remède traditionnel ne pouvait agir assez rapidement ; après le traitement, nous n'avons remarqué aucune amélioration dans l'état de mon père. La famille était très partagée : je défendais le traitement traditionnel, tandis que mes frères insistaient pour retirer chirurgicalement la tumeur, le plus tôt possible. J'ai fini par céder, à contrecœur. Après avoir réuni tant bien que mal l'argent pour l'opération et le séjour à l'hôpital, nous avons conduit mon père à Linyi.

À son retour à la maison, il n'était plus le même. Je restais cependant optimiste et, en voyant sa joie quand il regardait Kerui sauter dans la cour, j'ai repris courage. Il montrait également un grand appétit pour les sucreries, particulièrement les gâteaux de lune traditionnels qui restaient des fêtes récentes. Je m'en veux encore de l'avoir grondé pour sa gourmandise, ainsi que d'avoir refusé d'allumer le poêle à charbon, un jour qu'il se plaignait du froid, au début de l'automne. Quand nous étions enfants, il avait tout fait pour nous ; comment avons-nous pu ignorer ses besoins pour un courant d'air qu'il était le seul à sentir ?

Nous voyions tous qu'il était en train de décliner, mais je croyais encore qu'il avait une chance de s'en sortir, grâce à de nouveaux remèdes traditionnels. Mon père gardait le lit, incapable de bouger, tandis que nous nous efforcions de soulager au maximum ses souffrances. Selon la sagesse populaire, se préparer au pire permet parfois d'améliorer les choses, et nous avons donc commencé à coudre des vêtements funéraires.

En novembre, son état a semblé se stabiliser. Peu après qu'il a commencé un traitement traditionnel, je suis parti pour Pékin avec Weijing afin d'assister à une série d'ateliers ; avec le soutien d'une association américaine, la National Endowment for Democracy, je devais former environ soixante-quinze handicapés à la défense de leurs droits. Un matin, peu après notre arrivée dans la capitale, mon père a cherché à m'appeler. Apparemment, il a enfilé ses vieilles lunettes, qui ne tenaient plus que par un bout de ficelle, et s'est mis à chercher mon numéro de portable dans son calepin.

– Je vais appeler Guangcheng pour qu'il rentre au plus vite, a-t-il expliqué à Frère Aîné.

– Pourquoi ? a demandé mon frère. Il vient juste de partir.

– J'ai mal à l'estomac. Je ne suis pas sûr de le revoir s'il ne revient pas tout de suite.

Frère Aîné m'a aussitôt appelé pour me raconter cette conversation, puis, dans l'après-midi, il m'a appelé de nouveau pour m'annoncer que l'état de notre père se dégradait rapidement. Weijing et moi avons sauté dans le premier car pour Linyi afin de rentrer en toute hâte. Je redoutais de décrocher mon téléphone quand il sonnait, car je savais dans mon cœur que mon père était en train de mourir.

Terrifié, je ne pouvais m'empêcher de penser à ce vieux dicton : « Mille lieues jusqu'aux rites funèbres », ce qui veut dire qu'il faut tout abandonner pour se précipiter au chevet d'un mourant. Au milieu de la nuit, un peu après 3 heures, le chauffeur du car nous a déposés au bord de la nationale, près de Dongshigu. Nous avons longé un fossé jusqu'à un passage souterrain qui menait au sentier du village. Comme il avait beaucoup plu, le fossé était boueux et nous avancions tant bien que mal en tenant la balustrade qui courait tout du long. Au même instant, Weijing et moi avons glissé et sommes tombés, un terrible présage, si près de la maison. Je ne suis pas superstitieux, mais j'ai dit à Weijing : « Notre père est mort. » Elle aussi le sentait.

Arrivés dans Dongshigu, un peu avant 4 heures du matin, nous sommes allés frapper à la maison de Frère Aîné. J'ai voulu pousser le portail, mais il était fermé à clé. J'ai aussitôt compris que toute la famille devait se trouver chez mes parents. C'est à ce moment que Frère Aîné, qui se doutait que nous ne tarderions pas à arriver, s'est approché. Dès qu'il a ouvert la bouche, j'ai compris qu'il avait beaucoup pleuré et que notre père avait déjà quitté ce monde. En effet, il était mort quelques heures plus tôt, vers 22 heures.

Selon le calendrier traditionnel, mon père Chen Gengkui avait presque soixante-dix ans*. Aucun de nous n'était prêt à le voir partir. À la maison de mes parents, nous avons pleuré dans l'obscurité de la nuit. Seul le petit Kerui dormait avec insouciance. Plus tard, en se réveillant, il a appelé : « Grand-père ! » J'étais dévoré de culpabilité : mon travail valait-il la peine que je ne puisse accompagner mon père dans ces derniers instants ? Alors qu'il m'avait toujours accordé une attention particulière, s'était toujours montré spécialement fier de ce que j'avais accompli, j'avais pourtant été incapable de l'aider en retour. De façon générale, je me demandais si je devais poursuivre mes efforts pour défendre les autres alors que je ne parvenais même pas à prendre soin de ma propre famille. Souvent, les combats que je menais me rappelaient des histoires de guerre que j'avais lues autrefois : sur un champ de bataille, passé un certain point, aucun retour n'est possible.

Selon la tradition, nous avons installé une petite table avec le nom de mon père écrit dessus, sur laquelle nous avons placé une tablette funéraire, un petit gobelet rempli d'alcool et un bol plein de céréales et d'encens. Dans la maison, nous avons fait bouillir de l'eau pour la « soupe » que nous servions régulièrement au corps de mon père, en signe de respect. Nos voisins nous ont aidés. Toute la famille était coiffée de blanc et marchait pieds nus, car il ne faut pas ressentir la moindre gêne aux funérailles d'un parent. Nous tenions à la main des baguettes funéraires d'une longueur particulière, taillées exclusivement

* En Chine, la période de gestation est prise en compte dans le calcul de l'âge d'un enfant. Par la suite, le changement d'âge se fait au début du premier mois du calendrier lunaire (début février), et non pas à la date anniversaire de la naissance. Ainsi, cela peut créer un décalage de une ou deux années avec le système occidental. *(N.d.T.)*

dans du bois de saule et enveloppées de chanvre, avec un papier à brûler attaché à l'extrémité. La crémation était à présent obligatoire, mais nous avons quand même porté le corps de mon père jusqu'à sa tombe, avant de le sortir du cercueil pour le placer sur le corbillard qui l'a conduit jusqu'au bûcher. L'idée des flammes en train de dévorer ce corps que je connaissais si bien, de ces bras légèrement ridés transformés en cendres m'était insupportable. Tant que son corps était resté à la maison, j'avais touché plusieurs fois son visage pour en graver les contours dans ma mémoire avec autant de précision que possible. J'espérais retrouver un jour la vue pour avoir l'occasion de regarder une photo de mon père. Sans cela, ses traits me seraient perdus à jamais.

Le soir des funérailles, mes frères et moi avons attendu longtemps les cendres. Quand elles sont arrivées, nous les avons placées dans le cercueil pour les emmener au cimetière. Plus tard, nous avons tous dîné à la maison, déposant sur la table de grosses sommes en fausse monnaie pour « payer le voyage » et nous assurer que mon père ne manque de rien là où il devait à présent aller. Le lendemain, en respect de la coutume, toute la famille a marché en rond autour de sa tombe, chaque pas nous rappelant notre douleur. Mes frères et moi avons étendu de la paille près du lit de mort de notre père, puis avons dormi ensemble pendant sept nuits, comme il se doit.

Les semaines suivantes, nous nous sommes rendus chaque soir sur sa tombe pour allumer un feu et veiller pendant quelques heures. Après vingt jours sans viande, nous avons observé la coutume de la « tombe de cinq semaines » : tous nos proches sont venus chez nous, accompagnés de nombreux villageois et d'anciens camarades du Parti de mon père, chacun apportant des cadeaux, des offrandes et des couronnes afin de lui rendre hommage. C'était un homme de grand prestige, qui avait beaucoup aidé les autres, et tous voulaient lui dire au revoir.

7

LES MASQUES TOMBENT

Bien que le chagrin provoqué par la mort de mon père soit encore vif, je voulais reprendre mon travail, espérant trouver un moyen d'aider ceux qui en avaient besoin. Début 2005, Weijing et moi sommes retournés à Pékin pour suivre un stage sur la question du droit et du handicap. Pendant notre séjour, mon cousin Chen Guangdong m'a appelé pour savoir si les lois sur la planification familiale avaient été modifiées. « Pourquoi ? Que se passe-t-il ? » ai-je demandé. Il m'a expliqué que les autorités semblaient sévir dans les villages et districts alentour, forçant à avorter des femmes qui auraient dû pouvoir avoir un enfant, et stérilisant des parents qui en avaient déjà deux. Inquiètes, de nombreuses familles s'étaient réunies pour discuter de ce qu'il était possible de faire ; c'est alors que Guangdong avait proposé de m'appeler. « Sais-tu s'il existe des mesures légales que nous puissions prendre pour nous protéger ? » Je n'en étais pas sûr, mais j'ai dit que j'allais me renseigner. À en juger par les détails fournis par mon cousin et d'après ce que je connaissais des actions gouvernementales passées, les autorités locales enfreignaient très certainement la loi en agissant de la sorte.

Cette conversation avec lui m'a tout de suite fait penser à une campagne coercitive qui avait eu lieu en 1992, au cours de laquelle plus d'une trentaine de fonctionnaires de différentes branches des autorités cantonales avaient déferlé sur Dongshigu, déclenchant un torrent de violence contre la population : des femmes attendant leur second enfant avaient été emmenées de force pour subir des avortements tandis que d'autres villageois, hommes et femmes confondus, avaient été stérilisés contre leur volonté. Si quelqu'un tentait de s'enfuir, les fonctionnaires s'en prenaient alors à sa famille, faisant souvent irruption en pleine nuit pour emmener les parents ou un frère, qu'ils plaçaient en détention.

Ils étaient même allés jusqu'à détruire la maison d'une personne qui était « en violation » de la loi.

Pour couronner le tout, ces fonctionnaires sans cœur avaient exigé d'énormes sommes d'argent : environ 4 000 yuans pour un couple ayant déjà deux enfants, et encore plus pour un troisième, c'est-à-dire huit à dix fois le revenu annuel moyen d'un fermier. Ceux qui ne pouvaient pas ou ne voulaient pas payer étaient battus ou subissaient des cruautés. On les forçait par exemple à rester assis dans une flaque d'eau glacée en plein hiver ou bien à porter une pile de briques pendant une durée de temps absurde. Si les briques tombaient, les coups pleuvaient.

Ma famille avait également souffert de cette campagne. Mon frère aîné et sa femme avaient donné naissance à leur troisième enfant en 1988. En raison de cette « violation », ma mère avait dû emprunter de l'argent à des parents éloignés pour couvrir l'amende de 4 800 yuans. Mon frère et sa femme avaient tous deux été stérilisés de force et mon frère n'avait plus été autorisé à enseigner, comme il le faisait depuis près de vingt ans, privant ainsi sa famille d'une source de revenus indispensable.

Si les violences de 1992 avaient été particulièrement féroces, ce genre de mesures coercitives et inhumaines se produisaient en réalité tout le temps. En effet, les campagnes récentes de planification familiale n'étaient, à bien des égards, que le prolongement d'un cycle d'actions politiques et sociales souvent violentes, infligées de façon intermittente par le gouvernement à la nation, depuis sa création en 1949. Pendant l'ère Mao, la politique démographique du gouvernement avait commencé par encourager la population à avoir le plus d'enfants possible, affirmant que la natalité était une force dans la lutte pour le socialisme et contre la menace capitaliste. En 1978, le gouvernement avait brusquement tenté de mettre un frein à l'explosion démographique chinoise en introduisant la politique de planification familiale : chaque couple ne devait avoir qu'un seul enfant.

La « politique de l'enfant unique », comme elle avait par la suite été baptisée en Occident, s'était accompagnée d'une propagande visant à intimider les populations. Sous sa forme la plus modérée, elle se traduisait par des avertissements tels que : « Notre nation possède des ressources limitées : plus nous serons nombreux, plus petite sera la part du gâteau. » Le gouvernement n'avait jamais expliqué, en revanche, que la réalité était plus complexe : dans une société florissante, dix personnes de plus peuvent en fait créer cent gâteaux supplémentaires. Après des années d'éducation et de propagande, nombreux étaient ceux qui avaient fini par intégrer les affirmations du gouvernement sur l'importance d'une démographie contrôlée. En même temps, la population avait si peur de la violence d'État que les victimes de brutalités lors de ces campagnes décidaient rarement de porter plainte contre leurs agresseurs. Le plus souvent, elles souffraient en silence ou bien se suicidaient, ce qui ne semblait pas trop inquiéter le gouvernement. Au contraire, à la fin des années 1980, un slogan affirmait même : « Si vous avez une fiole de poison, nous ne vous l'enlèverons pas. » Un autre annonçait : « Si vous possédez une corde, nous ne desserrerons pas le nœud. » Dix ans plus tard, les slogans sur les bannières et les murs des villages étaient devenus encore plus inquiétants : « Si vous avez besoin d'une fiole de poison, nous vous en trouverons une ; si vous cherchez une corde, nous pouvons vous la fournir. » Et : « Mieux vaut une rivière de sang qu'une personne de plus. » À force, la propagande et ces mesures agressives avaient porté leurs fruits, faisant au passage un nombre de victimes accablant.

En apprenant par Chen Guangdong que le gouvernement agitait de nouveau le spectre d'une campagne de planification familiale violente, j'ai tout de suite ressenti une immense colère. Je croyais fermement au droit fondamental de chacun à contrôler son corps et à décider de sa fertilité. Je savais aussi à quel point les Chinois étaient sensibles sur le sujet. Les principes de cette politique familiale ont en effet toujours été en conflit direct avec les valeurs traditionnelles chinoises. Dans la Chine rurale, par exemple, avoir de nombreux enfants est depuis toujours considéré comme un impératif culturel et économique, mais également comme un droit fondamental. Selon cette tradition, les garçons sont convoités, car un fils est censé rester au village pour s'occuper de ses parents âgés. On attache également beaucoup de valeur à sa force physique pour le travail aux champs. De plus, il est communément admis que, dans une société dépourvue d'une structure légale solide, les garçons sont particulièrement précieux car ils peuvent régler des désaccords par la force, en cas de besoin.

Les filles, en revanche, sont réputées n'offrir aucune de ces garanties et c'est pour ça qu'elles partent vivre chez leur belle-famille, une fois mariées. Ce concept est à ce point ancré dans la culture qu'on le retrouve jusque dans la langue : littéralement, on dit que les filles sont « mariées à une autre famille » ou qu'on s'en « débarrasse par le mariage ». Si l'on mêle ces préjugés traditionnels contre les filles à la politique de l'enfant unique, il en résulte un grave déséquilibre entre les sexes. Aujourd'hui, en Chine, les garçons naissent beaucoup plus nombreux, même si officiellement la loi n'autorise pas la sélection prénatale fondée sur le sexe de l'enfant. Un tel déséquilibre a des répercussions très importantes sur la stabilité sociale à venir et ne sera pas facilement corrigé.

Après ma conversation avec Chen Guangdong, j'étais déterminé à agir. Weijing et moi avons décidé de rentrer sur-le-champ pour évaluer la situation. La rumeur de notre retour s'est rapidement répandue et nous avons à peine eu le temps de nous asseoir pour déjeuner que des villageois ont commencé à frapper à notre porte, cherchant quelque conseil ou un moyen de se défendre.

Au cours des semaines suivantes, en écoutant leurs histoires, nous avons commencé à nous faire une idée précise. Rapidement, nous avons compris que ces mesures de répression étaient une réplique quasi à l'identique des campagnes passées. Le comité du Parti au niveau du canton envoyait des groupes d'une dizaine d'hommes de main pour rafler toutes les femmes ayant déjà donné naissance à au moins deux enfants afin de leur faire subir une stérilisation forcée ; celles qui n'avaient eu qu'un enfant se voyaient contraintes d'utiliser un dispositif intra-utérin alors que le gouvernement n'avait aucun droit d'imposer un moyen de contraception particulier. Les femmes déjà enceintes mais jugées « en violation de la loi » par les autorités étaient conduites de force au centre de planification familiale local, puis envoyées dans une maternité pour un avortement et une ligature des trompes. N'importe quel hôpital pouvait être forcé à pratiquer l'opération. Les médecins n'osaient refuser les ordres, craignant de perdre leur poste, car ils savaient qu'il ne serait pas difficile de trouver des collègues pour les remplacer.

Les méthodes d'avortement utilisées par les autorités étaient celles employées d'ordinaire pour le premier et le deuxième trimestre de grossesse. À la seule différence, mais ô combien flagrante, que les autorités forçaient ces femmes à avorter contre leur volonté. La santé physique et psychologique de la mère n'était absolument pas prise en compte et les soins postopératoires étaient quasi inexistants. Lorsque le troisième trimestre était déjà entamé, un poison était injecté dans la tête du fœtus ; après quoi, le travail était déclenché par voie médicamenteuse. Il arrivait que l'enfant soit encore en vie à la naissance ; on m'a raconté que les médecins ou infirmières lui tordaient le cou ou le maintenaient sous l'eau pour le noyer.

Ces méfaits atroces, perpétrés avec l'accord tacite du Parti, constituaient des violations évidentes de la Constitution de la République populaire de Chine, du droit pénal et même de la loi sur la démographie et la planification familiale, laquelle préconisait un contrôle des naissances « principalement basé sur des méthodes contraceptives… sûres, efficaces et appropriées ». La loi stipulait de plus que les victimes pouvaient tenir les autorités de la planification familiale pour pénalement responsables de « toute infraction envers les droits de la personne, de la propriété et de tout autre droit et intérêt légitime du citoyen ». En d'autres termes, il était clairement illégal que des fonctionnaires abusent de leur pouvoir pour enlever des parents, saisir leur argent et leurs biens, ou harceler des membres de leur famille.

Le nombre de personnes qui me demandaient conseil était tel que j'ai consulté quelques amis avocats à Pékin. Au début, plusieurs d'entre eux ont eu du mal à croire que ce genre de comportements ouvertement criminels puissent avoir lieu, à si grande échelle. Les citadins n'ont souvent pas idée de ce qui se passe dans les campagnes. Lorsque j'ai évoqué ma volonté d'intenter un procès au nom des victimes, un ami m'a conseillé d'attendre. Selon lui, les histoires et anecdotes de ces gens ayant été terrorisés par les autorités de la planification familiale

Âgé de quelques mois à peine, je suis assis sur les genoux de ma mère, à côté de Quatrième Frère. C'est la seule photographie de moi tout petit et la seule prise à l'époque où je voyais encore.

Une vue de notre cour depuis le portail. Notre maison est au centre, et le bâtiment de la cuisine se trouve sur la droite. La meule familiale est cachée sous le seau rouge renversé, à l'intersection des deux bâtiments.

Début 1988, ma famille est rassemblée comme chaque année pour fêter l'anniversaire de ma grand-mère. Cette dernière est assise devant au centre, avec mon père et ma mère à sa gauche. Mon oncle se trouve à sa droite, et tient mon neveu Chen Kegui sur les genoux. Mes frères et moi sommes assis au deuxième rang, de droite à gauche : Frère Aîné, Deuxième Frère, Troisième Frère et moi, à tout juste seize ans. Au dernier rang, les femmes de mes frères et deux cousines.

Chen Guangxin

Photo by Joan Leborl Cohen ©

Mon père prépare le repas dans notre cuisine. Il travaillait dans une école du Parti communiste et a pris sa retraite quand j'avais dix ans. Par la suite, j'ai eu la chance de passer beaucoup de temps avec lui.

Zhang Lijia

Ma mère en pleine récolte d'arachides. Derrière elle, Frère Aîné sarcle le champ. Dans la Chine rurale, la plupart des travaux agricoles sont aujourd'hui encore accomplis à la main.

Zhang Lijia

J'ai fini par apprendre à lire à l'âge de dix-huit ans, à l'école pour aveugles de Linyi en 1989. Sur cette photo, je lis un livre en braille dans notre cour.

Après la construction d'une usine de papier en amont de Dongshigu, notre belle rivière, la Meng, est devenue affreusement polluée. Avec l'aide de Caroline Wilson de l'ambassade britannique à Pékin, nous avons pu faire creuser un vrai puits, afin de pouvoir tous «manger » de l'eau propre. Ici, je suis en train d'écouter fonctionner la pompe.

Yang Ziyun

Ma formation autodidacte a fait de moi un expert juridique dans notre région, où les avocats sont rares. J'ai commencé à organiser des événements pour diffuser des informations d'ordre légal et juridique dans les campagnes. Ici, je présente un exposé en compagnie de l'avocat Jiang Tianyong devant un groupe de paysans et de personnes handicapées.

Mon travail m'a amené à rencontrer de nombreuses personnes handicapées qui vivaient dans des conditions incroyablement difficiles. Sur cette photo, on me voit aux côtés de deux enfants handicapés. Leur mère devait prendre soin d'eux toute seule, tout en s'occupant de ses deux beaux-parents aveugles. C'est également elle qui accomplissait tout le travail agricole.

Li Wei

Du Bin

En 2002, le jour où nous avons déposé un recours collectif en justice pour protester contre les impôts illégaux auxquels sont soumis les handicapés. Mon collègue avocat aux pieds nus Li Zhizeng et moi menons un groupe de personnes handicapées et leur famille jusqu'au tribunal.

Rapidement, mon travail juridique dans les campagnes a attiré l'attention des médias internationaux. En 2002, j'ai fait la une du magazine *Newsweek*, dans le cadre d'un article sur les avocats aux pieds nus en Chine.

Après de multiples rebondissements, Weijing et moi nous sommes enfin mariés le 8 février 2003. Comme c'est très souvent le cas en Chine, nous nous sommes fait tirer le portrait par un photographe professionnel, qui nous a prêté les costumes dans lesquels nous posons.

Weijing et moi avec notre fils Kerui, alors âgé de quelques mois, à notre retour des États-Unis, où nous avions été invités par le département d'État.

Teng Biao

En 2005, avec l'aide de quelques amis engagés, j'ai entamé une grande enquête sur la mise en application abusive de la politique de l'enfant unique par le gouvernement. Sur cette photo, je suis en compagnie de Guo Yushan (à droite). J'ai été horrifié par les histoires que j'ai entendues.

Une bannière de propagande gouvernementale sur la politique de l'enfant unique : « Faites-le sortir à coups de poing ! Avortez ! Débarrassez-vous-en ! Tout, mais pas une naissance ! » De tels slogans étaient fréquents dans les campagnes.

En septembre 2005, j'ai été enlevé à Pékin, puis ramené chez moi. Des dizaines de gardes étaient postés dans tout le village, dont certains dans la cour même de notre maison, pour m'empêcher de poursuivre mon enquête.

Yuan Weijing

En 2006, deux de mes avocats, Li Jinsong et Li Subin, ont été arrêtés alors qu'ils tentaient d'entrer dans Dongshigu pour enquêter sur les conditions de ma détention. C'est l'activiste Hu Jia qui a pris cette photo, juste avant que les gardes ne renversent la voiture… avec mes avocats dedans.

Hu Jia

La veille de mon premier procès en 2006, des dizaines de sympathisants se sont rassemblés devant le tribunal, arborant des T-shirts à mon effigie. Plus tard, ces T-shirts leur ont été arrachés.
De gauche à droite : l'avocat Gao Zhisheng, le professeur d'université Sun Wenguang et le militant démocrate Deng Yongliang.

Tandis que j'étais toujours en détention, suite à ma condamnation, deux de mes avocats sont venus de Pékin pour me voir ; ils ont été roués de coups de façon impitoyable. Cette photo de Li Fangping a été prise à son arrivée à l'hôpital ; il souffrait de nombreuses blessures à la tête.

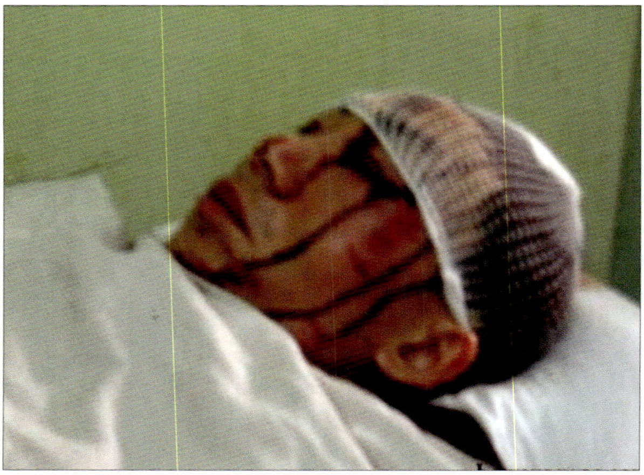

Li Jinsong

Hu Jia

La prison de Linyi, où j'ai passé quarante-trois mois, suite à deux procès bidon. À gauche de la porte coulissante bleue se trouve l'entrée du parloir.

Cherchant à tout prix à communiquer avec le monde extérieur, Weijing et moi avons enregistré une vidéo pour décrire nos conditions de vie. Dans cette photo tirée de la vidéo, je tiens à la main un bouquet de feuilles séchées que ma fille Kesi avait composé pour moi et que Tieng Biao m'avait donné, juste avant mon incarcération.

Chen Guangxin

À peine rentré chez moi, après plus de quatre ans de détention, j'ai découvert que je n'avais pas le droit de quitter la cour. Une fois encore, ma maison était devenue une prison.

Des gardes patrouillaient en permanence près du carrefour de la nationale 205 et de la route menant à Dongshigu. Le poste de garde au second plan a été construit exprès et les soldats se servaient de leurs voitures pour établir des barrages routiers. Après que je suis sorti de prison, quiconque tentait d'entrer dans le village était aussitôt arrêté et battu.

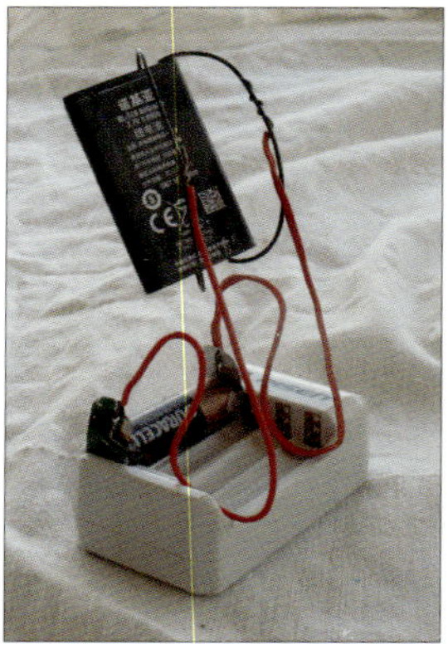

Danica Mills

Après la diffusion de notre vidéo, des gardes sont venus nous frapper et mettre à sac notre maison. J'ai réussi à trafiquer un vieux chargeur de piles pour charger la batterie d'un téléphone portable que je gardais caché, ce qui nous a permis d'envoyer un dernier message.

Une autre capture d'écran de notre vidéo secrète : Kesi et moi regardons par la porte d'entrée. Ma famille a souffert autant que moi de cette résidence surveillée. Kesi était rarement autorisée à sortir de la cour.

À l'été 2011, les autorités ont entrepris de convertir l'ancienne maison de Deuxième Frère en une prison spécialement conçue pour nous. Nous devions y emménager à l'automne, mais la décision a été repoussée, sans doute grâce aux pressions internationales.

Des gens de tout le pays ont tenté de me rendre visite pour exprimer leur soutien. Après avoir été violemment repoussés, beaucoup d'entre eux ont pris des photos comme celle-ci. Les caractères signifient « Libérez Guangcheng : la lumière et la sincérité sont possibles ».

Un internaute a mis au point un logiciel permettant de rajouter des lunettes noires virtuelles sur leurs photos téléchargées en ligne, afin d'exprimer de la solidarité à l'égard de notre cause. Un autre sympathisant connu sous le pseudonyme de Crab Farm s'est servi de ces montages pour créer un portrait composite de moi.

Courtesy of CNN

En décembre 2011, l'acteur Christian Bale s'est déplacé jusqu'à Dongshigu pour me rencontrer, mais il a été repoussé sans ménagement par les gardes stationnés à l'entrée du village et il a dû faire demi-tour. C'est Kesi qui m'a annoncé cet événement, en m'expliquant par la suite que « Batman » avait essayé de me rendre visite.

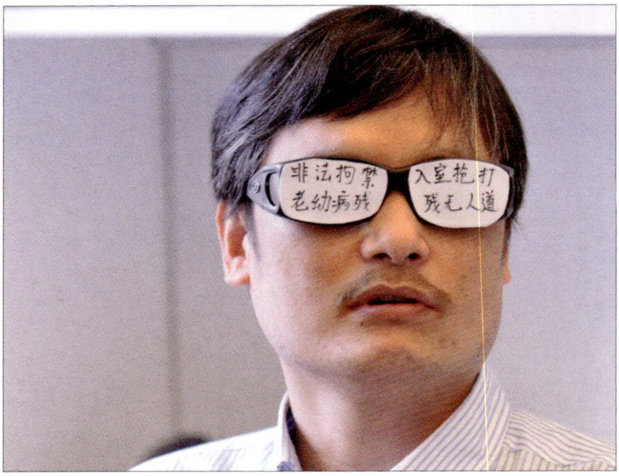

En signe de contestation, nous avons collé une sorte de couplet poétique sur mes lunettes noires : « Résidence surveillée illégale des vieux et des jeunes, des malades et des infirmes/Effraction, violences et vols, brutalité inhumaine ».

Au fil du temps, les gardes ont vidé notre maison de presque tous nos biens. L'un des rares objets qu'ils nous ont autorisés à garder était ce calendrier. Weijing l'a consulté afin de trouver un jour de bon augure pour mon évasion.

Danica Mills

Le matin du 20 avril 2012, j'ai commencé mon évasion en grimpant sur le mur d'enceinte de notre cour pour gagner celle de notre voisine. Je suis resté longtemps allongé sur le toit plat du bâtiment au centre de la photo, m'efforçant de ne pas me faire repérer.

Hu Jia

Sur cette photo récente, Frère Aîné se tient au pied du mur qui sépare les cours de nos voisines. Je savais qu'un arbre poussait du côté est, mais, lorsque j'ai essayé de m'appuyer dessus pour descendre, j'ai fait une terrible chute.

Le fils handicapé mental de ma voisine, Chen Guangfeng, habite une sorte de chambre-cellule dans la cour de sa mère. J'ai fait de mon mieux pour qu'il ne me voie pas et pour éviter leur chien, avant de grimper dans l'enclos avec les chèvres.

Il y a de nombreuses années, cette cour envahie par la végétation appartenait à ma famille. C'est là que je me suis cassé le pied droit en atterrissant sur un tas de cailloux, après m'être laissé tomber du mur.

La première nuit de mon évasion, j'ai réussi à démanteler en partie ce mur de pierres (il a par la suite été réparé). La route située de l'autre côté était illuminée par des projecteurs, si bien que j'étais complètement exposé à la lumière en la traversant.

Entre Dongshigu et le village voisin de Xishigu, le terrain le long de la Meng est accidenté et dangereux. Je devais régulièrement jeter des cailloux en direction de la rivière pour évaluer ma distance par rapport à l'eau. J'ai eu énormément de chance, car aucun garde ne patrouillait sur le pont qui mène à Xishigu quand j'y suis passé.

Après mon arrivée à Xishigu, des proches m'ont conduit en lieu sûr à Pékin, dans une cachette arrangée par Guo Yushan (à gauche). Le 25 avril, Hu Jia (à droite) et sa famille sont venus me rendre visite.

Zeng Jinyan

L'ambassadeur Gary Locke (à droite) s'est montré attentif et généreux dès mon arrivée à l'ambassade américaine de Pékin. Il semblait déterminé à m'aider à obtenir justice.

Les négociateurs américains Harold Koh (à gauche), Kurt Campbell (au centre) et l'ambassadeur Locke (à droite) m'entourent, tandis que je signe une lettre que j'ai dictée et qui décrit la persécution dont je fais l'objet. On m'avait promis que la secrétaire d'État Hillary Clinton remettrait en main propre cette lettre au Premier ministre Wen Jiabao.

Handout / Getty Images News / Getty Images

AP Images

Je m'efforce de faire bonne figure en quittant l'ambassade américaine, le 2 mai. Kurt Campbell me tire par la main gauche, tandis que l'ambassadeur me tient par le bras.
À ma droite, Harold Koh me suit.

AP Images

Je suis arrivé à l'hôpital Chao-Yang de Pékin le matin du 2 mai et y suis resté plus de deux semaines. Peu après mon admission, j'ai été conduit dans une salle d'auscultation au neuvième étage, où j'ai enfin pu retrouver ma femme et mes enfants.

ChinaAid photo

Le 4 mai, j'ai reçu un appel de Washington, où la Commission exécutive du Congrès sur la Chine tenait une réunion d'urgence sur ma situation. Depuis mon lit d'hôpital, j'ai pu parler directement à des membres de la Chambre des représentants, dont Chris Smith (au centre) et Frank Wolf (à gauche). L'appel a été passé par Bob Fu, de l'organisation ChinaAid (à droite).

Andy Jacobsohn / Getty Images News / Getty Images

Le 19 mai 2012, ma famille et moi avons atterri à l'aéroport de Newark, où nous attendait mon vieil ami Jerry Cohen. Celui-ci nous a ensuite conduits à l'université de New York, où j'ai été rapidement inscrit. De nombreux amis et sympathisants, ainsi qu'un énorme contingent de journalistes, s'étaient rassemblés pour nous à l'université. J'ai pu dire quelques mots à la foule afin de remercier toutes les personnes qui m'avaient soutenu au fil des ans.

Eduardo Munoz / Corbis

Fang Fang - VOA

Deux mois après mon arrivée aux États-Unis, j'ai été accueilli par des membres de tous les partis politiques, lors d'une réception à Washington, D. C. De gauche à droite : les députés républicains Ileana Ros-Lehtinen, Chris Smith et leur porte-parole John Boehner ; les députés démocrates Joseph Crowley, Nancy Pelosi et Rick Larsen.

J'ai enfin eu la chance de remercier Hillary Clinton en personne, lors de la remise des prix de la fondation Lantos, en 2013. Nous avons échangé quelques mots, cette fois avec l'aide de mon amie interprète Danica Mills.

Win McNamee / Getty Images News / Getty Images

Weijing et moi sommes aujourd'hui installés aux États-Unis et nos enfants ont embrassé leur nouvelle vie avec une joie sans mélange. Cependant, je n'oublie pas tous ceux que j'ai laissés derrière moi et je consacre toute mon énergie à essayer de réaliser mon rêve de justice et de liberté pour les citoyens chinois.

ne suffisaient pas. Il fallait trouver une victime ayant subi un préjudice direct, ce qui me permettrait de présenter un dossier tranché, clair et indéniable.

Le silence des médias sur ces nouvelles mesures ne nous arrangeait pas. Apparemment, la presse respectait encore l'interdiction de couvrir toutes les questions touchant aux campagnes de la planification familiale, imposée par le département central de la Propagande en 1992. Pour l'instant, je ne pouvais donc que ronger mon frein en m'efforçant de creuser la question de cette crise en plein essor. Je devais aussi trouver quelqu'un d'assez courageux pour oser se dresser devant les autorités afin de défendre ses droits.

La campagne gouvernementale s'est intensifiée, et la brutalité et la terreur sont allées crescendo. Le 18 avril 2005, à l'aube, dans le village voisin de Yinghou, neuf fonctionnaires de la planification familiale sont partis à la recherche d'une jeune femme du nom de Liu Qinghua dans l'intention de lui imposer une ligature des trompes. Comme de nombreuses jeunes femmes de cette région, Liu Qinghua se cachait, laissant son père de cinquante-neuf ans, Liu Yuancheng, surveiller seul la maison. Les fonctionnaires sont entrés chez elle pour tout fouiller, à la recherche de Qinghua et de son mari. Bredouilles, ils ont alors saisi Yuancheng pour l'emmener de force au bureau de la Planification familiale de la ville de Shuanghou. Ils l'ont gardé en détention pendant deux jours et une nuit, refusant de lui donner la moindre nourriture ; ils l'ont également torturé pour qu'il révèle la cachette de sa fille, mais il répétait avec insistance qu'il ne la connaissait pas. Ils l'ont battu jusqu'à ce qu'il perde connaissance, puis l'ont abandonné aux abords d'un pont, près du village de Xiaobu. Ce sont des villageois qui ont fini par le retrouver, sans connaissance et couvert de sang. Lorsque sa famille a enfin été avertie, il a pu bénéficier de soins médicaux. Une femme âgée, détenue en même temps que lui dans la pièce, a été témoin de la brutalité des fonctionnaires. Par la suite, malgré une peur terrible des représailles, elle a confirmé les déclarations de Yuancheng.

Lorsque la santé de Yuancheng a été meilleure, il est venu me demander de l'aide, pour lui et sa famille. À mes yeux, leur cas était sans équivoque : les autorités avaient clairement enfreint la loi en pénétrant dans la maison de Qinghua sans mandat de perquisition et elles avaient illégalement atteint à la liberté de mouvement de Yuancheng en le détenant. J'ai donc suggéré de mener cette affaire devant les tribunaux, ce que Liu Yuancheng et sa famille ont aussitôt accepté.

J'ai commencé à dicter à Weijing le texte de la plainte. Nous savions tous que les responsables étaient les membres des comités du Parti, qui orchestraient cette campagne. Or, pour des raisons pratiques bien évidentes, il est impossible en Chine d'intenter un procès au Parti communiste. Notre seule solution était de porter plainte contre un représentant du gouvernement, par exemple le chef de la commission de la Planification familiale du district de Yinan, pour avoir mis en application des ordres illégaux transmis par le Parti.

C'est pour cela que j'ai proposé d'attaquer en justice le maire du canton de Shuanghou, puisqu'il était directement responsable de la venue des sbires chez Qinghua. En cas de victoire, j'espérais pouvoir établir un précédent de facto. Nous savions à présent que des campagnes semblables se déroulaient dans toute la province et même dans tout le pays, et je voulais de toute urgence que la population puisse se faire entendre. Notre action contre la politique inhumaine de l'enfant unique devait encourager les gens à défendre eux-mêmes leurs droits et à ne pas se laisser faire.

À la fin du mois d'avril, accompagné des membres de la famille Liu et de plusieurs autres victimes de la planification familiale, je me suis rendu au tribunal populaire du district de Yinan pour enregistrer notre plainte. D'ordinaire, la procédure est facile : il s'agit simplement de déposer les documents nécessaires au tribunal, qui est dans l'obligation de nous fournir en retour un accusé de réception du dossier ; une semaine plus tard, un courrier doit nous informer si notre plainte est recevable ou non. Cette fois, cependant, nous avons dû lutter et argumenter pour qu'un employé du tribunal accepte de porter notre dossier au bon service. Ensuite, on a refusé de nous donner un récépissé.

Ayant anticipé un tel cercle vicieux bureaucratique, j'ai scrupuleusement enregistré toute la procédure sur mon appareil. Je savais que nous devions obtenir une preuve écrite de notre dépôt de plainte, que ce soit une « notification d'acceptation », comme nous l'espérions, ou un « refus d'enregistrer la plainte ». Avec le premier document, notre affaire avait une chance d'avancer ; avec le second, nous aurions au moins la possibilité de nous adresser à une autre cour. Si nous repartions les mains vides, en revanche, notre dossier risquait de disparaître dans un trou noir administratif dont il ne ressortirait jamais.

En attendant qu'un fonctionnaire compétent vienne s'occuper de nous, on nous a fait patienter dans un petit salon, qui, chose étrange, était décoré de menottes et de matraques de police. Peu après, le responsable des dépôts de plainte du tribunal, un homme du nom de Liu Changwei, est arrivé.

– Vous devriez rentrer chez vous, a-t-il commencé. Nous ne pouvons accepter votre plainte pour l'instant. On vous écrira.

– Quelle loi préconise une telle action ? ai-je aussitôt demandé.

Il a esquivé ma question en prétextant que le tribunal n'avait jamais été confronté à un dossier semblable.

– Peut-être, mais c'est chose faite, à présent. Si vous n'acceptez que des dossiers pour lesquels des jugements ont déjà été rendus, alors vous ne devez pas avoir grand-chose à traiter.

Liu Changwei a alors tenté une autre approche en expliquant que nous ne lui avions pas présenté de lettre certifiant le recrutement d'un avocat qualifié pour nous représenter.

– Selon la loi de procédure administrative chinoise, ai-je répondu, il n'est pas nécessaire d'avoir un avocat avant l'audience. Pour l'instant, c'est moi qui représente les plaignants.

– Vous vous croyez peut-être capable de représenter la loi chinoise ? m'a-t-il demandé avec dédain.

Pour toute réponse, je lui ai rappelé que, si le tribunal rejetait notre dossier, il était légalement tenu de motiver son refus par écrit.

Lorsque Liu est parti, outré, j'ai demandé à deux personnes de notre groupe de le suivre jusqu'aux bureaux afin de s'assurer qu'il nous donne un des deux documents. Cela l'a rendu furieux, mais il a fini par nous tendre un papier certifiant que notre plainte avait bien été reçue.

Le même jour, nous avons contacté le parquet populaire du district de Yinan, qui est chargé d'enquêter sur les actions illégales commises par le gouvernement. Une enquête peut être ouverte si des citoyens portent plainte contre des officiels. Le fonctionnaire du parquet qui nous a reçus a avoué qu'il voyait passer beaucoup de dossiers semblables, depuis quelque temps. Il nous a pourtant fait comprendre qu'il ne pouvait pas faire grand-chose pour l'instant, car il attendait encore des consignes des autorités du district. Je ne savais plus que faire. À quoi servait donc ce parquet, officiellement chargé de superviser la loi, s'il était lui-même pieds et poings liés, et devait rendre des comptes directement au Parti ?

Au début de l'été, aucune date d'audience n'était encore fixée pour l'affaire Yuancheng. Au départ, j'avais espéré que le procès attirerait l'attention des médias et aiderait à mettre un frein aux violences de la campagne coercitive en cours. Essayant de provoquer un peu le destin, je me suis rendu à Shanghai et à Pékin pour trouver du soutien auprès de mes amis avocats et journalistes. Lorsque j'ai compris que les médias nationaux n'étaient toujours pas disposés à couvrir quelque aspect de la campagne de planification familiale que ce soit, je me suis tourné vers les journalistes étrangers. J'ai d'abord approché le *New York Times*, qui ne s'est pas montré très intéressé. Au début du mois de juillet, j'ai contacté Philip Pan, reporter au *Washington Post*, qui a accepté de rédiger un article. Cependant, il n'était pas disponible pour venir dans le Shandong avant la fin du mois suivant. J'ai également rencontré des avocats spécialistes des droits de l'homme, Teng Biao, Jiang Tianyong et Tu Bisheng, ainsi que l'écrivain et universitaire Guo Yushan. Tous ont accepté de m'aider, mais aucun ne pouvait se déplacer à Dongshigu dans l'immédiat.

J'étais de plus en plus inquiet. Je savais que le dossier de Yuancheng était simple d'un point de vue légal, mais je doutais que cela suffise au tribunal. En matière de planification familiale, la loi ne semblait pas compter : les autorités pouvaient agir en toute impunité et le système tout entier semblait faussé, ou du moins détraqué. Personne parmi les médecins, infirmières, fonctionnaires ou juges n'était disposé à intervenir pour mettre un terme à ce que tout le monde savait être des atrocités.

Pendant ce temps, notre plainte semblait avoir poussé les autorités du district à intensifier leurs actions. Par exemple, au lieu d'envoyer deux voitures de cadres dans les villages, le district en envoyait à présent quatre. Au lieu d'emmener quelques jeunes femmes chaque jour, les autorités raflaient plus d'une centaine de personnes pour les conduire à la maternité du district de Yinan ou à d'autres hôpitaux, pour des ligatures des trompes ou des avortements. Les mois suivants, j'ai été courtisé et menacé à de nombreuses reprises par le canton, qui mandatait des fonctionnaires pour me houspiller ou tenter de me soudoyer avec des promesses d'embauche mirobolantes et des récompenses financières, à condition que j'accepte de retirer la plainte et de cesser les enquêtes. Quatrième Frère, en tant que membre du Parti et enseignant dans une école d'État, a été contraint de me surveiller de près.

Tandis que la date du procès se faisait attendre, les horreurs se poursuivaient, souvent très près de chez nous. Mon cousin Chen Guangdong, celui-là même qui m'avait alerté sur les campagnes coercitives, ainsi que sa femme ont été visés à leur tour. Le couple avait deux filles. Un jour, une dizaine de cadres locaux ont fait irruption chez eux alors que la femme de Guangdong se trouvait seule. Elle les a suppliés, leur expliquant que son médecin avait déconseillé toute opération en raison d'un problème de thyroïde. Sans l'écouter, ils l'ont jetée à l'arrière d'une fourgonnette, direction l'hôpital pour une stérilisation, opération importante réalisée sous péridurale. Lorsque nous avons appris la nouvelle, elle avait déjà été renvoyée chez elle. Quand Weijing est allée la voir, elle lui a raconté en pleurant ce qui s'était passé.

Nos voisins du village étaient également visés, de façon arbitraire et gratuite. Une femme du nom de Du Dehong, qui vivait avec son mari dans un village voisin, avait obtenu une permission officielle pour ses deux enfants, mais les cadres l'ont pourchassée jusque dans les montagnes et l'ont stérilisée de force. La plus jeune enfant du couple, qui était encore un bébé, a été laissée seule ; lorsque ses parents ont été autorisés à rentrer, la petite avait les lèvres bleues de froid. Chen Gengjiang, notre voisin de derrière, a pu repousser un assaut de cadres à coups de pioche ; il s'est finalement réfugié chez nous après avoir enfermé les cadres dans sa maison, mais laissant derrière lui un enfant terrorisé en pleurs.

À ce stade, mon objectif le plus urgent était de stopper net cette brutalité et les innombrables persécutions. Malheureusement, il était devenu évident que la loi seule ne suffisait pas : après tout, le droit ne guérit en rien les souffrances déjà infligées et, tandis que nous attendions une date de procès, les violences continuaient de plus belle.

Cependant, sans les médias pour répandre la nouvelle, toutes les preuves du monde ne servaient à rien. Ce que j'espérais trouver, c'était une histoire qui embrasserait la totalité de cette immense campagne ; reprise haut et fort par la presse, elle déclencherait une vague d'indignation publique telle que les autorités ne pourraient plus l'ignorer. Étant donné le nombre de personnes qui venaient me demander de l'aide et des conseils, j'ai décidé de rassembler le plus de témoignages directs possible sur le territoire préfectoral, dans l'espoir qu'une enquête d'une portée plus large fournirait les preuves-chocs nécessaires pour mettre la machine médiatique en branle.

Dès le début du printemps 2005, j'étais constamment sur les routes, les nerfs à fleur de peau à force d'entendre toutes ces histoires horribles. Mes amis ou mes parents, ou encore les familles des victimes, me conduisaient dans leur voiture, sur leur moto, et m'invitaient à manger chez eux ou dans leur restaurant. Souvent, lorsque nous n'avions aucun moyen de transport, Weijing et moi marchions jusqu'aux villages voisins pour rencontrer les victimes.

En mai, Li Jian, un journaliste qui gérait un site web intitulé le « Réseau de défense des droits civils », m'a accompagné pour réunir des preuves, se limitant aux trois districts les plus proches. Nous avons rencontré des victimes et entendu leur histoire, puis nous avons répondu à leurs questions et noté leurs doléances par écrit. En général, j'enregistrais les histoires des victimes moi-même, avant d'en retranscrire le contenu avec l'aide de mes collègues. Li Jian et moi avons recueilli des histoires de fractures de la colonne vertébrale, de coups de balai, de matraques en caoutchouc et de savates ; nous avons vu des membres qui avaient viré au violet aubergine à force de coups.

Tandis que les campagnes continuaient, Weijing et moi faisions tout notre possible pour empêcher les autorités de mener à bien leur mission. Il nous est arrivé d'aider les victimes en nous rendant directement dans les villages où les violences étaient perpétrées ; une fois, nous avons traversé la Meng à pied en pleine nuit pour rejoindre en urgence une famille dans le besoin. Comme les autorités craignaient les témoins, notre présence suffisait parfois à mettre un frein à leurs actions. Parallèlement, nous écrivions des lettres aux responsables de la planification familiale du Shandong et de Pékin pour les alerter sur la situation et inciter le Parti à régler ces problèmes, dans le respect de la loi. En vain.

Par la suite, nous avons appris que l'ordre de passer à la vitesse supérieure dans notre région émanait d'une circulaire officielle signée du secrétaire du Parti de Linyi. Apparemment, ses responsables provinciaux le pressaient d'atteindre des objectifs en matière de contrôle démographique, lui imposant même des plafonds précis quant au nombre de naissances. La circulaire invitait les fonctionnaires et cadres à ne pas sous-estimer la connaissance de la population en matière de droit et à ne pas hésiter à avoir recours aux méthodes « traditionnelles » de 1992. Selon eux, mieux valait massacrer cent innocents que de laisser s'échapper une seule personne ayant violé la loi. Lorsque nous avons découvert l'existence de ce document et son contenu, le Parti a recherché tous les exemplaires pour les détruire.

Cependant, le mal était déjà fait. Ce programme de coercition vicieux avait déjà contaminé une vaste préfecture qui comptait plus de dix millions d'habitants. En 2005, neuf autres districts et trois autres juridictions, tous dépendants de Linyi, ont été visés par ces campagnes orchestrées en haut lieu. Cela s'est traduit par des raids, des arrestations et des tortures, et cela a duré presque un an. Selon mes dernières estimations, près de cinq cent vingt mille personnes ont ainsi été harcelées, condamnées à des amendes, emprisonnées ou torturées au cours de ces campagnes ; environ cent trente mille personnes ont été soumises à des stérilisations ou avortements forcés.

Cette lutte avait un caractère très personnel pour nous, car Weijing était de nouveau enceinte. Nous connaissions la loi sur la planification familiale, bien sûr, mais nous la considérions comme une violation de nos droits et une agression contre la nature humaine. Nous voulions un autre enfant. Quel droit le Parti communiste avait-il de nous en empêcher ? Weijing était tombée enceinte avant même que nous ayons connaissance des violences qui se répandaient autour de Linyi, et elle a courageusement voyagé et travaillé avec moi jusqu'à son troisième trimestre sans trop s'attarder sur les conséquences politiques de sa propre grossesse. Devant les événements dont nous étions témoins, nous défendions ce que nous savions être juste.

Nous avons travaillé sans relâche jusqu'aux premiers signes avant-coureurs de la naissance. Nous sommes alors partis chez ma belle-mère. Le 21 juillet 2005, exactement quatre ans après notre première rencontre à Dongshigu, Weijing a donné naissance par césarienne à notre fille, Kesi. Tandis que je berçais ce beau nouveau-né, je pensais aux atrocités qui se déroulaient au même moment, à cause d'un joli petit bébé comme le mien.

En août 2005, nous avions rassemblé une véritable équipe. Notre première étape a été d'étendre notre enquête. Nous nous sommes d'abord rendus dans un village du district voisin de Fei, où un certain nombre de victimes s'étaient rassemblées afin que nous puissions les interroger en même temps. Une femme du nom de Fang Zhongxia nous a fait le récit suivant :

> Il y a quelque temps, des fonctionnaires de la planification familiale m'ont forcée à porter un stérilet, après la naissance de ma seconde fille. Lorsque je suis de nouveau tombée enceinte par accident, les autorités s'en sont prises à ma mère, qu'ils ont forcée à payer 1 000 yuans. Terrifiée, elle s'est cachée. Deux mois plus tard, ils sont venus tout casser chez ma belle-mère, qu'ils ont arrêtée à plusieurs reprises. Ils ont fait de même avec la femme de mon frère aîné et le mari de ma sœur

aînée, qu'ils ont emprisonné pendant une semaine et battu à vingt-sept reprises. La femme de mon oncle, qui a été battue et piétinée lors du trajet vers le bureau de la Planification familiale, a perdu connaissance trois fois et a subi de telles lésions rénales qu'elle n'est aujourd'hui plus en mesure de travailler. Ensuite, ç'a été le tour de mon neveu, sa femme et leur enfant, puis du mari de ma plus jeune sœur. En résumé, ils s'en sont pris à tous les membres de ma famille qu'ils ont pu trouver, soit vingt-deux au total. Alors que j'étais déjà enceinte de sept mois, j'ai bien été obligée de me dénoncer à la planification familiale, où on m'a injecté de force un ocytocique. J'ai avorté le lendemain et on m'a imposé une ligature des trompes. Ce n'est qu'alors que tous les membres de ma famille ont été libérés.

Les mois suivants, nous avons enregistré des dizaines de témoignages. À l'hôpital populaire du district de Fei, nous avons parlé à Pei Jinglan, qui était encore en salle de réveil.

> Comme mon plus jeune frère avait eu trop d'enfants, le comité de planification familiale a fait irruption chez moi et a commencé à me maltraiter. Les fonctionnaires m'ont insultée, puis traînée de force jusqu'à leurs bureaux. Là, quatre hommes m'ont enlevé ma jupe et m'ont mis un sac sur la tête, avant de me battre pendant près de quatre heures. Ils enfonçaient leurs doigts si profondément dans mes côtes que j'en pleurais. J'ai été forcée de me mettre à quatre pattes, sans pouvoir me redresser, et l'un d'eux m'a même écrasé la tête contre le sol en m'étranglant, tandis qu'un autre me donnait des coups de pied en répétant qu'ils allaient me frapper à mort. Il y avait une trentaine d'autres prisonniers avec moi dans la pièce, et nulle part où se soulager. Une vieille femme a même été obligée de faire pipi dans un bol.

Song Huahou, une sexagénaire du village de Maxiagou, dans le district de Fei, canton de Liangqiu, nous a raconté ce qui lui était arrivé :

> La femme de mon fils a eu un fils et n'a pas été autorisée à avoir un second enfant. Quand elle est quand même tombée de nouveau enceinte, ils m'ont emmenée de force au bureau de la Planification familiale. Là, ils m'ont frappée à coups de matraque et j'ai reçu tant de coups de poing au visage que j'avais les gencives qui saignaient. Je suis restée enfermée pendant vingt-six jours, en même temps que plusieurs autres membres de ma famille, qui ont été frappés pour les mêmes

raisons. Ceux qui avaient les moyens de payer de grosses sommes d'argent ont pu rentrer chez eux. Mon frère aussi a été emprisonné et frappé avec le même genre de matraque en caoutchouc. Un jour, ils m'ont forcée à le frapper, puis ils l'ont forcé, lui, à me frapper. Comme ils trouvaient que nous n'y allions pas d'assez bon cœur, ils nous ont montré comment faire. Ils ont gardé mon frère pendant dix-huit jours et, quand il est enfin rentré chez lui, on lui avait volé sa récolte d'arachides et ses chèvres. Il a également perdu 3 000 yuans. Maintenant, mon frère me déteste et dit que, si je ne lui donne pas 3 000 yuans, il ne m'adressera plus jamais la parole.

Xia Jingshan, du village de Xiajiagou, canton de Liangqiu, district de Fei, nous a raconté :

Sept personnes de la planification familiale ont fait irruption chez moi pour nous embarquer, ma femme et moi, dans une fourgonnette. Ils m'ont ordonné de leur indiquer le chemin jusqu'à une maison où ils voulaient arrêter des gens. Quand j'ai expliqué que je ne connaissais pas l'adresse, ils m'ont frappé avec un gourdin en m'insultant. J'ai fini par les conduire de maison en maison, jusqu'à trouver la bonne, et ils en ont profité pour rafler des gens dans dix familles différentes, pour les battre. Après ça, mes voisins et parents m'ont accusé d'avoir conduit les hommes de la planification familiale jusque chez eux. Ils me méprisent tous, à présent.

Chen Baigao, du district de Lanshan :

J'ai été enfermé dans le « groupe d'étude » de la planification familiale. Chaque soir, on me battait, avant de me demander de payer 50 yuans pour frais « d'études ». Il y avait plus de soixante personnes dans cette pièce, hommes et femmes mélangés, et nous devions faire nos besoins dans des seaux posés dans un coin, un pour les hommes, un pour les femmes. La nuit, il n'y avait nulle part où s'allonger, car les seaux avaient débordé et il y avait de la pisse partout.

Xiao Ruibin, quarante-quatre ans, m'a raconté son histoire :

Les types de la planification familiale ont retourné une chaise et m'ont forcé à m'allonger sur les pieds. Pendant que l'un d'entre eux me maintenait la nuque, un autre me frappait avec une matraque en caoutchouc. Ils disaient que, s'ils me battaient à mort, ils donneraient peut-être 20 000 yuans en compensation à ma famille, pour l'enterrement. Lorsque j'ai fini par m'évanouir, ils m'ont jeté un seau d'eau froide pour me réveiller et pouvoir recommencer à me frapper.

Nous avons également rendu visite à la famille d'un vieil homme nommé Shi Mingli, du canton de Tanyi, qui avait été emprisonné parce que son fils avait eu trop d'enfants. Shi Mingli avait ensuite été relâché, mais les autorités s'étaient acharnées contre sa fille et son beau-fils. Comme ce dernier avait réussi à s'échapper, la planification familiale s'en était prise aux voisins, qui avaient ensuite amèrement accusé Shi Mingli et sa famille. Par la suite, le vieil homme s'était rendu de lui-même au bureau de la Planification et avait proposé de subir le châtiment à la place de ses voisins. Comme les autorités avaient refusé, Shi Mingli avait fini par se suicider.

Toutes ces personnes avaient été victimes de terribles actes de cruauté, et de violences à la fois physiques et émotionnelles. En plus d'être illégales et inhumaines, les campagnes coercitives déchiraient les familles, détruisaient des amitiés et dressaient les voisins les uns contre les autres. Je suis par ailleurs certain que les récits qui m'ont été confiés ne constituent qu'une infime part de la réalité. Par exemple, nous n'avons recueilli que peu de descriptions détaillées de stérilisations et d'avortements forcés, très certainement parce que ces procédures sont si traumatisantes et personnelles qu'il est difficile d'en parler ouvertement.

En écoutant les voix de ces victimes qui espéraient obtenir justice et trouver un peu de réconfort, je ressentais leurs blessures jusque dans mon âme. Leurs histoires confirmaient que la Révolution culturelle n'avait jamais pris fin – elle n'avait fait que métastaser. Elle se poursuit aujourd'hui encore chaque fois que le Parti lance une nouvelle campagne contre les défenseurs des droits civils, ceux qui pratiquent une religion, les adeptes du *falun gong** ou les femmes qui font plus

* Ancienne forme de *qi gong* qui a connu un fort engouement au début des années 1990. Après avoir été soutenue par le gouvernement, cette pratique a été victime de son succès et le Parti communiste a orchestré une campagne de répression dès 1999 pour mettre un terme à son influence. Elle se pratique aujourd'hui encore en République populaire de Chine, mais illégalement. *(N.d.T.)*

d'un enfant. N'importe qui peut devenir un dommage collatéral de telles campagnes. N'importe qui.

Toutefois, ces récits servaient un but important, car c'est grâce à eux que nous avons fini par trouver le cas le plus détaillé et le plus accablant de tous. Teng Biao et Guo Yushan ont transcrit de nombreuses histoires que nous avions enregistrées et j'ai donné des interviews sur ces campagnes coercitives violentes à des reporters de la presse étrangère. Cela a permis d'exercer des pressions sur la commission nationale de la Planification familiale, qui a fini par déclarer officiellement que des infractions avaient bel et bien lieu dans le district de Linyi. Les fonctionnaires responsables ont alors reçu l'ordre d'arrêter, sous peine de sanctions. Malgré cela, nous avons continué à déposer des plaintes individuelles ; de plus, les résultats de nos enquêtes dans le district de Fei et ailleurs nous ont amenés à monter une action de groupe à très grande échelle contre les bureaux de la commission de la Planification familiale de Linyi. Malgré nos maigres chances de succès, nous nous devions d'essayer.

Cet été-là, les autorités ont commencé à s'en prendre à ma famille de façon agressive pour tenter de nous intimider ; certaines personnes que nous avions interrogées ont également reçu des menaces. Des équipes de surveillance nous suivaient en permanence. Partout où nous nous rendions, deux ou trois voitures nous prenaient en filature, accélérant et ralentissant en même temps que nous, parfois de façon ouverte, mais parfois plus discrètement. Un jour, alors que nous sortions d'un village où nous avions mené un entretien, nous avons été bloqués par un fonctionnaire local. La route étroite qui passait entre les champs était bordée de chaque côté par un fossé abrupt, ce qui laissait juste assez de place pour que deux voitures se croisent sans se toucher. Le fonctionnaire a arrêté son véhicule et ouvert sa portière pour nous barrer la route. « Venez donc à mon bureau pour discuter », a-t-il dit d'un ton menaçant. Il a ensuite exigé de voir nos papiers d'identité, mais a refusé de jeter un œil aux documents en notre possession, qui prouvaient les violences commises par la planification familiale. Une petite foule de villageois en colère s'est rapidement rassemblée pour exiger qu'on nous laisse partir. Le fonctionnaire a fini par céder, ce qui ne l'a pas empêché de nous suivre en nous harcelant de SMS.

Le 11 août, alors que Teng Biao et Guo Yushan étaient revenus à Dongshigu pour poursuivre l'enquête, nous avons soudain remarqué que nous étions suivis. Lorsque nous sommes arrivés dans un village du canton de Yitang, dans l'intention d'interroger des victimes, le maire nous attendait en compagnie de divers cadres et officiels, prêts à nous barrer la route avec une voiture de police. Une poursuite a commencé ; comme nous avions loué la voiture le moins chère possible, nous doutions de pouvoir distancer nos poursuivants. Cependant, le chauffeur que nous avions embauché était du coin ; dès que l'occasion s'est présentée, il a tourné dans un chemin de terre, hors de la vue de nos poursuivants.

Le soir, après la journée d'enquête, notre petite équipe a décidé de passer la nuit dans un hôtel de Linyi, car cela nous semblait plus sûr. C'était sans compter la police qui pouvait nous localiser grâce à nos téléphones portables. Il était déjà tard et j'étais au lit quand on a frappé à la porte. Trois policiers ont fait irruption dans la chambre en criant :

– Vos papiers !

– La loi exige que vous nous présentiez les vôtres en même temps, ai-je répliqué.

L'un des policiers a rapidement sorti sa carte, pour la ranger aussitôt – ils étaient de Linyi. Lorsque nous avons demandé aux deux autres d'en faire autant, ils ont répondu qu'une seule preuve suffisait.

Sans attendre, ils ont emmené deux membres de notre équipe hors de la chambre, tandis que d'autres fonctionnaires et policiers entraient. Nous avons appris par la suite que des dizaines de cadres cernaient l'hôtel ; certains étaient même déguisés en clients ou en membres du personnel.

– Il paraît que vous avez un problème avec le travail de la planification familiale ? a commencé l'un des intrus.

J'ai reconnu sa voix : c'était Liu Wenbin, le vice-président de la commission de la Planification familiale du district de Yinan.

– Ignorez-vous donc tout des véritables lois et régulations de votre propre service ? ai-je demandé.

Avant que Liu Wenbin puisse répondre, un autre s'est interposé :

– Pourquoi faut-il absolument que vous mettiez tout sur Internet ? Pourquoi ne pas passer par les canaux officiels ?

En effet, nos découvertes étaient systématiquement postées sur le site de défense des droits civils de Li Jian.

– J'ai déjà essayé tous les canaux légaux, ai-je répondu. D'ailleurs, rien ne m'interdit de mettre ces informations en ligne. Par contre, trouvez-moi la loi qui vous autorise à frapper les gens et à les emprisonner comme bon vous semble ! N'avez-vous jamais entendu parler des régulations de la planification familiale et des « sept interdits », comme la détention illégale, les violences physiques, l'humiliation, le vol et l'implication arbitraire d'un tiers ? Si vous avez quelque chose à me reprocher, je vous suggère de vous adresser à mon avocat.

Voyant qu'il ne servait à rien de discuter avec eux, je me suis préparé à partir, mais l'un des policiers m'en a brutalement empêché.

– Sur quelles bases entendez-vous restreindre ma liberté de mouvement ? ai-je alors demandé.

En touchant le bras du policier qui m'avait retenu, je me suis rendu compte que ces hommes ne portaient même pas de véritable uniforme – celui-là était vêtu d'un simple T-shirt.

Teng Biao, Guo Yushan et Tu Bisheng, qui logeaient dans la chambre voisine, étaient rapidement venus voir la cause de ce tapage.

– Ces hommes atteignent illégalement à mes libertés individuelles, leur ai-je expliqué.

Puis je me suis tourné vers Liu Wenbin.

– Qui sont ces gens ? ai-je demandé avec colère en désignant les intrus.

– Comment veux-tu que je le sache ? Ils sont de la police de Yinan, c'est tout.

Écœurés, Teng Biao, Guo Yushan et moi sommes partis dans l'autre chambre, où nous attendait un groupe de cadres du département juridique de Linyi, notamment le responsable des affaires juridiques, un dénommé He Fali.

– Ces hommes qui viennent de faire irruption dans notre chambre, ils sont avec vous ? lui ai-je demandé.

He Fali m'a pris la main et l'a serrée deux fois avec force.

– Vous ne répondez pas à ma question !

– Voilà ma réponse, a-t-il dit en me serrant de nouveau la main.

Quand j'ai insisté, il a cette fois hésité, puis a fini par répondre qu'il n'avait aucun lien avec eux.

Toute la scène n'était qu'une farce pure et simple. Personne ne voulait nous expliquer ce qui se passait et chacun prétendait ne pas connaître les autres groupes et ne pas savoir ce qu'ils faisaient là. Évidemment, c'était aussi faux que risible. En fait, des représentants de quatre agences gouvernementales différentes étaient descendus à notre hôtel ce soir-là : nous avons reçu la visite du canton de Shuanghou, du service juridique, de la commission de la Planification familiale et de la police. Il ne faisait aucun doute dans mon esprit – ni dans celui de toutes les personnes présentes – que l'ordre de nous harceler de la sorte provenait directement du secrétaire du Parti de Linyi. Personne d'autre n'avait l'autorité suffisante pour mobiliser tant de membres de tant de branches différentes du gouvernement en pleine nuit.

He Fali est reparti, nous laissant dans la chambre avec un groupe d'officiels du canton de Shuanghou. Après avoir discuté un moment entre eux, ils nous ont annoncé qu'ils allaient à présent nous raccompagner à Dongshigu. Leur but était évidemment de nous empêcher de poursuivre notre enquête et, très certainement, de garder un œil sur nous une fois que nous serions revenus au village. De plus, ils allaient sans doute essayer de nous séparer, ce qui risquait d'être dangereux pour nous. Nous avons donc refusé de partir.

Voyant qu'ils n'arrivaient à rien, les officiels sont redescendus, ce qui nous a donné l'occasion de discuter entre nous. Il était impossible de continuer notre enquête en présence de tous ces hommes et j'étais inquiet à l'idée de perdre le matériau déjà recueilli. J'ai alors suggéré de rentrer avec ce que nous avions déjà pour le mettre en ligne le plus vite possible. De plus, s'ils essayaient de nous faire monter dans des voitures séparées, nous devions refuser de partir. Comme mes amis étaient d'accord, j'ai informé les officiels de notre décision et de nos revendications. Ces derniers ont accepté de trouver un minibus, et, bientôt, nous avons pris la route pour Dongshigu, où nous sommes arrivés vers 2 heures du matin, sous bonne escorte. Mes amis m'ont alors signalé un changement inquiétant : des sentinelles montaient la garde à chaque entrée du village. De nombreux gardes étaient des civils, et même s'il s'agissait de fonctionnaires municipaux de différents échelons ils semblaient travailler main dans la main avec la police.

À partir de cette nuit-là, vingt ou trente gardes ont surveillé en permanence mes amis, les victimes de la planification familiale qui travaillaient sur l'enquête, et moi-même. Les gardes cherchaient à peine à se cacher : chaque fois que nous sortions, ils nous suivaient partout où nous allions. Parfois, nous les suivions à notre tour ou tentions de les faire parler pour qu'ils nous expliquent quels étaient leurs ordres, mais ils ne répondaient jamais. Ce qui me mettait particulièrement en colère, c'était qu'ils interdisaient à quiconque de me rendre visite. Non seulement nous n'avions plus le droit de nous rendre dans les villages voisins, mais ceux qui venaient me demander de l'aide étaient refoulés. Nos enquêtes étaient bel et bien au point mort.

Un après-midi de la fin du mois d'août, je suis allé à Linshu pour rendre visite à Weijing et à notre fille, qui vivaient là depuis près de un mois. Plusieurs officiels du Parti et du gouvernement m'ont suivi. Lorsque je suis ressorti de chez mes beaux-parents, ils m'ont forcé à monter dans leur voiture pour m'emmener aux bureaux des autorités du canton, où j'ai été retenu jusque tard dans la nuit.

Pendant ce temps, se faisant passer pour des inspecteurs venus relever le compteur électrique, des agents de la planification familiale ont fait irruption chez ma belle-mère, où Weijing s'occupait de Kesi alors âgée de vingt-huit jours. Lorsqu'ils ont découvert l'enfant, ils ont aussitôt signalé son existence, puis ont attendu des ordres, accroupis sur le sol de la chambre de Weijing pour garder un œil sur elle. Quand ma femme a commencé à les défier verbalement, ils se sont énervés et ont menacé de la frapper. Par bonheur, sa mère est revenue à ce moment. Lorsqu'elle a compris que ces hommes étaient sur le point de battre une jeune mère et de forcer un bébé de moins de un mois à sortir de la maison, elle a piqué une colère. Sa réaction a empêché les gardes d'agir, mais ils sont restés dans la maison toute la nuit. À l'aube, ils ont embarqué ma femme et ma fille dans une voiture banalisée pour les emmener au siège du canton de Shuanghou.

Le lendemain, j'ai moi aussi été conduit aux bureaux du canton. En chemin, j'ai appelé mes amis avocats de Pékin pour leur annoncer haut et fort que, si je ne les rappelais pas dans l'heure suivante, ils devaient aussitôt contacter les médias, car cela signifiait que j'étais retenu contre ma volonté. Lorsque je suis arrivé à la mairie, Kesi hurlait de faim : l'expérience avait tellement ébranlé Weijing que son lait avait brusquement tari. Quelques minutes plus tard, j'ai annoncé à ma femme qu'il était temps de rentrer et je me suis dirigé vers la porte sans montrer la moindre hésitation. Une célèbre fonctionnaire du nom de Zhang Tingju a tenté de nous barrer la route, mais j'ai pris Weijing par la main et nous sommes sortis.

Un peu plus tard, plusieurs membres de la planification familiale sont venus chez nous, à Dongshigu, pour exiger que je paie plusieurs dizaines de milliers de yuans, l'amende prévue pour un second enfant. J'ai accepté volontiers, mais expliqué que je devais sortir de la maison pour emprunter de l'argent. Ne voulant pas me perdre de vue, ils étaient coincés et ont fini par partir. Une fois encore, nous avions réussi à leur échapper. Toutefois, nous n'avons pas tardé à avoir des ennuis bien plus sérieux.

Une partie de mon travail exigeait que je sorte de chez moi malgré ce harcèlement. Pas question de laisser mes geôliers me couper du monde. Je refusais de croupir à la maison alors qu'il restait tant à accomplir.

La nuit du 25 août, j'ai réussi à m'échapper. Weijing et moi avions déjà quitté la maison plusieurs fois afin que les gardes s'habituent à nos déplacements. Ce jour-là, nous avons rendu visite à différents voisins et parents du village, toujours escortés par une horde de gardes. Le soir, mon neveu Chen Hua est venu chez nous afin de mettre au point un plan. Pour commencer, il devait rentrer chez lui pour que les gardes qui surveillaient sa maison pensent que tout était normal. Ensuite, il devait ressortir sans être vu pour se rendre à un point de rendez-vous convenu dans le village.

Vers 22 heures, une fois les enfants couchés, Weijing et moi sommes sortis avec des lampes de poche. Aussitôt, les gardes nous ont emboîté le pas, telle une masse ondulante et noire dans notre sillage. Lorsqu'ils s'approchaient trop, nous leur jetions du sable pour les tenir à distance.

Quand nous sommes arrivés au point de rendez-vous, Chen Hua a émis un petit sifflement, puis m'a tiré par le bras dans un champ. Dans l'obscurité, les gardes n'ont rien vu et ont continué à suivre Weijing, qui les a fait courir dans tout le village avant de revenir à la maison où nous avions vécu juste après notre mariage. Après avoir escaladé le mur de la cour, elle a jeté quelques pierres aux gardes en parlant à voix haute, comme si elle discutait avec moi. Au bout d'une heure environ, les gardes ont fini par trouver la clé du portail chez mon grand frère et ont découvert que Weijing était seule. Quand ils l'ont interrogée, elle a haussé les épaules.

– Je crois qu'il est rentré. Vous ne l'avez pas croisé ?

Furieux, les gardes ont passé le village et les champs alentour au peigne fin, jusqu'au petit matin.

Pendant ce temps, Chen Hua et moi avions longé en courant des vergers et des champs d'arachide, revenant souvent sur nos pas ou prenant volontairement des chemins de traverse pour rejoindre le village voisin de Huangying. Le trajet n'était pas simple, de nuit : afin d'éviter les routes principales, nous avons dû franchir une montagne et traverser des cours d'eau pieds nus. Trempés et couverts de boue, nous sommes enfin arrivés à Huangying, où nous nous sommes cachés sous un pont.

Pendant plusieurs heures, nous avons essayé d'appeler tous les numéros dont nous pouvions nous souvenir, jusqu'à finalement localiser un chauffeur de taxi prêt à nous conduire à la gare routière située juste en dehors de la juridiction de Linyi, à cent cinquante kilomètres environ. De là, nous avons pris un premier car pour Nankin, puis un second pour Shanghai, où nous sommes arrivés vers 7 heures du matin. Nous étions affamés, n'ayant rien mangé depuis plus de vingt-quatre heures. Après avoir trouvé de quoi nous restaurer, nous avons rejoint ma destination finale : une importante conférence sur l'État de droit et les droits de l'homme, où je devais partager des expériences et échanger avec certains des activistes chinois les plus épatants. Je pensais y être en sécurité un temps.

C'est pendant mon séjour à Shanghai que nos découvertes ont fini par être connues du grand public. Le gouvernement bloquait jusqu'alors les sites Internet contenant les résultats de nos enquêtes, mais, le 27 août, le *Washington Post* a publié un article de Philip Pan intitulé : « Qui contrôle les familles ? » L'impact a été immédiat. Même la commission de la Planification familiale a été contrainte d'admettre que les abus « locaux » dans le Shandong étaient contraires à la loi. Des responsables ont affirmé qu'une enquête serait ouverte, mais évidemment cela n'est jamais allé plus loin qu'un entrefilet dans la publication officielle du service.

Quelques jours après la parution de l'article, j'ai pris le train pour Pékin afin de rencontrer le professeur Cohen et de discuter avec lui des stratégies à venir pour notre équipe d'avocats et d'activistes. Avant de quitter Shanghai, j'avais appelé plusieurs fois un reporter du magazine américain *Time* pour organiser sa venue au Shandong, où il devait enquêter plus en profondeur sur les violences commises par la planification familiale. J'avais aussi demandé à Weijing d'appeler l'ambassade américaine afin de discuter du financement d'un petit projet de société civile. Ces conversations ont sans doute été de graves erreurs, car j'ai par la suite compris que mon téléphone était sur écoute et que je ne faisais que donner au Parti de nouvelles raisons de me considérer comme dangereux.

J'ai été pris en chasse dès mon arrivée à Pékin. Jiang Tianyong, l'avocat défenseur des droits de l'homme de Pékin qui faisait partie de notre équipe, avait acheté un billet pour pouvoir m'attendre sur le quai, ce qui lui a permis de monter dans le train et de venir à ma rencontre. Il m'a immédiatement informé qu'un groupe de personnes avec l'accent du Shandong m'attendaient dehors.

– Comment sais-tu que c'est moi qu'ils attendent ?

– Quand un passager est descendu avec des lunettes de soleil, ils ont fait remarquer qu'il te ressemblait.

Lorsque nous sommes descendus à notre tour, nous avons remonté le quai en prenant garde de rester le plus loin possible des hommes du Shandong. Par chance, nous avons réussi à quitter la gare sans être repérés.

L'après-midi, nous avons retrouvé Teng Biao, à qui nous avons raconté nos récentes épreuves. Teng, qui enseignait à l'université de droit et de sciences politiques, avait lui aussi reçu des menaces à cause de notre enquête. Le secrétaire du Parti de l'université, qui agissait de toute évidence sur ordre du bureau national, était venu le trouver à plusieurs reprises pour tenter de l'obliger à mettre un terme à son travail.

Bien qu'inquiet, je refusais de me laisser intimider. Je suis donc parti pour l'ambassade des États-Unis avec Jiang Tianyong afin de discuter des détails d'un programme sur l'État de droit que j'essayais de faire financer. En sortant du métro près de l'ambassade, j'ai remarqué une voiture qui attendait, le moteur tournant au ralenti, le long du trottoir d'en face. Un peu plus tard, en ressortant, j'ai de nouveau entendu cette même voiture, au même endroit. J'ai alors fait part de mes soupçons à Jiang, lui disant que nous ferions mieux de ne pas nous attarder. Lui aussi sentait que quelque chose n'allait pas et, tandis que nous rejoignions rapidement la station de métro, il m'a dit qu'il était sûr que nous étions surveillés.

Quelques instants plus tard, quand nous nous sommes retournés, ils étaient là : de nombreux fonctionnaires, des cadres et des gros bras, tous originaires du Shandong. Parmi eux se trouvaient Zhu Hongguo, le maire du canton, Zhao Feng, son adjoint, Xia Fatian, le secrétaire adjoint du Parti pour le canton, et d'autres employés du bureau de la Sécurité publique du district de Yinan. Nous marchions à présent aussi vite que possible en direction de la station de métro, située à une vingtaine de mètres seulement, mais ils nous ont rapidement rattrapés.

Zhu Hongguo m'a tapoté l'épaule.

– Mon frère ! Rentrons chez nous. Tu me tues, là. Je n'en peux plus.

J'ai répondu que je refusais de rentrer, car j'avais encore du travail, mais, lorsque nous avons essayé de rejoindre la bouche de métro, les hommes du Shandong nous ont barré la route.

– Pas si vite ! a dit l'un d'eux. Nous sommes du bureau de la Sécurité publique.

– Même la police doit respecter la loi, ai-je rétorqué.

L'un d'eux a alors tenté de prendre Jiang à part sous prétexte de bavarder un peu. Je savais toutefois qu'ils cherchaient simplement à m'isoler. Plusieurs passants observaient la scène, sentant bien que quelque chose n'allait pas, tout en ne sachant trop que faire.

– Regardez, ils sont tous de Linyi ! leur a crié Jiang. Ils essaient de nous arrêter illégalement !

Cela a semblé faire hésiter les hommes du Shandong et nous en avons profité pour nous engouffrer dans le métro. Au moins, nous n'avions pas besoin d'acheter un ticket, car nos efforts avaient porté leurs fruits ; cela nous a donné un avantage sur nos poursuivants. Les cadres nous ont suivis, et, après avoir acheté des tickets en toute hâte, ils ont réussi à monter dans notre rame. Ils se sont assis juste en face de nous. Jiang et moi avons fait mine de nous préparer à descendre à l'arrêt suivant ; lorsque le métro s'est arrêté, nous sommes descendus, suivis par l'équipe du Shandong, mais nous sommes remontés aussitôt, juste au moment où les portes se fermaient. La plupart de nos poursuivants n'ont pas réussi à remonter et nous avons répété ce petit manège sur tout le trajet de la ligne circulaire du métro de Pékin. Arrivés à la station Gulou, nous les avions tous semés.

Profondément troublés par cette mésaventure, Jiang et moi avons retrouvé Tu Bisheng à son bureau pour lui transmettre les résultats de nos enquêtes, espérant que lui et d'autres personnes de l'équipe pourraient poursuivre le travail si j'étais arrêté. Nous avons ensuite pris contact avec le professeur Cohen, qui nous a invités à dîner dans un restaurant japonais près de l'université Tsinghua, où il enseignait à l'époque. Tout en mangeant, nous avons eu une longue et fructueuse discussion concernant le statut de tous les différents cas sur lesquels nous travaillions. M. Cohen s'inquiétait beaucoup pour moi, ainsi que pour de nombreuses victimes de la planification familiale, qui risquaient de subir de graves représailles à cause de notre enquête.

Nous sommes restés en état d'alerte pendant tout le dîner, sans pourtant rien remarquer d'anormal ; en sortant, nous n'avons pas non plus eu l'impression d'être suivis. Quelque peu soulagés, nous sommes retournés chez Jiang Tianyong afin de préparer une rencontre avec Philip Pan du *Washington Post*, prévue le lendemain à 15 heures dans un petit parc près de l'hôtel Lido, non loin de l'appartement de Jiang Tianyong.

Le lendemain, le 6 septembre 2005, Tu Bisheng et moi avons quitté le domicile de Jiang pour nous rendre à notre rendez-vous avec Pan. Dans la rue, c'est Tu Bisheng qui les a vus en premier.

– Zhu Hongguo ! s'est-il soudain écrié.

Effectivement, Zhu Hongguo s'est rué sur moi, bien décidé à ne pas me laisser m'échapper une seconde fois. Plusieurs personnes l'ont rapidement rejoint – Xia Fatian, Zhao Feng et deux ou trois autres qui étaient présents lors de l'épisode du métro. Ensemble, ils nous ont poussés sur la banquette arrière de leur berline Santana. Quand j'ai tenté de résister, ils se sont mis à me frapper à la tête. L'un de nos ravisseurs m'a saisi par les cheveux, un autre par le bras, tandis qu'un troisième me bloquait la nuque et qu'un autre me bourrait les côtes de coups de poing. Je voulais crier, mais je parvenais à peine à respirer.

Dans l'altercation, j'avais senti un petit appareil dans la poche d'un des gardes, peut-être un téléphone ou un enregistreur. Lorsque j'ai été complètement immobilisé, le garde l'a sorti de sa poche et a appuyé sur un bouton. Un message enregistré a retenti : « Ce n'est que par la lutte armée que le prolétariat et le Parti seront victorieux et que la révolution connaîtra le succès ! » La voix haineuse et perçante me rappelait les annonces publiques diffusées dans tout le pays pendant la Révolution culturelle. « Qu'il se rentre bien ça dans le crâne », a lancé avec satisfaction l'un des hommes assis à l'avant.

Furieux, j'ai lutté de toutes mes forces pour me libérer. Si la société chinoise était parcourue par un flot de haine sous-jacent, que le gouvernement entretenait, des opinions telles que celles du message n'étaient presque jamais ouvertement exprimées. Clairement, cet enregistrement était un ordre de mobilisation reçu par toutes les autorités et par les officiels du Parti. Tandis que mes agresseurs me clouaient sur la banquette pour venir à bout de mes dernières velléités de résistance, j'ai compris pourquoi ils étaient capables d'agir avec autant de confiance et d'impunité : ils avaient le soutien de cette voix, et, à travers elle, l'approbation secrète du Parti pour faire fi de tout scrupule et ne pas hésiter à avoir recours à la violence. Il s'agissait de conserver le pouvoir à tout prix.

J'ai appris plus tard d'une source interne que, à la suite de mon évasion et de la publication de l'article dans le *Washington Post*, les autorités du district avaient tenu une grande réunion au cours de laquelle il avait été décidé que je devais être capturé et emprisonné. Pour cela, pas moins de deux cents personnes avaient été lancées à mes trousses, notamment les deux équipes stationnées près de l'ambassade des États-Unis et de l'université Tsinghua, toutes deux autorisées à m'enlever – en faisant usage de violence si nécessaire. Même si elles venaient de la province du Shandong, ces équipes bénéficiaient visiblement du soutien tacite, à défaut de l'aide active, de la police et des autorités de Pékin. Une mobilisation aussi démesurée pour contrôler des activistes non violents était rare, à l'époque, mais ce procédé s'est depuis banalisé. La collision entre une pierre et un œuf, comme le dit le proverbe chinois.

Tandis que les gardes du Shandong tentaient de me maîtriser à l'arrière de la Santana, Tu Bisheng a persuadé le vigile du parking de l'immeuble de Jiang Tianyong de fermer la barrière, empêchant ainsi nos ravisseurs de prendre la fuite en voiture. Il a ensuite appelé la police. Lorsque des policiers municipaux de Pékin sont arrivés, les cadres du Shandong leur ont expliqué que j'avais enfreint la loi sur la démographie et la planification familiale en faisant trop d'enfants ; les policiers, dociles, ont à peine jeté un œil aux documents officiels, puis ils ont ordonné au vigile de relever la barrière. La Santana s'est mise en route.

Philip Pan, qui venait juste de rejoindre le lieu de notre rendez-vous, assistait à présent à la scène. Lorsque Teng Biao est arrivé en voiture, il a aussitôt tenté d'arrêter l'équipe du Shandong, mais celle-ci s'est éloignée, zigzaguant dans les rues de Pékin pour s'efforcer de le semer. Tandis que la Santana traversait la ville à toute allure, les hommes assis à côté de moi me tordaient douloureusement les bras dans le dos, rendant le moindre mouvement impossible.

J'étais à présent seul avec nos ennemis, sans savoir ce qui m'attendait. À un moment, la voiture s'est arrêtée, le temps pour mes ravisseurs de remplacer la plaque pékinoise qu'ils avaient utilisée par celle d'origine : 鲁Q83555, comme je l'ai appris par la suite. Je connaissais bien ce numéro depuis la surveillance incessante dont nous avions fait l'objet pendant notre enquête. Bientôt, j'ai entendu mes ravisseurs appeler Linyi sur la radio, annonçant que j'avais été capturé et que j'étais à présent maîtrisé dans la voiture.

– Où l'avez-vous trouvé ? a demandé l'interlocuteur.

– À l'hôtel Lido, a répondu quelqu'un.

Lorsque nous sommes sortis de la ville pour prendre l'autoroute, la voiture a commencé à rouler plus vite. Je n'avais pas la moindre idée de l'endroit où mes ravisseurs m'emmenaient, mais une chose était certaine : j'étais complètement à leur merci.

8

ENLÈVEMENT

Dans la voiture qui quittait Pékin à toute allure, j'écoutais mes ravisseurs parler entre eux. C'est ainsi que j'ai compris que nous étions en route pour Tianjin, une ville située à environ cent trente kilomètres au sud-est de la capitale. Les hommes qui m'avaient enlevé ont continué à me frapper, à me tordre les bras derrière le dos et à me tenir la nuque au point de m'étrangler. Ils ne m'ont relâché que lorsque nous nous sommes arrêtés à Tianjin. Quand le reste de mon escorte nous a rejoints, Zhu Hongguo et un autre homme se sont glissés dans la voiture à la place de mes gardes. Zhu Hongguo a fait signe à ses sbires de me lâcher, puis m'a tapoté le dos comme pour me consoler. Apparemment, il regrettait qu'une violence aussi inconvenante ait été nécessaire à mon interpellation. Bien que complice, il restait un homme bon, qui avait tenté, par bien des façons subtiles, de me soutenir et de me protéger, tout en respectant les ordres du Parti.

Nous avons rapidement repris la route pour atteindre notre destination finale. D'après mes estimations, il était un peu plus de minuit. Mes ravisseurs m'ont tiré hors de la voiture et traîné dans le hall de ce que j'ai par la suite appris être le Victoria Resort dans le Yinan, dans le Shandong, un hôtel-spa de luxe où les fonctionnaires locaux venaient dépenser leurs biens mal acquis. J'ai été conduit dans une chambre ordinaire au premier étage : deux lits, une table, quelques chaises et une télé, que personne n'a allumée. Je me suis allongé sur un des lits, refusant d'interagir ou de coopérer de quelque façon que ce soit avec mes ravisseurs.

J'avais tellement mal à la gorge, à force d'avoir été étranglé pendant le voyage, que je pouvais à peine parler. Mon corps tout entier était couvert d'ecchymoses douloureuses et, lorsque mes ravisseurs ont refusé que je voie un médecin, j'ai aussitôt repoussé le petit déjeuner qu'ils m'ont apporté pour entamer en silence une grève de la faim.

Au petit matin, des cadres sont venus, puis repartis. Liu Jie, maire adjoint de Linyi et chef du bureau de la Sécurité publique, est arrivé à son tour. Il a fait sortir tout le monde sauf deux autres fonctionnaires.

– Je suis ici aujourd'hui pour te parler de certaines choses…

Je n'ai rien répondu.

– Nous sommes égaux, a-t-il ajouté, espérant sans doute m'apaiser.

Tu me kidnappes et maintenant tu prétends que nous sommes égaux ? ai-je pensé.

– Tu peux m'ignorer, a-t-il repris en s'asseyant près de la fenêtre, mais j'ai quand même quelque chose à te dire. Je sais que tu peux m'entendre et que tu m'écoutes. Je t'ai fait venir ici pour te sauver. Il y avait trop de journalistes autour de toi à Pékin et tu avais accepté d'être interviewé par eux. Tu as accordé un entretien au *Washington Post*, ce qui constitue une infraction à l'article 111 du Code pénal chinois, qui interdit de fournir des renseignements aux étrangers.

Il m'a ensuite rappelé que cela suffisait à m'envoyer pendant cinq ans en prison. Deux entretiens reviendraient à une peine de dix ans.

C'était absurde. Selon ce raisonnement, presque tous les leaders chinois encouraient la perpétuité pour avoir communiqué avec des journalistes étrangers. Le Parti n'avait simplement aucune base légale pour justifier ma détention. Il cherchait simplement une excuse pour légitimer ses actions.

Liu Jie a ensuite expliqué que les pays occidentaux impérialistes étaient obsédés par tout ce qui se passait en Chine et que les interviews que j'avais accordées les avaient activement aidés. Il a poursuivi : « Ce n'est pas parce qu'il existe des problèmes dans notre société que le socialisme est forcément mauvais. Et ce n'est pas parce qu'il y a de la corruption que le Parti est forcément mauvais. »

Hors de moi, je n'ai cependant pas bougé de mon lit, refusant de lui accorder le moindre signe de respect. Il a fini par quitter la pièce, gêné de ne pas avoir été capable de m'arracher la moindre réaction devant d'autres fonctionnaires.

Quatrième Frère, Frère Aîné et mon beau-père ont ensuite été convoqués pour tenter de me convaincre de renoncer à mon recours collectif en justice et de recommencer à manger. Le gouvernement a ordonné à Quatrième Frère de prendre mon ordinateur et mon fax pour les emmener jusqu'à un bureau gouvernemental, qui entendait officiellement « veiller dessus ». Lorsque j'ai eu la permission de téléphoner à Weijing, je lui ai immédiatement demandé de contacter le professeur Cohen, espérant qu'il pourrait faire quelque chose.

En début de soirée, environ dix-huit heures après mon arrivée au Victoria Resort, j'étais dans ma chambre en compagnie de deux gardes lorsque Zhu Hongguo est entré en annonçant que je devais être renvoyé chez moi le plus rapidement possible. J'ai aussitôt pensé que Philip Pan avait dû publier son article et que les autorités se montraient sensibles à l'intérêt des médias étrangers. J'ai également pensé que l'intervention d'amis comme le professeur Cohen et Teng Biao avait eu une influence positive.

Ragaillardi, j'ai annoncé : « Je ne bougerai pas d'ici. Quelles sont les motivations légales de mon enlèvement ? Et quelles sont les motivations légales de mon renvoi chez moi ? Je veux une explication, sinon je reste. »

Je n'avais cependant pas envisagé que ma famille insisterait. Un peu plus tôt dans l'après-midi, le père de Weijing avait été outré que je reste allongé sur mon lit pendant notre conversation. Il avait pris cela pour un manque de respect de ma part. Dès son retour, il avait appelé sa fille, furieux, pour se plaindre. La présence des gardes m'avait empêché de lui expliquer mon raisonnement et mon refus de rentrer l'avait agacé, en partie parce qu'il voulait, lui aussi, en finir au plus vite. Finalement, j'ai bien dû accepter de retourner à mon village.

De retour à Dongshigu, j'ai appris que les autorités avaient prévu de me placer en résidence surveillée à long terme, justifiant le renforcement de la présence policière dans le village au prétexte de venir en aide aux populations défavorisées. Des dizaines de gardes étaient déjà en faction devant notre portail, d'autres s'installaient dans notre cour et dans tout le village, se préparant à monter la garde vingt-quatre heures sur vingt-quatre. Ils avaient apporté des bâches pour se protéger des éléments, ainsi que des briquettes de charbon pour se chauffer car les premiers froids étaient arrivés. Une télé et plusieurs lits avaient même été installés à la mairie, même si la majorité des gardes devaient dormir par terre, à leur poste.

Quelques jours à peine après mon retour, les cadres ont mis en place un certain nombre de groupes de travail, chacun avec des responsabilités différentes. Il y avait le « groupe de prévention de sortie », censé m'empêcher de quitter le village, et le « groupe des amis et parents », qui comprenait des membres de ma famille et des collègues de Quatrième Frère. Consciencieusement, ce dernier me rappelait sans cesse pourquoi je devais renoncer à mon travail et me faisait miroiter des récompenses si je répondais aux désirs du Parti. Je les ignorais.

Ensuite, il y avait le « groupe du front unifié », composé de cinquante cadres du gouvernement et du Parti, dont la mission était d'assurer la propagande contre moi, un effort d'une ampleur ridicule étant donné la taille de Dongshigu. Par groupe de deux, les cadres ont rendu visite à presque toutes les familles du village afin d'expliquer à mes proches, mes amis et voisins ce qu'ils devaient penser du citoyen Chen Guangcheng, un des fils du village. Tout le monde savait que je m'étais rendu aux États-Unis pour en apprendre plus sur les droits des handicapés et que j'avais été en contact avec beaucoup d'étrangers, au fil des années. Il était cependant inconcevable qu'un pauvre garçon aveugle de la campagne ait réussi cela tout seul : seule explication possible, j'étais un espion envoyé par les États-Unis pour exposer au grand jour les échecs de la Chine, un traître à la solde des Américains, qui nourrissait des relations douteuses avec l'extérieur.

Tous les villageois devaient écouter avec attention ces mensonges répandus par le groupe du front unifié. En 2005, le Parti avait recours à des méthodes identiques à celles employées pendant la Révolution culturelle, avec le succès sinistre qu'on connaît. Le but était d'instiller la discorde entre les amis et de diviser les familles. Cependant, les gens ne sont plus aussi naïfs, de nos jours, et, pour la plupart, les villageois ne croyaient pas ce que racontaient les cadres du Parti. Certains se laissaient quand même intimider et craignaient d'être ouvertement en contact avec moi. Les autres, toutefois, trouvaient toujours une excuse pour venir nous rendre visite, ou bien pour aller voir nos proches et nous faire ainsi savoir ce qui se racontait sur nous.

Pendant quelque temps, j'ai encore pu entrer en contact avec les médias, mais le 9 septembre la ligne téléphonique a été coupée à quelques mètres de notre portail. Au début, j'avais espéré que mon téléphone portable fonctionnerait ; le lendemain, il est devenu évident que les cadres brouillaient le signal avec des appareils installés chez une voisine. Les gardes ont également commencé à refuser de nous laisser sortir faire les courses ; bientôt, seule ma mère a été autorisée à quitter la cour. À plusieurs reprises, nous avons connu de graves problèmes d'approvisionnement.

En Chine, mon histoire était complètement étouffée dans les médias, du fait d'un ordre officiel mais aussi de l'autocensure des journalistes, qui craignaient de façon bien compréhensible d'écrire la moindre ligne à mon sujet. Une jeune journaliste du nom de Yang Ziyun a réussi à faire publier un article dans *La Vie juridique*, une revue affiliée au ministère de la Justice. Nous avons appris par la suite qu'elle avait subi d'énormes pressions. Rapidement, la branche du Parti à Linyi a ordonné que l'article soit retiré du site web du magazine et que tous les exemplaires imprimés soient détruits. Cependant, Troisième Frère a réussi à mettre la main sur un numéro et à faire plusieurs centaines de photocopies de l'article pour nous. Avec d'autres villageois, il les a distribuées au marché ; il en a même donné quelques exemplaires à des gardes qui se demandaient qui nous étions. Chaque fois que possible, nous avons essayé d'améliorer leur compréhension de la loi, ce qui a poussé quelques-uns d'entre eux à démissionner.

Vers la fin du mois de septembre, un jour que je me reposais dans la cuisine, j'ai entendu une foule se rassembler dans notre cour. J'ai à peine eu le temps de réagir que déjà une bande de gardes enfermait Weijing dans le bâtiment principal et me faisait monter de force dans une voiture. Après m'avoir conduit au commissariat de police pour m'interroger, ils m'ont demandé de confesser avoir « divulgué des secrets d'État » ; ils voulaient également que je leur explique comment je m'y étais pris. « Tu n'as qu'à accuser l'avocat Teng Biao et tout ira bien », m'a conseillé l'un d'eux. Ils pensaient de toute évidence que je trahirais mon ami au premier coup dur.

Pendant cet interrogatoire, notre maison a été pillée. Sans même prendre la peine de présenter un mandat de perquisition, une escouade de cadres, d'officiels et de policiers a fouillé la maison de fond en comble, à la recherche de « preuves » de mes crimes. Tout ce qui était rédigé en anglais a été saisi, même s'il ne s'agissait que de brochures sur les organismes d'aide aux handicapés que nous avions rencontrés aux États-Unis. Lorsque les cadres ont eu emporté tout ce qui les intéressait, les gardes m'ont ramené à la maison.

Après avoir rédigé un rapport pour leurs supérieurs, les cadres ont appris que leurs « preuves » ne prouvaient rien et que rien ne semblait indiquer que j'avais fait quelque chose d'illégal. Bientôt, les membres du groupe des amis et parents sont venus me proposer des sommes extravagantes, espérant acheter mon silence. Le canton à lui seul m'a offert 300 000 yuans, avant de rapidement monter jusqu'à 500 000 yuans, si j'acceptais de ne rien révéler sur le traitement auquel j'étais soumis. Je devais aussi recevoir 1 million de yuans de la part du district si j'acceptais de signer un document certifiant que je cesserais mes actions. L'offre était sérieuse.

Je leur ai pourtant répété sans relâche que seules deux choses m'intéressaient. D'abord, je voulais que les cadres et officiels qui m'avaient enlevé, emprisonné et torturé répondent de leurs actes devant la justice. Ensuite, j'insistais pour que les violences infligées aux victimes lors des campagnes de planification familiale fassent l'objet d'une enquête et d'un procès. Je ne saurai jamais si quelqu'un a prêté la moindre attention à mes paroles.

À présent, les gardes étaient avec nous en permanence. Juste devant notre cour se trouvaient les hommes de main engagés par les autorités, tous prêts à commettre des actes violents. Puis, les cadres et officiels du canton, assis sur des bancs, bloquaient tous les points d'accès à notre maison. Le cercle de surveillance suivant était composé de policiers et d'agents de la Sécurité publique, qui surveillaient les accès au village. En dernier venait la police de la circulation et de la sécurité, dont la mission était de contrôler la route nationale afin d'empêcher tout visiteur de s'approcher, surtout les avocats, journalistes et observateurs en tout genre. L'ampleur d'une telle opération était absurde : le gouvernement avait mis en place une machine anti-Guangcheng complète, tout ça pour maîtriser un homme seul, aveugle et non violent.

Malgré ce blocus et le black-out médiatique, de nombreux amis et sympathisants étaient au courant de notre situation. Certains ont même osé faire le trajet jusqu'à Dongshigu pour nous voir, mais ils ont tous été victimes de violences physiques. Au début du mois d'octobre, trois de mes amis avocats de Pékin, Xu Zhiyong, Li Fangping et Li Subin, ont réussi à arriver jusqu'à l'entrée du village. De mon côté, avec l'aide de plusieurs membres de ma famille et de villageois, je suis parvenu à franchir le barrage devant notre cour. Xu Zhiyong et moi avons pu échanger quelques mots avant d'être séparés de force. Les gardes, cherchant le moindre prétexte pour chasser mes amis du village, les ont invités à se rendre aux bureaux du canton à Shuanghou afin de discuter de ma situation. Cependant, lorsque les trois avocats sont arrivés sur place, on leur a dit qu'ils ne pouvaient en aucun cas intervenir, car mon affaire relevait à présent du « secret d'État ». Lorsqu'ils sont retournés à Dongshigu pour essayer de me voir de nouveau, des policiers déguisés en vigiles les ont pris en chasse, puis les ont frappés en criant, espérant leur arracher une réaction. Comme une voiture de police les suivait, mes amis ont compris que, au moindre signe de résistance, ils seraient arrêtés et placés en détention. Finalement, ils n'ont pas eu d'autre choix que de rentrer à Pékin.

L'incident s'est répété dix jours plus tard quand deux universitaires défenseurs des droits de l'homme sont arrivés de Pékin en demandant à voir Kesi pour fêter ses cent premiers jours de vie. J'ai soudain entendu une grande agitation dans la cour, ainsi que des bruits de coups, car les gardes avaient commencé à frapper. Lorsque je me suis précipité pour prêter main-forte à mes amis, ces brutes se sont jetées sur moi ; l'un d'eux m'a donné un coup de poing dans l'œil et des fragments du verre de mes lunettes m'ont profondément entaillé le visage. Après m'avoir assommé, les gardes m'ont roué de coups de pied, sous le regard terrifié de Kerui, alors âgé de deux ans, qui s'est mis à pleurer.

À la fin du mois de novembre, pour le premier anniversaire de la mort de mon père, mes geôliers m'ont permis de me rendre sur sa tombe en compagnie de ma famille. Près du cimetière, une scène incroyable nous attendait : il y avait des gardes et des cadres partout, certains éparpillés le long de la route, d'autres derrière nous ou marchant à nos côtés, nous escortant jusqu'au cimetière, se moquant de nous sans nous lâcher d'une semelle. Par la suite, nous avons appris que plus de cinq cents fonctionnaires avaient été nécessaires à cette opération de sécurité, dont la totalité du personnel du tribunal populaire et du parquet du Yinan, ainsi que des agents de la Sécurité publique et du gouvernement. Le Parti avait de toute évidence préparé l'événement avec soin ; craignant que nous profitions de cette sortie pour communiquer avec des amis, ses hommes ont empêché toute personne d'approcher. Leur intrusion dans l'intimité endeuillée de ce moment de souvenir nous a rendus furieux.

Quand l'automne a cédé la place à l'hiver, Weijing et moi étions toujours captifs dans notre propre maison et Dongshigu restait en état de siège. Tout le monde avait les nerfs à vif ; le village semblait prêt à entrer en ébullition et les accrochages entre villageois et gardes se multipliaient. La tradition veut que, pendant les festivités du Nouvel An, familles et amis viennent rendre visite aux membres les plus âgés de la communauté, en signe de respect. Des centaines de villageois – près de 80 % de la population, d'après nos calculs – sont venues chez nous pour honorer ma mère septuagénaire, malgré le risque évident. Cependant, la foule était si nombreuse que les gardes ont bien dû laisser entrer les gens.

Le 3 février, mon neveu Chen Hua, qui vivait dans une maison attenante à la nôtre et m'avait aidé pour l'enquête sur la planification familiale, a commencé à en avoir assez que les gardes empilent devant sa porte des objets, comme un poêle ou de larges parasols. Lorsqu'il a déplacé leurs affaires pour faciliter l'accès de sa maison à ses proches qui lui rendaient visite à l'occasion de cette fête importante, ceux-ci se sont énervés. Au cours des mois précédents, mon neveu s'était à plusieurs reprises disputé avec eux et, ce jour-là, il a été arrêté. Personne n'avait la moindre idée de l'endroit où il avait été emmené. Le message était clair : quiconque tentait de nous aider serait puni.

La femme de Chen Hua, qui cherchait désespérément à savoir ce qui s'était passé, est venue interroger les gardes stationnés devant chez nous. Pour toute réponse, ceux-ci l'ont encerclée et ont commencé à la menacer. Quand j'ai entendu ses cris, je me suis précipité dehors, comme de nombreux voisins, et nous sommes arrivés juste à temps pour empêcher une agression. Les voisins et moi nous sommes alors dirigés vers le bureau des autorités du village pour demander des explications sur la détention de Chen Hua. Les gardes ont tenté de nous empêcher d'avancer en nous poussant ou en nous tirant par nos vêtements, mais comme de plus en plus de villageois rejoignaient nos rangs, nous avons pu forcer le passage.

Il neigeait fort et la nuit tombait. À présent, presque tout le village s'était rassemblé, y compris la grand-mère âgée de Chen Hua qui s'est bientôt effondrée, malade d'inquiétude et de colère. Les villageois ont demandé à utiliser une des voitures des gardes pour la conduire à l'hôpital, mais ceux-ci les ont ignorés.

Profitant de l'obscurité, les hommes de main ont commencé à jeter des pierres sur les villageois, blessant l'un d'entre eux à la tête. C'en était trop pour les habitants de Dongshigu : « Cela fait longtemps que vous êtes là et nous n'avons pas levé le petit doigt, ont-ils rugi. Non seulement vous ne nous protégez de rien, contrairement à ce que vous affirmez, mais en plus, vous nous faites du mal ! » La foule s'est alors précipitée à l'entrée du village et a retourné deux voitures de la Sécurité publique, avant de les faire rouler dans un fossé.

Au milieu de cette mêlée, et avec l'aide de plusieurs villageois, j'ai pu conduire la grand-mère de Chen Hua chez mon cousin Chen Guangyu, qui habitait juste à côté. Guangyu surveillait la porte, une hache à la main, mais les gardes n'ont jamais essayé d'entrer chez lui et j'ai fini par passer presque un mois là-bas, malgré les efforts horripilants de la famille de mon cousin qui insistait pour qu'il « m'encourage » à rentrer chez moi. J'ai arrêté de manger à plusieurs reprises, en solidarité avec une campagne de grèves de la faim qui s'étendait sur dix-huit provinces et grandes villes de Chine, à l'initiative de l'activiste et défenseur des droits humains Gao Zhisheng.

Au fil des semaines, les équipes de travail ont continué à me diffamer dans les termes les plus ridicules, racontant aux villageois que je possédais des bureaux luxueux et des appartements à Pékin et Shanghai, qu'ils avaient trouvé 9 millions de yuans sur un de mes comptes en banque et que 6 autres millions avaient mystérieusement disparu. De façon encore plus absurde, ils évoquaient une somme de 10 millions de dollars américains qui m'aurait été versée en secret – mon salaire d'espion, évidemment.

Le 11 mars, vers 19 heures, Guangyu a quitté sa maison pour acheter des cigarettes dans une petite boutique voisine. Quatre hommes cagoulés se sont immédiatement jetés sur lui pour le frapper à la matraque, le laissant le visage, le cou et les bras contusionnés et pleins de sang. Des policiers en faction non loin de là n'ont pas bougé, et les agresseurs se sont rapidement enfuis pour s'éparpiller dans les rangs des gardes qui cernaient la maison. Ils savaient que Guangyu me protégeait et ils espéraient que cette attaque contre lui me forcerait à sortir.

Leur tactique a fonctionné. Lorsque j'ai appris ce qui s'était passé, je n'ai pu m'empêcher de sortir aussitôt avec Guangyu et Troisième Frère, déterminé à signaler ces infractions aux cadres du canton et du district. Weijing est alors arrivée avec la petite Kesi, et nous nous sommes rendus tous ensemble dans le village voisin de Yinghou, où nos geôliers avaient déménagé leurs bureaux. (La mairie de Dongshigu se trouvait juste à côté de chez Guangyu, si bien que les autorités avaient décidé de prendre un peu leurs distances, afin que nous n'ayons pas vent de leurs projets.) Lorsque nous sommes arrivés à la mairie de Yinghou, nous avons constaté que les locaux étaient remplis de lits, sans doute installés là pour loger le personnel chargé de notre détention illégale. Seuls deux hommes étaient présents et, quand nous leur avons raconté ce qui était arrivé à Guangyu, en exigeant qu'ils cherchent les responsables, ils ont affiché une parfaite indifférence. Nous avons alors décidé de rejoindre la nationale pour arrêter un car à destination de Jinan ou de Pékin. Dans une de ces deux grandes villes, nous pourrions signaler aux plus hautes autorités l'illégalité de ma détention et les dernières atrocités commises à notre encontre. Nous entendions aussi déposer une requête, comme je l'avais déjà fait par le passé.

Notre petite bande venait d'atteindre le bord de la nationale 205 lorsque plusieurs voitures de police sont arrivées pour bloquer la route. Nous avons été rapidement cernés par soixante-dix ou quatre-vingts villageois qui nous avaient suivis depuis le village. Ma mère est arrivée à son tour, tenant dans ses bras Kesi qui réclamait Weijing en pleurant. Quelques instants plus tard, la police a saisi Guangyu, Troisième Frère et moi ; nous avons été séparés des autres et poussés de force dans les voitures de police. Ils ont jeté ma mère, ma femme et Kesi dans un fossé.

Ensuite, les voitures ont démarré et nous sommes partis.

Un peu plus tard, je me suis retrouvé de nouveau au Victoria Resort, où les autorités m'ont détenu pendant plusieurs semaines. Ils me ligotaient à une chaise, avant de rajouter des chaînes, puis m'imposaient des tortures et des interrogatoires incessants. « Dis-nous tout ce que tu as fait et n'oublie rien », exigeaient-ils. On m'a tenu éveillé plusieurs jours d'affilée dans l'espoir de me faire avouer quelque chose d'utilisable contre moi, car, pour l'instant, tout ce qu'ils avaient, c'était la charge absurde de « trouble à la circulation ». « Pourquoi as-tu provoqué un embouteillage sur une route nationale ? » demandaient-ils, faisant allusion au barrage qu'eux-mêmes avaient créé en nous cernant avec leur cortège de véhicules. J'ai aussitôt protesté : « Je n'ai provoqué aucun embouteillage ! C'était vous ! »

Une fois encore, j'ai entamé une grève de la faim pour protester contre leurs actions illégales, pendant trois jours, cette fois. Des médecins d'un hôpital voisin ont été amenés pour me nourrir de force, mais lorsque mes geôliers ont accepté de me retirer mes chaînes j'ai recommencé à me nourrir seul. Quelques jours plus tard, les gardes ont refusé de me donner autre chose que de l'eau et, bientôt, j'ai été à peine capable de bouger. « Tu cherches peut-être à résister, mais tu n'es qu'un petit galet que nous allons réduire en poussière », me répétait un de ceux qui m'interrogeaient. Un autre enfonçait profondément une baguette dans mes oreilles, provoquant des douleurs insupportables.

J'étais toujours détenu sans aucune charge formelle, ce qui est contraire à la loi chinoise. Je n'avais aucun moyen de contacter qui que ce soit et seuls mes tortionnaires savaient où je me trouvais. Ils mentaient à ma famille et à mes amis avocats, qui me cherchaient partout, affirmant qu'ils n'avaient pas la moindre idée sur ma situation. Vers la fin du mois de mars, Weijing a écrit une lettre au président Hu Jintao et au Premier ministre Wen Jiabao. « Ici, dans ce village, un citoyen est persécuté simplement pour avoir dit la vérité. Savez-vous combien de personnes vivent chaque jour dans la peur ? Ou combien de gens sont maltraités et souffrent dans le désespoir ? Ou combien de femmes et de mères pleurent en attendant avec angoisse le retour d'un mari ou d'un enfant ? » La lettre était signée « Une citoyenne chinoise, femme de Chen Guangcheng, Yuan Weijing ». Elle est restée sans réponse.

Au début du mois d'avril, après trois semaines au Victoria Resort, j'ai été de nouveau embarqué dans une voiture. « On t'emmène ailleurs », m'a-t-on annoncé sans plus de précisions. En réalité, on me faisait disparaître dans un « centre de formation de la police », une des tristement célèbres prisons noires, un centre de détention paralégal dirigé par les forces de sécurité. De telles structures ne sont pas rares en Chine aujourd'hui ; des citoyens ordinaires s'y évaporent souvent dans les airs, engloutis par ces zones de non-droit.

J'étais prisonnier au deuxième étage, dans une petite pièce avec un lit simple et un cabinet de toilette. À l'époque, je crois que j'étais le seul à être détenu là, malgré la vingtaine de personnes qui assuraient ma surveillance, réparties en quatre groupes. Elles étaient toutes employées par le canton de Shuanghou et par le bureau de la Sécurité publique du district de Yinan. Les gardes qui restaient assis avec moi toute la journée dans la pièce refusaient de me dire où je me trouvais.

Il est difficile de décrire à un voyant à quel point il est oppressant d'être ainsi soumis à ce genre d'isolement. Confiné dans cette petite pièce, sous la surveillance constante de gardes que je ne pouvais pas voir et avec lesquels je ne pouvais pas interagir, je n'avais aucun moyen de savoir ce qu'il y avait au-delà de ces quatre murs. Je n'avais aucune liberté de mouvement : même lorsque je me levais pour aller aux toilettes, j'étais aussitôt cerné par les gardes qui se ruaient devant moi pour bloquer les issues. Les fenêtres restant fermées en permanence, l'air vicié s'épaississait de jour en jour. Je n'avais aucune nouvelle de ma famille et je ne savais pas combien de temps j'allais rester prisonnier de cet endroit. J'espérais à chaque instant être libéré, mais chaque heure, chaque journée se traînait, comme une éternité dépourvue de toute nuance. Même si je n'étais pas torturé physiquement, le stress psychologique était presque insupportable.

Je tendais l'oreille pour essayer de grappiller des indices sur l'endroit où je me trouvais. Un jour, je me suis rendu compte qu'une fenêtre avait été ouverte – rien qu'un peu, mais assez pour m'apprendre plein de choses. Une bouffée d'air frais m'a apporté le parfum de fleurs de cerisier et d'abricotier qui commençaient déjà à se faner un peu. Derrière la vitre, j'ai entendu les bruits assourdis de la vie, qui m'ont donné une vision précise du dehors. Des grenouilles coassaient et des oiseaux chantaient, et, l'espace de quelques secondes, j'ai entendu le bruissement des ailes d'un oiseau en vol, que j'ai reconnu. C'était un *shaguliu*, qui vit près des cours d'eau et niche dans le sable doux des berges. Un peu plus tard, j'ai pu discerner au loin les paroles d'une annonce faite sur un haut-parleur public dans un village, et c'est comme ça que j'ai appris que le centre de détention se situait à la périphérie de Xiaohe, au bord d'une rivière. La fenêtre a rapidement été refermée, mais je savais à présent où je me trouvais.

Parfois, j'essayais de bavarder un peu avec les gardes, puisque nous étions ensemble toute la journée. Je voulais savoir ce qu'ils pensaient, espérant que l'un d'entre eux au moins nourrirait quelque sympathie à mon égard. Ils étaient tous relativement jeunes ; l'un d'eux n'était même qu'un adolescent et les autres avaient une vingtaine d'années. Je faisais de mon mieux pour les faire parler, leur posant parfois des questions sur leur vie et la façon dont ils avaient trouvé ce travail. « Il faut bien gagner sa vie », me répondaient-ils le plus souvent.

Certains gardes et agents semblaient se demander s'il était bien raisonnable de me retenir prisonnier si longtemps. À la mi-mai, j'ai surpris la conversation d'un homme du nom de Zhang, chef des agents du district et de la police qui avait été chargée de ma capture, qui téléphonait dans le couloir. « Cela fait déjà deux mois, disait-il à son interlocuteur. Vous devriez le renvoyer chez lui. À quoi bon le garder ici ? »

Je cherchais désespérément un moyen de m'informer sur ma situation. Un jour, deux gardes sont sortis fumer une cigarette, laissant leurs deux collègues dans la pièce. Sur un coup de tête, j'ai demandé au plus jeune s'il voulait bien essayer de me trouver une tomate – ce devait être la saison. Je soupçonnais que le dernier garde, un peu plus vieux que les autres, était de mon côté. Dès que nous avons été seuls, j'ai fait mine de me lever, mais il m'a aussitôt ordonné de me rasseoir, expliquant qu'il y avait des caméras de surveillance partout. Puis il m'a expliqué que la situation de ma famille n'avait pas changé – la résidence surveillée se poursuivait –, mais que la hiérarchie se demandait ce qu'il fallait faire de moi. C'est tout ce qu'il a été en mesure de me dire avant que son collègue revienne, une tomate à la main.

Mon seul réconfort pendant cette période terrifiante a été la télévision, que les gardes laissaient allumée la plupart du temps dans la chambre. Ils mettaient en général une chaîne qui diffusait des épisodes des quatre plus célèbres classiques de la littérature chinoise : *Pérégrination vers l'Ouest*, *L'Histoire des Trois Royaumes*, *Le Rêve dans le pavillon rouge*, *Au bord de l'eau*. Je connaissais ces chefs-d'œuvre depuis des années, grâce à mon père qui me les avait lus à voix haute. À présent, seul et enfermé, j'avais la chance étrange et inattendue de m'en imprégner de nouveau et de me souvenir de la présence de mon père à mes côtés.

Au fil du temps, ma santé s'est dégradée. Les piments que les gardes mettaient dans ma nourriture perturbaient mon système digestif, et leur peau dure et sèche m'irritait la gorge. J'ai fini par souffrir d'une diarrhée aiguë, mais mes demandes répétées pour voir un médecin ont été ignorées. J'étais de plus en plus furieux et agité. J'avais du mal à m'endormir et mon sommeil était peuplé de cauchemars, dans lesquels je me plaignais parfois auprès des gardes des traitements inhumains que je subissais. Dans mon imagination, je me disputais sans cesse avec eux, vociférant contre les hommes qui me maintenaient prisonnier et agissaient comme bon leur semblait, en toute impunité. Mon corps tout entier, jusqu'à la moelle, se rebellait contre le non-respect de la loi.

Je me demandais souvent ce que devenaient ma famille et mes amis en mon absence. Plus tard, j'ai appris que Troisième Frère et Chen Guangyu, tous deux arrêtés en même temps que moi, en mars, étaient également détenus dans un centre, et que plusieurs autres opposants aux campagnes de planification familiale avaient été condamnés à des peines de prison, parfois jusqu'à sept mois. Weijing, pendant ce temps, continuait à vivre sous surveillance, alors même que je n'étais plus là. Chaque jour, elle allait jusqu'au portail en espérant qu'on la laisserait sortir ou, au moins, qu'on lui donnerait de mes nouvelles. En vain. En mai, Li Jinsong et les autres avocats engagés par ma famille se sont rendus au bureau de la Sécurité publique afin d'exiger d'être autorisés à me voir. Les autorités ont répondu, sans ciller, que je n'étais pas détenu par leur service. De nombreux amis et sympathisants ont tenté d'attirer l'attention sur mon sort en écrivant des articles et des lettres, en signant des pétitions, en organisant des missions pour se rendre à Dongshigu ou en imprimant mon visage sur des T-shirts. Plusieurs organismes internationaux et même des gouvernements et des journaux étrangers ont exprimé leur inquiétude.

Le 10 juin 2006, après trois mois dans une prison noire, précédés de sept mois de résidence surveillée illégale, des charges officielles ont enfin été portées contre moi. He Yong, le chef de la police criminelle locale, est venu dans ma chambre avec deux autres agents pour « m'informer de leur décision de me placer en détention ». Comme si ma peine de prison devait commencer le jour même et que ces mois de résidence surveillée n'avaient jamais eu lieu.

– Pour quelle raison entendez-vous me placer en détention ? ai-je demandé.

– Pour entrave à la circulation et destruction de bien public.

– Et que faites-vous des dix derniers mois de détention arbitraire ?

Il a hésité.

– Je n'y peux rien, a-t-il fini par répondre. Je ne fais qu'obéir aux ordres.

– Vous devriez essayer de faire un peu moins le mal, cela vous ferait du bien.

Ils ont ensuite essayé de m'obliger à signer un document validant mon avis de placement en détention, mais j'ai refusé.

Le lendemain, les officiels du district de Yinan ont informé ma femme qu'ils me retenaient prisonnier et qu'on m'avait placé en détention préventive, en attendant un procès. Sept ou huit cadres sont venus chez moi et ont frappé à la porte pour exiger de Weijing qu'elle signe l'avis de placement en détention. Lorsqu'elle leur a demandé où j'étais depuis trois mois, ils ont balayé sa question d'un geste.

– Ne vous occupez pas de ça. Signez simplement là, qu'on en finisse.

– Je ne signerai pas tant que vous n'aurez pas répondu.

Comprenant qu'ils ne tireraient plus rien d'elle, les officiels sont repartis.

Peu après qu'une plainte en bonne et due forme a été portée contre moi, j'ai quitté la prison illégale de Xiaohe pour rejoindre le très officiel et très surpeuplé centre de détention du district de Yinan, conçu pour accueillir quatre-vingts détenus mais dans lequel s'entassaient deux cent soixante-dix personnes. Les gardes m'ont conduit tout droit à une salle d'interrogatoire, où ils m'ont enchaîné et menotté à une chaise en métal. J'y suis resté assis pendant huit ou neuf heures pendant qu'ils me bombardaient de questions. Plus tard, ce soir-là, trois surveillants m'ont conduit à ma cellule, la salle n° 1, qui se trouvait juste en face du bureau des gardes. Lorsqu'ils ont ouvert la porte, l'un d'eux a crié à mes codétenus de me laisser tranquille et de dormir, signe évident que ma présence dans ce centre détention avait quelque chose d'inhabituel.

Chaque cellule de quatre mètres par huit accueillait en temps normal au moins deux douzaines de détenus, qui devaient donc dormir tour à tour et risquaient des sanctions s'ils ne respectaient pas le roulement. Pourtant, quand je suis arrivé, la cellule ne contenait que six prisonniers, tous visiblement triés sur le volet par la direction de la prison. Aucun de ces petits criminels, voleurs et fonctionnaires véreux limogés, ne m'a adressé la parole pendant des jours. Une fois encore, je me retrouvais donc entouré de gens, mais emmuré dans un silence étouffant et terrifiant, sans rien pouvoir apprendre de ma situation. Par la suite, lors des rares occasions où un de mes codétenus m'a discrètement glissé des informations, il a été rapidement remplacé. Nous étions en permanence surveillés par des caméras.

Une banquette de béton recouverte d'une planche de contreplaqué courait sur toute la longueur du mur, occupant presque tout l'espace au sol. Deux couvertures avaient été disposées sur la planche, délimitant ainsi l'espace qui m'était réservé. Après m'être serré entre deux codétenus, je me suis aussitôt allongé pour essayer de dormir. Deux hommes se sont alors penchés sur moi pour me surveiller. Je n'étais pas très rassuré. J'ai appris par la suite qu'une caméra de surveillance avait été installée juste au-dessus de ma tête, dans le plafond. Comme à mon habitude, j'ai mentalement repéré les quatre points cardinaux : la tête à l'ouest et mes pieds, qui touchaient le mur, à l'est. Notre cellule était calme et j'écoutais le bavardage des gardes, de l'autre côté du couloir, laissant des émotions complexes tourbillonner dans mon esprit.

Après quelques heures d'un sommeil agité, je me suis levé pour faire le tour de la pièce, trébuchant sur les chaussures rangées au pied de la banquette. À tâtons, je me suis avancé jusqu'au mur opposé, où j'ai trouvé une petite fenêtre garnie de barreaux de métal renforcé, ainsi qu'une petite porte donnant sur des toilettes puantes. De là, une autre porte, fermée à clé, ouvrait sur une cour extérieure appelée « l'espace des vents », comme je l'ai appris par la suite. Il s'agissait en fait d'une cage, dont les barreaux de métal courbes, fixés au-dessus de nos têtes, descendaient ensuite jusqu'au sol. Au-delà des barreaux, une cour, dont l'accès nous était interdit. Il m'a fallu attendre deux ou trois mois avant que les gardes m'autorisent enfin à me rendre dans l'espace des vents, où je ne restais jamais très longtemps.

Pendant les deux premières semaines au centre de détention, j'ai été interrogé sans relâche par la Sécurité publique. Selon la loi chinoise, les agents de ce service ne sont pas censés franchir la « seconde porte » de la prison, qui mène aux bâtiments intérieurs. Cette loi se fonde sur la crainte justifiée que des contacts entre officiels et détenus risquent de provoquer corruption, extorsion et d'autres malversations. Toutefois, dans ce centre de détention, la loi était souvent malmenée et des fonctionnaires pénétraient chaque jour à l'intérieur de la prison, pour tenter sans relâche d'arracher des aveux.

Les autorités me maintenaient menotté et enchaîné à une chaise de métal pendant douze ou treize heures d'affilée, jour après jour. Je trouvais tout ce rituel écœurant et, dès le départ, j'ai décidé de garder le silence, comme forme de protestation. Ces séances viraient à la farce. Les trois premiers jours, mes interrogateurs ont forcé le trait, filmant la procédure et hurlant avec énergie et arrogance. « Ne sais-tu pas que tu es devenu une cible pour la dictature de notre Parti communiste ? Et que ton seul espoir à présent est d'implorer la clémence ? » demandait l'un d'eux. « Quand on en aura fini avec toi, on s'en prendra à ta femme. N'oublie pas qu'elle sera une cible facile dès que la petite Kesi sera sevrée », menaçait un autre. Un troisième répétait : « Tu devrais savoir que de nombreuses personnes meurent dans ce centre de détention. »

Après quelques jours de ce manège, leur enthousiasme pour cet exercice vain a commencé à faiblir et ils se sont mis à bavarder entre eux, discutant par exemple de leurs polices d'assurance personnelles ou bien débattant pour savoir s'il fallait boycotter les importations japonaises, afin de respecter le sentiment nationaliste de l'époque. Un jour, un groupe d'officiels a fait une tournée d'inspection, si bien que les gardes se sont remis à faire du zèle : ils tapaient sur la table et criaient à s'en briser la voix, jouant leur rôle à la perfection. Malheureusement, leur comportement agressif ne m'impressionnait pas du tout.

Le terme de « centre de détention » peut sembler bien innocent et la plupart des détenus y sont techniquement des « suspects » qui n'ont pas encore été reconnus coupables. En Chine, cependant, la plupart des centres de détention, y compris celui du Yinan, traitent les détenus comme s'ils étaient déjà des criminels. Les autorités du district enfreignaient quotidiennement un certain nombre de lois, par exemple en se servant de prisonniers pour surveiller et punir d'autres prisonniers. Elles autorisaient aussi le travail forcé, le plus souvent des tâches manuelles élémentaires et répétitives qui peuvent être accomplies dans une cellule. Certains détenus tissaient des couronnes de fleurs, d'autres tressaient des cordes ou pliaient et emballaient les gants de plastique bon marché parfois utilisés dans l'est de l'Asie pour manger des aliments gras, comme les travers de porc. Ceux qui ne terminaient pas leur travail voyaient leur ration supprimée, ou bien étaient enchaînés aux barreaux de leur cellule. Pour ma part, j'ai refusé de travailler et, étant donné mon handicap, les gardes n'ont pas insisté. Je passais donc mes journées allongé ou assis dans ma cellule.

L'un des cas les plus flagrants d'infraction à la loi me concernait directement. Un jour, dans ma cellule, un codétenu m'a expliqué que le règlement de la prison était affiché à l'entrée du bureau des gardes. En jetant un œil par la petite fenêtre de notre porte, il m'a lu le document à voix haute : « Selon le règlement du centre de détention officiel, les catégories de personnes suivantes ne pourront être détenues ici : 1) les aveugles ; 2) les femmes enceintes », etc. Telle est l'hypocrisie du Parti communiste : il est capable d'ignorer complètement ses propres règles, même lorsque celles-ci sont affichées à la vue de tous.

J'avais cependant une chance dans mon malheur : le directeur du centre était un homme honnête et bien disposé à mon endroit, du nom de Wang Guijin. Un jour, tôt le matin, il m'a convoqué dans son bureau pour un « entretien personnel ». Après avoir fermé sa porte pour plus de discrétion, il m'a expliqué qu'il n'avait personnellement rien contre moi et qu'il admirait même mon travail. « Je sais que vous n'avez rien fait de mal », a-t-il dit. Aux intonations douces de sa voix profonde, je savais qu'il était sincère. Pendant notre conversation, j'ai évoqué le problème du manque chronique d'eau bouillie dans la prison, qui risquait de causer de graves problèmes sanitaires. Peu après notre conversation, le directeur a fait acheter plusieurs petits poêles supplémentaires, ainsi qu'une cargaison de briquettes de charbon. Lorsque nous sortions dans la cour, les détenus qui travaillaient faisaient bouillir notre eau sur ces poêles, ce qui nous permettait d'avoir davantage d'eau propre à boire.

Trois de mes avocats ont réussi à me rendre visite à plusieurs reprises, malgré les menaces et le risque de représailles physiques. Malheureusement, nous n'avons pas été en mesure de discuter des choses importantes : chaque fois, les gardes ont répété qu'ils mettraient fin à l'entretien si je répondais aux questions les plus simples, par exemple sur l'endroit où j'avais été détenu avant. Mes deux amis avocats, Teng Biao et Xu Zhiyong, ont reçu l'ordre explicite de ne pas aborder le sujet du procès, mais ils ont refusé d'obtempérer. Un autre avocat, Li Jinsong, m'a transmis une information capitale : selon la loi chinoise, mon procès ne serait pas légitime si je n'étais pas représenté par un avocat de mon choix. Il m'a dit d'insister pour avoir ma propre représentation légale, conseil avisé qui s'est par la suite révélé précieux.

9

PROCÈS ET EMPRISONNEMENT

Mon premier procès s'est ouvert le 18 août 2006. L'affaire a été vite réglée. Deux chefs d'accusation absurdes avaient été portés contre moi : entrave à la circulation, le 11 mars, le jour où la police et les sbires à la solde des autorités nous avaient cernés sur la nationale 205, et destruction de bien public, le 5 février, le soir où deux voitures de la Sécurité publique avaient été renversées. Apparemment, il avait été décidé que c'était ma faute.

Afin d'empêcher mes amis et des sympathisants d'assister au procès, les autorités ont plusieurs fois changé la date, et, lorsque le tribunal populaire du district de Yinan a enfin entamé la procédure, ni Weijing ni mes avocats n'ont été autorisés à assister à l'audience. Je n'avais pas la moindre idée de ce qui m'attendait, car je n'avais alors pas encore reçu la moindre information sur les charges qui pesaient contre moi. Je n'avais pas non plus eu le droit de préparer le procès avec mes avocats. J'ai par la suite appris que l'un de mes conseils, M^e^ Xu Zhyiong, avait été brutalisé par des hommes louches dans le district de Yinan : ces derniers avaient placé un portefeuille dans son sac, puis l'avaient accusé de vol pour pouvoir le maintenir en détention pendant toute la durée du procès. Mes autres avocats, y compris Li Jinsong, Li Fangping et Teng Biao, n'ont même pas pu entrer dans la salle d'audience en tant que spectateurs. La veille du procès, Gao Zhisheng et des dizaines d'autres sympathisants ont enfilé des T-shirts ornés d'une photo de mon visage et se sont rassemblés autour du tribunal, mais les T-shirts leur ont été arrachés pour être détruits. De nombreux autres amis, sympathisants et manifestants venus sur place, ont été mis en garde à vue, enfermés dans des chambres d'hôtel ou renvoyés chez eux.

Je ne savais encore rien de tout cela quand j'ai été conduit au tribunal, cet après-midi-là, vêtu de mon uniforme de prisonnier et les mains menottées dans le dos. Des policiers m'ont enfermé dans une petite pièce attenante à la salle d'audience, puis mes deux avocats désignés par la cour, Me Zhu et Me Li, les deux clowns de ce cirque judiciaire, sont venus pour se présenter sommairement. « Excusez-moi, les ai-je interrompus. J'ai déjà des avocats. Je n'ai pas besoin de vous. » Ils ont ri, un peu mal à l'aise, et m'ont répondu que mes avocats ne voulaient pas me représenter, ce qui était un mensonge pur et simple.

Le procès a été une farce. Lorsque j'ai de nouveau exigé la présence de mes avocats, le juge Wang Jun m'a répliqué que ces derniers refusaient de me voir. À partir de là, j'ai principalement gardé le silence, refusant de prendre part à un procès globalement irrégulier et pour lequel je n'avais même pas le droit de choisir mes défenseurs.

Au cours de l'après-midi, Me Zhu et Me Li n'ont même pas plaidé en ma faveur, se contentant de répondre qu'ils n'avaient « pas d'objection » aux accusations exprimées par la cour. Quand le juge Wang m'a demandé si j'avais quelque chose à ajouter, j'ai commencé par garder le silence, en signe de protestation. Mais lorsqu'il a annoncé que je validais donc tacitement les accusations portées contre moi, je n'ai pas pu contenir plus longtemps ma colère. « Vous n'êtes qu'une bande de voyous, de bandits ! » ai-je crié. Le juge a ordonné qu'on me fasse sortir, et j'ai quitté la salle escorté par deux policiers. C'est ainsi qu'a pris fin mon prétendu procès.

Quelques jours plus tard, avant l'annonce officielle du verdict, le directeur du centre de détention, Wang Zhijun, m'a convoqué dans son bureau.

– Ce procès est un échec judiciaire retentissant, a-t-il affirmé. Vous avez été condamné à une peine beaucoup plus longue... sept fois plus longue, même, que celle normalement infligée pour le genre d'infractions dont vous êtes accusé.

Il n'a pas précisé la durée exacte de la peine en question. Je lui ai aussitôt demandé d'informer le tribunal que j'exigeais de voir mes avocats, mes vrais avocats de Pékin, afin de préparer mon appel.

Deux jours après mon entretien avec le directeur du centre, j'ai appris le verdict : quatre ans et trois mois de prison. Les deux clowns sont revenus me voir pour me demander si j'avais l'intention de faire appel. « Évidemment », ai-je répondu. Deux jours plus tard, le président de la cour, le juge Wang Jun, m'a rendu visite en personne. Il m'a expliqué que tout le monde savait que mon procès était une supercherie, mais qu'il n'y pouvait rien. « Tôt ou tard, a-t-il ajouté en frappant du poing sur la table, la vérité sur cette affaire sera révélée au monde. Je n'ai personnellement rien contre vous, mais je ne pouvais rien faire. » Lorsque je lui ai demandé pourquoi il m'avait condamné à une peine aussi longue, il m'a rappelé que la cour devait suivre les ordres du Parti. Avant de partir, il m'a donné un conseil : surtout ne pas rester silencieux. Je devais me faire entendre pendant le procès en appel, même si les chances étaient désespérément minces.

Je suis resté en détention provisoire pendant encore deux mois, à attendre des nouvelles. Puis, le 30 octobre, j'ai appris que la procédure d'appel lancée par mes avocats avait été reçue par le tribunal populaire intermédiaire de Linyi, qui avait reconnu que le premier procès n'était pas légitime. Le verdict avait donc été annulé, un nouveau juge du tribunal populaire du district de Yinan avait été saisi et une nouvelle date de procès avait été fixée. Explication la plus probable : le Parti s'inquiétait sans doute du regard scrutateur de la presse étrangère sur une infraction aussi flagrante au principe de justice. C'était l'occasion de démontrer que la Chine respectait un tant soit peu l'État de droit. Les autorités entendaient donc faire les choses dans les règles de l'art. Je n'en restais pas moins très pessimiste quant à l'issue de ce nouveau procès et me préparais à une nouvelle mascarade.

Le deuxième procès s'est ouvert le 27 novembre. Lorsque nous sommes arrivés au tribunal, les gardes m'ont conduit dans une petite salle latérale, où j'ai été menotté à une chaise. Je sentais bien que tout le monde était très tendu : dehors, dans le couloir, des gens couraient dans tous les sens, échangeant parfois quelques paroles à voix basse. Le premier jour, Frère Aîné et Quatrième Frère ont été autorisés à assister à l'audience ; ma mère, Troisième Frère et ma femme ont eux été appelés à la barre comme témoins. Le reste de l'auditoire, une petite cinquantaine de personnes, se composait uniquement de cadres ou d'agents envoyés par le Parti.

Pour ce deuxième procès, la cour a fait de son mieux pour que la procédure ait l'air irréprochable. Le juge a même utilisé un marteau, ce qui est inhabituel pour les tribunaux locaux ; en général, ils se contentent de frapper du poing sur la table. Une fois encore, j'ai été accusé de deux crimes : entrave à la circulation et destruction de bien public. Assis dans la petite pièce contiguë à la salle d'audience, j'ai entendu le juge frapper son marteau, puis quelqu'un a appelé : « Faites entrer l'accusé Chen Guangcheng ! » Je me suis avancé la tête haute : je n'avais rien à me reprocher.

Mes avocats, Li Jinsong et Li Fangping, m'ont défendu avec force, dénonçant l'irrégularité de toute la procédure : l'enquête ridicule, les fausses preuves, ma détention illégale, etc. J'ai décrit les conditions de ma résidence surveillée, les interrogatoires subis au Victoria Resort et les nombreux mois de détention au prétendu « centre de formation de la police » sans qu'aucune accusation ne soit portée contre moi. J'ai ensuite exigé qu'une enquête soit ouverte pour ces manquements patents à la justice.

Sans surprise, la cour a déclaré qu'aucune enquête n'était nécessaire. Puis les trois procureurs ont sorti de leurs manches plusieurs preuves énigmatiques. Ils ont d'abord diffusé une vidéo censée me montrer en train de perturber la circulation sur la route nationale 205 à la sortie de Dongshigu. L'image était complètement sombre et je n'apparaissais nulle part à l'écran ; on n'y entendait même pas ma voix. Ensuite, ils ont présenté le témoignage fabriqué d'un ambulancier, qui affirmait que nous avions empêché une femme enceinte de rejoindre la maternité ; la mère de cette femme était même prétendument tombée à genoux devant moi pour me supplier de les laisser passer. Les procureurs ont enfin diffusé une vidéo sur laquelle Troisième Frère « avouait » que je l'avais forcé à provoquer cette perturbation avec moi, le soir du 5 février. En réalité, le jour en question, Troisième Frère était à Linyi, pas au village.

J'étais furieux en entendant le témoignage de mon frère, une fausse confession, obtenue sous la torture et les coups. « Barbares ! ai-je crié. Vous n'êtes qu'une bande de barbares ! » Le juge et les autres ont commencé à s'agiter, déclarant qu'ils agissaient en accord avec la loi et que personne dans cette salle n'était un barbare. Ils n'avaient pas idée à quel point ils étaient ridicules.

En signe de protestation, Me Li Jinsong a quitté la salle, me laissant seul avec Li Fangping. L'audience a été suspendue et plusieurs personnes en ont profité pour sortir prendre l'air. Il ne restait principalement que des hommes du Parti, qui étaient là pour remplir la salle et veiller au bon déroulement de la procédure. D'une voix forte, j'ai énoncé un proverbe chinois : « Si le ciel agit mal, alors c'est qu'il le faut ; si les hommes agissent mal, ils n'y survivront pas. » En d'autres termes, quiconque se comporte mal doit s'attendre à être un jour puni. Aussitôt, un officiel assis derrière moi s'est levé en criant :

– Faites-le sortir !

– L'audience est suspendue, ai-je objecté. Vous ne pouvez pas me forcer à faire quoi que ce soit.

– Je peux bien faire ce que je veux ! a hurlé l'homme. Emmenez-le en bas.

Bien qu'un peu réticents, deux policiers ont dû obéir. Une fois en bas, l'un d'eux m'a dit : « Il fait froid ici, alors que la salle d'audience est chauffée, mais vous comprenez bien que nous n'avions pas le choix. » Je lui ai demandé son nom, mais il n'a pas osé me le donner.

– Vous avez tout vu, ai-je continué. Le bon comme le mauvais. Vous pouvez juger par vous-même qui a tort et qui a raison.

– Oui, nous savons. Enfin, plus ou moins... Mais nous ne pouvons en dire plus. Nous sommes juste là parce que nous avons besoin d'un travail.

Quand je lui ai demandé combien il gagnait par jour, il a répondu :

– Pas grand-chose. Avant, on était dans l'armée, mais, quand on est rentrés, impossible de trouver du travail. Alors, on a accepté un emploi ici pour pouvoir gagner notre vie.

À la fin de la première journée, nous avons de nouveau demandé à la cour l'ouverture immédiate d'une enquête sur ma détention illégale et sur toutes les preuves concernant mon dossier. Une fois encore, la cour a refusé. Le deuxième jour, Weijing, ma mère et moi avons été autorisés à échanger quelques mots. Nos retrouvailles ont été brèves, amères et contrariées. Lorsque Weijing a voulu me prendre la main, les gardes l'ont repoussée. Elle m'a raconté que mes frères avaient reçu des menaces et que les autorités avaient cherché à les contraindre à couper les ponts avec moi. Puis elle m'a expliqué que ma mère s'était brisé une côte, quelque temps auparavant, ce qui l'avait forcée à garder le lit pendant des mois. Weijing avait dû alors s'occuper seule de Kesi et d'elle. Selon ma mère, la fillette était menue et pleurait dès qu'on la posait, ce que Weijing ne supportait pas, après tout ce qui s'était passé. Ma mère m'a également raconté sa convalescence, pendant laquelle Weijing devait parfois la nourrir à la cuiller, tout en tenant Kesi, à présent âgée d'un an et demi, dans ses bras. « Weijing s'est occupée de moi comme si elle avait été ma propre fille ! » m'a confié ma mère. Rapidement, deux policiers m'ont ramené dans ma cellule.

Le lendemain du procès, mes avocats ont passé en revue les minutes sténographiées des jours précédents pour s'assurer qu'elles étaient exactes ; l'après-midi, mon procès en appel était officiellement terminé. Lorsque nous sommes ressortis du tribunal, Troisième Frère m'attendait en bas des marches, tenant Kesi contre lui. « Prends-la dans tes bras en marchant », m'a-t-il proposé, mais la police du tribunal m'en a empêché. En me voyant menotté, Kesi s'est recroquevillée de peur et a enfoui en pleurant son visage contre l'épaule de Troisième Frère. Teng Biao, que je n'avais pas vu depuis plus de un an, s'est alors approché. Malgré l'interdiction qu'il avait reçue d'assister au deuxième procès à Linyi, il avait fait le voyage depuis Pékin. Il a glissé entre mes mains un bouquet de feuilles retenues par une ficelle en disant : « C'est ta fille qui l'a fait pour toi. Prends-le et profites-en. »

Le cœur débordant d'émotion, j'ai serré ce cadeau en pensant : un jour, quand je serai libre, je sortirai de prison avec ce bouquet de feuilles à la main. Mes doigts ont compté neuf feuilles, et, à leur forme, je les ai identifiées : elles venaient d'un *fatong*, une variété de platane. Tandis que deux policiers me tiraient vers la camionnette de police, je serrais précieusement le cadeau de Kesi.

Les policiers ont tenté d'empêcher Teng Biao de me parler davantage, mais, juste avant qu'on me fasse monter dans le fourgon pour rentrer au centre de détention, mon ami m'a crié : « Guangcheng, n'oublie pas, la vérité est de ton côté ! »

Maintenu de chaque côté par un policier, j'ai tourné la tête pour répondre : « Ne t'inquiète pas, mon frère, je ne tomberai pas. On ne m'écrasera pas. Je n'en sortirai que plus fort ! »

Le 1er décembre, la cour a rendu son verdict : jugé coupable, j'étais de nouveau condamné à quatre ans et trois mois de prison pour « avoir intentionnellement dégradé du matériel et créé un rassemblement dans le but de perturber la circulation ».

Cet après-midi-là, j'ai rencontré mes avocats. Ébranlés et découragés, ils ne cessaient de s'excuser. En souriant, je leur ai dit de ne pas s'en faire. « Il ne faut pas penser que je suis prisonnier dans une cellule. Je me bats toujours pour défendre les droits humains. » Puis j'ai ajouté en plaisantant : « D'ailleurs, après tout ce temps passé en résidence surveillée, que sont quatre années de plus ? »

Mes avocats voulaient faire appel, mais je ne pensais pas qu'il y ait la moindre chance que cela aboutisse. Au moment de nous séparer, je leur ai dit : « Ne renoncez jamais. Ne renoncez jamais à ce besoin de trouver ce qui est bon en chacun de nous, ni à cette conviction que l'État de droit est tout-puissant. Ne renoncez jamais à la quête éternelle de la vérité et de la justice. » Je leur ai également demandé de remercier mes sympathisants, en Chine et à l'étranger, ainsi que ma femme, qui m'avait accompagné à travers bien des épreuves sans que jamais son engagement ne soit ébranlé. Enfin, je voulais qu'ils remercient ma vieille mère.

Le 22 décembre, la cour populaire intermédiaire de Linyi a rejeté notre appel. Peu après la décision du juge, quelqu'un m'a discrètement annoncé que mes avocats viendraient me voir prochainement. Le 27 décembre, Li Jinsong et Li Fangping ont de nouveau fait le trajet depuis Pékin. Au milieu de la nuit, en arrivant aux abords de Linyi, leur car a été arrêté par deux voitures banalisées. Un groupe d'hommes est monté à bord et a frappé les deux avocats à coups de matraque métallique. Tous deux ont été gravement blessés et Li Fangping a souffert d'un traumatisme crânien. Ils ont appelé la police à plusieurs reprises, mais, quand les agents sont arrivés sur place, ils n'ont rien fait et sont repartis peu après. Li Jinsong a alors appelé la police municipale, provinciale, puis nationale, mais personne n'a levé le petit doigt. Le message était clair : mes avocats ne pouvaient plus venir me rencontrer en toute sécurité. La police avait bel et bien réussi à les chasser hors du Shandong.

Le 15 février 2007, j'ai été transféré à la prison de Linyi, où je devais passer quarante-trois mois. Le complexe carcéral, qui comptait environ cinq mille prisonniers, était entouré d'une muraille de quatre mètres cinquante de haut, avec des postes de garde à chaque coin. Dans l'enceinte se trouvaient plusieurs immenses bâtiments – des usines, en fait –, où les prisonniers accomplissaient diverses tâches. Les longues peines, par exemple, étaient parfois chargés de la construction de camions de pompiers, tandis que les peines plus courtes fabriquaient les emballages en carton pour les briques de lait ou des guirlandes de Noël lumineuses, pour l'exportation. Il y avait même une usine sidérurgique à l'intérieur de la prison.

Le premier jour, j'ai été conduit dans une section à part, réservée aux nouveaux, où j'ai subi un bilan médical rapide, réalisé par d'anciens médecins qui purgeaient à présent leur peine. Rapidement, j'ai compris que la prison tout entière fonctionnait grâce au travail des détenus. Ces prisonniers « actifs » œuvraient sous la supervision distante de supérieurs, les gardiens et surveillants, que l'on appelait simplement des cadres, et dont le royaume s'étendait au-delà d'une ligne jaune peinte au sol et qu'aucun prisonnier ne pouvait franchir sans autorisation.

Après m'avoir fouillé, les détenus actifs m'ont fait enlever mes habits, puis m'ont remis un uniforme : une chemise de nylon rayée bleu et blanc et un pantalon orné d'une bande réfléchissante le long de la couture extérieure, afin d'être mieux repéré la nuit. À Linyi, contrairement au centre de détention, les pantalons avec ceinture et boutonnière étaient autorisés. Les actifs m'ont également donné une mince veste, un calot et de fines baskets de toile. Tous ces vêtements étaient confectionnés par les détenus d'une autre prison du Shandong.

En me fouillant, les détenus ont trouvé le cadeau de Kesi. Lorsque j'étais retourné au centre de détention après le procès, j'avais arraché un fil de laine à ma couverture pour lier le bouquet. Comme je craignais que les feuilles ne s'abîment en séchant, je les avais suspendues aux barreaux d'acier de la fenêtre, en hauteur. Tous les quinze jours, les gardes fouillaient les cellules de fond en comble à la recherche d'objets interdits. Chaque fois, j'avais pris le bouquet entre mes mains, car c'était le seul moyen de le protéger. Ayant réussi à conserver ce cadeau pendant les deux derniers mois et demi au centre de détention, je n'avais pas l'intention de l'abandonner.

– Qu'est-ce que c'est que ce truc ? m'a demandé brutalement un des détenus.

– Un cadeau de ma fille.

Pendant quelques secondes, personne n'a rien dit, puis quelqu'un a fini par dire :

– Bon, si tu es prêt à le garder à la main, vas-y.

Située au premier étage, ma cellule mesurait environ six mètres sur six et contenait trente-sept détenus. Il y avait en tout onze lits superposés, collés les uns aux autres, qui offraient donc un couchage à vingt-deux détenus en même temps. En tant que nouvel arrivant, j'ai dû me contenter d'un lit de fortune par terre, sur un sac de ciment vide et de quelques chiffons que des détenus m'ont donnés. En plus des lits s'y trouvaient une étagère pour nos bassines en plastique et deux grandes fenêtres avec des barreaux. Dehors, il y avait un chemin de promenade, ce qui me permettait parfois de bavarder avec ceux qui allaient et venaient, quand aucun gardien ne nous regardait. Sur le mur intérieur, une porte de contreplaqué donnait sur le couloir et une petite fenêtre avait été percée dans le mur, juste à côté.

Notre étage comptait environ douze cellules, dont certaines servaient d'atelier tandis que d'autres accueillaient entre cent et trois cents détenus. Une unique salle de bains occupait le bout du couloir, avec une rangée de robinets le long d'un mur où nous remplissions nos bassines chaque matin. L'eau était sale et non potable, mais certains des nouveaux venus, pas encore habitués au manque d'eau et à la soif constante qui en résultait, la buvaient quand même. Derrière le mur des robinets, un long fossé servait de latrines.

Environ deux semaines après mon arrivée, mes compagnons de cellule, ayant intégré le fonctionnement de la prison, ont été transférés ailleurs pour faire place à de nouveaux venus. Pour une raison que j'ignore, je suis resté dans le bâtiment des arrivées pendant toute la durée de ma peine. J'ai profité du départ de mes camarades pour prendre possession d'un des couchages inférieurs. Tous les lits étaient branlants et répandaient une odeur âcre qui piquait les narines et les yeux, mais cela valait toujours mieux que de dormir par terre. Pendant quelques jours, je suis resté seul avec le détenu responsable du bâtiment, qui vivait dans la cellule de façon permanente et dont le travail consistait à expliquer aux arrivants le règlement de la prison. Il était évident qu'il avait reçu l'ordre de se tenir à l'écart, car il ne m'a presque pas adressé la parole.

La plupart de leurs règlements étaient absurdes et complètement déraisonnables, conçus pour instiller le maximum d'obéissance et de peur. Par exemple, un prisonnier qui se rendait à l'atelier avec un outil et croisait un gardien sur son chemin devait immédiatement poser son outil par terre et se mettre au garde-à-vous, tout en veillant à maintenir une distance d'au moins quatre mètres avec le garde, et ce jusqu'à ce que celui-ci soit passé. Si un prisonnier voulait s'entretenir avec la police de la prison, il devait s'accroupir par terre en signe de respect. J'ai refusé de me plier à ces règlements, sans me soucier des conséquences. Pourquoi respecter des règles absurdes qui attentaient à ma dignité ?

La routine était la suivante : nous nous levions tous les matins à 6 heures, nous passions un peu d'eau sur la figure, puis nous mettions tout de suite au travail. Le système carcéral chinois est appelé *laogai*, la « réforme par le travail ». En réalité, c'est un régime de travaux forcés non rémunérés qui ne sert qu'à garnir les poches des dirigeants. À l'époque de ma détention, le travail consistait à emballer des baguettes jetables de mauvaise qualité dans de petites poches individuelles de papier ou de plastique – jusqu'à cinq mille paires par jour, pour un ouvrier efficace. Comme au centre de détention, les gardiens de la prison ne savaient pas trop que faire de mon cas et je restais assis près de ceux qui travaillaient, seul sur un banc en bois dur, dont j'ai bientôt connu chaque détail par cœur. S'ils avaient insisté pour que je travaille, j'aurais de toute façon refusé.

À 8 heures, la section des nouveaux prisonniers déjeunait : deux petits pains cuits à la vapeur par personne, et, les bons jours, un peu de bouillie de maïs. Nous prenions tous nos repas dans la cour extérieure de ciment, accroupis sur deux rangées se faisant face ; la nourriture était servie par d'autres détenus. Nous n'avions que quelques minutes pour engloutir le repas et nettoyer nos bols, avant de retourner travailler. Le déjeuner ne nous était servi qu'en semaine, lorsque nous travaillions, et il fallait le plus souvent nous contenter d'un peu de chou bouilli à moitié pourri, revenu dans une vieille huile rance, à peine salé. Le dîner, guère plus consistant que les autres repas, était servi vers 18 h 30, après quoi nous retournions travailler. Vers 20 heures, nous pouvions passer entre vingt et trente minutes dans la petite cour de la prison pour nous dégourdir les jambes, fumer ou faire un peu d'exercice – ce qui était très important, étant donné les graves problèmes de santé engendrés par le fait de rester assis toute la journée à effectuer des tâches répétitives et assommantes. Les détenus de l'étage tout entier, c'est-à-dire entre cent et deux cents personnes, avaient ensuite trente minutes pour se laver la figure et les mains, et se brosser les dents.

Avant que je quitte le centre de détention, mes avocats avaient envoyé des courriers à tous les degrés du système pour se plaindre que ma condamnation était une erreur judiciaire. Une fois en prison, je pensais naïvement pouvoir discuter de mon cas avec un surveillant ou un gardien, qui aurait peut-être été en mesure de m'aider. Cependant, la hiérarchie carcérale était d'une complexité redoutable, si bien qu'un détenu ordinaire n'avait pas plus de chances de rencontrer le directeur qu'un paysan en avait jadis de paraître devant l'empereur.

Me fiant à mes oreilles, à mon instinct ou bien aux yeux des autres, je demandais en permanence s'il y avait un gardien près de nous, mais plusieurs jours sont passés sans que je croise un seul surveillant, ni même la moindre personne d'autorité. J'ai bientôt compris qu'il allait être difficile de se frayer un passage dans cette hiérarchie. Il y avait d'abord les « gardiens auxiliaires », des détenus placés sous les ordres des cadres. Dans mon cas, il s'agissait de notre chef de cellule, un

« ancien », responsable de trente-cinq ou quarante « nouveaux ». C'est lui qui avait chargé un codétenu – un « criminel économique » d'une cinquantaine d'années – de m'aider au moment des repas et de me guider jusqu'aux sanitaires.

Après avoir obtenu l'accord de mon chef de groupe, je devais obtenir celui du chef de mon équipe de travail, puis du responsable de toutes les équipes de travail, puis du délégué des prisonniers pour toute la prison et, enfin, du détenu de garde, qui contrôlait les allées et venues. Une fois obtenu l'aval de toutes ces personnes, qui étaient des détenus, j'avais alors la possibilité de franchir la ligne jaune pour parler à un véritable cadre. Mais qu'est-ce qu'un cadre ordinaire, en réalité un simple gardien de prison, pouvait faire pour moi ? Lui-même devait à son tour contacter le représentant du Parti pour notre bâtiment, qui devait soumettre la question au directeur adjoint, puis au directeur, qui autoriserait peut-être que certains documents refassent tout le chemin en sens inverse. Pour un « nouveau » sans aucune relation, la perspective de toutes ces étapes était décourageante.

Cependant, dès ma première semaine, j'étais déterminé à entrer en contact avec quelqu'un ayant une quelconque autorité dans la prison : comment, sinon, espérer en appeler aux échelons supérieurs ? Ma persévérance et mon refus catégorique de voir mon dossier tomber dans l'oubli ont fini par payer et j'ai réussi à franchir la ligne jaune. J'ai soumis deux requêtes spécifiques au cadre Chen Qingru : je voulais pouvoir contacter mes avocats et qu'on m'accorde une visite de l'équipe du parquet populaire de la prison. Comprenant que mon cas était inhabituel, le cadre a accepté de transmettre ma demande à ses supérieurs. Il m'a aussi expliqué que je devrais dicter une lettre à mes avocats, ce qui représentait en soi un défi, car j'allais devoir me débrouiller pour trouver du papier et un détenu sachant écrire.

Au début du mois de mars, ma mère et Weijing sont venues me rendre visite, avec Kerui et Kesi. Les gardiens ont dû penser que j'avais des relations importantes à l'extérieur car ils nous ont ouvert une salle de visite individuelle, sans paroi de verre, mais avec un canapé et une table basse. Nous étions toutefois entourés des habituels sbires qui maintenaient Weijing en résidence surveillée chez nous. En temps normal, seule la famille d'un détenu est autorisée à franchir les portes de la prison. Pourtant, Weijing a expliqué que les gardiens avaient accepté d'autoriser l'accès aux hommes de main, comme si tout ce petit monde était de mèche.

Weijing a tenté de me donner une radio, ce qui, selon le règlement de la prison, n'aurait dû poser aucun problème, mais les gardes s'y sont opposés. Tandis que les adultes discutaient entre eux, le petit Kerui, âgé de trois ans, est resté assis en silence à côté de moi sur le canapé, une orange sur les genoux. Comme je ne l'avais pas vu depuis plus de un an, je mourais d'envie de lui prendre la main pour faire quelques pas avec lui. Lors de la première visite familiale, ma mère avait expliqué que je lui manquais beaucoup. Soudain, Kerui s'est mis à cogner l'orange contre l'accoudoir, encore et encore, de toutes ses forces, le cœur plein d'une rage enfantine qui ne pouvait s'exprimer autrement. À la fin de cette visite, j'ai voulu prendre ma petite Kesi dans mes bras, mais les gardiens se sont encore interposés.

Plus tard, j'ai appris qu'avant la visite le comité du Parti de Linyi avait appelé la direction de la prison pour s'enquérir de ma situation. La direction avait dû en conclure par erreur que j'avais des protecteurs puissants à l'extérieur et que, par conséquent, il valait mieux ne pas me maltraiter. Par la suite, je n'étais donc plus obligé de rester assis toute la journée avec mes codétenus qui emballaient des baguettes. Même s'il n'y avait pas grand-chose à faire dans cette partie de la prison, j'étais à présent en mesure d'aller et venir à ma guise.

En prison, de nombreux prisonniers renoncent tout simplement, ce qui est compréhensible. Mais, pour moi, l'espoir était quelque chose de tangible ; je refusais de l'abandonner facilement, et il me permettait de tenir. Dans le pire des cas, me disais-je, il me faudrait purger ma peine jusqu'au bout. En revanche, il était fort peu probable que celle-ci soit prolongée. En attendant, j'essayais d'en apprendre le plus possible sur mes codétenus, du moins ceux qui étaient disposés à me parler. Quelle était leur expérience de la prison ? Avaient-ils été torturés ? Je voulais comprendre de l'intérieur la totalité de ce système de répression hors la loi.

J'étais également déterminé à rétablir le contact avec le monde extérieur. Au cours des premiers mois, j'ai fait des pieds et des mains pour obtenir une carte et utiliser le téléphone de la prison pour appeler chez moi, comme n'importe quel autre prisonnier. En juin, j'ai enfin pu appeler ma nièce, qui vivait dans la maison voisine à Dongshigu, car le téléphone était toujours coupé chez nous. Ma nièce a appelé Weijing et nous avons discuté rapidement, espérant que la ligne n'était pas sur écoute. Au bout de quelques minutes, cependant, j'ai bafouillé dans mon anglais rudimentaire : « N'oublie pas de prévenir Jerry », espérant que le professeur Cohen pourrait m'aider d'une façon ou d'une autre. Juste après ces quelques mots d'anglais, une tentative risquée pour contourner d'éventuels espions, la ligne a été coupée. Il m'a fallu ensuite attendre quatorze mois avant d'être de nouveau autorisé à avoir accès à un téléphone.

Plusieurs mois se sont écoulés sans que je reçoive la moindre réponse à la lettre que j'avais dictée. J'avais alors trouvé un moyen de contacter les cadres par mes propres moyens, mais, par une journée de la mi-juin, ces derniers ont ordonné aux détenus actifs de m'interdire l'accès de leur bureau sous prétexte que mes cheveux étaient trop longs. Les gardiens m'ont annoncé qu'on allait me raser la tête, comme à tous les autres prisonniers. J'ai protesté, expliquant qu'aucune loi n'exigeait que les prisonniers soient tondus ; de plus, le crâne chauve d'un détenu était le signe de sa culpabilité et je n'avais rien fait de mal. Ils ont fini par accepter qu'on me coupe les cheveux sans aller jusqu'à les raser. Pourtant, quand des détenus ont commencé à couper, ils ont rapidement rasé tous les cheveux d'un côté de ma tête. J'ai protesté et menacé d'aller trouver les cadres.

À présent, les détenus à la botte des gardiens cherchaient une excuse pour me frapper. J'ai réussi à les tenir à distance, mais, lorsque j'ai rejoint le bureau des cadres, j'ai compris qu'aucun de ceux-ci ne lèverait le petit doigt pour empêcher cette violence. Au contraire, ils étaient tout à fait disposés à l'autoriser. Plus d'une dizaine de détenus actifs se sont alors jetés sur moi pour me traîner de force jusqu'à ma cellule, où ils se sont déchaînés avec hargne et violence. À leur tête se trouvait un certain Li, un criminel vicieux plein d'une rage animale. Avec six ou sept autres agresseurs, ils m'ont roué de coups de poing et de pied, sous le regard impassible de soixante autres détenus. Par la suite, j'ai appris que le responsable des cadres, un homme du nom de Xu Weihua, observait la scène de loin. Finalement, Li et les autres m'ont traîné dans une autre pièce, où ils m'ont complètement rasé avant de me piétiner le dos, les jambes et les bras jusqu'à ce que je m'effondre.

Jamais je n'oublierai cette agression. Mon corps tout entier était assailli de douleurs fulgurantes, et il m'a fallu plusieurs semaines pour me remettre. J'ai conservé quelques croûtes séchées pendant tout le reste de ma peine, m'imaginant que je pourrais un jour les utiliser comme preuve de ce nouveau crime qui avait été commis contre moi.

Évidemment, rien n'a jamais été fait concernant ces coups. Peu après, lorsque Weijing est venue me rendre visite, elle s'est mise à pleurer en me voyant couvert de plaies et de bleus. Elle a aussitôt fait connaître autour d'elle l'agression dont j'avais été victime, ce qui m'a valu une visite chez le médecin des détenus pour être ausculté. Lorsque je suis arrivé à l'infirmerie, le fameux Li attendait dans un coin, signe certain que rien de bon ne pouvait sortir de cette visite. J'avais sans doute eu quelques côtes cassées, mais le médecin n'a rien noté dans son rapport.

En septembre, j'ai soudain été convoqué dans le bureau du parquet de la prison, après m'en être vu refuser l'accès pendant des mois. Au cours de la rencontre, les fonctionnaires du parquet m'ont expliqué que je ne devais pas les considérer comme des ennemis. Ils m'ont assuré n'avoir rien à voir avec ce qui s'était passé et ont promis de signaler mon cas au Parti. Ce revirement de situation m'a laissé perplexe. Par la suite, il s'est avéré que j'avais été convoqué à cause d'une lettre envoyée un peu plus tôt au président Hu Jintao par trente-quatre membres du Congrès américain qui protestaient contre la façon dont j'étais traité.

Même s'il ne s'agissait que d'un bout de papier, ce petit symbole d'inquiétude internationale, cette infime pression a produit un résultat concret. Soudain, les cadres se sont mis à me traiter avec quelque chose qui ressemblait à de la considération. Mon existence était reconnue. Les étrangers n'ont pas idée de l'influence qu'ils peuvent avoir quand ils prennent le temps de s'exprimer et ont le courage de le faire.

En août 2008, la controverse autour des jeux Olympiques de Pékin a eu un effet similaire. Au printemps, des gens du monde entier ont menacé de boycotter ces Jeux orchestrés par un régime répressif qui ne cherchait qu'à consolider et glorifier son propre pouvoir. Le gouvernement chinois, alors très sensible à la critique, craignait qu'un leader international comme George W. Bush refuse d'assister aux Jeux, ou qu'un incident gênant ne vienne entacher cet événement.

Sachant comment les autorités réagissaient en général aux critiques extérieures, les gens ont commencé à penser que le Parti ne tarderait plus à me libérer afin de faire preuve de sa bonne volonté. Si cela ne s'est jamais produit, le gouvernement a quand même réagi aux protestations de plusieurs façons, notamment par quelques changements bienvenus dans la routine de la prison. En avril, par exemple, une cantine de deux étages a été construite afin que les prisonniers puissent manger tous ensemble au lieu d'attendre qu'on leur apporte la soupe dans la cour. De façon générale, l'ordinaire s'est aussi légèrement amélioré. Auparavant, la cuisine préparait une sorte de soupe pour les quelque cinq mille prisonniers avec seulement quarante œufs, un nombre qui est ensuite monté à soixante. Nous avons également pu avoir des pains à la vapeur à volonté.

Malheureusement, ces améliorations ont pris fin avec l'échec du boycott. Le président Bush a d'ailleurs joué un rôle prépondérant dans la chute de ce mouvement en annonçant, dès le mois de juillet, qu'il soutenait avec enthousiasme les Jeux de Pékin et qu'il avait bien l'intention de venir assister à des épreuves. En entendant cette nouvelle, j'ai repensé à mon séjour au centre de détention : un jour que nous profitions d'une des rares occasions où on nous laissait regarder la télévision, nous avions appris que les États-Unis et la Chine venaient de signer un accord commercial de plusieurs milliards de dollars. « Tu vois, avait dit l'un des prisonniers. La propagande anticapitaliste n'a pas tort :

tout ce qui les intéresse, c'est l'argent. Leurs prétendues inquiétudes pour les droits de l'homme, c'est juste une autre forme de capital. » Le gouvernement chinois, de son côté, ne pensait qu'à sa réputation. La direction de la prison de Linyi nous a même fait regarder la cérémonie d'ouverture triomphaliste, spectacle de propagande pure. Le seul vrai gagnant, une fois de plus, c'était le Parti.

Dans l'enfer de la prison, tout contact avec le monde extérieur devenait une question de survie. Les appels, lettres et visites étaient des événements rares et très contrôlés, et des mois pouvaient s'écouler sans qu'aucun ne soit autorisé. En novembre 2007, un codétenu a réussi à se procurer un poste de radio à ondes courtes qu'il a caché dans sa poche pour moi. En me le donnant, il m'a conseillé de rester très discret sur le sujet, car d'autres prisonniers n'hésiteraient pas à me dénoncer pour obtenir une faveur auprès des cadres. Il était extrêmement dangereux de posséder une radio ; si on était découvert, il y avait de grands risques de voir sa peine prolongée.

Je ne pouvais écouter la radio qu'en m'enveloppant tout entier dans ma couverture. Je faisais alors semblant de dormir et me servais d'écouteurs en réglant le volume au minimum. J'étais fou de joie d'avoir de nouveau accès au monde, de savoir ce qui s'y passait après en avoir été privé pendant si longtemps. Comme je ne travaillais pas, je passais presque toutes mes journées au lit à essayer de m'informer sur l'extérieur. Périodiquement, des fouilles avaient lieu dans la prison pour éliminer la « contrebande », mais j'ai réussi à passer entre les mailles du filet et à garder la radio cachée, soit dans mon lit, soit dans une brique de lait modifiée dans ce but. Lorsque la prise des écouteurs a fini par s'abîmer, je me suis efforcé de la réparer avec soin à l'aide d'un petit morceau de câble.

Sans surprise, le signal était souvent très mauvais. En général, je me réveillais pour écouter les informations sur Radio Free Asia, RFI, la Voix de l'Amérique, la Deutsche Welle et quelques autres stations. À l'automne 2008, j'ai réussi à capter Sound of Hope, la station de Falun Gong, qui était devenue célèbre en Chine. J'entendais des histoires déprimantes sur des amis et collègues emprisonnés, torturés ou placés en résidence surveillée. D'autres histoires, plus positives, évoquaient des citoyens ordinaires qui commençaient à se défendre par eux-mêmes contre la corruption des puissants.

La radio m'apportait parfois de cruelles nouvelles de chez moi, notamment quand j'entendais parler des harcèlements et des violences dont Weijing était victime. Cela arrivait surtout juste avant ses visites à la prison. À la mort de son beau-frère, tué dans un tragique accident de la route, elle a voulu rendre visite à sa sœur, mais les gardes l'ont frappée. À la radio, j'avais écouté ses pleurs au milieu du bulletin d'information. J'étais souvent anéanti par ce que j'entendais et par ce qui m'arrivait, mais je ne pouvais pas montrer ma colère, sinon les autorités auraient su que j'avais accès à une source d'information illicite. Ce n'est qu'après les rares visites de ma famille que je pouvais demander à rencontrer les cadres pour me plaindre amèrement de ce qui se passait à Dongshigu.

Au fil du temps, je suis tombé malade, comme de nombreux autres détenus. La nourriture était atroce, souvent avariée, et nous étions nombreux à souffrir d'intoxication alimentaire et de diarrhée. Dans mon cas, mes troubles digestifs ont sans doute dégénéré en gastro-entérite, mais, même lorsque j'ai commencé à avoir une proportion inquiétante de sang dans mes selles, la prison a refusé de m'accorder des soins médicaux. J'en ai parlé à ma famille, espérant que mes avocats seraient autorisés à me voir. En vain. En revanche, cela leur a permis de déposer une demande de libération anticipée pour raisons médicales, que la prison a également refusée.

J'ai harcelé les cadres à propos de la qualité de la nourriture et de nos piètres conditions d'hygiène, et j'administrais parfois des traitements en acupression aux autres prisonniers, mettant mes connaissances médicales au service des autres chaque fois que possible. L'été était une saison particulièrement risquée, car la prison interdisait les moustiquaires. Officiellement, c'était pour empêcher les suicides alors que tout le monde savait que les moustiques transmettaient des maladies infectieuses. À mon arrivée, la prison ne vaporisait presque jamais d'insecticide, mais, après de nombreuses plaintes, les vaporisations sont devenues plus nombreuses et plus efficaces. Les autres prisonniers ont fini par comprendre que mes réclamations incessantes ne restaient pas sans effet. Lorsque des rumeurs ont commencé à circuler sur ma libération prochaine, ce qui est arrivé plus d'une fois, de nombreux codétenus ont fortement espéré que, une fois dehors, je parle en leur nom.

Je continuais également à lutter pour laver mon nom et amener mes ravisseurs et tortionnaires devant la justice. Les cadres ont fini par autoriser ma famille à me faire parvenir des ouvrages de droit, que les autres prisonniers me lisaient à voix haute ; j'ai également reçu des livres en braille, qu'on ne m'a cependant jamais transmis. Mes geôliers ont aussi fini par laisser d'autres détenus m'aider à rédiger des documents pour mon appel. Chaque fois que j'avais vent de la visite d'un fonctionnaire de l'administration pénitentiaire de la province du Shandong, je m'arrangeais pour me trouver sur son chemin afin de lui parler de mon cas et des divers actes illégaux commis au sein de la prison. Mes avocats et moi avons envoyé une plainte écrite à toutes les autorités locales, à l'Assemblée nationale populaire, au président et au Premier ministre chinois. J'ai aussi envoyé des courriers recommandés à la Cour suprême populaire et au Parquet suprême populaire. Je n'ai jamais reçu la moindre réponse.

Lors de mon séjour au centre de détention ou en prison, j'ai tenté encore et encore de présenter mon dossier aux représentants du ministère public de la Justice au sein des bureaux de la prison. J'ai même tenu le compte du nombre de fois où j'ai essayé de contacter ces fonctionnaires et du nombre de fois où j'ai véritablement réussi à les rencontrer. Par la suite, j'ai calculé que j'avais demandé plus de deux mille fois aux gardiens d'intercéder en ma faveur, mais que ces requêtes n'avaient abouti qu'à vingt-quatre rendez-vous.

Par tous les moyens, je cherchais à protester contre mon emprisonnement. En 2009, j'ai commencé à porter mon uniforme de prisonnier à l'envers, comme un rappel permanent de ma dissidence. Certains tentaient de me le faire remarquer, croyant que ma cécité était en cause. Évidemment, j'avais bien conscience que mes habits étaient à l'envers, mais j'avais décidé de ne plus respecter les lois imposées par l'administration pénitentiaire, puisqu'elle-même ne respectait pas la loi. Comme je l'ai souvent répété aux gardiens : « À présent, le côté de mon uniforme qui est normalement en contact avec le criminel vous fait face, car c'est vous qui n'avez pas les mains propres. »

Au fil du temps, je suis moi aussi devenu un « ancien », un vieux routier de l'emprisonnement. Comme les autres détenus, j'accumulais des « points » qui devaient me permettre d'espérer une remise de peine. J'ai fini par accumuler cinquante points, ce qui aurait pu anticiper ma sortie de près de un an, sans compter les six mois que mon handicap aurait dû m'accorder. Suivant la procédure régulière, les cadres ont fait une demande de remise de peine pour moi, mais l'administration pénitentiaire du Shandong, obéissant sans doute à des ordres venant de plus haut, l'a rejetée sans motif. Par la suite, j'ai même appris que le directeur avait failli se faire renvoyer pour avoir soumis ma demande.

Fin 2009, des rumeurs de libération anticipée ont de nouveau circulé et on m'a même annoncé que j'allais bientôt rencontrer le directeur de la prison. C'est alors que j'ai compris que les autorités attendaient toujours que je signe des aveux officiels ; de plus, ils voulaient des preuves que j'avais été « réformé » et que j'allais changer de comportement. J'ai refusé de signer une fausse confession, préférant rédiger une lettre ouverte dans laquelle je passais en revue tous les éléments de mon dossier. J'ai également décidé de faire tout mon possible pour exercer encore davantage de pression sur les autorités. De janvier à août 2010, j'ai demandé deux fois par jour aux cadres un rendez-vous avec le directeur et des nouvelles de ma libération anticipée. Mon insistance n'a peut-être pas eu les effets escomptés, mais elle a au moins servi d'exemple pour les autres : il ne faut jamais renoncer.

Les mois sont passés lentement. Enfin, septembre est arrivé, annonçant la fin de ma peine. Pendant les derniers jours de ma captivité, les autorités de la prison m'ont apporté quelques vêtements puisque les habits que je portais en arrivant avaient été jetés depuis longtemps. Un téléphone portable et une montre sont également réapparus, fantômes de 2006. On m'a pesé et j'ai subi un examen médical inhabituellement approfondi. Contre mon gré, on a insisté pour me faire un prélèvement sanguin. À ce jour, je ne suis toujours pas certain qu'ils n'en ont pas profité, car, le soir, j'ai soudain commencé à avoir mal à la gorge au point de ne presque plus pouvoir parler. La veille de ma sortie, je suis resté allongé tranquillement dans ma cellule, entouré comme toujours de vingt ou trente nouveaux détenus. Après avoir allumé ma radio sous les couvertures, j'ai vécu une expérience irréelle : j'ai écouté le bulletin d'information annonçant ma libération imminente.

Tôt le lendemain matin, j'ai confié mon poste à un camarade. Le 9 septembre 2010, un peu après 5 heures, l'un des détenus de garde m'a appelé : « Guangcheng, les deux chefs du bloc veulent te voir. » Les sorties se faisaient en général vers 9 heures du matin, mais je savais qu'ils voulaient me faire sortir discrètement, avant même que les journalistes soient levés. Je me déplaçais lentement, en partie parce que je ne me sentais pas bien. Malgré les médicaments pris la veille, j'avais encore la gorge enflée et j'étais aphone.

Le chef du bâtiment s'est avancé vers moi et je me suis agrippé à son bras pour marcher, tandis que mes codétenus me lançaient des au revoir. Mes gardiens ont frappé à une lourde porte de métal en criant : « Sortie ! », ce qui a complètement perturbé le garde en faction de l'autre côté qui ne comprenait pas pourquoi on libérait un prisonnier si tôt le matin. Nous nous sommes avancés jusqu'à un guichet pour les dernières formalités, puis on m'a poussé à l'arrière d'une voiture, entre les deux chefs du bâtiment.

Enfin, j'ai quitté la prison de Linyi, affaibli physiquement, mais psychologiquement intact. J'allais bientôt avoir trente-neuf ans ; j'avais une femme et deux enfants, que j'avais à peine vus en quatre années et demie de détention, car Weijing n'avait pu me rendre visite que six fois. Si les lois sur la libération conditionnelle permettent à la plupart des prisonniers de droit commun de rentrer chez eux après avoir purgé la moitié de leur peine, j'avais pour ma part effectué la mienne jusqu'au bout, au jour près, depuis ma mise en examen officielle en juin 2006.

Je n'étais pourtant pas libre. Ma famille n'a pas été autorisée à venir me chercher ; j'ai été ramené chez moi par des membres de la prison, esquivant les journalistes, coupant court à toute effusion et évitant un retour en fanfare au village. La voiture qui m'emmenait loin de Linyi était précédée par un véhicule de la police du canton de Shuanghou et suivie par une fourgonnette de la prison. Ensemble, nous formions une étrange caravane en route pour Dongshigu.

Vers 6 heures du matin, nous sommes arrivés à l'entrée du village, où m'attendaient Weijing, Kesi et Frère Aîné, accompagnés d'un certain nombre de gardes. Dès que la voiture s'est arrêtée, Weijing est accourue pour m'aider à descendre.

– J'ai ramené les feuilles, ai-je articulé avec peine en lui tendant le bouquet de *fatong* sèches et recroquevillées de Kesi. Elles ne m'ont jamais quitté.

Ma voix rauque et étrange a jeté une ombre noire sur nos retrouvailles. De nombreuses questions sur mon séjour en prison restaient sans réponse. Elles nous rappelaient toutes les épreuves passées et celles qui restaient encore à venir. Pour Kesi, j'étais devenu un étranger ; ne sachant trop comment se comporter avec moi, elle est rapidement partie jouer avec ses amis.

Mes geôliers m'ont tendu les documents officiels de ma libération, quelques effets personnels, ainsi que les livres en braille que je n'avais jamais été autorisé à lire. Les responsables du bâtiment m'ont serré la main en disant : « Guangcheng, nous te ramenons chez toi. » Sur le coup, je n'ai pas compris ce qui leur prenait, mais je me suis rendu compte par la suite qu'ils s'adressaient en réalité aux caméras derrière moi et que toutes les étapes de cette prétendue libération étaient filmées.

Quelques instants plus tard, en entendant des bruits de pas tout autour de nous, j'ai tout de suite su de quoi il s'agissait : à ma descente de voiture, Weijing m'avait expliqué que, depuis une semaine, des dizaines de gardes et d'hommes de main avaient envahi le village en prévision de mon arrivée. Avant même ma libération, je me demandais si je n'allais pas simplement quitter une prison pour une autre, et j'étais presque certain que les autorités ne m'accorderaient pas un moment de liberté à mon retour chez moi.

Lorsque nous sommes entrés dans le village, les gardes nous ont encerclés. Plus aucun doute possible : une fois encore, ma maison s'était muée en prison. Plus que jamais, je me demandais si je m'évaderais un jour de la geôle qu'était devenue la Chine tout entière.

10

RÉSIDENCE SURVEILLÉE

Nous étions presque arrivés quand Weijing m'a annoncé que ma mère avait franchi le portail pour venir à notre rencontre. Je l'entendais pleurer à mesure que ses pas se rapprochaient.

« Je rentre de prison, et toi, tu pleures ? » lui ai-je demandé, espérant la réconforter avec un peu d'humour.

Ma mère avait pourtant des raisons de s'alarmer : ma voix était éraillée et mes cheveux avaient beaucoup blanchi. De plus, elle pensait sans doute que mon retour sonnerait la fin de nos ennuis. Au lieu de ça, nous nous retrouvions encerclés.

Lorsque j'ai tendu un bras vers elle, j'ai senti qu'elle tenait un seau à la main.

– Qu'est-ce que tu fais ?

– Je descends chercher du sable à la rivière. La cour est pleine de boue à cause de la pluie, le sable devrait l'aider à sécher, m'a-t-elle dit.

Ma mère, âgée de soixante-quinze ans, ne pouvait porter plus d'un seau à la fois, et se retrouvait donc obligée de faire des allers-retours à la rivière pour adoucir un peu notre quotidien.

Weijing voulait que j'aille voir un médecin, car elle était inquiète à cause de ma voix et des maltraitances que j'avais subies en prison. Pourtant, après que nous sommes rentrés chez nous, les gardes ont refusé de me laisser ressortir. Weijing a été autorisée à aller me chercher des médicaments, mais elle a été suivie de près. Deux jours plus tard, elle aussi s'est retrouvée interdite de sortie. À partir de ce moment, seule ma mère a été autorisée à mettre le pied dehors, avec deux ou trois gardes en permanence sur ses talons.

La vie n'avait pas été simple en mon absence. Weijing, Kesi et ma mère vivaient toutes les trois en résidence surveillée depuis cinq ans. C'était principalement à Weijing qu'était revenue la tâche de prendre soin de la famille. Elle avait du mal à garder constamment un œil sur Kesi au milieu des difficultés du quotidien, si bien que la petite se retrouvait souvent livrée à elle-même. Ma mère – que ma lutte pour la défense des droits de l'homme n'avait jamais totalement convaincue – était rongée d'inquiétude et accablée de travail, elle qui aurait dû jouir de jours paisibles à son grand âge. Elle se voyait encore obligée de travailler aux champs, de planter et de récolter la nourriture qui nous permettait de vivre.

Kerui, qui avait à présent sept ans, vivait chez les parents de Weijing dans leur village, à la fois pour le protéger et pour lui offrir une enfance et une éducation un tant soit peu normales. Mais il en avait trop vu et la séparation lui pesait. Lorsqu'il était tout jeune, Kerui, cet adorable enfant, avait des paroles, des pensées et des rêves liés à la violence, car il avait été le témoin direct des brutalités dont ses parents faisaient l'objet. Il disait souvent qu'il pouvait à lui tout seul renverser l'ennemi, ses petits poings levés, ou appeler à la rescousse des « superforts », comme il les nommait – ces héros qui ne sont jamais venus. En 2005, tout juste âgé de vingt-neuf mois, il avait vu des gardes me frapper. À table, un peu plus tard, il avait tout à coup déclaré devant mes frères et moi : « On termine de manger et on va faire partir les hommes devant la maison. » Comme personne ne lui avait répondu, il s'était juré de le faire tout seul.

Au début de la résidence surveillée, Kerui me tirait souvent par la manche en disant : « *Baba*, vite, allons nous cacher ! » Puis il me uidait jusqu'à l'escalier de pierre dans la cour, celui par lequel j'ai fini par m'évader. Il me faisait m'accroupir et nous restions dissimulés là, en silence, jusqu'à ce que mes jambes s'ankylosent. Je savais ce qu'il voulait dire par là : Pourquoi est-ce que tu ne t'enfuis pas quand ces hommes te frappent ? Lorsque je finissais par lui expliquer qu'il était temps de rentrer, que nous ne pouvions pas rester là indéfiniment, je sentais l'angoisse le gagner et il tentait de me retenir. Il m'a terriblement manqué en prison.

Peu après ma libération, nous avons célébré la fête de la mi-automne, et mes beaux-parents sont venus nous rendre visite avec Kerui. À l'exception d'une brève visite en prison, je n'avais pas revu mon fils depuis plusieurs années.

– *Baba* ! s'est-il exclamé dès qu'il m'a aperçu.

– Kerui ! Est-ce que *Baba* t'a manqué ? lui ai-je demandé en le serrant dans mes bras, sa petite tête enfouie contre ma poitrine. Tout va bien. *Baba* est rentré maintenant. C'est fini, ne pleure plus.

Il avait tellement grandi... J'étais si heureux de le retrouver que j'en aurais presque oublié la bande de voyous envoyée par le gouvernement pour surveiller nos retrouvailles.

C'est seulement à cette époque que j'ai appris à quoi ressemblait la vie de mon fils : il pleurait souvent la nuit et cherchait du réconfort auprès de sa grand-mère ; il avait peur à l'école et pleurait tant, parfois, que sa maîtresse de maternelle devait le laisser dans la cour pour éviter qu'il n'alarme les autres petits. Je doutais fort que ses professeurs soient au courant de notre situation familiale, car mes beaux-parents, très gênés que je sois en prison, n'avaient sans doute pas expliqué grand-chose. J'étais très peiné d'apprendre les ennuis de Kerui. Si je pouvais encaisser les coups que l'on m'assénait, les conséquences psychologiques que ma famille subissait me rendaient malade.

Ce soir-là, Kerui m'a demandé spontanément s'il pouvait dormir avec moi dans notre lit. Je l'ai pris dans mes bras et je l'ai porté jusqu'à notre chambre. Mes deux enfants étaient nus dans la douceur de cette soirée d'automne. Je sentais contre moi leur peau douce, leurs jambes, leur ventre et leurs bras, et tandis que tous les deux dormaient paisiblement, accrochés à nous j'ai murmuré : « *Baba* voudrait vous dire qu'il est désolé pour tout. » J'ai veillé longtemps, écoutant les bruits des créatures de l'automne par la fenêtre, et ceux des gardes, au loin, dans une cour voisine. Plein de remords et de culpabilité, j'ai songé à quel point nos deux enfants avaient grandi. Je n'avais pas été là pour jouer avec eux, tout comme je n'avais pas été auprès de ma femme ni de ma mère pendant toutes ces années de calvaire.

Le lendemain, quand le moment de partir est venu pour les parents de Weijing, Kerui s'est mis à pleurer. Il ne voulait pas nous quitter. Il est allé se cacher entre nos lits ; lorsque nous l'avons trouvé là-bas, il a dit qu'il ne voulait pas rentrer. Je savais combien nous lui avions manqué, alors nous l'avons gardé avec nous quelques jours de plus, avant de le renvoyer chez ses grands-parents.

Kesi, quant à elle, n'était toujours pas habituée à moi. Elle ne cherchait même pas à savoir pourquoi des gardes nous entouraient en permanence ; après tout, elle n'avait jamais rien connu d'autre. Son lien avec sa mère était fort et je me suis rendu compte qu'il devait être déroutant pour elle de se retrouver désormais constamment en présence d'un étranger, revenu après tant d'années d'absence. Il a fallu un certain temps avant qu'elle se sente à l'aise avec moi.

Environ un mois après le retour de Kerui chez ses grands-parents, nous avons reçu des nouvelles inquiétantes. Le père de Weijing lui avait acheté de la pâte à modeler, avec laquelle il aimait beaucoup jouer. Kerui, qui laissait parfois sa colère s'exprimer contre les objets autour de lui, s'était précipité pour chercher un couteau à la cuisine, afin d'ouvrir le paquet, et s'était profondément entaillé le doigt. Il avait tellement saigné que les parents de Weijing avaient dû l'emmener à l'hôpital.

Mes beaux-parents ont ensuite accouru à Dongshigu pour nous informer de l'accident, car notre ligne de téléphone avait été coupée en 2005. Les gardes les ont menacés et forcés à subir une fouille au corps à la mairie du village avant de les autoriser à s'approcher de la maison. Et même à ce moment-là, ils étaient toujours suivis par une bande de gros bras et d'officiels qui ne nous quittaient pas d'une semelle, tellement collés à nous qu'ils nous touchaient presque. Certains étaient assis sur notre lit à nous lorgner pendant que les parents de Weijing nous racontaient ce qui était arrivé à Kerui. Bouleversés au plus haut point, nous avons insisté pour avoir le droit d'aller le voir, en vain. Weijing était tellement hors d'elle qu'elle a tenté de passer en force dans la cour, mais elle ne faisait pas le poids devant les gardes. Elle s'est effondrée par terre, en larmes, hurlant dans le froid, tant la douleur de ne pas pouvoir aller consoler son enfant était forte.

Cet automne-là, la question de savoir comment gérer ma libération a divisé mes amis proches et ma famille. Pour ma part, j'étais plutôt d'accord avec Teng Biao et mes autres amis avocats de Pékin, qui préconisaient de faire le plus de bruit possible. Pour eux, nous ne pouvions laisser le Parti me transbahuter d'une prison à une résidence surveillée après avoir annoncé que j'étais libre. D'autres, comme Weijing et ma mère, n'étaient pas de cet avis et affirmaient qu'il valait mieux faire profil bas. Ayant purgé ma peine, selon elles, mon traitement allait peut-être s'améliorer. D'autres encore étaient d'avis que j'abandonne mes travaux sur les droits de l'homme, mais cela était hors de question. J'avais bien l'intention de clamer la vérité haut et fort, chaque fois que j'en aurais l'occasion. Je croyais dur comme fer – et je le crois toujours – que quiconque commence à courber l'échine devant le Parti communiste se retrouve rapidement à genoux, puis à terre, puis piétiné jusqu'à être complètement anéanti. Je n'étais pas fier des souffrances que les miens avait endurées simplement parce qu'ils étaient de ma famille, mais je devais rester déterminé.

Hélas, le Parti, lui aussi, était déterminé. Peu après ma libération, Zhang Jian, le vice-secrétaire du Parti du district de Shuanghou, et Ma Chenglong, à la tête du bureau de la Sécurité publique de Yinan, se sont rendus chez Frère Aîné pour le menacer, espérant sans doute faire remonter leur message jusqu'à moi. La situation avait changé par rapport à 2005 et 2006, a déclaré l'un d'entre eux. « Le Parti considère à présent Guangcheng comme un ennemi, un contre-révolutionnaire, et nous pourrions à tout moment le renvoyer en prison. » Sous la dictature communiste, dès lors que le gouvernement vous catalogue comme criminel, cette étiquette vous colle à la peau. Même après des années de prison, ce stigmate demeure. À titre exceptionnel, Frère Aîné a reçu l'autorisation de me rendre visite chez moi le lendemain pour me transmettre ces menaces.

À partir de là, il est rapidement devenu évident que les gardes ne s'en iraient pas. Tout comme en 2005, des moyens considérables ont été déployés pour m'emprisonner à l'intérieur de chez moi. Mais cette fois, le processus était encore plus draconien : les ordres provenaient clairement des plus hauts rangs et ceux qui les exécutaient se sont avérés plus professionnels que tous ceux que nous avions vus auparavant. Les gardes se relayaient vingt-quatre heures sur vingt-quatre et avaient quasiment investi le village tout entier. Ils se perchaient sur les murs de notre cour et, quand ils ne me voyaient pas, ils envoyaient quelqu'un à l'intérieur de la maison pour vérifier que je m'y trouvais bien. Chaque garde devait conserver le poste voisin dans son champ de vision, ce qui annulait toute possibilité de s'échapper.

Personne n'avait le droit de nous rendre visite – villageois, étrangers, et même la plupart des membres de notre famille –, et quiconque essayait de s'approcher était stoppé, parfois de force. Comme avant, des troupes entières de cadres du Parti faisaient du porte-à-porte dans Dongshigu pour me calomnier et répandre des mensonges sur moi, signifiant clairement que toute personne qui nous aiderait serait considérée comme complice de nos « crimes ». En plus des brouilleurs de téléphone portable, les gardes avaient installé des caméras de surveillance dernier cri à différents endroits du village et des lumières tout autour de notre maison. Ces mesures visaient à empêcher toute évasion de nuit, mais étaient aussi des moyens d'intimidation.

Un nombre incalculable de gens étaient impliqués dans cette micro-économie mise en place pour nous surveiller – de quelques dizaines de personnes à plusieurs centaines, quand la situation se tendait. Si nous étions la cause principale de ce cauchemar, les 100 yuans que touchaient quotidiennement les gardes n'y étaient pas étrangers : un grand nombre d'entre eux étaient des locaux qui, d'ordinaire, ne gagnaient pas plus de 50 yuans par jour en se tuant à la tâche. Ces hommes-là faisaient généralement des gardes moins sévères que les chômeurs, pour qui ce travail relativement facile était littéralement trop alléchant pour être refusé.

S'ajoutaient encore à cette micro-économie tous les équipements high-tech et les avantages divers qui pouvaient être mis sur la note du gouvernement. C'était purement et simplement de la corruption à grande échelle, l'incarnation de tout ce contre quoi nous luttions. Un jour, nous avons entendu un garde dire que notre surveillance avait déjà coûté au moins 60 millions de yuans, sans compter les pots-de-vin que les officiels de Pékin touchaient très certainement chaque fois que des permissions et des autorisations étaient demandées. Le contraste avec notre vie était saisissant, car nous n'avions aucun moyen de gagner de l'argent. La vie coûtait cher à cause de l'inflation galopante, et nous n'avions aucune source de revenu. Fort heureusement, nous possédions des économies, grâce à des donateurs bienveillants qui avaient contacté Weijing pendant mon séjour en prison, ainsi qu'à quelques récompenses que j'avais reçues pour mes travaux sur les droits de l'homme. Sans cela, je ne sais comment nous aurions survécu.

Nos voisins et les autres villageois avaient peur de nous aider, craignant de compromettre leur propre sécurité. Nous savions cependant que la plupart d'entre eux nous soutenaient secrètement. Un événement remarquable s'était produit pendant mon séjour en prison : au moment des élections pour désigner un nouveau maire, plusieurs villageois courageux avaient écrit mon nom sur leur bulletin. À Dongshigu, le peu de prestige dont jouissait encore le Parti après les scandales de pollution, de corruption et la crise de la planification familiale était maintenant réduit à néant par tous ces moyens insensés mis en œuvre pour me persécuter.

Au mois d'octobre de cette année 2010, Liu Xiaobo a reçu le prix Nobel de la paix pour son long combat pour les droits de l'homme en Chine. Nous avons fêté l'événement avec une petite bière que Weijing avait achetée avant mon retour. Je n'avais plus goûté à la saveur de l'alcool depuis des années, mais je n'en ai pris que très peu, car mon état de santé restait préoccupant. Depuis mon retour de prison, j'avais connu de sévères épisodes de diarrhée et de saignements. J'étais alors tellement affaibli par les quantités de sang perdues qu'il me fallait souvent resté alité sans bouger plusieurs jours d'affilée. Nous avons à plusieurs reprises demandé à voir un médecin, mais nos requêtes ont toujours été rejetées. Mes geôliers ont même fait courir une rumeur disant que, tôt ou tard, je serais emporté par la maladie. Les circonstances de ma mort auraient sans doute été suspectes, mais comment les gens auraient-ils pu savoir la vérité ?

Néanmoins, le prix Nobel de Liu Xiaobo a été pour nous comme un vent léger et bienfaisant, qui nous soufflait que des gens, quelque part, se préoccupaient de la situation difficile des activistes chinois. Cela faisait déjà des semaines que Weijing et moi discutions des moyens possibles pour entrer en contact avec des sympathisants en Chine et à l'étranger. À présent, attirer de nouveau l'attention du monde n'en devenait que plus urgent. Nous discutions aussi de la possibilité de nous échapper. Au début, Weijing s'y est farouchement opposée, et nous savions tous les deux que ma mère ne voulait même pas en entendre parler.

Fin 2010, nous avons mis à exécution une idée audacieuse. Trois ans plus tôt, en 2007, Hu Jia, notre inestimable ami activiste, avait aidé Weijing à acquérir un petit caméscope, dont elle n'avait jamais eu l'occasion de se servir. Peu après ma libération, j'ai rapidement étudié les diverses fonctions de l'appareil et nous avons alors décidé de tourner une petite vidéo, puis de trouver un moyen de la diffuser. L'acte de filmer était en soi un grand risque, étant donné la proximité permanente des gardes. Cloîtrés dans la cuisine, nous nous sommes filmés de près pour décrire en détail notre confinement, nos terribles conditions de vie, le manque de nourriture, nos tentatives pour offrir à Kesi une éducation. Notre situation s'inscrivait dans une lutte à plus grande échelle et nous invitions le monde entier à ne pas fermer les yeux. J'ai finalement trouvé un moyen de faire sortir en douce la vidéo, ainsi que la lettre de plainte que j'avais écrite en prison.

Lorsque la vidéo a été mise en ligne le 9 février 2011, la réaction a été immédiate. Pour beaucoup de gens, c'était la première preuve authentique des atteintes aux droits de l'homme en Chine – la vérité brutale sur une résidence surveillée, vue de l'intérieur. Sur les ondes, toutes les radios du monde semblaient s'être mises à diffuser des reportages sur notre vidéo. D'un coup de baguette magique, après des mois de silence, notre cas était de nouveau dans tous les esprits et alertait les hommes politiques.

Le Parti a fait tout ce qui était en son pouvoir pour étouffer l'affaire. Au départ, les officiels ne savaient clairement pas comment réagir. Les personnes qui nous soutenaient à Pékin ont formé le « Groupe de soutien des citoyens pour Chen Guangcheng », et grâce à de nouveaux réseaux sociaux comme Weibo, le Twitter chinois, la vidéo s'est propagée tellement vite que le gouvernement et la police du Web n'ont rien pu faire. Si l'opinion publique restait importante, je me rendais compte à présent que l'Internet chinois et les actions des internautes – une force nouvelle, en plein essor – avaient un rôle crucial à jouer dans la dénonciation des brutalités du régime et de la responsabilité du gouvernement.

Neuf jours après la mise en ligne de la vidéo, nous en avons inévitablement payé le prix.

Les deux semaines des célébrations du Nouvel An nous ont offert un rare et merveilleux répit. Kerui est venu pour les vacances, et mes frères et leur famille ont pu se joindre à nous plusieurs heures. Étant donné les circonstances, nous avons observé la coutume du mieux que nous le pouvions, mangeant les plats traditionnels pour accueillir l'année du Lapin. Notre famille était prisonnière et sous surveillance constante, mais au moins nous étions réunis. Je l'ignorais alors, mais cette réunion de famille a été la dernière.

Pendant les fêtes, deux visiteurs – Zhang Yongpan et Liu Guohui – sont venus nous témoigner leur soutien. Ils avaient pris contact avec ma famille et logeaient chez mon neveu, Chen Hua, qui habitait sur la colline. Même s'ils ne pouvaient pas me voir en personne, ils m'ont transmis une lettre par l'intermédiaire de mon frère aîné, une procuration qui devait leur permettre de recruter pour moi un avocat à Pékin. Ils m'ont également demandé d'enregistrer des images de notre résidence surveillée à l'aide d'une caméra suffisamment petite pour tenir dans la main.

À peu près à la même époque, j'ai eu l'occasion de prendre connaissance d'une pile de lettres extraordinaires que ma famille avait reçues pendant que j'étais en prison, envoyées par des gens du monde entier à Amnesty International, et transmises à Hu Jia. Tandis que Weijing me faisait la lecture, j'ai compris qu'il existait un soutien concret. Comme il était réconfortant d'entendre un si grand nombre de messages de toutes ces personnes pour qui la justice comptait réellement ! Que ces personnes qui m'avaient écrit à l'époque et celles qui m'ont écrit depuis sachent à quel point ces messages sont importants pour un prisonnier politique. Je souhaite qu'ils n'arrêtent jamais de nous parvenir.

Il devait être midi, ce 18 février, quand nous avons réuni les affaires de Kerui en prévision de son départ. Les gardes nous avaient fait savoir que la sœur et la mère de Weijing étaient arrivées pour le chercher, mais la sécurité avait refusé de les laisser entrer dans le village. Nous n'avions aucun cadeau à donner à notre fils, aucune fourniture scolaire, aucun petit extra, juste des œufs, environs six douzaines, soigneusement rangés dans des caisses à lait vides. Cela faisait plusieurs jours que nous les ramassions pour les mettre de côté.

Weijing et ma mère étaient en train de les emballer quand le chef des gardes s'est mis à cogner au portail de la cour. Il a crié qu'il voulait voir ce que nous étions en train d'emballer pour Kerui. Weijing a refusé et a bloqué le portail pour l'empêcher d'entrer.

– Grand Frère, aide maman à bloquer la porte et ne le laisse pas entrer ! s'est écriée Kesi, et de toutes leurs forces, nos deux enfants ont commencé à pousser le portail en pleurant à côté de Weijing.

J'étais à l'intérieur du bâtiment de la cuisine, en train d'enregistrer discrètement tout ce qui se passait sur mon dictaphone.

Une minute plus tard, trois brutes ont réussi à forcer le portail. Ils ont traîné Weijing dans la rue, l'ont jetée à terre et l'ont rouée de coups devant Kesi et Kerui horrifiés. Puis, alors que Kesi hurlait à la mort, mon fils a couru à l'intérieur pour ressortir avec un gros bâton. Il était en train de le brandir, prêt à frapper les gardes, quand l'un d'eux l'a menacé : « Si tu me frappes, je te tue ! »

Ma mère, qui avait entendu les cris de Weijing et les pleurs des enfants, s'est alors précipitée dehors en criant aux gardes :

– Mais vous êtes fous ? Ce ne sont que des affaires pour le petit !

Aussitôt, les gardes ont cessé de frapper Weijing. Ma mère a attrapé Kesi et Kerui et s'est enfuie avec eux vers la sortie du village.

Mon premier réflexe avait été de m'emparer d'un couteau de cuisine pour poignarder ces criminels. Mais un tel acte aurait été du suicide, et ces hommes cherchaient justement à provoquer ce genre de réaction afin de pouvoir me condamner à mort ou m'enfermer pour toujours. Weijing a réussi à retourner dans la cour en claudiquant, avant de verrouiller le portail derrière elle. Elle m'a alors annoncé qu'elle venait de voir un fonctionnaire du district rôder dehors. Sans doute nous réservait-on encore quelque chose, une fois les enfants partis. Weijing avait terriblement mal et j'ai commencé à la soigner. L'un comme l'autre, nous nous rendions compte qu'il était maintenant nécessaire de penser sérieusement à forcer ce blocus. Nous mettre en sécurité devenait primordial. Pour la première fois, Weijing était persuadée que la situation ne pouvait qu'empirer. Nos ennemis étaient prêts à tout.

À peine quelques minutes plus tard, plusieurs personnes ont de nouveau tambouriné au portail. Weijing s'est dépêchée de cacher notre caméra dans un sac en plastique noir qu'elle a enfoui au fond d'un seau à charbon en métal. Je me trouvais alors dans l'appentis, d'où j'entendais Zhang Jian, le vice-secrétaire du Parti pour le district de Shuanghou, sommer Weijing d'ouvrir le portail de la maison. Ma femme a refusé, s'appuyant dessus de tout son poids, mais plus de vingt gardes se trouvaient derrière et ils se sont mis à donner des coups de toutes leurs forces, jusqu'à le défoncer. En sautant, le cadenas est venu frapper Weijing aux yeux. Ébranlée par la douleur, elle a reculé, l'œil déjà enflé. Environ quatre-vingts policiers en civil et cadres du Parti se sont engouffrés dans la cour. Zhang Jian a donné l'ordre à une dizaine d'entre eux de maîtriser Weijing, qui hurlait de douleur et de peur. Il a ensuite ordonné d'aller chercher une couverture, avec laquelle ils ont cloué Weijing au sol. Plusieurs gardes se tenaient debout sur les bords pour l'empêcher de s'échapper, tandis que d'autres la passaient à tabac. Weijing ne voyait pas leur visage, et personne à part moi ne pouvait entendre ses cris étouffés.

Le reste des hommes de Zhang Jian ont commencé à fouiller le peu d'affaires que nous avions, avant de se mettre à ma recherche. J'ai caché mon dictaphone sous une carafe en plastique, dans un tas de foin et de tiges de maïs devant l'appentis. Les gardes ont forcé l'une après l'autre toutes les portes des bâtiments qui donnaient sur notre cour ; j'ai hésité une seconde à rester caché, puis je me suis décidé à sortir, tombant nez à nez avec une dizaine d'entre eux.

– Vous avez quelque chose à me dire ? leur ai-je crié.

L'espace d'un instant, ma question a eu l'air de les désarmer, mais j'ai ensuite senti un officiel me saisir brutalement par le bras.

– Mais oui, viens voir par là, on va causer. Ne bouge pas.

Ils m'ont encerclé, puis deux hommes m'ont attrapé par les poignets et m'ont tordu les bras pendant qu'un autre me faisait tomber à terre d'un coup derrière les genoux. J'ai tenté de me relever, mais quelqu'un m'a poussé vers l'avant. Un garde m'a saisi par le col, m'étouffant à moitié, pendant qu'un autre m'enfonçait dans la bouche un chiffon sale ramassé dans la cour. Ces gestes précis signifiaient sans aucun doute qu'il s'agissait de policiers bien entraînés. J'avais beau tout faire pour résister, ils étaient trop nombreux.

D'autres étaient maintenant en train de mettre à sac notre maison. Ils fracassaient les meubles, s'emparaient de tout ce qui leur semblait avoir de la valeur, fouillaient les moindres recoins (les murs, les tas de bois), et soulevaient les rochers dans la cour. Ils étaient surtout à la recherche de notre caméra, balayant la cour et la maison à l'aide de plusieurs détecteurs de métaux. Zhang Jian frappait Weijing sans relâche, demandant sans cesse où se trouvait la caméra, mais Weijing n'était même plus capable de parler. Hormis Zhang Jian et l'homme qui m'avait attrapé, plus personne ne parlait à voix haute. Ils murmuraient ou utilisaient des gestes pour communiquer, chacun cherchant à éviter d'être identifié, pour ne pas être tenu responsable, un jour. Tous savaient que je pouvais facilement me souvenir des voix. Cela a duré environ six heures. Weijing est restée couchée par terre, parcourue de spasmes incontrôlables et pleurant tout bas.

Quelques jours plus tard, lorsque son œil a commencé à désenfler, nous constaterions que l'os au-dessus de l'orbite avait été fracturé ; elle avait aussi plusieurs côtes cassées, et nous craindrions pour son foie, sa rate et ses reins. Elle avait l'air tellement mal en point, gisant sur la terre de la cour, que même les gardes ont commencé à avoir peur pour elle et envoyé chercher le médecin aux pieds nus. Ils sont restés pendant tout le temps de l'auscultation, surveillant de près l'administration de médicaments.

Avant de partir, Zhang Jian s'est approché de Weijing et lui a donné un dernier coup dans la jambe en disant :

– Ce n'était pas notre idée. Les ordres viennent de bien plus haut. Tu dois déjà le savoir, de toute façon.

C'était vrai : cette brutalité était de toute évidence un geste de représailles à cause de la vidéo. Les hommes qui s'étaient livrés à cet assaut étaient clairement différents : les gens du coin embauchés comme gardes avaient reçu l'ordre de rester à l'extérieur du village, et le sale boulot avait été confié à une bande de policiers du district. Nous avons appris plus tard que les plaques d'immatriculation sur les voitures de nos assaillants avaient été retirées ou recouvertes de linges noirs.

Lorsque Zhang Jian et ses sbires sont partis, ils avaient tout saisi chez nous ou presque : radios, téléphones portables, appareils photo, lecteur de cassettes et cassettes, lettres, dossiers, outils – et, bien sûr, la caméra, qu'ils avaient finalement trouvée. Avant de sortir de la cour, quelques gardes ont eu pitié de nous. Ils m'ont d'abord porté jusqu'à la maison avant de me déposer sur le lit. Puis ils ont tiré Weijing, qu'ils ont laissée par terre, sur le sol en béton, devant la porte. Ni elle ni moi n'étions capables de bouger ou de parler.

Pendant que ces brutes nous terrorisaient, ma mère avait emmené Kerui et Kesi sur la grand-route pour rejoindre la mère de Weijing et sa sœur. Les gardes ont attrapé mon fils et l'ont fait se dévêtir entièrement, dans leur voiture, pendant que ma mère était retenue dehors. Révolté et humilié, Kerui a demandé aux hommes de lui dire ce qu'ils cherchaient. Ces derniers l'ont autorisé à repartir avec sa grand-mère et sa tante lorsqu'ils n'ont rien trouvé sur lui, ni message ni autre élément compromettant. Peu de temps après, ma mère et Kesi ont été emmenées dans les bureaux du gouvernement du village. Interdiction leur a été donnée de retourner chez nous avant que les officiels de la Sécurité publique annoncent qu'ils en avaient fini avec Weijing et moi.

Lorsque ma mère et Kesi sont rentrées et ont trouvé Weijing à terre, sur le sol en béton, le visage tuméfié, toutes deux ont poussé des cris d'horreur, et Kesi s'est mise à pleurer sans pouvoir s'arrêter. Ni Weijing ni moi ne pouvions dire quoi que ce soit. Ma mère s'est mise à hurler, se tournant vers les gardes :

– Vous avez refusé de nous laisser rentrer, et vous avez tué mes enfants !

– Ils nous ont sévèrement battus, maman, a répondu Weijing d'une voix faible. Allez d'abord voir Guangcheng.

Weijing avait vu les gardes me frapper et elle ignorait si j'étais encore en vie.

Sans cesser de pleurer, Kesi s'est approchée de moi. À moitié inconscient, j'ai senti sa petite main se poser doucement sur mon nez.

– Grand-mère, grand-mère ! s'est-elle écriée. Mon *Baba* n'est pas mort, il respire encore !

Ma mère a voulu courir pour chercher un médecin, mais elle a découvert que le portail de la cour était à présent verrouillé de l'extérieur et que les gardes ne la laisseraient pas sortir. Elle est revenue, en larmes. À part nous témoigner leur soutien, Kesi et elle ne pouvaient pas faire grand-chose.

Un peu plus tard, je suis revenu à moi. Malgré la douleur, j'ai aidé ma mère à porter Weijing jusqu'au lit. Ni elle ni moi n'avons dormi cette nuit-là ; nous avions tous deux tellement mal que nous pouvions à peine bouger. Une idée folle m'a alors traversé : c'etait l'occasion rêvée de nous échapper, car nos ravisseurs ne s'y attendraient pas. Mais c'était hors de question pour Weijing.

– On ne peut même pas bouger, m'a-t-elle dit. Alors nous enfuir…

Le lendemain matin, les gardes ont accepté de laisser ma mère aller chercher de nouveau le médecin aux pieds nus du village, qui a mis Weijing sous perfusion. Nous n'avons ensuite plus eu droit aux moindres soins médicaux. L'un des gardes locaux, ayant suivi le médecin jusqu'à notre chambre, a poussé un cri en nous voyant.

– C'est inhumain ! C'est une abomination !

Quelques jours plus tard, nous avons remarqué que ce garde ne travaillait plus dans l'équipe de sécurité.

Notre vie est devenue encore plus limitée les semaines suivantes. Kesi avait pris l'habitude de jouer dans le village, mais, à la fin du mois de février, les gardes lui ont interdit complètement de sortir. Pendant un certain temps, tous les mouvements de ma mère ont été scrupuleusement épiés. À partir du mois de mars, les gardes ont exigé d'inspecter ses sacs, ses chaussures, ses poches et même la nourriture qu'elle rapportait chaque fois qu'elle sortait ou entrait par la cour. Mais ces mesures n'ont fait que renforcer la détermination de Weijing à trouver un moyen de nous évader. « Je suis avec toi », m'a-t-elle dit peu après les terribles violences de février. Nous étions prêts à nous échapper à la première occasion.

Les gardes ont redoublé d'efforts pour faire de notre maison une prison. Le 3 mars, ils ont cloué des plaques de tôle sur les fenêtres qui donnaient sur la rue. Le 6 mars, ils nous ont coupé l'électricité. La nuit suivante, ils sont entrés de force pour détruire notre antenne télé. Le 8 mars, le courant a été rétabli, mais ce matin-là Zhang Jian a de nouveau pénétré chez nous, accompagné de plusieurs dizaines d'hommes, pour nous prendre ou détruire tous les appareils électriques qui restaient, télécommandes, lecteur de DVD et même de vieux chargeurs. Weijing a tenté de leur bloquer le passage ; se campant devant Zhang Jian, elle lui a demandé de lui expliquer de quel droit il pénétrait chez nous à tout moment et prenait ce que bon lui semblait. Pour seule réponse, Zhang Jian l'a frappée à la tête. Deux femmes gardes qui se tenaient à côté l'ont ensuite sermonnée, lui disant qu'elle aurait pu éviter les coups en se taisant.

Dix jours plus tard, Zhang Jian et ses hommes de main sont revenus. Ils étaient dans une rage noire : apparemment l'épisode de notre passage à tabac s'était ébruité. Ils sont arrivés avec plusieurs grands sacs en nylon dans lesquels ils ont commencé à fourrer tous nos livres, dont mes livres en braille, ainsi que notre calendrier, ma canne, les jouets des enfants, nos aiguilles d'acupuncture et tout ce qui était accroché aux murs. À la recherche de tout objet susceptible de nous aider à faire sortir une vidéo ou n'importe quel autre message, ils en profitaient pour s'emparer de tout ce qui leur tombait sous la main. Ils ont enlevé certaines de nos photos de mariage de leur cadre, volé plusieurs documents, dont notre certificat de mariage, les actes de naissance des enfants, mon attestation de libération et d'autres papiers que j'avais rapportés de prison. Heureusement, ils n'ont trouvé ni mon dictaphone, bien caché, ni le téléphone portable, que Weijing avait emballé dans plusieurs feuilles de plastique avant de l'enfouir dans le puits à déchets de l'appentis. La batterie était presque à plat, et nos chargeurs nous avaient été confisqués, mais nous continuions à nous raccrocher à ce téléphone, la ligne de vie qui nous reliait au monde extérieur.

Quelques jours plus tard, les hommes sont revenus afin d'installer des caméras de surveillance supplémentaires, cette fois pour observer notre résidence depuis le sud-ouest et le sud-est. Toute la cour était maintenant visible. Après cela, Weijing n'a plus voulu étendre notre linge dehors, refusant qu'ils voient chaque vêtement que nous possédions.

À ce moment plus que jamais, nous échapper semblait être la seule solution possible si nous voulions survivre. Nous avons commencé à observer minutieusement nos geôliers. Pour la plupart, les gardes – de jeunes paysans embauchés ponctuellement, mêlés à des cadres du canton et du district, à des officiels de la Sécurité publique et à des membres des bureaux de la Planification familiale – étaient en civil. Ils étaient organisés en trois équipes principales, de chacune vingt-deux personnes (vingt-huit plus tard). La moitié effectuait son service de jour, l'autre moitié de nuit, mais tous pouvaient être réquisitionnés à n'importe quel moment. La durée des tours de garde variait de six à huit heures, allant parfois jusqu'à douze, voire vingt-quatre heures.

Chaque jour, des montagnes de nourriture étaient acheminées depuis les cuisines du canton, aux frais des autorités, pour nourrir les gardes. Nous les entendions souvent discuter de ce qu'ils coûtaient. Pour leur part, ce travail était idéal : la paie était toujours la même, les repas étaient réguliers, et les conditions correctes. Au départ, leur installation était reliée au système électrique du village, mais, craignant des coupures de courant, nos geôliers avaient préféré faire installer une ligne spécialement dédiée à tous les projecteurs, caméras et radiateurs qu'ils avaient apportés. Le blocus semblait total, même s'il existait des failles ; notre mission était de les trouver. Et j'étais sûr que nous pouvions compter sur la négligence des gardes.

Weijing et moi avions la quasi-certitude que personne ne viendrait nous secourir ; néanmoins, la mise en ligne de notre vidéo poussait de plus en plus d'internautes et de sympathisants à tenter de nous rentre visite à Dongshigu, ne serait-ce que pour constater par eux-mêmes l'état de siège. Les gens commençaient aussi à être au courant des mauvais traitements que nous avions subis, ce qui renforçait ma résolution de trouver un moyen de faire parvenir un nouveau message direct à nos sympathisants. Notre meilleure chance était de filmer une vidéo avec le téléphone qui nous restait. Encore fallait-il trouver un moyen de le recharger.

Un jour, occupé à fouiller dans un tas de vieux objets pourrissant, je suis tombé sur un chargeur de piles. Comme beaucoup de gens à la campagne, nous ne jetions jamais rien ; on ne savait jamais ce qui pouvait resservir un jour. Grâce à mes quelques connaissances en électricité, je savais qu'avec un bon conducteur il était possible de relier les bornes de la batterie de mon téléphone portable à ce chargeur.

Plus tard ce printemps-là, nous nous sommes servis du téléphone pour filmer une courte vidéo sur les passages à tabac dont nous avions été victimes. Mais comment l'envoyer à l'extérieur ? Les orages qui éclataient dans la campagne provoquaient parfois des coupures de courant, rendant momentanément hors d'usage les brouilleurs de signal que nos geôliers avaient installés sur le toit du voisin. Une fois l'orage passé, les gardes étaient obligés de grimper sur le toit pour faire redémarrer le générateur, ce qui nous offrait une petite fenêtre temporelle pendant laquelle nous pouvions passer des appels de quelques secondes. Un soir de mai, profitant d'un orage, nous nous sommes cachés sous nos couvertures, sur notre lit, pour éviter que les gardes ne nous entendent. Nous avons désespérément essayé d'envoyer notre message vidéo, mais en vain. Le mieux que nous avons pu faire a été d'envoyer des SMS décrivant notre situation à un internaute qui nous était venu en aide par le passé – l'une des seules personnes de notre connaissance dont le téléphone ne devait pas être surveillé.

Nous n'avons plus eu de nouvelle occasion de contacter le monde extérieur jusqu'au 25 juillet, lorsqu'un gros orage a provoqué une coupure de courant. J'ai alors appelé ce même internaute et lui ai demandé si les messages que je lui avais envoyés en mai avaient été rendus publics. Oui, m'a-t-il répondu, ils l'avaient été récemment. Après des mois de silence, des nouvelles de notre sort avaient enfin fuité à nouveau. Et, à nouveau, nous en avons payé le prix.

Le 28 juillet, environ soixante-dix hommes de la sécurité ont débarqué chez nous. Weijing et moi avons été poussés dans la cour tandis qu'on nous criait : « Où est le téléphone ? » Comme ils insistaient, j'ai fini par rétorquer qu'ils avaient déjà pris nos téléphones avec tout ce qu'ils nous avaient volé. J'ai reçu en réponse un coup de branche de bambou sur la bouche, puis ils ont battu Weijing sans pitié, sans cesser de réclamer le téléphone. Kesi aussi a été interrogée, mais elle a courageusement répondu qu'elle ne savait rien. La petite a pleuré violemment en voyant à nouveau ces brutes nous passer à tabac.

Les agents de sécurité ont éventré notre canapé, nos matelas et nos oreillers, et ouvert tous les récipients et boîtes qui ne l'avaient pas été lors des précédentes perquisitions. Ils n'ont rien laissé au hasard, allant même jusqu'à agrandir les trous faits par les rats et les souris. Ils ont fini par trouver le téléphone, mais pas la batterie ni la carte SIM que nous avions utilisée pour passer nos appels. Cet après-midi-là, ils ont coupé toutes les branches des arbres de notre cour et couché les tiges de bambou qui bloquaient l'œil implacable des caméras de surveillance. L'antenne télé avait déjà été détruite en mars, mais j'étais parvenu à en bricoler une nouvelle qui nous permettait de recevoir les informations internationales. Cette fois, les hommes ont aussi pris l'antenne que j'avais fabriquée et détruit avec des tenailles les petits trous qui nous permettaient de la fixer au téléviseur.

Le lendemain matin, Zhang Jian est arrivé et a ordonné que nous lui remettions la batterie et la carte SIM. Je lui ai demandé si ces actions étaient légalement justifiables.

– La loi, on s'en moque. On peut faire tout ce qu'on veut, m'a-t-il répondu. Que dis-tu de ça, hein ?

Weijing était au lit car elle ne s'était pas encore remise des mauvais traitements de la veille. L'un des agents de sécurité, Yang Xigang, est entré dans notre chambre et l'a sommée de lui remettre la batterie, disant que les hommes avaient reçu l'ordre en haut lieu de vider la maison de tout ce qu'elle contenait s'ils ne la trouvaient pas. Craignant un nouveau passage à tabac, Weijing lui a remis la batterie. Elle supposait qu'ils finiraient tôt ou tard par la trouver.

J'avais quant à moi caché la carte SIM, mais j'ai refusé de leur dévoiler où elle se trouvait. Essayant de me protéger, Weijing a dit qu'elle avait laissé ma mère la brûler. En réalité, elle avait remis un peu plus tôt à Kesi un petit morceau de fer provenant d'une boîte de médicaments qui avait à peu près la taille d'une carte SIM, pour que ma mère le fasse brûler dans le feu lui servant à cuisiner. De cette manière, à la fois Kesi et ma mère – qui était illettrée – pouvaient corroborer son histoire et éloigner les soupçons. Mais les gardes avaient besoin de preuves à rapporter à leurs supérieurs. Un peu plus tard, nous les avons surpris en train de brûler eux-mêmes une carte SIM pour en créer une de toutes pièces.

Durant cet épisode, en frôlant l'un des gardes, je me suis rendu compte qu'il portait des habits de tous les jours, et je lui ai dit :

– Vous ne portez pas d'uniforme, et vous n'avez aucun document légal. Vous êtes donc plutôt des bandits que des policiers.

– À l'heure actuelle, nous n'agissons pas en tant que membres de la police. Nous sommes ici sur ordre du Parti, m'a répondu Yang Xigang.

– Vous êtes comme des SS, alors, lui ai-je rétorqué.

Le lendemain, nouvelle coupure de courant. Cette fois, l'électricité a mis cinq mois à revenir. Les forces de sécurité ont installé des caméras de surveillance et des projecteurs supplémentaires, et averti nos voisins que le moindre contact avec nous serait puni. Ma mère n'a plus eu le droit d'aller nulle part hormis jusqu'au potager situé à l'entrée du village. La famine menaçait. Nous avons bêché un petit lopin de terre dans notre cour, dans l'hypothèse où plus aucun de nous ne serait autorisé à sortir.

La descente musclée du mois de juillet a également été un tournant, pour une autre raison. Deux mois plus tôt, après avoir vainement guetté une occasion de nous échapper, nous avions décidé de faire un pas en avant, plus radical : ensemble, nous avions dessiné un plan pour un tunnel, tâchant de déterminer l'endroit où il passerait sous la route, son point de sortie et la façon dont nous devions creuser. Weijing s'est bientôt lancée dans un travail titanesque. Elle est partie du coin nord-est de notre cour, un endroit que les caméras de surveillance ne pouvaient pas voir et depuis lequel on pouvait espérer se cacher du garde qui se trouvait de l'autre côté du mur. Weijing mettait tout en œuvre pour faire le moins de bruit possible. À l'aide d'une petite tige en métal, elle dégageait les pierres avant de creuser la terre avec une petite cuiller, travaillant pendant la journée, quand le bruit était couvert par ceux du village. Le soir venu, elle couvrait le trou à l'aide d'une dalle en ciment.

Au bout d'une semaine, Weijing avait creusé un trou d'environ un mètre vingt de profondeur. Mais, en le découvrant, ma mère s'est mise à protester vigoureusement. Weijing s'est interrompue, et nous avons fait le point sur la situation. Nos chances de réussir étaient maigres, mais finalement nous avons conclu que nous n'avions pas d'autre choix. Peu après, Weijing s'est remise à la tâche, cependant ses mains étaient à présent couvertes d'ampoules et de cals, et son corps était rouge et gonflé à cause des piqûres de moustiques. Sa progression ralentissait, mais, à force de persévérance, Weijing a fini par creuser plusieurs dizaines de centimètres.

En juillet, lors d'une nouvelle descente, les cadres ont découvert le tunnel. Furieux, ils l'ont immédiatement bouché. À partir de ce jour, des gardes se sont installés directement dans la cour et dans la maison vingt-quatre heures sur vingt-quatre, surveillant nos moindres mouvements. Ils nous insultaient, nous menaçaient même lorsque nous nous rendions dans l'appentis, nous traitant de traîtres, de renégats, et d'autres noms que je ne citerai pas ici. Nous n'avions plus le droit de fermer aucune porte dans la maison, même pour dormir ou manger.

– Si on ne peut pas vous voir, on ne peut pas savoir ce que vous faites, disaient-ils.

Au mois d'août, les autorités semblaient avoir décidé de tout tenter pour nous rendre fous. Imaginez la scène : nous étions à l'intérieur de notre petite maison, qui comportait une modeste pièce à vivre meublée d'une table, d'un canapé et de quelques chaises dépareillées, ainsi qu'une petite chambre au bout d'un couloir. Les murs étaient nus à l'exception d'une horloge encore accrochée là, que les cadres avaient cassée plus tôt dans l'année. Les fenêtres étaient bouchées par des plaques de tôle et, comme l'électricité avait été coupée, aucun ventilateur ne fonctionnait. Nous étions au plus chaud de l'été, dans la fournaise, de jour comme de nuit. Une douzaine de gardes en nage, tous avec une tasse de thé ébréchée entre les mains, étaient assis sur de petits tabourets, avachis sur des chaises ou en train de ronfler sur le canapé. Certains avaient enlevé leur chemise tant la chaleur était insupportable.

Notre canapé était trempé de leur sueur. Traverser la pièce relevait du défi, à cause de tous ces membres qu'il fallait enjamber. Il n'y avait pas d'air, pas de livres, pas de téléphone, et rien à faire ; ils nous avaient tout pris. Lorsque Weijing se retirait dans notre petite chambre pour se reposer ou faire au moins semblant de dormir afin de se soustraire à leur insupportable présence, trois gardes s'installaient nonchalamment au pied du lit, la lorgnant d'un air obscène.

Dans cette soupe humaine où se mélangeait la puanteur des corps, un flot incessant d'insultes déferlait sur nous de 8 heures du matin à midi ; après une trêve, le temps du déjeuner, le manège recommençait pendant trois heures, jusqu'au dîner. Les gardes juraient, criaient, nous insultaient ; nous étions des chiens, des espions à la botte des États-Unis, nous étions de mèche avec les Américains, des traîtres. « Tu es à peine humain, me disaient-ils. Où est-ce que tu t'es dégoté une femme pareille ? Pourquoi tu n'en choisis pas une meilleure ? C'est une vipère. » Pendant ce temps, deux fois par jour, une autre demi-douzaine d'hommes fouillaient nos affaires, mettant la maison sens dessus dessous ; ils recherchaient tout ce qui, d'après eux, pourrait nous être utile, ou dont ils pourraient s'emparer. Comme l'un d'entre eux nous l'a dit : « La question, ce n'est pas d'enfreindre la loi, de te harceler ou de bafouer tes droits. Je te le dis : ce que nous faisons, c'est te mettre dos au mur. Nous voulons que toi et toute ta famille vous sentiez plus bas que terre et n'ayez plus aucun moyen d'aller de l'avant, plus aucun moyen de vivre, plus aucun moyen d'évoluer. C'est ça, notre mission. » Nous faisions de notre mieux pour les ignorer, mais notre rage était presque impossible à étouffer.

Au fil du temps, la misère et l'ennui ont commencé à devenir un supplice pour les gardes eux-mêmes. Après une semaine passée à hurler comme des fous, ils ont montré quelques signes de fatigue. Les tours de garde se succédaient, mais plus personne ne savait quoi dire ni quelles insultes inventer ; l'atmosphère s'est tendue. Les gardes s'enregistraient pour montrer à leur supérieur lequel d'entre eux nous avait été le mieux malmené, mais, au bout d'un moment, tout cela a fini par vraiment leur peser. Ils commençaient à fléchir, et après quelques jours j'ai engagé le débat avec eux, sachant que leurs arguments étaient totalement absurdes, mais aussi que leurs supérieurs finiraient par écouter les enregistrements. À la fin du mois d'août, la plupart des gardes avaient renoncé à ces méthodes de harcèlement dignes de la Révolution culturelle.

Kesi, qui était prisonnière comme nous tous, n'avait rien d'autre à faire que de jouer, seule ou avec nous, dans le sable de la cour. Elle arrivait parfois à récupérer des pages des journaux que lisaient les gardes et en faisait des pliages, avec lesquels elle se promenait, passant au milieu de nos geôliers d'un air innocent. Weijing les dépliait, et je l'écoutais avec avidité lire les dernières nouvelles à voix basse. Évidemment, il n'y était jamais question de nous.

Notre fille était maintenant âgée de six ans. Weijing martelait à nos geôliers qu'ils ne pouvaient plus la priver d'éducation, qu'il fallait que Kesi entre à l'école à l'automne. Leur réponse ? « Notre nation socialiste ne permettra pas à une enfant contre-révolutionnaire d'aller à l'école. » Nous continuions à lui donner nous-mêmes des leçons du mieux que nous le pouvions, même si nous n'avions aucun matériel, aucune fourniture. Je lui apprenais la grammaire et les mathématiques en lui posant des problèmes oralement. Weijing, elle, lui apprenait l'écriture, dessinant des caractères dans la terre avec un bâton ou un caillou.

Lorsque l'interdiction que Kesi aille à l'école s'est ébruitée, des dizaines d'internautes se sont insurgés. Leur pression a dû porter ses fruits : un beau jour, Weijing et moi nous trouvions dans la cour, en train de récolter des arachides et ma mère venait de rentrer des champs quand Quatrième Frère et Zhang Jian sont apparus.

– Vous avez demandé à ce que Kesi aille à l'école, a annoncé ce dernier. Nous avons décidé que nous la laisserions y aller, mais à une condition : elle devra aller à l'école du district et vivre chez Quatrième Frère. Vous ne la reverrez jamais.

Nous avons bien sûr rejeté cette proposition ridicule. L'air contrarié, Zhang Jian a tourné les talons en disant :

– Très bien, dans ce cas, continuez à lui faire l'école, si vous n'êtes pas d'accord avec notre proposition.

Au mois de septembre, grâce à l'insistance d'un nombre incalculable d'internautes, Kesi a été autorisée à entrer à l'école primaire dans un village voisin. Mais elle restait encore sous surveillance : les gardes l'emmenaient et la ramenaient, et deux ou trois d'entre eux l'escortaient constamment. Une petite guérite avait même été construite juste derrière le portail de l'école – comme si notre fille représentait une menace contre-révolutionnaire. Son cartable était systématiquement fouillé tous les matins, et les gardes passaient en revue chaque page de chaque livre et cahier, pensant y trouver des messages que nous pourrions tenter de délivrer à nos amis à l'extérieur. Cependant, le Parti a annoncé publiquement que Kesi allait maintenant à l'école, et celle-ci nous a raconté qu'à plusieurs reprises une personne était venue dans sa classe pour la prendre en photo. Toujours dans cet esprit « cuirassé Potemkine », le Parti a également fait rénover presque intégralement le village de Dongshigu – non pas pour améliorer la vie des villageois, mais pour avoir une façade de respectabilité à montrer au monde.

Cette année-là, dans nos interminables tentatives pour faire parler de notre emprisonnement, nous avons eu l'idée d'écrire des messages destinés aux caméras de surveillance braquées sur notre cour. L'un des objectifs était d'alerter ceux qui nous regardaient, mais nous avions aussi le lointain espoir qu'un jour ces enregistrements puissent servir de preuves légales pour dénoncer les méfaits dont nous étions les victimes. À l'aide d'une pierre, Weijing gravait des messages dans la terre humide autour de la maison : « Détention illégale ici ; des vieux, des faibles, des malades, des infirmes brutalisés. Le Ciel ne tolérera pas pareille injustice ! » Elle utilisait parfois des morceaux de plâtre pour écrire sur les murs de notre cour, devant les caméras. Bien entendu, nous n'avions aucune idée de qui voyait ces mots ni des réactions qu'ils pouvaient susciter – si tant est qu'ils en suscitent.

Comme si leurs abus n'étaient pas suffisants, début 2011, les autorités avaient pris le contrôle de la maison de Deuxième Frère au village ; à l'époque, il vivait dans la capitale du canton. Ils avaient commencé par démolir le bâtiment principal de sa maison, où nous nous étions mariés et avions vécu pendant une brève période, puis ils avaient construit une prison spécialement pour nous, une chambre avec des barreaux aux fenêtres – comme une cage. À l'extérieur, des barreaux avaient également été installés, du toit jusqu'au sol, exactement comme au centre de détention. Ma mère avait l'habitude de se rendre de temps à autre chez Deuxième Frère pour s'occuper de la maison, mais depuis le mois de mai elle n'avait même plus eu le droit de marcher dans cette direction. Fin septembre, les gardes nous ont donné l'ordre de nous préparer à déménager là-bas. Cette simple idée nous a terrifiés. Tout ce temps passé à observer les gardes, à nous forger une parfaite connaissance des environs allait donc se révéler vain ?

Le 1er octobre, Zhang Jingbai est venu nous annoncer qu'il avait pris son nouveau poste de secrétaire du Parti de Shuanghou et demander ma coopération.

– Tes conditions de vie sont dures, m'a-t-il dit, mais dans l'autre endroit (il faisait allusion à la prison sur mesure) tout sera pris en charge. Ce sera un plus pour ma nouvelle position si tu acceptes d'y aller.

J'en suis resté médusé. Deux semaines plus tard, Zhang Jian et Wang Yunqing, deux vice-secrétaires du comité du Parti de Shuanghou, sont venus nous menacer, exigeant que nous déménagions dans la nouvelle prison dans laquelle, d'après eux, nous nous « transformerions » plus vite. Lorsque j'ai refusé, ils m'ont répondu :

– Qu'importe que vous le vouliez ou non. Ce n'est pas à vous de décider. Vous devez déménager !

Nous redoutions toujours de devoir nous en aller lorsque nous avons appris une nouvelle extraordinaire : le 6 novembre, au beau milieu de la nuit, les autorités avaient fait venir plusieurs bulldozers et démoli la prison, enlevant les barreaux de fer et les dalles de béton pour s'en débarrasser sur un site à plusieurs kilomètres de là. Nous n'avons jamais appris la raison de ce revirement soudain, même si nous savions que l'existence de la prison avait été révélée par la presse hongkongaise. Une fois de plus, le soutien et les pressions du monde extérieur semblaient nous épargner un bien plus terrible destin.

C'est à cette période – pendant les mois les plus sombres de 2011 – qu'un mouvement est né. Nous en étions nous-mêmes à peine conscients, alors que nous en étions le cœur, tel un nouveau symbole de résistance. Le village s'est transformé en un improbable lieu de pèlerinage ou d'aventure pour les touristes – c'était selon. Les quelques courageux partis à notre recherche à Dongshigu, non sans courir de grands risques pour leur propre sécurité, se sont transformés en flots de visiteurs. Citoyens ordinaires, internautes actifs au sein de communautés virtuelles, journalistes, avocats, défenseurs des droits de l'homme, et même célébrités, tous sont arrivés dans notre village pour témoigner de leur soutien. Ils sont venus à Dongshigu en septembre pour marquer le premier anniversaire de ma libération ; et ils sont venus en octobre pour mon quarantième anniversaire. Certains arrivaient seuls, pour des raisons très personnelles ; d'autres arrivaient par groupes de trente, parfois même plus. Des ballons portant des messages écrits sur des bouts de vêtement étaient lâchés, me souhaitant un bon anniversaire, ou de rester en bonne santé ; des feux d'artifice ont été tirés par des gens ayant traversé la rivière malgré le froid de l'hiver. J'ignorais à l'époque que ces feux d'artifice m'étaient destinés, même si je m'étais posé la question.

Une telle foule affluait à Dongshigu que les cadres ont annoncé 500 yuans de récompense à quiconque leur ramènerait un visiteur. Des obstacles ont été déployés partout, parmi lesquels des herses faites pour crever les pneus des voitures, ainsi qu'un faux panneau à l'entrée du village qui disait : « TRAVAUX – ROUTE BARRÉE ». Les visiteurs n'avaient aucun moyen d'atteindre la maison ; la plupart étaient arrêtés dès leur arrivée à Linyi, et beaucoup ont subi des interrogatoires, dû payer des amendes ou vu leurs effets personnels confisqués.

L'une des premières à nous rendre visite a été He Peirong, également connue sous le nom anglais qu'elle utilisait sur internet, Pearl. Professeur à Nankin, elle avait été touchée par mon histoire et révoltée par les persécutions incessantes dont j'étais la cible. Elle est venue plusieurs fois dans le Shandong, même après que sa voiture a été vandalisée. En juin 2011, elle a été détenue par les autorités après avoir tenté de nous voir.

En apprenant la détention de Pearl, un autre de nos soutiens, Gao Xingbo, qui avait aussi fait le trajet un nombre incalculable de fois depuis Shenzhen jusqu'à notre village, a sauté dans l'avion pour se rendre à Linyi, puis s'est installé dans un hôtel avec l'intention de partir à sa recherche. Ce soir-là, la police locale lui a rendu visite, et peu après un inconnu a frappé à sa porte soi-disant pour lui apporter de l'eau. Une fois celle-ci ouverte, une dizaine d'hommes sont entrés de force dans la chambre et l'ont sévèrement passé à tabac, avant de le traîner dehors pour l'emmener dans la ville de Laiwu, à environ cent cinquante kilomètres de là, dans les montagnes. Ils l'ont abandonné sur le bord de la route, complètement nu, avec seulement une chaussette au pied gauche. Personne n'a voulu le prendre en stop. Personne n'a voulu l'aider, pensant avoir affaire à un criminel, lorsqu'il a frappé à quelques portes. Quelqu'un a quand même fini par avoir pitié de lui et lui a donné un vieux pantalon, une chemise et des chaussures, puis lui a permis d'appeler un ami, qui est venu le chercher. Cette manœuvre d'intimidation n'a pas été un cas isolé.

Un grand nombre de personnes qui nous soutenaient, parmi lesquelles Pearl et Gao, ont écrit sur leurs tentatives pour venir nous voir, faisant ainsi connaître notre situation aux gens de l'extérieur. Des politiques connus ont commencé à mentionner mon cas : Hillary Clinton, beaucoup de figures du Congrès américain, des ministres européens, des parlementaires britanniques. Des journalistes, des grands reporters, des représentants de chaînes majeures et des diplomates étrangers ont voulu entrer en contact avec nous ; tous ont été menacés ou battus lorsqu'ils ont essayé de nous approcher. Quand des reporters de CNN ont pour la première fois tenté de venir nous voir, en février 2011, les gardes les ont caillassés. Ces reporters sont revenus dix mois plus tard accompagnés par l'acteur Christian Bale, qui travaillait alors sur un film. Bale a simplement dit aux gardes qu'il souhaitait me serrer la main ; en réponse, ils l'ont repoussé et frappé. Je n'ai appris cette histoire que bien longtemps après, quand Kesi a entendu dire un jour que Batman – ou Christian Bale – était venu me voir, mais avait été contraint de repartir.

Même si nous ne voyions jamais nos nombreux visiteurs, et n'allions apprendre leur histoire que bien plus tard, les gardes ont commencé à nous donner le sentiment que quelque chose changeait. Certains jours, au lieu de prendre leur déjeuner ensemble, comme d'ordinaire, ils sortaient tous pour se rendre ailleurs dans le village. Parfois, nous les entendions se dire qu'il allait arriver quelque chose, et de temps en temps le nombre de personnes en charge de la sécurité croissait sensiblement. Ces indices nous ont fait comprendre que, dehors, les gens prenaient conscience de notre situation, ce qui n'aurait pas pu nous remonter davantage le moral.

La vague d'activisme qui a entouré ma résidence surveillée était un cas sans précédent dans la Chine moderne ; les protestataires se servaient de différents outils pour communiquer entre eux à l'insu du système. Quelqu'un avait fabriqué des autocollants à placer sur les voitures, où l'on voyait ma tête à côté du slogan « Libérez CGC ». Une autre personne, un internaute connu sous le pseudonyme de Crab Farm, avait trouvé un moyen pour que les gens puissent coller des lunettes noires – devenues le symbole de ma résistance – sur les photos d'eux qu'ils mettaient en ligne. Des milliers d'utilisateurs de Weibo, dont l'artiste Ai Weiwei, ont créé des autoportraits pour se montrer solidaires de notre cause. La portée de tels gestes, simples mais néanmoins percutants, que le Parti n'avait aucun moyen de supprimer, était incommensurable.

Dès mon retour de prison, je n'avais cessé de penser à m'échapper. Mais tout avait été compromis quand les gardes avaient découvert le tunnel et s'étaient installés dans la cour. Le mieux qu'il nous restait à faire était d'essayer de nous alimenter et de garder des forces, ce qui n'était déjà pas une mince affaire.

Pourtant, je continuais à m'accrocher à l'espoir que nous finirions par trouver un moyen. Weijing et moi avions envisagé d'aller nous réfugier dans une grotte, en pleine montagne ; nous trouverions ensuite un moyen de faire sortir Kesi et ma mère. Nous avions aussi pensé faire sortir Weijing toute seule, pour qu'elle revienne avec de l'aide. Et, au final, nous en étions venus à la conclusion improbable que, même si j'étais aveugle, la meilleure approche restait que je fasse une tentative, seul.

À l'automne 2011, nous observions constamment les gardes et leur routine. J'écoutais leurs conversations, essayant d'apprendre les habitudes de chacun et leur personnalité ; Weijing les regardait en douce tandis qu'elle travaillait dans la cour ou sur le toit. Quand les tours de garde commençaient-ils et prenaient-ils fin ? À quel moment nos voisins étaient-ils chez eux ou ne l'étaient-ils pas ? Où se trouvaient les petits obstacles que les gardes avaient semés pour empêcher notre évasion ? Nous passions presque des nuits blanches, parfois, à écouter les petits bruits du monde qui nous entourait. Weijing me faisait part de tout ce qu'elle apprenait, que je mémorisais.

Nous avons par exemple conclu que tenter de nous échapper de nuit serait une erreur : les gardes étaient tout aussi nombreux, mais on risquait davantage d'être entendus. Nous avons également compris que les chiens, nombreux à la campagne, devaient être évités à tout prix. Et surtout, je savais que, au moment où ma chance de m'évader viendrait enfin, mes oreilles seraient mes yeux.

Nos sympathisants continuaient à tenter de manifester leur présence, faisant monter la pression sur les autorités. Fin octobre, le vice-président du Canlian pour le district, un dénommé Meng, est venu me voir, accompagné par Zhang Jian et deux policiers. Faisant mine d'être préoccupé, Meng m'a demandé comment les choses se passaient.

– Au moins, je ne suis pas encore mort de faim, lui ai-je répondu sans qu'il s'aperçoive de la pointe d'ironie.

Je lui ai ensuite expliqué les différentes façons par lesquelles mes droits avaient été violés.

– Mais, de toute manière, vous êtes non voyant, a dit Meng. Puisqu'on vous donne déjà suffisamment à manger, à quoi cela vous servirait-il de sortir et de faire des choses ?

Il était assis à côté de moi durant cette entrevue et a tenté plusieurs fois de m'arracher un sourire pour le photographe qu'ils avaient amené avec eux – je n'ai pas arrêté d'entendre le clic de l'appareil. Un moment plus tard, se tournant vers le photographe, Meng lui a demandé s'il avait eu ce qu'il voulait. Celui-ci a acquiescé, puis tout le monde s'est levé pour partir. Par courtoisie, Weijing et ma mère les ont raccompagnés à la porte, le sourire aux lèvres, contentes malgré elles d'avoir reçu un visiteur, quel qu'il soit, qui n'était ni violent ni agressif. Quelques jours plus tard, cependant, le gouvernement a fait circuler des photos de Weijing et de ma mère souriantes, présentant ainsi la « preuve » que notre famille n'était pas maltraitée. Par la suite, quand des gens venaient nous voir, je scotchais sur mes lunettes noires des messages que tout le monde pourrait voir, écrits comme des petits poèmes : « Résidence forcée illégale pour des aînés, jeunes, malades et handicapés. Saccage, violation de domicile, maltraitance, vols ; brutalité, sans états d'âme. » Désormais, il était impossible aux autorités de prendre des photos à notre insu pour corroborer leur version des faits.

Un matin de la mi-décembre, trois villageois sont arrivés chez nous avec une urne. La femme à la tête du groupe m'a annoncé que le moment était venu de voter pour élire les représentants de notre canton et du district pour l'Assemblée nationale populaire. Je savais qu'il s'agissait de notre seule chance d'élire des représentants du peuple en Chine.

– Voter est une responsabilité qu'il ne faut pas prendre à la légère, ai-je dit, mais qui sont les candidats en lice ? Vous les connaissez ?

– Non, a répondu la femme.

– Parmi eux, ai-je fait remarquer, il y a Zhang Jian (celui-là même qui était responsable de ma captivité), mais il siège déjà à la tête du canton. Comment pourrait-il cumuler cela avec la fonction de représentant à l'Assemblée nationale populaire ? Quels sont les programmes de campagne de ces candidats ? Si nous ne connaissons rien d'eux, comment voulez-vous que nous votions ?

La femme m'a répondu qu'elle ne savait rien de tout cela, mais que ce n'était pas important : ces représentants ne faisaient rien d'autre qu'organiser des réunions inutiles. Je lui ai répondu, ainsi qu'aux deux autres villageois, que tous ces candidats avaient en fait été nommés par le comité du Parti ; puis je leur ai conseillé de barrer les noms des candidats inscrits sur les bulletins et d'écrire à la place les noms de villageois qui, d'après moi, auraient été capables de remplir ce rôle. Tandis que tous trois s'en allaient, nous avons vu les gardes filmer nos bulletins. Ils jouaient bien leur rôle, essayant de faire croire au monde extérieur que nous avions le droit de participer à une élection libre et indépendante.

Pendant les dernières semaines de 2011, nos conditions de vie se sont légèrement améliorées, sans aucun doute à cause de la pression que le monde extérieur exerçait sur mes geôliers. L'électricité a fini par être rétablie ; les caméras de surveillance, les projecteurs et autres équipements installés dans notre cour ont été retirés ; les gardes, quant à eux, sont retournés de l'autre côté du portail. Mais nous continuions à vivre comme des prisonniers, et ma santé allait de mal en pis – je retrouvais du sang sur mon tabouret, et j'étais sujet à de longues périodes d'épuisement. Pourtant, même si nous faisions de notre mieux pour nous préparer, matériellement et psychologiquement, à encore des années de siège, nous pensions constamment à nous évader.

Un jour, à la fin du mois de décembre, Weijing était en train de travailler dans le jardin quand quatorze personnes ont tout à coup débarqué. Je dormais à ce moment-là ; Weijing s'est précipitée pour me réveiller. Je me suis bien assuré de mettre mes lunettes noires ornées des messages ; plusieurs de nos visiteurs étaient venus avec des caméras. Tandis qu'ils se présentaient, j'ai reconnu leur accent pékinois, ainsi que deux noms – Yi Qing et Sima Pingbang, tous deux réputés pour soutenir ouvertement le régime. Ils étaient connus pour être des « cent sous », par opposition aux « dix sous », ces gens payés pour publier sur Internet des commentaires diffamatoires sur ceux qui comme moi critiquaient le Parti, contre une rémunération de « dix sous » par ligne. Je leur ai parlé des violations de mes droits, de cette détention illégale, des passages à tabac, des vols dont j'avais été victime. À ma grande surprise, je dois le dire, ils m'ont encouragé à trouver un moyen d'amener les leaders du Parti à nous réunir pour engager le dialogue. J'ai répondu que je serais très heureux de le faire ; je clamais depuis longtemps que j'étais prêt à rencontrer quiconque serait intéressé par la vérité, quiconque parlant raisonnablement et agissant conformément à la loi.

– Notre pays a changé à présent, m'ont-ils dit.

– En quoi ? ai-je demandé. La vérité est la vérité, les mensonges sont des mensonges.

Ils m'ont répondu que dans les faits les choses n'étaient pas toujours si claires.

– Qu'est-ce qui n'est pas clair ? ai-je rétorqué.

À un moment, pendant notre entrevue, Yi Qing s'est approché de Weijing.

– J'ai connu la Révolution culturelle, lui a-t-il dit, et je sais que le Parti communiste ose tout. C'est ça, la Chine. Un plus un ne fait pas toujours deux.

– Alors ça fait combien, d'après vous ? lui a répliqué Weijing.

Pas de réponse.

Mon épouse a emmené les officiels sur le toit du bâtiment de la cuisine et leur a montré le matériel de brouillage de signal installé sur les maisons des voisins, ainsi que les caméras de surveillance et les projecteurs disséminés dans le village. Ils ont pris des photos. Ils filmaient pendant que je parlais, également, et après leur départ j'ai eu la certitude que, si je n'avais pas porté mes lunettes spéciales, ils se seraient à nouveau servi de ces images pour duper les gens.

Quelques jours plus tard, les bandes de gardes sont réapparues, comme sortant de terre. Le système de sécurité autrefois installé à l'intérieur de la cour – projecteurs, matériel de brouillage, tout sauf les caméras – a été remis en place. L'électricité a été coupée une fois encore, et les gardes ont réinvesti la cour. Le 31 décembre, une nouvelle perquisition a eu lieu, prétendument pour récupérer les messages que j'avais collés sur mes lunettes. Mais je savais ce qui les inquiétait réellement : ils soupçonnaient que, durant cette semaine où les gardes étaient restés hors de l'enceinte de la maison, quelqu'un nous avait fait passer un téléphone portable ou tout autre appareil pouvant nous permettre de contacter l'extérieur.

Il était tôt, en ce matin du 25 janvier 2012, lorsque je me suis éveillé d'un rêve agité, l'un de ces nombreux rêves que je faisais depuis mon incarcération. Il devait être environ 7 heures quand, un peu plus tard, un garde a annoncé à Weijing que Troisième Frère était devant la maison et devait parler à notre mère. Voilà qui était étrange ; depuis longtemps, nous n'avions plus droit au moindre contact avec notre famille.

Troisième Frère venait nous annoncer une terrible nouvelle.

– Deuxième Frère est à l'hôpital, a-t-il dit. Il est atteint d'un cancer de l'estomac et peut mourir à tout moment.

Ma mère s'est aussitôt mise à hurler – cette nouvelle était un coup dur des plus inattendus. Troisième Frère l'a réconfortée, puis nous a dit que nous devions prendre des dispositions. Fallait-il le rapatrier ici pour l'enterrement, ou le faire incinérer sur place ? Il a également demandé aux gardes si ma mère et moi pouvions revoir une dernière fois Deuxième Frère.

Retournant jusqu'à la maison, Weijing et moi avons dû soutenir ma mère qui pleurait à chaudes larmes. Quelques gardes avaient été touchés par la nouvelle ; ils ont fait semblant de nous interdire de l'accompagner, puis nous ont laissés l'escorter jusqu'à l'entrée du village, en nous suivant. À notre arrivée, Zhang Jian, accompagné par d'autres hommes, a accouru et nous a ordonné de rentrer. Quand nous avons refusé, un attroupement de villageois n'a pas tardé à se former autour de nous pour témoigner son soutien. Au bout du compte, ma mère a été autorisée à se rendre à l'hôpital, mais Weijing et moi avons été reconduits de force à la maison.

Une heure plus tard, alors que j'étais assis dans la cour, j'ai entendu au loin ma mère qui pleurait sans pouvoir s'arrêter. J'ai su que Deuxième Frère était parti. Lorsqu'elle est arrivée au portail, les gardes l'ont poussée pour la faire entrer en lui sommant de garder ses pleurs pour l'intérieur de la maison. Entre deux sanglots, ma mère nous a annoncé qu'elle était arrivée trop tard. Le visage de son fils était déjà recouvert d'une feuille de papier lorsqu'ils avaient rejoint l'hôpital. Elle l'avait soulevée pour le voir une dernière fois.

J'ai demandé aux gardes la permission de toucher une ultime fois Deuxième Frère, mais cela aussi m'a été refusé. Les ordres du Parti étaient stricts : mon frère allait d'abord être emmené au funérarium pour être incinéré, puis les cendres seraient rapportées au village pour l'enterrement. Les cadres ont refusé qu'on apporte « la soupe » jusqu'à la tombe, comme le veut notre coutume locale ; devant nos protestations, ils ont finalement laissé Kesi le faire une fois, sous l'œil de deux d'entre eux. Tandis que Kesi se livrait aux rituels funéraires avec d'autres membres de notre entourage, ma mère est restée assise à pleurer dans la cour. Weijing la réconfortait, entourée elle aussi par des gardes. J'étais bouleversé et, refusant de laisser voir mon chagrin aux gardes, j'étais rentré à l'intérieur. Tout à coup, j'ai entendu les petits pas de Kesi sur le palier.

– J'ai quelque chose à te dire, *Baba*. C'est très important, m'a-t-elle chuchoté en me conduisant dans la chambre, avant de fermer la porte. *Baba*, a-t-elle murmuré d'une voix des plus sérieuses, Premier Oncle m'a dit de te dire que Batman avait essayé de venir te voir, mais que les gardes l'avaient chassé en le frappant. Il a aussi dit que beaucoup de gens essaient de te rendre visite, mais que les méchants leur cassent les bras et ne les laissent pas approcher.

Agenouillé à côté de Kesi, Frère Aîné avait profité de la cérémonie pour lui transmettre rapidement ce message. Cette nouvelle porteuse d'espoir m'a grandement réconforté en ces temps difficiles.

Une fois de plus, le Parti se comportait de façon barbare, nous refusant le droit d'enterrer et d'honorer Deuxième Frère comme il se devait. Nous n'avons même pas pu nous rendre sur sa tombe – ni moi, ni ma mère, ni Weijing. Quel genre de régime, quel genre de système interdit-il à un homme de pleurer son frère, à une mère de pleurer son fils ? Pendant des semaines, ma mère a pleuré chaque jour, et encore à ce jour je n'ai jamais pu toucher la terre sous laquelle les cendres de mon frère sont enterrées.

Le 2 mars, l'un des gardes nous a fait passer un message provenant de Troisième Frère : ma mère fêtait ce jour-là ses soixante-dix-sept ans, et il voulait savoir ce qui lui ferait plaisir de manger pour l'occasion. Ma mère a cherché à lui parler, mais les gardes lui ont brutalement bloqué le passage, ils avaient reçu des ordres. Quand ils l'ont poussée, ma mère s'est cogné la tête contre le cadre en pierre de la porte.

– De quel droit vous, les jeunes, vous frappez une vieille dame ? a-t-elle éructé. Vous n'avez pas une mère et un père chez vous ?

L'un d'entre eux a eu le culot de répondre :

– On n'a pas de problème, nous, les jeunes. C'est vous, les vieux, qui n'arrivez pas à vivre avec nous.

Ce rude traitement qu'ils faisaient subir à ma mère m'a une fois de plus fait enrager. Mais les jours suivants, ma colère s'est muée en une sorte de détermination désespérée : j'allais m'échapper, ou essayer de m'échapper, et j'allais le faire rapidement. Je ne pouvais tout simplement plus continuer à vivre de cette manière ; ces conditions de vie étaient intolérables. En outre, mon état de santé empirait et rendait cette évasion impérative. Ce n'était pas simplement pour ma liberté que j'allais m'enfuir, c'était pour ma vie.

Depuis un an et demi, il m'était arrivé des dizaines de fois d'être à un cheveu de m'évader. Nous guettions les gardes en permanence, attendant le moment propice. Mais, chaque fois qu'une occasion se présentait et que Weijing et moi faisions un pas vers notre itinéraire de sortie, l'un des gardes se tournait vers moi ; aussitôt, je faisais semblant d'être occupé à quelque chose. J'étais devenu un acteur bien entraîné dans ce théâtre de l'absurde, capable de changer de démarche en un clin d'œil, de prétendre que je me précipitais dans l'escalier pour aller me rincer la figure ou observer une fleur qui venait d'éclore. Nombreuses ont été ces tentatives avortées, mais je ne me suis jamais fait prendre.

Avec l'arrivée du printemps, nous avions de nouveaux atouts de notre côté : le temps était meilleur, le feuillage nous cachait et étouffait les bruits. De plus, ma mère était retournée aux champs, ce qui rendait plus facile une évasion à son insu. Puis, le 13 avril, le chien du voisin a disparu ; ce chien était aussi vigilant que les gardes. C'était une aubaine, et nous avions bien l'intention d'en profiter.

J'ai commencé à passer encore plus de temps au lit que d'ordinaire – à cause de mon état de santé, mais aussi parce que je voulais que les gardes s'habituent à me voir de moins en moins souvent. Weijing, quant à elle, continuait de repérer les différents itinéraires et de me rapporter tout ce qu'elle avait observé. Nous revoyions régulièrement nos plans ensemble, répétant chaque détail jusqu'à ce que j'aie la certitude de tout connaître par cœur.

Nous vivions en résidence surveillée depuis plus d'un an et demi. Le moment était venu de nous échapper. Il ne nous fallait que deux choses : une occasion, même la plus mince, et une première action parfaitement exécutée.

– C'est maintenant ou jamais, ai-je dit à Weijing.

Mais, pour moi, la question ne se posait même pas. C'était maintenant.

11

L'ÉVASION

Le matin de mon évasion, je m'étais faufilé par l'escalier avant de me hisser par-dessus le mur qui entourait notre cour, un peu après 11 heures. À présent, huit heures plus tard, je me retrouvais par terre, à l'agonie, à environ trente mètres à l'est. Je m'étais laissé tomber dans la cour abandonnée de notre ancienne maison, où j'avais atterri sur un tas de pierres, et je savais que mon pied droit était probablement cassé en plusieurs endroits. J'aurais voulu plus que tout rester étendu là et concentrer toute mon attention sur ma douleur, pour m'aider à la supporter, mais impossible : chaque seconde qui s'écoulait rendait de plus en plus forte la possibilité que je sois capturé. J'ai roulé sur le côté, puis, à quatre pattes, j'ai avancé vers l'arrière de la maison d'un ami d'enfance et de sa femme. Je pensais pouvoir attirer leur attention en les appelant par la fenêtre de derrière, mais j'avais oublié qu'elle était si haute. De plus, le son de leur téléviseur était monté à fond à l'intérieur – il n'y avait presque aucune chance qu'ils m'entendent.

Il me fallait à tout prix attirer leur attention, alors j'ai rampé le long de la maison de mon ami jusqu'à arriver à un muret qui jouxtait notre ancienne cour. Celui-ci ne devait pas faire plus de soixante centimètres de haut, mais le franchir était maintenant une épreuve pour moi tant mon pied me faisait souffrir. J'ai fini par y parvenir pour ramper jusqu'à l'angle de la maison où se trouvait un deuxième mur, beaucoup plus haut cette fois, donnant sur la cour. Jamais je n'aurais pu l'escalader dans mon état, mais heureusement je savais où étaient situés les abris de jardin et la configuration de la cour de mon ami : si je l'appelais à voix basse, le son résonnerait sur la construction qui se trouvait en face de moi et ricocherait sur leur porte d'entrée, qui devait sans doute être ouverte.

Cramponné au mur, je me suis mis à les appeler – mais seulement pour entendre leur chien, qui a commencé à aboyer furieusement. Mao

Ling, la femme de mon ami, semblait seule à la maison. Je l'ai entendue pousser la porte grillagée de l'entrée et sortir. Puis elle a fait le tour de la cour, ses sandales se posant bruyamment dans la boue, cherchant à savoir ce qui avait pu faire aboyer le chien. À nouveau, j'ai appelé, mais les aboiements couvraient ma voix. Mao Ling a fini par rentrer.

Être si près mais impuissant à signaler ma présence était une torture. Je suis resté plaqué contre la maison de mon ami pendant un moment, sans bien savoir quoi faire. Il devait être 21 heures quand j'ai senti les premières gouttes de pluie sur mon visage. La pluie signifiait que les gardes allaient monter sur le toit de la cuisine de nos voisins afin de couvrir le matériel de brouillage de signal GSM. De là, ils auraient la possibilité de me voir si je ne me sauvais pas. La nuit était tombée à présent, mais les puissants projecteurs éclairaient chaque recoin du quartier. J'ai filé me réfugier aussi vite que je le pouvais derrière l'angle de la maison de mon ami.

Quelques minutes plus tard, j'ai entendu les gardes grimper sur le toit et bâcher le matériel tout en bavardant. Le chien, dans la cour de notre voisin handicapé mental, s'est remis à aboyer et ne s'est arrêté que lorsque les gardes sont redescendus, dix minutes plus tard. Tapi là, attendant que le bruit se calme, j'ai réfléchi à mes différentes options. Je voulais à tout prix entrer en contact avec Mao Ling, ou avec sa voisine d'à côté, mais quand bien même je réussirais, comment allaient-elles m'aider ? Aucune de ces deux familles ne possédait de voiture et, si je leur demandais d'appeler un taxi, l'arrivée d'un véhicule serait immédiatement suspecte, aucune des deux n'en ayant jamais appelé de sa vie. Je me rendais compte que personne ne pouvait m'aider. J'allais devoir m'évader tout seul.

Tandis que le silence du soir gagnait le village, tous les bruits se sont mis à me parvenir avec la plus grande netteté. Les gardes s'installaient à leur poste par deux, pour la nuit, et discutaient ou jouaient sur leur téléphone. Une pluie fine tombait et les arbres en bourgeon frémissaient sous la brise légère. À l'oreille, j'ai suivi les pas d'un homme qui traversait le village ; j'ai localisé l'emplacement des chiens, qui aboyaient successivement ; je les connaissais tous bien. Je parvenais même à entendre les voitures qui passaient de temps en temps sur la nationale, au loin. J'entendais chaque son distinctement, conscient que tout bruit que je pourrais moi-même faire me trahirait.

Il était temps de partir. Je me suis détourné de la maison de mon ami et j'ai commencé à me mettre en route vers l'est, presque à quatre pattes, manquant de tomber dans un bosquet de petits arbres. J'ai essayé de me raccrocher à un jeune plant pour me redresser, mais ce dernier a failli casser sous mon poids. Tout au bout, j'ai découvert un nouveau mur de pierre d'un mètre cinquante de haut environ, à l'emplacement où se trouvait auparavant une vieille porte en bois. Le mur semblait fragile, il n'était pas question de l'escalader. À la place, j'ai choisi de le démonter, pierre par pierre, afin d'ouvrir un trou par lequel je pourrais ramper.

Mon pied était à présent tellement enflé que j'avais l'impression que ma chaussure allait exploser, et lorsque je me suis levé pour atteindre la plus haute pierre du mur, j'ai failli crier de douleur. Pourtant, j'ai passé l'heure suivante à déloger avec la plus grande précaution chaque pierre, que j'ai doucement posée par terre, sachant que les gardes entendraient le plus petit choc. Au moins, tandis que la pluie tombait toujours, j'ai pu créer une ouverture suffisamment grande pour m'y glisser.

Je suis allé à tâtons jusqu'au portail d'une cour sur la gauche du mur. Celui-ci suivait la route goudronnée qui traversait le village. Essayant de me familiariser avec ce nouvel environnement, j'ai tendu l'oreille, m'efforçant de capter le moindre bruit. Je savais que la route était éclairée par les réverbères situés au-dessus des toits des maisons du village. La traverser voulait dire m'exposer totalement ; aucune erreur n'était possible.

Une angoisse m'a tout à coup envahi, et mon instinct m'a poussé à me retrancher derrière le mur que j'avais partiellement démonté. Juste au moment où je finissais par trouver un bon endroit où me cacher, j'ai entendu des bruits de pas approcher sur la route ; c'était probablement une patrouille à pied qui s'en allait vérifier que tout se passait bien pour les gardes de nuit positionnés dans le village, et s'assurer qu'aucun ne dormait. Mon cœur a fait un bond : si j'avais hésité une minute de plus, j'aurais été découvert.

Il était maintenant minuit passé. La pluie et le vent se sont tout à coup arrêtés, laissant place à un lourd silence. J'ai entendu un garde tirer sa banquette sur la route pour s'installer de l'autre côté du mur. J'ai eu peur d'avoir manqué une opportunité cruciale : à présent, il allait pouvoir entendre mes mouvements distinctement. Je n'avais plus d'autre choix que d'attendre, alors je suis resté dans l'obscurité, assis sur une pierre.

Après un nouveau silence interminable, un coq s'est mis à chanter dans la nuit, brisant le calme ambiant. Je pouvais reconnaître chaque coq du village à son chant. Celui-ci venait de chez moi ; on l'entendait toujours pour la première fois autour de 1 h 30 du matin. J'ai pensé à ma famille, à la maison : étaient-elles endormies, ou allongées sur leur lit, éveillées, à se demander où j'étais ? Elles n'avaient aucun moyen de savoir que je me trouvais à quelques maisons de là, accroupi dans le noir, et que moi aussi j'entendais le coq chanter.

Quelques minutes plus tard, j'ai senti des gouttes de pluie sur mon visage. Plus la pluie tombait, plus les jeunes feuilles de printemps bruissaient sous la brise. Pour la deuxième fois, j'ai entendu le garde au coin du mur traîner sa banquette sur la route. Soudain, j'ai compris : il se déplaçait pour s'abriter sous le feuillage d'un arbre d'une maison voisine. C'était l'occasion : il fallait que je traverse la route au plus vite, avant que le jour ne se lève.

J'étais une fois de plus aux aguets, m'efforçant de capter le moindre mouvement. En entendant un, je me suis à nouveau précipité par l'ouverture du mur, mais cette fois, au lieu de partir vers le nord, en direction du portail, je me suis dirigé droit vers la route. Je me suis rapidement demandé s'il valait mieux y aller en marchant ou en rampant, pour conclure que ramper serait la solution la plus silencieuse. Je faisais appel à une vieille faculté que j'avais développée alors que je n'avais que trois ou quatre ans, un peu sur le principe d'un radar de chauve-souris : en poussant un faible *shhhh*, pas plus fort qu'un vent léger passant dans un pin, j'étais capable de déterminer, d'après l'écho que me renvoyait l'objet en face de moi, s'il s'agissait d'un gros obstacle ou d'un mur, d'une forêt ou d'un champ. Tout bas, j'ai sifflé entre mes dents, et écouté attentivement le bruit de la pluie, afin de savoir quel matériau se trouvait alentour. À quelques reprises, j'ai également cheminé les mains au sol, soulagé de ne même pas réussir à m'entendre moi-même.

Une fois sûr que rien ne bloquait le passage, je me suis élancé. Une personne voyante aurait largement pu me déceler, éclairé comme en plein jour que j'étais par les projecteurs : un corps qui marchait avec les mains posées par terre, voûté, détalant comme un insecte en travers de la route. Mon cœur battait à se rompre, et pendant un instant j'ai été sûr que j'allais me faire prendre, mais lorsque j'ai atteint l'autre côté, tout était silencieux.

De nouveau, j'ai entendu au loin le chant de notre coq. Il devait être 2 heures du matin. J'avais parcouru moins de cent mètres et escaladé sept murs différents. Mes lunettes et ma montre étaient cassées, mon pied me lançait violemment. L'aube allait se lever dans quelques heures à peine, marquant l'échec de mon évasion à moins que je ne parvienne jusqu'au village voisin de Xishigu. Une fois sorti des cours des maisons et de l'enceinte des murs qui me protégeaient, je n'aurais plus nulle part où me cacher. Même si je savais qu'il n'y avait pas de projecteurs dans les champs au-delà du village, les gardes étaient équipés de lampes torches puissantes qu'ils allumeraient au premier bruit.

Mais une fois la route traversée, j'avais tout de même franchi la portion la plus délicate. J'étais parvenu à sortir du périmètre occupé par mes geôliers, par les patrouilles incessantes qui gardaient ma maison et par les maisons des voisins proches. Je n'avais pas bu ni mangé depuis plus de quinze heures, et j'étais encore bien loin de la liberté. Si je parvenais à rester en mouvement, je pouvais réussir à aller jusqu'à Xishigu. Il me faudrait alors trouver de l'eau, un abri, et une voiture pouvant m'emmener loin, très loin.

Après avoir parcouru quelques mètres en rampant, je me suis retrouvé à me faufiler à travers un paysage que je reconnaissais à peine. Sur ce côté de la route, le potager collectif dont je me souvenais avait été partiellement recouvert par un chemin bétonné de un mètre de large environ. Accroché aux racines et aux branches des arbres, moitié rampant moitié marchant, j'ai suivi le chemin, qui s'arrêtait à une vieille serre. J'ai essayé de la traverser, mais la sortie était condamnée et j'ai dû faire marche arrière. Une fois à nouveau dehors, j'ai heurté des plates-bandes surélevées, dont certaines contenaient des pieds d'ail. Je me suis frayé un chemin parmi les arbustes et autres plants qui me bloquaient le passage ; me fiant à mes oreilles, j'ai trouvé le mur qui entourait le potager. Me souvenant que le mur du jardin se terminait par un plan incliné pour empêcher les inondations, je me suis hissé, prenant position avec précaution, pour glisser sur la levée de terre avant d'atterrir sur un chemin, juste en dessous.

J'ai traversé tant bien que mal le chemin avant de m'engouffrer en rampant dans un petit ravin qui servait à l'évacuation des eaux de pluie et débouchait sur la Meng. Je suis remonté par l'autre versant, pour arriver jusqu'à un taillis. Affaibli par la faim et la fatigue, j'ai tâté le sol de mes mains à la recherche d'un bâton sur lequel m'appuyer. Mais rien. J'ai continué à ramper, progressant sur un sol irrégulier, boueux et glissant. De temps en temps, je tentais de me lever, basculant mon poids sur le talon de mon pied blessé, mais la douleur était telle que je tombais aussitôt à terre. Les dents serrées, j'ai avancé à quatre pattes jusqu'à avoir les coudes et les genoux à vif, et les vêtements trempés de sang. Au bout d'un moment, la tentation de m'écrouler là, de m'effondrer sur cette terre noire et mouillée, m'a envahi. Mais je savais qu'il me fallait continuer – en m'arrêtant là, je courais à la catastrophe.

Lentement, maladroitement, j'ai continué à aller de l'avant, et j'ai finalement débouché sur un nouveau sentier, un sentier que je connaissais déjà pour l'avoir emprunté des années plus tôt. Il était maintenant envahi de petits arbres et de buissons d'épines. Je me souvenais qu'il était également jonché de pierres coupantes, à l'est ; à l'ouest, il se transformait en une petite vallée sablonneuse de dix mètres de profondeur environ, parfois inondée. J'ai suivi le chemin en boitillant, retirant de temps en temps la boue accumulée sous mes chaussures – des chaussons, en réalité, grâce auxquels j'avais pu m'échapper sans faire de bruit. Je continuais à bouger aussi silencieusement que possible. Il y avait des gardes, ici aussi ; ma mère m'avait dit où ils étaient positionnés, si bien que j'essayais de rester aussi loin que possible des emplacements auxquels je pensais qu'ils se trouvaient.

Je progressais lentement, mais après avoir avancé pendant presque deux heures encore, j'ai atteint le bord d'un précipice qui donnait sur la Meng. Le coassement des grenouilles en contrebas m'a permis de situer à la fois le cours de la rivière et la distance à laquelle je me trouvais de l'eau. Le terrain à cet endroit était particulièrement escarpé et dangereux, et le chemin extrêmement mal délimité. Mon idée était de suivre l'eau et de rester près – mais pas trop non plus – du bord du précipice, de manière à pouvoir jeter régulièrement des cailloux ou du sable dans le vide afin de juger la distance me séparant de la rivière.

J'ai fini par arriver jusqu'à un nouveau point de repère, une vieille station de pompage des eaux où mon père m'avait emmené jouer lorsque j'étais petit. La station s'ouvrait d'un côté sur la rive rocailleuse et de l'autre sur un grand aqueduc de pierre qui servait à acheminer l'eau jusqu'aux champs. Je me souvenais qu'au pied de l'aqueduc et de la station de pompage se trouvait une petite ouverture, par laquelle je me suis faufilé pour continuer mon chemin.

Rampant et boitant, j'ai suivi la rive boisée de la rivière vers l'ouest, à l'affût du chant des grenouilles. Quelques bruits du matin résonnaient également, à présent : le piaillement des moineaux, au-dessus de ma tête, et le vrombissement lointain des rickshaws motorisés, que leurs chauffeurs faisaient démarrer au village. Sachant que le jour se levait, j'ai repris un peu espoir. Même si je n'avais pas encore traversé la rivière, techniquement, j'étais arrivé à Xishigu.

Quelques instants plus tard, je suis tombé sur un goulet donnant sur une petite crique qui serpentait sur le versant d'une montagne, vers le sud, pour déboucher sur la rivière. Je me souvenais qu'il existait des pierres de gué, mais impossible de les trouver. Après avoir franchi le cours d'eau à quatre pattes, j'ai poursuivi ma route lentement, sur un sentier étroit, cherchant à localiser un vieux puits à ciel ouvert que j'avais repéré vingt ans plus tôt. Lorsque je l'ai trouvé, je l'ai contourné avec un maximum de précautions, pour déboucher sur un champ d'arachides. Les nouveaux plants étaient recouverts de bâches en plastique sur lesquelles l'eau de pluie s'était accumulée au cours de la nuit. Je me suis penché afin d'en boire, sans réussir cependant à recueillir plus de quelques gouttes.

Je me suis arrêté quelques instants, écoutant attentivement les bruits au-dessus de ma tête. Non loin de moi, j'entendais le clapotis de l'eau qui passait sous le pont de Xishigu. Poursuivant mon chemin, je suis tombé sur le potager collectif du village – sous mes mains, je sentais des plants de ciboule, d'oignons, d'ail, de laitue et de colza. Mes genoux et mon pied me faisaient souffrir, mais j'avais trouvé le pont. J'avais réussi à atteindre la lisière du village.

Quelques mois plus tôt, mon évasion se serait sans doute terminée là. Quand la sécurité avait été à son plus haut niveau, huit gardes avaient été postés sur ce même pont, mais plus tard mes geôliers avaient décidé de les congédier. Pensant à l'état dans lequel je devais être, complètement sale et crotté, je me suis demandé si les gens accepteraient de me venir en aide. Valait-il la peine de prendre quelques minutes pour me baigner dans la rivière ? Sachant qu'à chaque instant qui passait la lumière du jour était de plus en plus forte, j'ai finalement décidé de continuer vers Xishigu, où le terrain serait davantage praticable et où il me serait plus facile de progresser.

Grâce à une branche en guise de béquille, j'ai franchi le pont en boitant, puis je suis entré dans le village, où tout était encore relativement calme à cette heure. J'espérais que ses habitants sauraient qui j'étais, qu'ils compatiraient, connaissant mon combat, et m'aideraient s'ils le pouvaient – même s'il ne fallait pas non plus exclure la possibilité qu'ils me dénoncent. J'entendais depuis une cour des ronflements ; à en juger par l'odeur, la famille qui habitait là devait élever des poulets. Je me suis glissé dans la cour et j'ai frappé à la porte de la maison. Des grognements se sont élevés. J'ai demandé de l'eau ; pas de réponse. Alors j'ai continué vers l'ouest, longeant la berge nord de la rivière ; des chiens aboyaient chaque fois que j'approchais d'une maison. Quelques propriétaires sont sortis voir ce qui se passait ; l'un d'entre eux, une femme, me voyant couvert de boue, a tourné les talons et s'est empressée de fermer son portail. Sous l'effet de la peur, mon cœur battait la chamade : je me demandais si j'allais trouver de l'aide ici. Et combien de temps il me serait encore possible de tenir.

Je ne connaissais pas bien la configuration du village, alors j'ai laissé mes oreilles me guider. L'eau de pluie qui s'écoulait de la gouttière d'une dépendance située au bord de la route m'a permis de me laver les mains et de me débarrasser d'une partie de la boue qui recouvrait mon corps. Puis j'ai continué à avancer, et je suis tombé sur une porte. Il y avait du bruit à l'intérieur, alors j'ai frappé en demandant : « Pouvez-vous me donner de l'eau à boire ? » En réponse, quelqu'un m'a dit d'attendre où j'étais. À en juger par la voix, il s'agissait d'une femme d'une cinquantaine d'années, qui est sortie avec une louche d'eau ; me faufilant par le portail, j'ai bu goulûment, puis je l'ai remerciée.

– D'où venez-vous ? m'a-t-elle demandé.

– De l'est.

C'était la première fois que je parlais à quelqu'un depuis des heures.

– Où ça, à l'est ?

À l'évidence, elle ne m'avait pas reconnu.

– Je suis Chen Guangcheng, de Dongshigu.

La femme est restée médusée.

– Comment vous êtes-vous échappé ?

– C'est une longue histoire. Vous pouvez m'aider ? lui ai-je demandé.

– Comment ?

– Aidez-moi à trouver un taxi.

– Nous n'avons pas de voiture ici au village, m'a-t-elle répondu. Les premières voitures que l'on peut trouver sont loin d'ici.

Je n'étais pas surpris de l'apprendre : dans le milieu rural chinois, très peu de gens possédaient un véhicule privé.

J'ai demandé à la femme si elle connaissait un villageois dénommé Liu Yuancheng, si sa maison était loin. Je vais aller le chercher tout de suite, m'a-t-elle répondu, ajoutant qu'elle en aurait pour un quart d'heure. J'ai commencé à la suivre, mais je me suis rendu compte que j'étais incapable de bouger. La faim et la douleur avaient fini par prendre le dessus. Épuisé, je me suis appuyé contre le mur et j'ai attendu son retour.

J'avais fait la connaissance de Liu Yuancheng en 2005, peu après qu'il avait été passé à tabac et laissé inconscient sur le bord de la route durant la campagne de planification familiale. Nous nous étions liés d'amitié en travaillant tous les deux sur son procès ; j'espérais à présent qu'il me viendrait en aide.

Un moment plus tard, la femme est revenue, accompagnée de l'épouse de Liu Yuancheng.

– Qui êtes-vous ? m'a demandé celle-ci, frappée, sans aucun doute, de découvrir cet homme sale et trempé.

– C'est moi, Guangcheng ! ai-je répondu, manquant de crier, afin de la convaincre qu'il s'agissait bien de moi.

Sous le choc, l'épouse de Yuancheng m'a demandé des détails sur mon évasion et mes blessures, mais j'ai insisté pour que nous continuions à avancer. Nous sommes allés jusque chez Yuancheng, où sa femme m'a rapidement fait entrer dans une petite annexe de la maison.

– Ils ne pourront pas te trouver ici, m'a-t-elle dit. C'est là que nous stockons le foin pour le bétail, personne n'y vient jamais.

Pour la première fois depuis mon évasion, je me sentais légèrement rassuré. Yuancheng n'a pas tardé à arriver et m'a promis qu'il ferait tout ce qui était en son pouvoir pour m'aider. Sa femme m'a apporté trois bols d'eau, que j'ai engloutis l'un après l'autre. Puis je me suis débarrassé de mes vêtements trempés et pleins de terre pour en passer de nouveaux, qui appartenaient au fils de Yuancheng. Chaque centimètre carré de mon corps me faisait atrocement souffrir.

– Belle-sœur, ai-je dit à la femme de Yuancheng, comme le voulait l'usage dans les villages, il faut que tu me trouves un taxi et que je sorte du Shandong. J'ai de quoi payer le chauffeur, et j'ai des amis qui viendront me chercher à l'arrivée.

J'avais en poche un peu d'argent que j'avais pris chez moi ; Weijing et moi avions économisé en vue de mon évasion. La femme de Yuancheng a accepté et s'en est allée. Yuancheng m'a alors dit de me reposer, mais, à la seconde où je me suis étendu sur la paille de l'abri, j'ai cru qu'il ne me serait jamais possible de me relever. Mon corps me faisait un mal de chien. Cependant mon esprit était bien éveillé, inquiet à l'idée que la femme de Yuancheng ne parvienne pas à trouver un taxi.

Elle est revenue une heure plus tard environ.

– Tu m'as trouvé une voiture ? lui ai-je demandé.

– Non, a-t-elle répondu tout bas. Je suis allée jusqu'à l'entrée du village, puis je me suis rendue à vélo jusqu'à Dongshigu. Il y avait des gardes à chaque croisement. Je crois qu'ils ne se sont pas encore aperçus de ton évasion, mais c'est quand même bien trop dangereux pour que tu continues seul. Je suis aussi allée jusqu'à la maison de ton frère aîné, a-t-elle poursuivi. Il est à Linyi ; je suis tombée sur ta belle-sœur qui m'a dit qu'elle allait trouver un moyen sécurisé de le joindre.

Si reconnaissant que je sois devant le courage de cette femme, je me suis tout de même senti obligé de l'avertir qu'elle venait de courir un risque sérieux. Dongshigu était truffé de caméras, et sa visite avait sûrement été enregistrée.

– Ne t'en fais pas, m'a-t-elle répondu. Tu t'es déjà évadé, alors…

Elle m'a ensuite préparé un bol de nouilles, que j'ai avalé tant bien que mal. Je mourais de faim, et pourtant j'avais de la peine à manger, étrangement.

– Nous tous qui sommes dehors, nous étions terriblement inquiets pour toi, m'a-t-elle confié, mais il était impossible de faire quoi que ce soit. Quiconque approchait était puni ou battu. Ta belle-sœur a dit qu'elle viendrait vers midi, a-t-elle continué. Allonge-toi et profites-en pour te reposer en attendant.

J'ai dormi jusqu'à la fin de l'après-midi. À mon réveil, la situation n'avait pas évolué – personne n'avait eu de nouvelles, personne ne savait que faire, et ma belle-sœur n'était pas encore arrivée. J'avais tellement mal que je pouvais à peine bouger. Liu Yuancheng et sa femme étaient nerveux ; ils ont effectué plusieurs allers-retours jusqu'à l'entrée de Xishigu.

– Aide-moi à trouver une voiture, ai-je demandé à Yuancheng. Je m'occuperai du reste.

– Ça ne pourra pas marcher si tu le fais maintenant, a-t-il fermement objecté. S'ils te voient, ils te tueront. Des hommes du Parti sont postés aux arrêts de bus et dans les gares ; ils sont partout. Ta belle-sœur saura quoi faire, m'a-t-il assuré.

À 21 heures, elle n'était toujours pas là. J'étais déterminé à partir seul, mais Yuancheng a de nouveau insisté, me disant que le danger était bien trop important. Quand je lui ai répondu que mon neveu,

Chen Hua, pourrait sans doute m'aider, sa femme a accepté de partir à sa recherche à la première heure, le lendemain matin. Fortement agité, j'ai attendu que l'aube se lève.

Le lendemain matin, la femme de Liu Yuancheng est partie à pied jusqu'aux collines où vivait Chen Hua, emportant avec elle un panier pour faire croire qu'elle allait cueillir des herbes sauvages. Mon neveu était chez lui, et elle lui a rapidement exposé la situation. Chen Hua a promis de nous rejoindre un peu plus tard, seul, pour ne pas éveiller les soupçons.

Il était environ 8 heures ce matin quand ma belle-sœur est enfin arrivée. Elle n'était pas venue la veille, a-t-elle dit, car elle avait été obligée de marcher jusqu'à un village voisin afin de pouvoir téléphoner sans risque à mon frère aîné, Guangfu, qui travaillait à Linyi. Elle avait finalement réussi à le joindre, et mon frère avait promis de faire tout ce qui était nécessaire pour m'aider.

Il me fallait un point de chute, mais quant à savoir où… Yuancheng m'a conseillé de fuir dans les montagnes et de vivre là-bas pendant quelques années ; la situation était trop dangereuse à présent, pensait-il. Ma belle-sœur était d'accord avec lui. Elle a ajouté qu'elle avait entendu mon frère parler d'un incident qui s'était déroulé récemment, un homme qui avait cherché refuge dans un consulat américain – que la police avait assiégé jusqu'à ce qu'il en sorte.

– De qui s'agissait-il ? ai-je demandé, curieux de savoir si cette personne faisait partie de la communauté de défense des droits de l'homme.

– C'était un officiel, m'a-t-elle répondu. Il a été emmené par le Parti.

Étant donné que je n'avais pas eu accès aux informations depuis plus de un an, je n'avais aucun moyen de juger de l'importance de cette histoire.

J'ai ensuite demandé à ma belle-sœur si elle pouvait faire quelque chose pour moi : j'avais besoin qu'elle retourne à Dongshigu et trouve un moyen d'apporter six pommes à Weijing – ou six autres choses, si elle ne pouvait trouver de pommes. Elle m'a dit qu'elle essaierait.

Aussitôt que Chen Hua est arrivé, je lui ai demandé s'il pensait pouvoir trouver une voiture, sur quoi il est parti voir ce qu'il pouvait faire. Une heure plus tard environ, il est revenu avec un taxi. Le chauffeur attendait dehors. Il était d'abord allé requérir l'aide d'un ami, mais ce dernier avait craint d'être mêlé à mon histoire ; mon neveu avait eu beau lui proposer de l'argent, il n'avait pas changé d'avis. Puis Chen Hua s'était rendu jusqu'à la gare routière et avait dit à un chauffeur de taxi que son grand frère était malade et qu'il avait besoin d'être transporté à l'hôpital.

L'allée qui menait à la maison de Yuancheng était particulièrement étroite. Chen Hua et le chauffeur ont mis un certain temps à trouver un moyen de garer le taxi juste en face du portail. En entendant la voiture, plusieurs villageois sont sortis voir ce qu'un véhicule faisait là. Lorsqu'ils ont demandé où nous allions, Yuancheng a répondu que nous nous rendions à Jiehu, une ville à l'opposé de la direction que nous comptions prendre. Yuancheng s'est ensuite emparé de fagots de feuilles de maïs qu'il avait empilés près de là, et les a dressés entre la voiture et le mur de la cour afin de bloquer la vue des curieux. Chen Hua voulait s'assurer que même le chauffeur ne me verrait pas – nous ignorions jusqu'où irait sa loyauté. Puis Yuancheng l'a invité à entrer prendre le thé pendant que Chen Hua réunissait les quelques affaires dont nous avions besoin. Je lui avais demandé de me couvrir la tête avec mon manteau en lui disant : « Si quelqu'un te pose des questions, dis que je suis malade et que je redoute le vent. »

Chen Hua m'a rapidement fait sortir de l'abri et je me suis engouffré dans le véhicule. J'étais à plat ventre sur la banquette arrière ; Chen s'est installé à l'avant, sur le siège du passager. Yuancheng a raccompagné le chauffeur jusqu'à son taxi, puis nous nous sommes mis en route. Ce n'est qu'à ce moment-là que j'ai commencé à ressentir un semblant de calme. Environ une heure plus tard, nous sommes arrivés à Xintai, une ville sur la route de Pékin où la tante de Chen Hua habitait. Mon neveu m'a aidé à m'extraire de la voiture et a payé le chauffeur, qui est reparti de son côté.

C'était le troisième jour de mon évasion, il était environ 13 heures. Nous nous sommes assis dans un parc, et j'ai demandé à Chen Hua d'aller nous acheter de l'eau, des raviolis, et le récepteur d'ondes courtes le moins cher qu'il trouverait, ainsi qu'un téléphone portable de seconde main. Chen Hua est revenu avec un téléphone qui avait encore de la batterie, ce qui m'a permis d'appeler immédiatement deux contacts – Liu Guohui, qui était venu nous rendre visite à l'occasion du Nouvel An chinois de 2011, et un autre de nos soutiens. Je suis parvenu à les joindre, mais j'ai dû attendre qu'ils me rappellent.

En entendant le monde qui passait tout autour de nous dans le parc, j'ai été saisi d'angoisse. J'ai demandé à Chen Hua de m'emmener ailleurs, dans un lieu plus isolé, plus sûr. Après avoir tourné pendant près de trois heures, moi boitant, accroché à mon neveu, nous avons fini par nous asseoir dans le seul endroit qui nous a semblé sans risque, des marches qui descendaient vers une rivière. Nous en avons profité pour manger un peu et discuter de ce qui s'était passé, puis je l'ai envoyé chez sa tante afin de recharger le téléphone et tenter d'obtenir davantage d'aide.

J'ai attendu là, au bord de la rivière, jusqu'à la tombée de la nuit et bien après, en écoutant la radio. J'ai entendu parler ce soir-là du scandale qui entourait Bo Xilai, cet homme politique chinois dont la carrière brillante au sein du parti communiste venait de tourner court. J'ai appris que Wang Lijun, l'ancien député du parti de Bo, était allé se réfugier au consulat des États-Unis – avant d'être rapidement dénoncé. C'était à cet incident que ma belle-sœur avait fait référence plus tôt. Cette nouvelle m'a fait réfléchir aux possibilités qui s'offraient à moi.

Au moment précis où je commençais à m'inquiéter en me demandant où était passé Chen Hua, j'ai entendu sa voix m'appeler :

– Cinquième Oncle, Cinquième Oncle !

– Par ici ! ai-je répondu.

Chen Hua est arrivé en courant.

– J'ai amené des gens qui vont t'aider.

– Qui ? ai-je demandé.

J'ai entendu en réponse la voix de Frère Aîné.

– Guo Yushan et Pearl sont venus t'aider. Vite, il faut que tu te changes, et nous pourrons y aller.

– Où ça ?

– À Pékin.

Quelques instants plus tard, j'ai entendu Guo Yushan qui accourait vers moi.

– Yushan, mon frère ! me suis-je aussitôt écrié.

– Mon frère ! m'a-t-il répondu d'une voix remplie de joie, avant de me prendre dans ses bras.

Je n'avais pas revu mon vieil ami depuis notre collaboration, en 2005, lorsque nous enquêtions sur les campagnes de la planification familiale. Et voici qu'à présent, dans ces circonstances des plus improbables, nous étions à nouveau réunis.

Yushan m'a donné des vêtements propres, m'a mis un chapeau sur la tête et m'a dit que nous devions nous mettre en route immédiatement.

Je lui ai à nouveau demandé où nous allions.

– À Pékin.

– Ce n'est pas risqué ?

– Je me suis occupé de tout, m'a-t-il assuré. Ils n'auront aucun moyen de te trouver.

Yushan m'a aidé à monter dans la voiture, une Volkswagen Passat. Le conducteur, qui était un ami de confiance de Yushan, un professeur d'université, n'en revenait pas de me voir.

– C'est vous, Chen Guangcheng en personne ! Enlevez vos lunettes pour que je puisse bien vous voir ! s'est-il exclamé.

Et je me suis exécuté, évidemment. J'ai dit au revoir à Chen Hua en le priant de se dépêcher de rentrer chez sa tante. Puis je me suis calé à l'arrière de la Passat, entre mon frère et le père de Chen Hua qui avait accompagné Yushan jusqu'à nous. Yushan était quant à lui assis à l'avant. Derrière nous, une seconde voiture, où se trouvaient Pearl et un ami de Yushan nommé Ding Ding, était prête à créer une diversion ou à faire écran si nous étions suivis ou pourchassés. Nous évitions également ainsi de tous nous faire prendre d'un coup si nous étions arrêtés.

Nous roulions depuis quelques minutes seulement quand la Passat s'est arrêtée brusquement. Impossible de redémarrer. Mes tempes se sont mises à palpiter : que se passait-il ? Un pneu crevé ? Dans un moment pareil ! Sous l'effet de la nervosité, l'ami de Yushan s'était déconcentré et avait pris un dos-d'âne trop vite. Nous avons attendu qu'il change le pneu, angoissés, craignant de nous faire prendre ici même, sur le bord de la route. Il était 22 heures. Avec le peu de voitures qui circulaient à cette heure, rien ne pouvait empêcher une patrouille de police de s'arrêter à notre niveau, de nous contrôler et de tout compromettre en un clin d'œil. Je n'ai pu recommencer à respirer normalement que lorsque nous avons repris la route.

J'étais replié sur moi-même, sur la banquette arrière. Je discutais avec Yushan de la meilleure manière de procéder. Nous avons bientôt conclu que Pearl et Ding Ding devaient ramener Frère Aîné et le père de Chen Hua à Dongshigu. À nouveau, nous nous sommes arrêtés, suivis par la deuxième voiture. Yushan est sorti de la Passat et a dit à Pearl qu'elle pouvait venir me saluer. Nous nous sommes serré la main, puis pris dans les bras – c'était la première fois que nous nous rencontrions, même si j'avais entendu dire qu'elle s'était rendue à Dongshigu à plusieurs reprises pour me voir. Pearl était intimidée, et nous étions tous les deux profondément émus. Je lui étais reconnaissant de tout ce qu'elle avait fait pour moi. Yushan lui a ensuite expliqué, ainsi qu'à Ding Ding, la marche à suivre, puis nous avons tous convenu de nous retrouver à Pékin.

Ding Ding a repris le volant, emmenant Pearl, mon frère et le père de Chen Hua. Quant à nous, nous sommes repartis pour une longue nuit de route. Une fois que nous sommes arrivés sur l'autoroute, à Tai'an, à quatre cent quatre-vingts kilomètres au sud de Pékin, j'ai enfin pu me détendre, sachant que la probabilité que la police nous arrête maintenant était moindre. Quelques minutes plus tard, nous longions le mont Tai, une montagne sacrée, site de pèlerinage depuis plus de trois mille ans et célèbre symbole de naissance et de renouveau. J'espérais que les jours qui allaient suivre seraient pour moi porteurs d'une renaissance, même si, alors que je tentais de sauver ma vie, je ne savais comment une telle chose pourrait arriver.

Les jours qui ont suivi l'évasion de Guangcheng ont été insupportables. Nous arrivions à peine à manger ou à dormir. Même si les gardes n'avaient pas eu l'air de remarquer que quelque chose ne tournait pas rond, j'étais terrifiée qu'ils l'aient déjà trouvé, que mon mari ait déjà pu être capturé ou même tué. Je devais faire semblant d'être totalement calme, de passer des journées normales même si mon cœur battait à se rompre et que je n'arrêtais pas d'y penser.

L'après-midi du 22 avril, deux jours après son départ, ma belle-mère était allée essayer de se renseigner sur Guangcheng quand elle a été arrêtée au portail de notre maison par les gardes. L'un d'entre eux lui a tendu un petit paquet en disant : « Votre première belle-fille a laissé quelque chose pour vous. »

Elle a rapporté le paquet à l'intérieur, et je me suis empressée de l'ouvrir : des nouilles instantanées, six paquets de nouilles instantanées. Submergée de joie, j'avais envie de me mettre à chanter tant j'étais soulagée – Guangcheng était vivant ! –, mais à la place j'ai couru jusqu'à Ma, et je me suis penchée pour lui murmurer à l'oreille que j'étais certaine qu'il allait bien. Évidemment, elle ne pouvait pas savoir à quoi je faisais allusion, puisque nous ne lui avions pas parlé de notre projet d'évasion ou de ce que signifiait le chiffre six.

Nous avons continué à nous adonner à nos tâches quotidiennes comme si rien n'avait changé. Kesi continuait à appeler son Baba *tous les jours quand elle rentrait de l'école ; je cuisinais, je faisais le ménage, vidais le pot de chambre et faisais semblant de laver les pieds de Guangcheng tous les soirs en préparant la bassine d'eau chaude que j'allais ensuite vider dehors.*

Deux jours plus tard, le 24 avril, ma confiance a été ébranlée. Tandis que nous nous préparions à aller nous coucher, une pluie battante de printemps s'est mise à tomber, cognant sur les carreaux. Je suis restée éveillée dans le noir, les yeux rivés sur le faisceau de la torche d'un garde qui illuminait notre misérable maison au fil de ses rondes. Vers 21 heures, un vent fort s'est levé ; tout à coup, les faisceaux des lampes se sont multipliés. J'ai entendu des pas, puis des voix inquiètes dans la cour. Je me suis accroupie derrière la porte entrouverte pour les observer d'un œil, levant de temps en temps la tête pour regarder par la fenêtre. Un garde pataugeait dans la boue avec sa torche et un parapluie. Il s'est assis juste au pied de notre porte principale, bloquant la sortie.

J'étais terrifiée que la disparition de Guangcheng ait fini par être découverte. Les gardes avaient l'air de chercher quelque chose, de regarder sous chaque objet, de fouiller des tas de bois et de planches du côté de l'escalier par lequel Guangcheng s'était enfui. Puis j'ai entendu l'un d'entre eux dire : « Ce n'est rien, juste une branche qui est tombée à cause du vent. » J'ai poussé un soupir de soulagement – les gardes avaient seulement été surpris par le bruit d'une branche qui avait cédé et ne se doutaient pas une seconde que Guangcheng n'était pas à mes côtés. L'un après l'autre, ils sont retournés à leur poste.

Nous avons tout fait pour donner à Guangcheng le plus d'avance possible. Un jour, Kesi a remarqué que le bambou de notre cour avait bien poussé. Sur mon conseil, et sous le regard attentif des gardes assis non loin de là, la petite a couru à l'intérieur de la maison, toute contente, en criant, « Baba, Baba *! Le bambou pousse très vite ! Il est plus grand que moi, maintenant ! » J'étais continuellement ébahie par son courage.*

Sept ans avaient passé depuis la dernière fois où j'avais pris l'autoroute, en sens inverse. C'était en septembre 2005 : après m'avoir enlevé devant l'immeuble de Jiang Tianyong à Pékin, mes ravisseurs m'avaient ramené dans le Shandong où j'avais depuis été retenu prisonnier. À présent, grâce aux courageux efforts de mes amis et camarades, j'étais de nouveau un homme libre.

Alors que nous roulions à toute vitesse en direction de la capitale, cachés par la nuit, Yushan et moi en avons profité pour discuter. Nous étions à la fois époustouflés et attristés par tout ce qui s'était passé en sept ans seulement – dans nos vies et dans celles de nos camarades activistes, en Chine, et dans le monde plus généralement. Yushan m'a parlé de tout ce qui était arrivé en dehors de Dongshigu, des internautes qui avaient tenté de venir me voir, de certains travaux qu'il avait menés ces dernières années. Nous avons évoqué la lutte de certains frères d'armes comme l'artiste Ai Weiwei, dont les critiques toujours plus virulentes envers le régime s'étaient soldées par de la prison et une résidence surveillée, ainsi que Liu Xiaobo, qui était toujours derrière les verrous et dont personne n'avait eu de nouvelles, malgré le prix Nobel de la paix qui l'avait fait connaître dans le monde entier.

Yushan m'a également raconté plusieurs événements profondément inquiétants dont je n'avais pas eu vent durant mon séjour en prison et ma résidence surveillée. Pendant le Printemps arabe, les leaders chinois avaient eu très peur que le même phénomène ne se produise dans notre pays et avaient pris en conséquence des mesures de répression énergiques. Quelque deux cents personnes avaient été jetées en prison ou avaient disparu ; parmi elles se trouvaient plusieurs opposants et avocats très médiatisés, qui pour beaucoup avaient été victimes de cruautés innommables. Ceux d'entre eux qui avaient été emprisonnés – tels Teng Biao, Jiang Tianyong, Tang Jitian, Zhang Yongpan et Xu Zhiyong – avaient été libérés après plusieurs semaines ou plusieurs mois, profondément traumatisés, incapables de parler normalement. Jiang Tianyong, pour sa part, a décrit avoir été totalement déshabillé et battu. J'ai frémi en entendant tout ce que mes amis et collègues avaient enduré entre les mains du gouvernement, repensant à ce que j'avais moi-même vécu dans les prisons noires et pendant ma détention.

J'étais alors fatigué et affamé, et pourtant je n'arrivais ni à fermer l'œil ni à manger. Ces heures intenses de conversation m'avaient regonflé d'espoir, et à chaque kilomètre qui nous éloignait de Dongshigu je sentais mon anxiété et la douleur lancinante de mon pied diminuer. À mesure que Yushan et moi parlions de ce que nous allions faire une fois arrivés à Pékin, j'étais de plus en plus convaincu de devoir attirer l'attention sur mon cas au plus haut niveau. Si je ne parvenais pas à obtenir liberté et justice pour ma famille et pour moi, tout serait perdu. Il me fallait aussi m'occuper de ma santé sans attendre. Dans la capitale, la présence de journalistes et de diplomates allait rendre plus difficile pour le Parti d'agir en toute impunité. Et il existait un endroit dans cette ville, peut-être le seul en son genre en Chine, que nous jugions parfaitement sûr : l'ambassade des États-Unis.

Peu après 5 heures, alors que l'aube commençait à poindre, nous sommes arrivés aux abords de Pékin sur l'un des périphériques remplis d'échangeurs. Notre chauffeur, qui conduisait dans le plus grand calme depuis presque huit heures, a refusé de laisser Yushan prendre le volant. Nous nous sommes arrêtés près d'un campus universitaire et sommes montés dans un petit appartement, le refuge provisoire que Yushan m'avait trouvé. He Zhengjun allait rester avec moi ; c'était un activiste de confiance qui travaillait pour l'ONG de Yushan. Après le départ du conducteur, qui s'est empressé de filer donner son cours, Yushan m'a aidé à m'installer et m'a demandé ce dont j'avais besoin.

– Un récepteur d'ondes courtes, une montre parlante pour non-voyant et une paire de lunettes noires, lui ai-je répondu.

Nous nous sommes mis d'accord pour ne laisser entrer personne dans l'appartement, sous aucun prétexte. Zhengjun et Yushan auraient les clés ; étant donné que personne d'autre n'était censé être au courant de ma présence, il n'y avait aucune raison que l'on frappe. Il était temps pour moi de me reposer ; le lendemain, nous mettrions notre plan en place.

Yushan et Zhengjun sont partis en me promettant de revenir le soir. C'était le quatrième jour de mon évasion. Après tout ce que j'avais traversé, cet appartement pékinois ordinaire et modeste était comme un petit miracle. J'avais dû dormir douze heures au total depuis mon départ. Dans cette atmosphère d'intimité et de sécurité, sous ces draps propres, je me suis endormi comme un bébé.

Mais cela n'a pas duré longtemps ; aux alentours de 11 heures du matin, je me suis réveillé en proie à de sombres pensées. Qu'était-il arrivé à ma famille et mes amis, à Dongshigu ? À Pékin, qui allait m'aider à préserver ma liberté si durement retrouvée ? Et comment allais-je me rendre chez le médecin ? Mon état de santé était toujours alarmant. Mon pied droit me faisait terriblement mal et n'arrêtait pas d'enfler, et une fois encore j'étais victime de diarrhée.

J'ai fait bouillir de l'eau pour préparer du thé, à l'affût des bruits que j'entendais par la fenêtre. Pour ma propre sécurité, j'allais devoir me familiariser avec les bruits quotidiens que l'on entendait ici, afin de pouvoir déceler toute anomalie. Je voulais également m'imprégner de ces sons que je n'avais pas entendus depuis des années : les pas désordonnés des enfants qui vont et rentrent de l'école, les rythmes d'un match de basket qui se joue au loin, la musique flottante de la vie citadine.

À 15 heures, quelqu'un a sonné à la porte. La sonnette a retenti deux fois, mais je ne suis pas allé ouvrir. Dix minutes plus tard, rebelote ; mais là non plus, je n'ai pas ouvert. J'étais sur le qui-vive, dressant l'oreille au moindre bruit, effrayé à l'idée que la police soit parvenue à remonter ma trace. Après quelques minutes, j'ai entendu la clé tourner dans la serrure. He Zhengjun est entré. Je lui ai demandé s'il savait qui était venu à la porte, et il m'a expliqué que deux hommes s'étaient présentés pour livrer un lit. Tout s'éclairait : le petit appartement ne possédait qu'un seul lit, celui dans lequel j'avais dormi ; Zhengjun en avait besoin d'un lui aussi.

Ce soir-là, Yushan et sa femme, Ah Pan, sont venus me voir. Nous nous sommes organisés pour tourner un témoignage vidéo que nous allions mettre en ligne. Il n'y avait pas une minute à perdre : je pouvais me faire attraper à tout moment. Zhengjun, qui avait déjà une certaine expérience des tournages, allait se charger de la partie vidéo, s'occuper du montage et de la diffusion ; mon rôle était de réfléchir à ce que je voulais dire. Parler publiquement en étant simple et convaincant n'était pas une mince affaire, vu mon état. Mais un autre problème nous préoccupait davantage : notre sécurité. Nous avions choisi de filmer ma déclaration dans l'endroit le plus neutre de l'appartement – déjà on ne peut plus neutre. En testant le matériel, Zhengjun a remarqué que l'on pouvait distinguer son reflet, installé derrière la caméra, dans mes lunettes noires, si bien que nous avons fait fondre du chocolat pour l'étaler sur mes verres.

Nous avons filmé trois longues séquences durant les deux jours qui ont suivi. La vidéo de quinze minutes que nous avons fini par publier me montrait moi, parlant face à la caméra.

– Cher monsieur le Premier ministre, ai-je commencé, j'ai fini par m'évader.

J'ai énuméré trois requêtes directes : je voulais une enquête complète, je voulais que ma sécurité et celle de ma famille soient garanties, et je voulais que les officiels responsables des traitements illégaux que j'avais subis soient punis. Dans un passage que nous n'avons pas publié, je décrivais mon évasion et j'avais également enregistré un petit message à l'attention de Christian Bale : « Bonjour, M. Bale, je suis Chen Guangcheng. Vous n'êtes pas un héros seulement dans vos films. Vous en êtes un dans la vraie vie aussi. »

Après deux jours à l'abri, nous avons pris le risque d'organiser une petite réunion avec tous ceux qui étaient repartis en voiture vers le Shandong et avaient essayé de m'aider. Cette soirée a été riche en émotions. Lorsque Pearl – notre « preux chevalier », qui s'était dévouée à ma cause pendant près de un an –, est arrivée, elle a couru vers moi et s'est mise à pleurer, la tête enfouie contre ma poitrine. Je n'ai pas ressenti de triomphe particulier ce soir-là, pas plus que ceux qui m'entouraient. À la place, une tristesse inexplicable se ressentait, ainsi qu'un sentiment doux-amer provoqué par ce que nous avions enduré et nos incertitudes. Allais-je rester en Chine ? me demandaient mes amis. J'ai admis que je ne m'étais jamais vraiment posé la question, mais que mon but était bel et bien de demeurer dans mon pays natal et d'y œuvrer pour la justice. Nous avons pris des photos de groupe pour immortaliser cette soirée ensemble ; aujourd'hui encore, l'appareil photo, celui que j'ai dans ma tête, me permet de revoir cette image.

Les deux seules personnes à m'avoir rendu visite à l'appartement ont été l'activiste Hu Jia et son épouse, Zeng Jinyan, venus me voir ensemble le 25 avril. Tous les deux s'étaient battus avec acharnement. Même s'ils m'avaient aidé, ainsi que Weijing, lorsque je me trouvais en prison, je ne les avais encore jamais rencontrés en personne.

– Hu Jia, mon frère, ai-je dit, enfin nous nous rencontrons.

– Guangcheng, mon frère. Nous sommes effectivement réunis, m'a-t-il répondu.

Peu de personnes pouvaient comprendre aussi bien que Hu Jia et Zeng Jinyan le chemin que j'avais choisi et le prix que j'avais payé. Être incarcéré sous un prétexte fallacieux, voir son mariage subir des pressions et des membres de votre famille être pris pour cible – toutes ces choses, nous les avions en commun. À leurs côtés, je me suis laissé aller à pleurer ouvertement et franchement, libérant des émotions que je m'étais efforcé d'enfouir pendant ces sept années où je m'étais battu pour survivre.

Tous deux étaient sur le point de partir quand Jinyan a dit à Yushan qu'il me fallait sérieusement envisager de contacter l'ambassade des États-Unis. Lorsque Yushan m'a demandé ce que je pensais de cette idée, je lui ai répondu que j'y avais songé, mais que j'hésitais depuis l'histoire de Wang Lijun (l'officiel impliqué dans l'affaire Bo Xilai), qui s'était vu expulser du consulat américain seulement deux mois plus tôt.

– Tu peux toujours essayer, m'a répondu Yushan.

J'étais d'accord avec lui. J'avais bon espoir que la pression populaire générée par notre vidéo puisse finalement déclencher une enquête en haut lieu ; je savais que prendre contact avec l'ambassade des États-Unis était la seule autre solution.

Ce soir-là, Yushan, Zhengjun et moi avons achevé de filmer notre vidéo, puis Yushan a envoyé un e-mail à ses contacts à l'ambassade. Nous avons reçu une réponse une heure plus tard environ. Le personnel de l'ambassade voulait organiser une brève entrevue afin de pouvoir me parler en personne. Peut-être avaient-ils du mal à croire qu'un aveugle ait pu s'évader tout seul, ou peut-être leur réaction était-elle liée à ce réflexe, typique des étrangers, de vouloir être « sûrs à 99 % » avant de se lancer dans quoi que ce soit. Quoi qu'il en soit, Yushan a organisé un rendez-vous le lendemain matin, à 6 heures, à Wudaokou, un quartier étudiant proche du campus de l'université Tsinghua.

La terre entière semblait endormie lorsque, le matin du 26 avril, Ding Ding est venu nous chercher, dans une voiture à vitres teintées cette fois. Nous avons réuni à la hâte les quelques affaires dont nous aurions besoin ; même si l'ambassade refusait de me fournir un abri d'urgence, il était clair que je ne pouvais plus rester dans l'appartement. Nous sommes arrivés à notre point de rendez-vous avec quelques minutes d'avance, puis nous nous sommes garés, laissant tourner le moteur dans la rue baignée par la lumière du petit jour. Quelques instants plus tard, une voiture de l'ambassade a fait son apparition, puis deux employés ont ouvert les portières et se sont glissés sur la banquette de part et d'autre de moi. À la seconde où ils m'ont vu, nous avons senti leur surprise et leur inquiétude. Je leur ai permis de prendre rapidement une photo pour prouver qu'ils m'avaient réellement rencontré, puis je leur ai dit que je souhaitais me réfugier à l'ambassade américaine afin d'échapper au danger. Ils m'ont promis de me donner une réponse le plus rapidement possible. Avec un peu de chance, selon eux, ils l'obtiendraient dans les cinq heures, même si cela pouvait prendre davantage de temps étant donné que la décision devait être validée par Washington. Et là-dessus, ils sont descendus et sont repartis à bord de leur véhicule.

Il ne restait maintenant plus qu'à attendre. Ding Ding et moi avons passé les heures suivantes à tourner en voiture dans Pékin. De temps en temps, nous nous garions quelques minutes, mais il était beaucoup trop dangereux de sortir de la voiture. Finalement, nous avons eu l'idée de nous rendre devant le stade national. Surnommé le Nid d'Oiseau, ce stade avait été conçu entre autres par Ai Weiwei pour les jeux Olympiques, mais il ne servait quasiment plus à présent. Ding Ding savait qu'il y avait là-bas un grand parking public peu fréquenté, qui ferait un bon endroit pour nous reposer un moment.

Tandis que nous attendions, j'ai tenté d'imaginer ce que nous ferions si l'ambassade me refusait l'asile. Le temps s'était figé dans la voiture, semblait-il. Ding Ding m'a raconté sa vie, me décrivant son père, son enfance, ses idées politiques. Nous avions un pack d'eau dans le coffre. À 11 heures du matin, nous avions déjà bu trois bouteilles. Nous rendre aux toilettes était hors de question, si bien qu'avec la permission de Ding Ding j'ai finalement rempli discrètement les bouteilles que je venais de vider.

Ce 26 avril, peu après 8 heures du matin, trois gardes ont fait irruption dans notre salon.

– Où est Guangcheng ? m'ont-ils demandé brutalement.

– Il dort, ai-je répondu.

Sachant qu'il passait la plupart de son temps au lit, ma réponse a eu l'air de les satisfaire et ils sont partis. Mais j'étais nerveuse. J'ai rapidement roulé une couverture que j'ai enfouie sous les draps pour faire croire que quelqu'un s'y trouvait. J'ai également rangé les chaussures de Guangcheng sous le lit, comme il le faisait toujours lui-même.

Quelques minutes plus tard, les trois gardes étaient de retour.

– Notre chef nous a demandé de voir Guangcheng en personne. Allons-y.

– Très bien, ai-je répondu, mais vous savez qu'il retourne se coucher après le petit déjeuner.

J'ai ouvert la porte de la chambre pour eux. En voyant la forme sous la couverture et les chaussures sous le lit, les trois gardes ont semblé rassurés. Mais leur hiérarchie avait dû s'apercevoir que quelque chose n'allait pas : à nouveau, ils ont renvoyé ces trois idiots, qui cette fois sont entrés dans la chambre et ont soulevé les draps, comprenant qu'ils s'étaient fait duper. Ils sont sortis de la maison aussi vite que leurs jambes le leur permettaient. Peu de temps après, des dizaines de cadres ont investi la maison pour fouiller les moindres recoins, m'interroger, mettre leur nez partout. Je me suis bientôt retrouvée emmenée par une bande de gros bras, des policiers en charge de la sécurité qui m'ont forcée à entrer dans leur voiture. Au moment précis où la portière se refermait, j'ai crié : « Ma, *ils m'embarquent ! »*

J'ai été conduite jusqu'à un hôtel non loin de là, et interrogée.

– Quand est-ce que Guangcheng s'est évadé ? m'ont demandé les officiels. Comment s'est-il échappé ?

Je répondais que je ne savais pas, avant de leur retourner leurs questions.

– Pourquoi n'est-il pas autorisé à sortir de son propre domicile ? Vous avez besoin d'avertir la terre entière, vous, quand vous sortez ?

Furieux que je leur parle ainsi, ils m'ont ordonné de leur dire où il se trouvait.

– Vous avez des dizaines et des dizaines de gardes qui nous surveillent, leur ai-je rétorqué en riant, et vous ne savez pas où il est. Moi, je n'ai que deux yeux. Avec toutes ces paires d'yeux, vous ne pensez pas que vous devriez savoir où il se trouve ?

Les policiers en charge de l'interrogatoire étaient aussi furieux que gênés. Puis, à un moment donné, un de leurs chefs est entré et a annoncé que Guangcheng se trouvait à Pékin, mais je soupçonnais qu'il tentait de me piéger. Plus tard ce même jour, j'ai été emmenée au bureau de la Sécurité publique du district de Yinan, où deux policières m'ont fait subir une fouille au corps complète avant de me ligoter à une chaise. De nouvelles personnes faisaient irruption dans la salle pour m'interroger tour à tour, mais je n'ai pas parlé. Le soir venu, j'avais les pieds enflés et mal à tout le corps à force d'être restée attachée si longtemps. Je n'arrêtais pas de demander à aller aux toilettes ; finalement, ils m'ont autorisée à me servir d'une petite cuvette dans un coin de la salle d'interrogatoire. Le simple fait de bouger était très douloureux, et j'étais folle d'inquiétude pour le reste de ma famille.

Yushan nous a appelés aux environs de midi avec du nouveau : les Américains avaient accepté de m'accorder l'asile. Nous avions rendez-vous avec des gens de l'ambassade à 13 heures. Une fois sorti du parking du stade olympique, Ding Ding s'est mis en route vers notre point de rendez-vous, mais quelques minutes plus tard, Yushan a rappelé pour dire que notre rendez-vous était décalé à 13 h 30. Je me suis demandé si j'allais être en sécurité une fois dans la voiture de l'ambassade ; étions-nous considérés sur le sol américain dans leur véhicule ? Peu de temps après, Yushan a appelé à nouveau en nous disant que quatre voitures suspectes le suivaient.

À 13 h 30 précises, nos sept voitures – la nôtre, celle de l'ambassade, celle de Yushan et les quatre qui nous suivaient – ont convergé vers le point de rendez-vous, situé à côté du McDonald's d'une grande rue. Ding Ding s'est garé au début de la rue et a récupéré Yushan et Zhengjun ; il a aussitôt redémarré en trombe. Deux des voitures qui nous avaient pris en filature nous ont immédiatement barré la route ; les deux autres suivaient la voiture de l'ambassade. Tandis que Ding Ding faisait marche arrière, Yushan m'a donné un téléphone portable, ainsi que de l'argent liquide. Puis nous nous sommes lancés dans ce qui se révélerait être une course-poursuite. Pendant plus de vingt minutes, six voitures se serrant de près ont roulé à tombeau ouvert dans les rues de Pékin. Calme et sûr de lui, Ding Ding se faufilait sur les boulevards embouteillés, collé par nos poursuivants. Au départ, Yushan et Zhengjun m'ont dit que le conducteur de l'ambassade s'en tirait bien lui aussi et parvenait à nous suivre, mais quelques minutes plus tard nous avons été séparés par les voitures qui nous pourchassaient. Ne parvenant toujours pas à nous en débarrasser, Ding Ding a tourné en direction de l'entrée ouest de l'université de sylviculture de Pékin, pensant leur échapper plus facilement dans cet environnement clos. Nous avons roulé à toute allure à travers le campus et pris un virage serré vers l'entrée sud, pour tomber sur un portail fermé. Ding Ding a pilé pour faire demi-tour, coupant la route à la voiture la plus proche qui nous avait suivis de près. La voiture de l'ambassade a profité de l'occasion pour doubler celle juste devant elle avant de s'arrêter à un mètre de nous. Peu de temps après, les six voitures étaient toutes arrêtées, tournées dans des sens différents. Nos poursuivants nous avaient presque encerclés, mais Yushan estimait que nous étions suffisamment proches de la voiture de l'ambassade pour nous y engouffrer.

– Vite, sortez ! nous a-t-il crié.

C'était le moment ou jamais. Yushan et Zhengjun ont sauté hors de la voiture et ont fait signe aux Américains. Puis ils m'ont attrapé par les bras et m'ont poussé par la portière ouverte de la voiture de l'ambassade. Nous avons franchi ensemble cette distance infime, mais cruciale.

– Montez, montez, vite ! a fait la voix de Yang Junyi, l'un des employés que j'avais rencontré plus tôt, et j'ai senti que l'on me tirait par les bras juste avant que la portière ne se referme en claquant.

Dehors, Zhengjun s'est enfui en courant, pendant que Ding Ding et Yushan mettaient les gaz, suivis de près par deux voitures. Les deux véhicules restants, quant à eux, sont demeurés avec nous, comme une petite escorte abritant nos ennemis invisibles.

– Merci, merci, a été tout ce que je suis parvenu à dire à ces sauveteurs venus d'un pays lointain.

Yang Junyi m'a alors présenté Robert Wang, le chef de mission adjoint de l'ambassade. Me prenant fermement la main, Wang m'a dit que mes ennuis étaient terminés. Puis il s'est tourné vers le chauffeur.

– Dépêchez-vous. On rentre à l'ambassade, a-t-il dit.

J'étais enfin en route pour le lieu le plus sûr de toute la Chine.

12

L'ŒIL DU CYCLONE

Pour essayer de semer nos poursuivants, notre conducteur zigzaguait dans la circulation, accélérait puis freinait brusquement, nous secouant sur nos sièges. Robert Wang a fini par lui demander de conduire moins vite, redoutant un accident ou un accrochage susceptible d'attirer sur nous l'attention malvenue de la police. À moi, il disait simplement : « Ne vous inquiétez pas, vous êtes en sécurité maintenant. Vous pouvez respirer tranquillement. » Il me tenait fermement la main, geste extraordinairement réconfortant et bienfaisant après tout ce que j'avais enduré.

Petit à petit, mon cœur a retrouvé son rythme normal, mais j'attendais d'être arrivé pour me sentir soulagé. Je le savais, l'ambassade n'était qu'un îlot de liberté noyé dans un océan de règles dictées par le Parti ; cependant, pour l'instant, je ressentais surtout de la reconnaissance, comme un homme qui, alors qu'il se noie dans la rivière, parvient enfin à sortir la tête de l'eau. Quand le danger menace réellement, me suis-je dit, les États-Unis savent faire valoir leurs valeurs fondamentales. Pendant que nous roulions, Robert Wang, Yang Junyi ainsi qu'un homme assis à l'avant ne cessaient de recevoir des coups de fil, dont un au moins provenait de Washington. Tous parlaient en anglais, mais j'ai au moins compris une phrase : « Dans la voiture. » Wang m'a annoncé que la secrétaire d'État Hillary Clinton m'avait envoyé un message de soutien sans équivoque.

Quand nous avons atteint le portail de l'ambassade, Yang m'a demandé de baisser la tête : les gardes à l'extérieur étaient des citoyens chinois, ils ne devaient pas me voir. Les deux autres voitures nous ont suivis jusqu'au portail, où elles se sont arrêtées. J'étais sauvé. J'ai remercié notre chauffeur, qui n'était sans doute pas un habitué des courses-poursuites mais qui s'en était remarquablement tiré.

Wang est sorti de la voiture et m'a emmené à l'intérieur du bâtiment, sans lâcher ma main. L'état de mon pied l'inquiétait, et il n'arrêtait pas de me demander si j'avais mal. À vrai dire, la douleur ne me dérangeait même plus ; j'avais été tellement secoué par les récents événements que je l'avais oubliée. Plusieurs employés de l'ambassade nous ont suivis jusqu'au troisième étage de l'un des bâtiments où vivaient les marines chargés de la défense des lieux en cas d'urgence. Ma présence au sein de l'ambassade restait confidentielle, seulement connue de quelques diplomates du département des Affaires politiques.

Wang m'a conduit à ma chambre, qui comportait un lit, une table et une grande armoire. Pendant que je me reposais dans un fauteuil rembourré, l'équipe de l'ambassade s'est chargée de faire le lit, changeant les draps et les couvertures. Tout semblait neuf et luxueux – les tapis, les serviettes, les oreillers. Il n'a pas été simple de monter sur le lit supérieur avec mon pied blessé.

Dans le chaos de la course-poursuite, j'avais laissé le peu que je possédais dans la voiture de Ding Ding, mais Wang et son équipe ont veillé à ce que je ne manque de rien, avec courtoisie et efficacité. La plupart des affaires que m'ont données les employés de l'ambassade provenaient de leurs effets personnels – par exemple des chemises toutes neuves, tout droit sorties du placard d'un diplomate. Je me suis bientôt retrouvé en possession d'une petite radio, d'un dictaphone, d'une tasse et d'un nécessaire de toilette. J'ai demandé un ordinateur qui, m'a-t-on dit, me serait fourni dès que possible. L'équipe m'a également apporté de quoi manger, ainsi qu'une béquille de l'infirmerie ; j'étais obligé de m'en servir, même pour simplement traverser la chambre.

– Nous sommes à votre service, m'a dit Wang. Dites-moi juste ce que vous voulez. Washington a donné l'ordre de faire tout ce qui était en notre pouvoir pour vous aider.

Ces mots m'ont fait chaud au cœur et m'ont rempli de reconnaissance.

Au cours de la journée, Robert Wang est passé à plusieurs reprises pour prendre de mes nouvelles. Il y avait en lui et en ses collègues une grande sincérité et une grande authenticité, qui m'émouvaient énormément. J'avais maintenant espoir que les États-Unis remplissent leur rôle de leader en matière de défense des droits de l'homme, que la justice s'applique finalement. La secrétaire d'État, Hillary Clinton, était une visionnaire. L'implication du gouvernement américain dépassait largement mon cas : elle prouvait à l'humanité tout entière l'importance des valeurs universelles des droits de l'homme et de la dignité humaine, si souvent bafouée pour des intérêts commerciaux.

Ce soir-là, j'ai parlé à Wang des vidéos que j'avais tournées avec Zhengjun et Yushan. Je n'avais toujours pas eu de nouvelles de mes amis qui m'avaient aidé à m'échapper et je craignais pour leur sécurité. Wang m'a appris que Pearl avait déjà alerté les médias ; effectivement, plus tard ce soir-là, près d'une semaine après mon évasion, les premiers reportages en langue chinoise sur ma fuite ont commencé à être diffusés, ainsi que la vidéo que nous avions tournée dans l'appartement de Pékin. À mesure que les nouvelles se répandaient sur la Toile chinoise, mon nom était censuré dans les moteurs de recherche ; idem pour les mots-clés « homme aveugle », et même « ambassade », un peu plus tard. Les internautes parvenaient toujours à conserver une longueur d'avance sur les censeurs : ils inventaient des références codées au film *Les Évadés*, célèbre pour sa scène d'évasion, utilisaient la phrase « en allant vers la lumière », jouant avec la signification de mon nom en chinois…

Le lendemain, le 27 avril, l'ambassadeur, Gary Locke, est rentré à l'ambassade, ayant interrompu ses vacances à cause de mon arrivée. Ce matin-là, lui et Robert Wang sont venus me rendre visite, me faisant part de leurs inquiétudes sur mon état de santé. Je les ai remerciés et leur ai dit combien j'étais inquiet pour ma famille et mes amis. Ils m'ont informé qu'une équipe de diplomates américains importants allait bientôt arriver à Pékin, envoyée par Hillary Clinton et le secrétaire au Trésor, Timothy Geithner. Le 3 mai commenceraient deux jours de « Dialogue stratégique et économique » avec des hauts dignitaires chinois, organisés par l'équipe américaine. Je me demandais si ma situation allait être évoquée.

Yang Junyi est passé un peu plus tard et m'a prêté son téléphone pour que j'appelle Yushan, qui m'a appris que Pearl et lui étaient en sécurité. Il avait cependant entendu dire que mon neveu, Kegui, avait été blessé lors d'une altercation avec Zhang Jian, l'un des meneurs dans notre résidence surveillée. Il n'avait pas eu plus de détails.

Ces deux premiers jours à l'ambassade ont été fructueux et réparateurs. En plus de se montrer attentifs et généreux, Gary Locke et Robert Wang semblaient déterminés à m'aider à faire appliquer la loi et à poursuivre mon travail. Les diplomates du département des Affaires politiques m'apportaient mes repas directement dans ma chambre ; beaucoup d'entre eux me disaient avoir l'impression que les États-Unis accomplissaient quelque chose de profond et d'important en m'aidant. J'étais extrêmement touché et reconnaissant. Ils me demandaient constamment si je souhaitais partir pour les États-Unis, à quoi je répondais que j'espérais pour l'instant rester en Chine afin de continuer à militer pour faire prévaloir la loi et promouvoir les droits de l'homme.

Peu après mon arrivée à l'ambassade, le 26 avril, une infirmière m'avait rendu visite et donné des médicaments pour ma colite ulcéreuse, qui m'avaient immensément soulagé. Le lendemain, un médecin était également passé. Après avoir attentivement ausculté mon pied, il avait déterminé que je m'étais cassé aux moins deux os. J'ai été touché par sa délicatesse, son comportement à la fois professionnel et plein de compassion qui contrastait complètement avec les traitements auxquels j'avais été habitué ces sept dernières années. Tout le monde était d'accord sur le fait qu'il me fallait passer une radio ; la question était de savoir comment, étant donné le danger évident que je courais si je sortais de l'ambassade pour me rendre à l'hôpital. Yang ne plaisantait qu'à moitié lorsqu'il a demandé si nous pouvions nous servir du scanner à rayons X de la sécurité de l'ambassade, même si, bien sûr, le médecin n'a pas jugé cette idée très judicieuse.

– Eh bien, dans ce cas, a conclu Wang, l'ambassade va devoir songer à investir dans une machine à rayons X, vu le soutien que vous recevez du Congrès.

J'étais sidéré par le dévouement et l'enthousiasme de mes hôtes, qui ne reculaient devant rien pour m'aider.

Plus tard cet après-midi-là, Yang m'a apporté un iPad et m'a lu les nouvelles. Je n'avais jamais utilisé un tel appareil, dont j'avais seulement entendu parler à la radio, lorsque je l'écoutais discrètement sous mes couvertures, en prison. Yang m'a lu des messages que des internautes chinois avaient laissés sur le site de l'ambassade, pour remercier les Américains de prendre soin de « notre lumière ». Il m'a également aidé à chercher des informations sur mon neveu. Nous avons trouvé l'enregistrement d'une conversation entre Kegui et un internaute américain, dans lequel Kegui décrivait ce qui lui était arrivé. J'ai pleuré en l'écoutant, et Yang m'a réconforté.

Grâce à cette source et à d'autres, j'ai fini par prendre connaissance des détails de cette journée du 26 avril où Zhang Jian avait lâché une horde de sbires sur la maison de Frère Aîné. Ils étaient entrés de force, escaladant les murs de la cour avant de pénétrer à l'intérieur ; puis ils avaient couvert la tête de Frère Aîné et l'avaient emmené au poste de police où, trois jours durant, ils l'avaient interrogé et torturé. D'autres cadres avaient attaqué ma belle-sœur, pendant qu'un autre groupe prenait Kegui à part, le frappant avec des matraques jusqu'à ce qu'il soit couvert de sang. Craignant pour sa vie, Kegui avait réussi à attraper un couteau pour se défendre. Zhang Jian et deux de ses hommes avaient été légèrement blessés. Par la suite, Kegui a été arrêté, détenu pour « homicide volontaire » et condamné à trois ans de prison, en représailles de mon évasion, évidemment.

Après avoir écouté le récit de Kegui, Yang m'a aidé à trouver le site de Radio France pour écouter les informations. Puis il s'est absenté afin d'assister à une réunion, me laissant me délecter de la clarté du programme, que j'écoutais pour la première fois sans aucun grésillement.

Seul dans ma chambre, j'ai écouté les informations jusqu'à ce que l'iPad s'éteigne brusquement, aux alentours de 18 heures. Incapable de le refaire fonctionner, je l'ai posé sur la table et j'ai attendu. Je pensais que Yang repasserait me voir bientôt, mais il n'est finalement pas revenu avant 21 heures. En dehors de l'employé qui m'a apporté mon repas, personne d'autre ne s'est présenté, contrairement aux jours précédents où je recevais régulièrement de la visite, même de nuit. Lorsque Yang a fini par revenir, il a immédiatement vu que j'étais triste et profondément perturbé. Je lui ai demandé de m'aider à me reconnecter, mais il m'a répondu qu'il était tard et qu'il devait rentrer chez lui, car sa femme l'attendait. Ne voulant pas me montrer grossier, je n'ai pas insisté.

Après son départ, je suis allé m'asseoir sur la chaise près de la fenêtre, mon pied posé sur un tabouret, ma béquille d'un côté, mon iPad posé sur la table de l'autre. D'après les quelques mots que j'avais échangés avec Yang et les évolutions que j'avais observées parmi les employés de l'ambassade, j'ai déduit que quelque chose avait radicalement changé. Apparemment, lors d'une réunion du conseil de Sécurité nationale qui s'était tenue le 27 avril à la Maison-Blanche en présence de M. Obama, la « politique avait changé ». La nouvelle directive était que, à partir de maintenant, plus personne ne devait m'aider à me connecter à Internet, ce qui, étant donné mon handicap, m'empêchait purement et simplement de savoir ce qui se passait hors de l'enceinte de l'ambassade. Plus encore, il avait été décidé que mon cas ne devait pas porter préjudice aux relations entre les États-Unis et la Chine, et qu'en conséquence la situation devait être résolue incessamment – décision qui d'après moi indiquait que la Maison-Blanche m'avait retiré son soutien et qu'il allait prochainement m'être demandé de quitter l'ambassade. Plus déroutant encore, j'ai appris que plusieurs officiels avaient sous-entendu durant cette réunion que la démocratie et les droits de l'homme en Chine n'étaient pas du meilleur intérêt pour les États-Unis. Apparemment, lors de cette réunion du NSC, personne n'avait pris la parole pour défendre l'idée que les États-Unis devaient protéger les droits de l'homme ou pour insister sur le fait qu'il incombait au gouvernement américain de défendre des préceptes fondateurs et des valeurs essentielles.

En entendant cela, je suis resté estomaqué, piqué au vif. Telle était donc l'Amérique que tout le monde mettait sur un piédestal, l'incarnation de ce que l'humanité avait de juste et de bon ? Parmi toutes les nations du monde, parmi toutes les ambassades susceptibles de me protéger, j'avais choisi celle des États-Unis, convaincu dans chaque cellule de mon corps que ce pays plus que tout autre possédait à la fois la rectitude et la force nécessaires pour faire prévaloir les droits des individus sur les intérêts d'une dictature. L'autorité morale reposait incontestablement entre les mains des Américains ; dans ces conditions, pourquoi le pays que nous admirions tous pour ses valeurs choisissait-il de se détourner des droits de l'homme ?

Le lendemain matin, le 28 avril, Robert Wang est venu me voir dans ma chambre. Il m'a annoncé que le règlement de l'ambassade imposait à quiconque pénétrant dans son périmètre de se soumettre à une inspection. Bien entendu, j'étais un cas à part, a-t-il précisé, si bien que la sécurité n'avait rien vérifié à mon arrivée, mais Washington demandait à présent à ce que tous mes appareils électroniques soient soumis à un contrôle de routine. Je sentais bien qu'une pression pesait sur lui. Par compassion, je lui ai remis ma montre parlante, mon téléphone portable et mes chargeurs.

Cet après-midi-là, ma montre m'a été rendue, mais pas mon téléphone – aux dires de Wang, ce dernier me serait restitué à mon départ de l'ambassade. Il m'a également annoncé que Washington souhaitait que l'ambassade inspecte ma radio, mais il ne l'a pas emportée avec lui. L'iPad est également resté dans ma chambre, mais je ne pouvais de toute manière pas m'en servir seul. Après cela, j'étais de nouveau bel et bien coupé du monde extérieur.

Il est rapidement devenu clair que les Américains espéraient que mon séjour dure le moins longtemps possible. Les employés de l'ambassade se montraient toujours amicaux et enthousiastes lorsqu'ils m'apportaient à manger ou me prodiguaient des soins médicaux. Tous ces petits témoignages de gentillesse semblaient être devenus leur seule manière de m'exprimer leur sollicitude. Par ailleurs, la plupart d'entre eux paraissaient préoccupés par quelque chose dont ils ne pouvaient pas parler. J'avais l'impression qu'un mur invisible s'était dressé entre eux et moi, un mur auquel je me heurtais chaque fois que je me levais de mon lit et que je frôlais par inadvertance l'iPad inutile, posé sur la table.

Évidemment, je savais qu'ici à Pékin les diplomates, si généreux et dévoués qu'ils soient, devaient au bout du compte obéir à Washington. Hillary Clinton m'avait peut-être apporté son soutien, il n'en restait pas moins que l'ordre de m'empêcher de communiquer avec l'extérieur semblait provenir tout droit de la Maison-Blanche. « Ne soyez pas déçu, me disait Wang, c'est comme ça que ça marche en politique. » Mon opinion à moi était que, comme si souvent dans les rapports humains, l'avidité passait une fois de plus avant la justice, et que les considérations économiques pesaient plus dans la balance que les droits fondamentaux des gens. Le spectre du profit planait constamment sur les échanges mondiaux avec la Chine, et les États-Unis étaient loin d'y être insensibles. N'existait-il donc aucun pays qui représente et incarne réellement les valeurs humaines les plus élémentaires ? Je continuais à avoir foi en le peuple américain, sachant – espérant – qu'une démocratie ne serait pas capable de m'éjecter purement et simplement de son ambassade, qu'elle ne pouvait pas me donner ainsi en pâture aux loups. Je ne disais rien pour l'instant, mais j'étais sur mes gardes. Les manœuvres politiciennes, dont dépendaient de gros enjeux, ne faisaient que commencer.

Le lendemain, le 29 avril, à midi, l'ambassadeur Gary Locke, Robert Wang et moi nous sommes entretenus dans le jardin en attendant l'arrivée d'autres diplomates qui composaient l'équipe de négociation chargée de débloquer ma situation. J'ai fait part à l'ambassadeur de mes très vives inquiétudes à propos de ma famille, surtout après avoir appris les nouvelles concernant mon neveu, et je lui ai dit que préalablement à tout dialogue avec les autorités chinoises, ma famille devait cesser d'être persécutée. L'ambassadeur m'a assuré que la sécurité de ma famille était leur priorité numéro un à eux aussi.

Peu après, Harold Koh, le conseiller juridique du département d'État, accompagné par un autre négociateur clé, Kurt Campbell, secrétaire d'État adjoint pour l'Asie de l'Est et le Pacifique, est arrivé à l'ambassade et nous a rejoints dans le jardin. Nous avons installé des chaises tout autour d'une table ronde pour discuter confortablement ; je sentais sur mon visage les rayons chauds du soleil.

Koh et moi nous étions brièvement entretenus la veille ; il m'avait raconté comment son père était arrivé aux États-Unis en tant que diplomate sud-coréen, avant de devenir dissident dans les années 1960. Locke m'a présenté Campbell en m'annonçant que la responsabilité première du secrétaire adjoint était de s'assurer que les droits de l'homme ne seraient pas bafoués au cours du dialogue stratégique et économique qui allait avoir lieu. Ces deux Américains m'ont impressionné par leur compétence, leur constance et leur sérieux.

Campbell m'a appris que lui et son équipe avaient déjà rencontré leurs homologues chinois pour discuter de mon cas.

– Nous avons nos principes, et nous protégerons vos intérêts, m'a-t-il dit, ajoutant que l'équipe examinait plusieurs propositions afin de trouver une solution viable. Cependant, notre priorité est de garantir un traitement décent pour vous, vos enfants, votre épouse et votre mère.

Lorsque j'ai évoqué mes inquiétudes vis-à-vis de la famille de mon frère aîné, Campbell m'a répondu que le gouvernement central chinois allait entreprendre une enquête rigoureuse, et qu'il fallait mettre sur pied une procédure que le gouvernement central serait prêt à « accepter et valider ».

Ses mots m'ont encouragé, puis surpris lorsqu'il m'a annoncé une nouvelle à laquelle je ne m'attendais pas. La NYU, l'université de New York, possédait l'un des meilleurs départements de droit au monde ; elle ouvrait une antenne à Shanghai.

– Ils souhaitent vous offrir une bourse de trois ans, qui inclura une rémunération, m'a-t-il expliqué, afin que vous puissiez terminer vos études. Il s'agit d'une opportunité unique qui a été mise en place rapidement pour vous permettre de démarrer une nouvelle vie.

Puis il a poursuivi en disant que j'allais pouvoir quitter Dongshigu pour étudier à la NYU avec des professeurs de droit tels que Jerry Cohen. Il a ajouté que son équipe avait déjà rédigé cette proposition et l'avait soumise au gouvernement chinois.

– Nous ne disposons que de très peu de temps, a déclaré Campbell. Nous discutons actuellement des conditions. Tout d'abord, le gouvernement doit s'engager à n'intenter aucune action en justice contre vous pour vous être réfugié à l'ambassade. Deuxièmement, le gouvernement doit vous autoriser à étudier et à vivre en paix, et vos droits civiques doivent être garantis.

J'ai remercié mille fois ces Américains pour tous ces efforts, avant de leur confier que j'étais inquiet à propos de mon droit à entrer et sortir du pays.

Selon Campbell, il avaient reçu des informations d'après lesquelles le gouvernement chinois acceptait de me recevoir pour m'entendre et que, en réalité, les dirigeants étaient préoccupés depuis un certain temps par mon cas.

– Ils reconnaissent que vos droits civils ont été bafoués, a-t-il continué, et plusieurs des négociateurs chinois vous respectent et vous soutiennent. Cependant, la seule manière d'atteindre notre objectif est d'agir rapidement.

J'ai trouvé étrange qu'il insiste autant sur l'urgence à régler la situation. Cela faisait sept ans, après tout, que je vivais persécuté. Je lui ai alors répondu que je préférais m'assurer au préalable que toutes les propositions étaient inattaquables.

– Je vais maintenant vous demander quelque chose qui pourrait vous sembler prématuré, m'a alors annoncé Campbell. Il va falloir que vous croyiez en l'ambassadeur, M. Locke, en M. Koh, en moi-même, et en M. Wang. Il va falloir que vous nous fassiez confiance. Nous travaillerons pour protéger vos intérêts, pour vous aider et vous soutenir, vous et votre famille.

Je lui ai répondu qu'ils avaient toute ma confiance et que j'étais reconnaissant de tout ce qu'ils avaient fait pour moi.

Campbell m'a alors appris que les Américains espéraient parvenir à un accord avec la Chine dans les prochaines vingt-quatre ou trente-six heures.

– À présent, nous avons deux choix : soit l'on parvient à un accord avec le gouvernement chinois, auquel cas vous et votre famille serez réunis et vos droits garantis ; il s'agira d'un accord formel écrit entre les deux pays. Soit vous demeurez à l'ambassade pour une période indéterminée, mais, dans ce cas, rien ne nous assure que le gouvernement vous donnera l'autorisation de quitter l'ambassade, ou même le territoire chinois. Dans ce cas, je me ferais aussi du souci pour votre famille, vos amis et vos sympathisants.

Puis il a répété : « Vous devez me faire confiance », avant d'évoquer à nouveau le peu de temps que nous avions pour agir.

À vrai dire, j'avais déjà foi en Campbell et en les autres diplomates, et je n'étais pas bien sûr de comprendre pourquoi ils ne cessaient de me répéter de leur faire confiance. Le laps de temps dont je disposais était ce qui m'inquiétait le plus. Même s'il était possible de parvenir à un accord avec le gouvernement chinois sous un jour ou deux, une enquête digne de ce nom allait prendre bien plus longtemps. À mes yeux, rien ne pouvait être résolu sans une investigation transparente et approfondie permettant de poursuivre les responsables des injustices dont ma famille et moi avions été victimes.

Cet après-midi-là, alors que notre conversation touchait à sa fin, Campbell m'a dit :

– Je vous promets que nous trouverons une bonne école pour vos enfants, et que je ferai tout mon possible pour que vous puissiez étudier dans les meilleures conditions, dans votre pays, et vivre en paix.

Puis il a ajouté qu'avec l'aide de l'ambassade il me serait sans doute possible d'appeler Weijing le soir même pour lui dire de préparer ses affaires : des employés de l'ambassade allaient venir la chercher, ainsi que les enfants, dans le Shandong, dès le lendemain. Nous n'avions pas le téléphone chez nous, mais les diplomates trouveraient apparemment une manière de la joindre. D'après eux, si tout se passait comme prévu, ma famille et moi serions réunis le lendemain soir. Avant que Campbell et les autres ne s'en aillent poursuivre leurs discussions avec leurs homologues chinois, Harold Koh a demandé à Wang de me lire la lettre du président de la NYU me proposant une bourse de trois ans pour étudier là-bas. La lettre m'invitait à étudier sur le nouveau campus de la NYU à Shanghai, ainsi que sur celui de New York, plus tard. Une fois sa lecture terminée, Wang m'a tendu la lettre. Je lui ai dit que je serais ravi d'accepter cette invitation et que j'allais en parler à Weijing dès que nous serions réunis. Je l'ai à nouveau remercié pour son aide et son implication, avant de réitérer mes inquiétudes concernant la sécurité de ma famille et de mes amis, afin d'inciter les Américains à soulever ce problème lors de leur prochaine réunion.

Après le départ de Campbell, Koh et Locke, Wang m'a raccompagné jusqu'à ma chambre et m'a demandé ce que je pensais de tout cela. Je lui ai avoué que j'étais optimiste et impressionné, aussi, par le dévouement de l'équipe américaine.

– Mon but n'est pas de « m'opposer pour m'opposer » au Parti communiste, lui ai-je dit avant d'ajouter que je continuerais néanmoins à combattre tout parti exerçant une dictature et soutiendrais tout parti défendant la démocratie et le respect des lois.

Peu après, Wang est parti rejoindre les négociations. Je suis resté seul dans ma chambre, rejouant dans ma tête tout ce qui s'était passé, me demandant comment le gouvernement chinois allait réagir à la proposition des Américains.

Ce soir-là, Campbell, accompagné de Wang, est revenu avec un rapport que j'ai trouvé profondément troublant. Il en avait rédigé le préambule, disant que mon cas était remonté jusqu'aux plus hautes sphères du gouvernement chinois, qui avait d'ores et déjà statué sur le dossier. Il y avait de bonnes et de mauvaises nouvelles.

– Premièrement, ils sont d'accord pour vous laisser retrouver votre famille. Deuxièmement, ils veilleront à ce que les abus dont vous avez été victime cessent. Troisièmement, ils espèrent que vous resterez à Pékin pendant un certain temps afin de pouvoir recueillir votre témoignage.

Eux-mêmes allaient avoir besoin de moi pour les aider à remplir ces premiers objectifs, m'a-t-il expliqué.

Puis sont arrivées les mauvaises nouvelles : si les autorités chinoises m'autorisaient à me rendre dans une autre ville de la province du Shandong, elles ne m'autorisaient pas à aller à la NYU, à Shanghai.

– Ils n'aiment pas l'idée que la situation se résolve par votre entrée dans une institution occidentale, a indiqué Campbell. Cela leur donne l'impression de perdre la face.

Du moment que j'étais tenu à l'écart des petits tyrans du district de Yinan, tout irait bien, semblaient-ils vouloir dire. Mais l'idée que ma liberté de mouvement dans le Shandong suffirait à mettre un terme à ma persécution était tout bonnement ridicule. À de nombreuses occasions, il m'avait été dit que les ordres relatifs à mes mauvais traitements n'émanaient pas d'acteurs locaux mais, plus certainement, des échelons les plus élevés du Parti et du gouvernement.

– Je ne pense pas être en mesure d'accepter cela, ai-je répondu. S'ils ont peur de perdre la face, alors ils ne devraient pas agir de la sorte, surtout à l'ère d'internet. Ils croient toujours pouvoir se contenter de couvrir leurs mauvais agissements.

– En dehors du Shandong, m'a demandé Campbell, où vous verriez-vous vivre ? À Pékin ?

– Si ma sécurité est garantie, pourquoi pas Pékin. L'endroit exact m'importe peu. Ce qui m'inquiète, c'est plutôt que leurs exigences me laissent peu de marge de manœuvre et impliquent un réel contrôle. Un citoyen a le droit de se déplacer et devrait être libre de choisir l'endroit où il veut vivre. Ils n'ont aucun droit de limiter mes choix, ni de m'imposer un choix. La question de savoir si je préférerais vivre ici ou là ne devrait même pas m'être posée : je devrais avoir la liberté de choisir par moi-même. S'ils ont leur mot à dire là-dessus, alors comment pourrai-je être sûr que mes droits civils seront respectés à l'avenir ?

Nous avons débattu encore un peu puis, avant de se retirer pour recevoir un appel de Washington, Campbell a accepté de mentionner mes préoccupations lors des négociations du lendemain. À nouveau, je me suis retrouvé seul dans la chambre avec Wang, qui était d'accord avec Campbell sur le fait que les Chinois ne souhaitaient pas que les Américains se retrouvent mêlés de trop près à une situation impliquant un citoyen chinois. Je trouvais étrange que, dès lors qu'il s'agissait de trouver des solutions concrètes, les traitements que j'avais subis – à savoir les sept ans d'abus que j'avais endurés aux mains des autorités avec lesquelles les Américains négociaient maintenant – ne semblaient plus avoir aucune importance.

– C'est pareil : s'il ne s'agissait pas d'une question de sécurité, pourquoi serais-je venu ici ? ai-je poursuivi. S'il avait existé en Chine un autre endroit où j'aurais pu me mettre à l'abri, pourquoi serais-je venu à l'ambassade des États-Unis ? En 2005, j'ai accompli toutes les démarches officielles nécessaires pour signaler mon cas à la police. Résultat : je me suis retrouvé détenu. Personne n'a prêté attention à moi. Pourquoi devrais-je revivre cela ? Les officiels du gouvernement central ne veulent jamais se remettre en question et prendre un problème à bras-le-corps – du moment que leur pouvoir n'est pas menacé –, en revanche, ils feraient n'importe quoi pour ne pas perdre la face.

Pour moi, cette question de préservation des apparences qu'avait soulevée le gouvernement chinois n'était qu'une tactique de diversion – une tactique particulièrement efficace avec les gouvernements occidentaux.

L'ambassade n'a jamais organisé de rencontre avec ma famille ce soir-là, et je n'ai jamais su pourquoi. En réfléchissant aux récentes discussions que nous avions eues, j'en ai conclu que les diplomates chinois avaient effectivement accompli un bon travail « de façade » et que cela pourrait certainement aider si je mettais quelques éléments de réponse par écrit. Le lendemain matin, le 30 avril, j'ai donc dicté à Wang une note définissant cinq points, dans l'idée de la transmettre à Campbell, qui était à la tête de l'équipe de négociation. Les cinq points se présentaient comme suit :

1. La liberté de mouvement. Il est de mon droit, en tant que citoyen, et non pas de celui du gouvernement chinois, de choisir où je vais et où je vis. S'ils honorent leurs promesses, les représentants chinois devraient agir au profit de mes droits, et non du contrôle de mes droits.
2. Aurais-je rejoint l'ambassade américaine si ma sécurité avait été assurée sur le sol chinois ? Je suis venu à l'ambassade à cause d'un danger réel et imminent, qui est une circonstance protégée par la loi chinoise ; je ne devrais donc pas en subir les conséquences judiciaires.
3. À première vue, mon séjour à l'ambassade peut sembler relever des Affaires étrangères, mais il s'agit en réalité d'un problème ayant trait à la nature humaine et à des conceptions humanitaires de base : sauver une vie. Chaque pays – pas seulement les États-Unis, nation fondée sur des principes de démocratie, de liberté

et de droits de l'homme – a la responsabilité de sauver toute personne menacée de mort imminente, ou doit être sévèrement critiqué pour son inaction.

4. Selon le droit chinois, un principe essentiel est clairement énoncé : un citoyen a le droit de tout faire du moment que ses agissements ne sont pas interdits pas la loi. Autrement dit, d'après la loi chinoise, il n'existe aucune restriction vis-à-vis des personnes avec lesquelles je suis susceptible de m'associer. En conséquence, je peux m'associer avec qui bon me semble. Si cela vous gêne de me voir m'associer avec des Américains, par exemple, cela est dû au fait que vous nourrissez encore des sentiments vis-à-vis de la Révolution culturelle et que vous n'avez pas complètement intégré les idées de Deng Xiaoping concernant la « recherche de la vérité à partir des faits » et la libération de la pensée individuelle, deux principes qui ont déjà été intégrés à la mission du Parti et à la Constitution de la nation.
5. Je réclame une enquête transparente et publique qui entraînera la poursuite en justice des officiels du Shandong impliqués dans mon affaire. Si, au cours de ce processus, d'autres officiels sont impliqués, tous devront être soumis à une enquête approfondie, quel que soit leur nombre ou leur rang ; un calendrier devra être établi. Si, à la suite du Dialogue stratégique et économique, votre procrastination continue, cela ne sera pas acceptable.

Wang m'a promis de transmettre ces points à Campbell. J'ai passé le reste de la journée dans ma chambre à peser les différents scénarios et issues possibles, me demandant avec quels éléments les Américains reviendraient ce soir-là. J'ai souvent pu observer le gouvernement chinois prendre fermement position, mais aussi s'incliner si la partie adverse campait sur les siennes. J'étais convaincu que, si les Américains se montraient assez fermes lors des négociations, leurs homologues chinois capituleraient.

Ce soir-là, Harold Koh et Kin Moy, l'adjoint au secrétaire d'État pour les affaires d'Asie de l'Est et du Pacifique, ainsi que d'autres membres de l'ambassade, sont venus dans ma chambre pour me donner les dernières nouvelles. Ils s'étaient longuement entretenus avec les représentants du gouvernement chinois et avaient beaucoup d'informations pour moi. Il me fallait écouter attentivement et me préparer à prendre une décision.

– Cela n'a pas été facile, m'a dit Koh. Ils sont très en colère contre vous, et très en colère contre les États-Unis aussi.

– Et contre eux-mêmes ? ai-je demandé, sidéré par leur audace.

Ignorant les gloussements de l'assistance, Koh a répondu :

– Ils sont en colère contre le Shandong et ne comprennent pas pourquoi les officiels du Shandong vous ont traité de la sorte. Nous avons discuté d'une proposition avec les représentants chinois. À vous de décider si vous souhaitez ou non l'accepter. Les représentants chinois ne feront pas d'autre offre, et après cela il ne restera plus que deux choix, qui ne sont ni l'un ni l'autre optimal. L'un consiste à ce que vous restiez ici, à l'ambassade des États-Unis, pour une période indéterminée, avec votre famille. L'autre serait que vous puissiez, à un moment donné, rejoindre les États-Unis, mais seul, c'est-à-dire sans votre famille, pour une période indéterminée. De plus, nous ignorons si le gouvernement chinois accepterait cette solution.

» Si vous acceptez cette proposition – autrement dit, si vous quittez l'ambassade demain pour vous rendre à l'hôpital Chao-Yang de Pékin –, alors vous serez autorisé à être examiné par des médecins chinois pendant quelques jours, peut-être une ou deux semaines, le temps qu'ils dressent leur bilan. Les médecins de l'ambassade et les officiels continueront à venir vous voir à l'hôpital, étant donné que l'hôpital ne se situe pas loin de l'ambassade.

Je ne comprenais plus : l'hôpital Chao-Yang, bien que connu et réputé, était sous contrôle du gouvernement chinois. Peu de temps avant, les officiels de l'ambassade avaient préconisé que je sois soigné dans un hôpital international, sous la protection visible des États-Unis et d'autres démocraties, étant donné qu'ils croyaient que ma sécurité personnelle et médicale était primordiale. Tout se passait comme si les Américains s'étaient complètement laissé marcher sur les pieds.

Koh a poursuivi :

– Durant ces deux prochaines semaines, vous ne serez pas autorisé à avoir de contact avec les médias, pour toute la période des débats stratégiques. Mais il y a deux points positifs : vous et votre famille serez réunis et un officiel viendra à l'hôpital pour recueillir votre témoignage ainsi que celui de votre famille sur les abus dont vous avez été victime, ce qui conduira par la suite à une enquête.

» Ultérieurement, la secrétaire d'État Hillary Clinton et M. Obama porteront votre cas devant Hu Jintao, Wen Jiabao, Xi Ping et les autres (à savoir, le président et le Premier ministre chinois, ainsi que le secrétaire général du Parti communiste), les informeront que nous sommes préoccupés par votre cas et celui de votre famille et affirmeront que vous devez être traité humainement. Ils attireront également l'attention sur les gens qui vous ont aidé à vous échapper du Shandong. Des officiels américains de haut rang continueront à suivre votre cas et à veiller à ce que les promesses des représentants chinois soient tenues. M. Obama ainsi que la secrétaire d'État Hillary Clinton porteront votre cas devant les dirigeants chinois, comme Hu Jintao et Wen Jiabao, durant la période des débats stratégiques et au-delà. Cela aidera à assurer votre sécurité ainsi que celle de votre famille. Sous deux semaines, le gouvernement chinois vous autorisera à partir pour vous rendre à l'université et vous fournira un logement ainsi qu'une rémunération. Sept écoles dans lesquelles vous pourriez étudier ont déjà été trouvées, cependant vous ne serez pas autorisé à rejoindre le campus de la NYU de Shanghai.

J'ai demandé pourquoi il m'était impossible d'intégrer l'antenne de la NYU à Shanghai alors que j'avais déjà en ma possession une lettre de l'université m'invitant là-bas pour trois ans.

– Nous ne le savons pas, mais c'est probablement parce qu'il s'agit d'une institution américaine.

– Et Bo Guagua (le fils de Bo Xilai), il n'étudie pas dans une université américaine, lui ? ai-je demandé. Pourquoi le lui avoir autorisé, à lui ? Et la fille de Xi Jinping, à Harvard ? À moins que vous ne considériez pas cette université comme une institution américaine ?

– Je crois qu'ils ont peur que vous n'entriez en contact avec les médias occidentaux, a répondu Koh.

– Cela fait partie de ma liberté d'expression, ai-je protesté, exaspéré d'avoir à défendre ces libertés fondamentales devant des officiels américains. C'est un droit civil protégé par la loi chinoise, et c'est aussi l'un des points sur lesquels je dois obtenir la garantie du gouvernement chinois. S'ils continuent à brimer ma liberté d'expression, il ne peuvent pas être pris au sérieux quand ils affirment vouloir protéger mes droits civils. La question des droits civiques ne se limite pas à avoir un logement ou suffisamment à manger, comme ils aimeraient le faire croire.

J'aurais parié que les Américains s'attendaient à ce que j'accepte les conditions proposées par la Chine, et effectivement ils ont commencé à me faire subir des pressions pour que je prenne une décision rapidement. Étrangement, la reconnaissance de la culpabilité et des méfaits du gouvernement chinois n'était plus du tout évoquée, et les Américains n'avaient plus l'air de considérer comme nécessaire de remettre le sujet sur la table.

Ce qui était en revanche nécessaire, c'était que je me rende à l'hôpital : les soins dont je pouvais bénéficier à l'ambassade étaient limités – et je présumais les négociateurs américains quand même capables de comprendre les dangers que j'encourais à me faire soigner dans un hôpital contrôlé par le gouvernement. Il était également vrai que je voulais étudier la loi d'une manière plus cadrée que je ne l'avais fait jusqu'ici, mais le « marché » que l'on me proposait n'avait aucun sens, en plus de balayer toutes les requêtes importantes que j'avais formulées et d'aller encore davantage à l'encontre de mes droits fondamentaux. Je ne pouvais accepter de passer ces deux semaines sans contacter les médias, mais je trouvais aussi extraordinaire que les Américains aient l'air de penser que je m'arrêterais à cela. Pourquoi devrais-je tirer un trait sur mon droit à la liberté d'expression dans un moment où les médias pouvaient justement s'avérer cruciaux ? Pourquoi devrais-je attendre deux ans avant d'aller à la NYU, alors que j'y étais invité ? Et pourquoi cette liste de sept universités choisies par les officiels chinois ? Lorsque Koh m'a donné la liste des écoles, j'y ai découvert un lieu où j'avais étudié, l'université de médecine chinoise de Nankin. Qu'avais-je à faire que les autorités couvrent mes frais d'inscription, me paient un salaire minimum, alors qu'elles avaient clairement dépensé des millions pour me retenir prisonnier et refusaient d'accéder à ma requête la plus simple, à savoir ouvrir une enquête sur mon cas ?

– Si vous acceptez notre proposition, a dit Koh, vous pourrez choisir l'une de ces écoles, aujourd'hui ou au plus tard demain. Je vous conseille vivement de le faire.

– Je ne leur fais pas confiance, ai-je répondu, abasourdi. Il n'y a qu'à voir à quel point le gouvernement chinois redoute que je quitte l'ambassade. À ma sortie, il me paraît évident que mes libertés vont à nouveau être restreintes. Je ne peux pas l'accepter. Ma proposition à moi était que la persécution de ma famille et de moi-même cesse immédiatement, et que mes droits civils soient protégés. Le gouvernement a même mentionné le premier jour qu'ils avaient commis des méfaits et admis que j'avais bel et bien été abusé. Ils doivent cesser immédiatement ces abus et garantir mes libertés, non pas pour des raisons fantaisistes, mais parce qu'il s'agit de droits de l'homme fondamentaux. Je ne pense pas que la solution soit de rajouter de nouvelles restrictions.

Je sentais qu'il me fallait développer.

– En 2005, j'ai été détenu illégalement ; ils m'ont ensuite enfermé pendant quatre ans pour un crime qu'ils avaient inventé. Lorsque je suis sorti de prison, j'ai été placé en résidence surveillée illégalement. Cela représente sept années au total. Vous pensez que ce n'est pas suffisant ? Que veulent-ils ? Me faire encore perdre deux ans ? ai-je demandé d'un ton incrédule. Ce qui les intéresse, ce n'est pas de résoudre quoi que ce soit. Ils ne font cela que pour une seule raison : me faire sortir de l'ambassade, car, si j'en sors, ils pourront continuer à exercer leur contrôle sur moi. J'ajoute que, pendant qu'ils sont en discussion avec vous, ceux qui m'ont aidé dans le Shandong sont persécutés et que ma famille et mes amis sont arrêtés depuis le 26 avril. À l'heure où nous parlons, le gouvernement chinois continue d'agir exactement comme avant. S'il veut que je lui fasse confiance, alors toute forme de persécution illégale doit cesser immédiatement, mon droit de choisir doit être respecté et mes droits en tant que citoyen doivent être garantis.

– C'est parce que vous avez choisi de venir à l'ambassade que votre relation avec les États-Unis s'est nouée, m'a répondu Koh, et nous devons renforcer cette relation. La première fois que nous nous sommes rencontrés, je vous ai dit que le temps était un facteur clé. Je pense que vous auriez tort de refuser une offre qui a déjà été négociée. C'est une bonne proposition. Vous serez réunis, vous et votre famille, et vous avez l'invitation de la NYU.

Cette invitation de trois ans, m'ont indiqué les Américains, était valable indéfiniment et pouvait commencer à tout moment. Ils semblaient suggérer par là que, une fois passée cette période diplomatique délicate, je serais autorisé à me rendre à la NYU.

– M. Koh me répète en boucle les points positifs de cette proposition, ai-je dit, mais je maintiens mes craintes concernant la garantie de mes droits. Par exemple, si le gouvernement est réellement prêt à tenir ses promesses, il n'y a aucune raison que tout doive être réglé dès demain et que je quitte l'ambassade. Je dois d'abord savoir ce qu'ils comptent faire. S'ils sont incapables de faire le moindre geste pour réparer leurs erreurs et que je me rende demain à l'hôpital, alors il n'y a aucun moyen de prédire qui, en dehors du personnel de l'ambassade, pourra venir me voir, et pendant combien de temps. À la fin de ces deux semaines, si je me retrouve encore avec quelqu'un pour me surveiller là-bas, si je découvre des voitures et des gens qui me suivent et me surveillent partout où je vais, je ne pourrai tout simplement pas l'accepter. Je ne crois pas que le gouvernement protégera mes droits en tant que citoyen. C'est un problème de contrainte : ils me forcent à partir, puis à ne pas avoir de contact avec les médias pendant deux semaines, mais après ce laps de temps que pourra-t-on faire pour moi s'ils décident tout d'un coup que je n'aurai plus du tout le droit de parler aux médias ?

J'ai clairement dit aux négociateurs qu'il nous fallait refuser ce « marché » que nous proposaient les Chinois et camper sur nos positions. Pourtant, les Américains semblaient maintenant de connivence avec leurs homologues chinois, comme si un accord secret avait déjà été conclu entre les leaders des deux camps. Au cours de la journée, j'ai revu Campbell, Koh et Locke, ainsi que Wang qui nous servait toujours d'interprète, mais je sentais qu'ils n'étaient plus de mon côté. Ils ne cessaient de me pousser, comme un enfant, à voir les bons côtés de la proposition chinoise. Il fallait que j'aie confiance, ma sécurité serait réellement garantie, m'affirmait Campbell, car j'avais maintenant les États-Unis dans mon camp, qui étaient comme « mon grand frère ». Si vous acceptez, insistaient-ils (avant d'ajouter que la décision ne tenait qu'à moi, bien entendu), vous pourrez rester en Chine, vivre avec votre famille, devenir un héros aux yeux du peuple chinois, et poursuivre votre travail, pour lequel vous serez à coup sûr bien payé.

– Nous créerons un réseau de soutien pour vous aider, m'a dit Campbell, avant d'ajouter que ce réseau inclurait à la fois des donateurs internationaux et des gouvernements.

De plus, a-t-il repris, un officiel chinois de haut rang du gouvernement central allait venir prendre ma déposition.

– C'est le mieux que les États-Unis puissent faire pour vous, j'en suis certain, a-t-il poursuivi, avant d'échanger la carotte pour le bâton. Si cette affaire continue, ils vous accuseront de trahison.

– En ce qui concerne les officiels chinois censés venir me voir pour m'écouter et prendre ma déposition, ai-je répondu, vous n'obtiendrez aucune réelle promesse sur ce plan. Je suppose qu'ils viendront et m'écouteront, oui, mais il n'y aura jamais moyen de mettre en cause les responsables ou d'avoir affaire à eux. C'est la même histoire qu'avec les pétitionnaires : le gouvernement central retourne ces affaires aux autorités locales, là où le problème est né. Quand le Dialogue stratégique et économique prendra fin et que vous rentrerez tous chez vous, ils n'accorderont aucune attention aux employés de l'ambassade qui continueront le travail. Cette année, beaucoup de gens du gouvernement américain ont attiré l'attention sur mon cas, mais les officiels chinois ne leur ont jamais répondu. L'année dernière, le 14 février, Hillary Clinton a parlé de moi devant l'ambassadeur de Chine aux États-Unis, mais la Chine n'a pas jugé utile de répondre. C'est pour cette raison que je pense que nous devons être plus forts et insister pour qu'ils cessent de me persécuter et nous garantissent, à moi et à ma famille, nos droits, et maintenant. Ils ont déjà admis plusieurs de leurs erreurs, ainsi que les abus dont j'ai été victime. Si nous prenons ces éléments comme base, je ne pense pas qu'ils puissent refuser.

» Si je n'ai aucune garantie, ai-je poursuivi, je ne ferai alors que changer d'endroit, passer d'une situation de résidence surveillée illégale dans le Shandong à un autre lieu que j'aurai soi-disant choisi, mais où je continuerai à être en résidence surveillée. Ce n'est pas une manière de résoudre cette situation.

– Mais ils ont déjà promis que vous resteriez avec votre famille, a répondu Koh.

J'ai ri amèrement.

– Si je ne m'étais pas échappé, je serais toujours avec ma famille, non ? Je ne pense vraiment pas que le simple fait que nous soyons réunis soit une raison pour accepter.

Je voyais bien que Koh était déçu et qu'il ne me trouvait pas suffisamment enthousiaste. Les négociateurs avaient l'air de croire que j'étais incapable de prendre une décision raisonnable. Ils avaient évité de répondre à mes requêtes et tentaient en même temps de me faire accepter celles du gouvernement central. Koh voulait que je comprenne clairement qu'il me fallait accepter la proposition d'ici au lendemain, ne cessant de me répéter d'être pragmatique. Quant à moi, je les ai priés de trouver un moyen de garantir mes droits en tant que citoyen.

Koh est parti peu après, et j'ai poursuivi la discussion avec Kin Moy, qui a commencé par me féliciter, me disant combien j'étais courageux. Mais parfois, a-t-il ajouté, l'acte le plus courageux n'est qu'un prétexte pour mettre sous le tapis nos émotions. Je n'ai pas compris où il voulait en venir. Puis lui aussi a insisté sur les points positifs de la proposition.

– Pour ce qui est des sept universités proposées, elles ne sont certes pas extraordinaires, mais pas non plus si mauvaises.

– S'ils veulent réellement que j'aille dans une bonne université, ai-je répondu, je pense qu'ils en trouveront d'excellentes à Pékin ou à Shanghai. Et ils ne devraient pas exiger que je parte pour l'hôpital dès demain étant donné que ma famille n'est pas là. Vous aurez beau tous m'accompagner, qui restera avec moi une fois que vous serez partis ? Vous n'avez pas l'impression que cela peut être dangereux ? Si vous m'envoyez à l'hôpital et que vous rentriez ensuite chez vous, c'est un signal clair que vous leur envoyez, disant que vous me laissez entre leurs mains. Dans ce cas, comment saurons-nous quand ma famille sera autorisée à me rejoindre ici – si elle l'est un jour –, et sous quelles conditions ? Même si les miens obtiennent le droit de venir, nous n'avons aucun moyen de savoir ce qui se passera quand ils seront là.

» Si quelque chose arrive, il n'y aura aucun moyen de revenir en arrière, ai-je insisté. C'est la raison pour laquelle je dis que, s'ils veulent réellement résoudre cette affaire, ils doivent cesser immédiatement les persécutions que subit ma famille, faire venir ma femme et mes enfants à Pékin et faire témoigner ma femme sur la manière dont nous avons été traités dans le Shandong ces dernières années. Après l'avoir entendue, si tant est qu'ils réagissent comme nous le souhaitons, il ne sera alors pas trop tard pour que je me rende à l'hôpital. Voilà, pour moi, une façon raisonnable de faire un pas en avant. Non ?

– Possible, m'a répondu M. Moy. Mais vous ne vous rendez peut-être pas compte que les délais…

– … sont très serrés, ai-je fini à sa place.

Il m'a alors demandé combien de temps ma famille allait mettre pour rejoindre Pékin. Environ huit heures en voiture, selon moi.

– Eh bien, si le trajet prend huit heures, je m'en vais sans attendre, a-t-il répondu avant de partir.

Un peu plus tard, Locke et Wang sont venus. Tout le monde semblait un peu abattu, et l'heure tournait. À nouveau, j'ai réitéré mes craintes pour ma sécurité et mes droits.

– Si vous m'emmenez à l'hôpital, ai-je dit, qu'est-ce qui me garantira que ma famille sera en mesure de me rejoindre ou que je pourrai vraiment les retrouver ? Et si vous ne parvenez plus à me retrouver, quel recours aurez-vous ?

– Cette proposition peut vous permettre d'intégrer le campus de la NYU de Shanghai d'ici deux ans, m'a répondu l'ambassadeur, ou d'envoyer un dossier dans une autre école.

– Je comprends la logique, ai-je dit, mais, à considérer ce scénario, que se passerait-il si le gouvernement ne me permettait finalement pas d'y aller ? Clinton prendrait une nouvelle fois ma défense ? Si je perds la main, ils feront de moi ce qu'ils voudront. La seule manière de les obliger à tenir parole est de tout faire sous le regard des médias – car ils redoutent l'image qu'ils renvoient. Ils se fichent en revanche de tout ce qui peut se passer derrière des portes closes. En plus de cela, je n'ai vu aucune réponse à ma requête concernant la cessation immédiate des persécutions et la garantie de mes droits civiques. Je ne dispose même pas du droit fondamental à la liberté d'expression. Exiger que je n'aie aucun contact avec les médias deux semaines durant est purement et simplement injustifiable. Contacter les médias quand bon me semble relève de mes droits.

Je me demandais si les Américains comprenaient vraiment le pouvoir que les officiels chinois avaient sur les citoyens lambda.

– Si je ne peux pas parler tout haut, cela revient à dire que nous n'avons rien fait d'autre que changer de décor, ai-je poursuivi. Chez moi, ils m'ont enfermé, ils m'ont pris mon téléphone et m'ont interdit d'adresser la parole à quiconque à l'extérieur. Vous croyez que ces deux semaines à l'hôpital pendant lesquelles je ne pourrai pas parler aux médias sont une limite, mais en réalité il n'y a aucun moyen de savoir ce qu'ils feront après. C'était pareil quand j'étais en prison : à la fin de ma peine, j'aurais dû être libre de vivre la vie que j'avais choisie. Mais ils m'ont jeté dans leur voiture, m'ont emmené jusqu'à mon village et m'ont enfermé chez moi.

Je savais que mes négociateurs commençaient à craindre que je ne refuse la proposition. Ils n'arrêtaient pas de me demander sous quelles conditions je pourrais accepter. Et je leur ai répété la même chose :

– Le gouvernement chinois doit cesser immédiatement les persécutions à l'encontre de ma famille, la faire venir ici, et écouter à la fois ce qu'elle a à dire à propos de ce qu'elle a subi dans le Shandong et reconnaître ce qui s'est passé là-bas. De plus, les autorités doivent promettre de protéger mes droits lorsque je quitterai l'ambassade. S'ils confirment et protègent mes droits en tant que citoyen, dont mon droit à la liberté d'expression, mon droit de sortir du pays et d'y entrer, ainsi que ma liberté de mouvement à l'intérieur du territoire, alors je pourrai réfléchir à leur proposition. Sans concession de leur part, sans élément concret, je suis dans l'obligation de refuser.

Mon discours terminé, le silence s'est abattu sur la chambre. C'est Koh qui s'est finalement exprimé le premier :

– Une décision doit être prise, quelle qu'elle soit. Avez-vous besoin d'autres informations pour le faire ?

– Bien sûr que j'ai besoin d'autres informations, ai-je rétorqué. Je ne sais rien en dehors de ce que vous me dites. Je n'ai pas pu être en contact avec ma famille ni avec mes amis, ni recevoir aucun conseil d'amis susceptibles de m'aider, comme le professeur Cohen.

Koh est sorti de la chambre pour essayer de joindre Jerry, et quelques instants plus tard il me passait au téléphone. Je lui ai expliqué la situation sans détour, disant que bien que je n'aie aucune promesse concrète concernant mes droits ou ma sécurité, les gouvernements – chinois comme américain – essayaient de me faire quitter l'ambassade. Jerry Cohen a répondu :

– La sécurité est la préoccupation numéro un. Vous devez rester en sécurité.

De retour dans ma chambre, les Américains sont revenus sur les avantages de la proposition, insistant à nouveau sur le fait que, si je choisissais de rester à l'ambassade, mes droits seraient restreints et ma famille continuerait à être abusée.

– S'ils ne me laissent pas aller à la NYU maintenant, ai-je répliqué, pourquoi changeraient-ils d'avis dans un an ? S'ils continuent à bafouer mes droits, qui les en empêchera après ? Je sais ce que vous allez me dire : le gouvernement américain continuera à suivre mon cas et exigera que mes droits soient protégés. Mais alors, pourquoi ne demandez-vous pas à ce que mes droits soient protégés tout de suite ? Si vous jugez qu'ils refuseront maintenant, pourquoi changeraient-ils d'avis plus tard ?

Les heures défilaient. Campbell est revenu me voir après une nouvelle réunion avec Washington.

– La proposition est le résultat de trois jours de discussions soutenues, a-t-il annoncé. Je veux que vous sachiez que la Maison-Blanche, le département d'État et la secrétaire d'État vous soutiennent. Vous êtes pour la première fois réellement entré en contact avec les États-Unis ; cette relation est une relation pour la vie. Je sais que vous avez résisté aux abus et à la persécution, je sais que votre parcours a été extrêmement difficile et courageux. En Chine, vous êtes une figure au pouvoir latent extrêmement puissant, et dans les années à venir, lorsque le drame que vit la Chine prendra fin, car c'est inexorable, vous vous hisserez alors à votre place. Vous avez les garanties du gouvernement chinois, du gouvernement américain et des ONG vous assurant que vous continuerez à bénéficier d'un soutien, que nous créeront un système pour vous aider dans votre vie et pour votre avenir. Les discussions avec le gouvernement chinois viennent de prendre fin. Il se charge de faire acheminer votre famille à Pékin. Nous venons également de nous rendre à l'hôpital, où la meilleure chambre vous a été préparée. Si vous ne quittez pas l'ambassade, le gouvernement chinois vous accusera de trahison, vous ne serez alors plus en mesure de sortir de l'ambassade pour des années entières et serez obligé de partir pour les États-Unis seul, en laissant votre famille derrière vous. Je vous demande de nous faire confiance. Les plus hautes autorités des gouvernements américain et chinois se chargeront de votre cas. Voilà le meilleur moyen de progresser. Vous devez partir demain. Soyez conscient que plusieurs centaines de gens aux États-Unis ont travaillé jour et nuit sur votre dossier. C'est le mieux que nous puissions faire, je ne pense pas que nous pourrions faire plus.

– Je vous suis extrêmement reconnaissant, ai-je déclaré. Cependant, en premier lieu, nous aurions dû exiger que les autorités chinoises protègent mes droits, mais la situation s'est maintenant inversée, de sorte que ce sont eux qui posent leurs exigences et agiront en fonction de ce que nous allons faire. C'est quand même étrange !

– Une enquête sera menée, a répondu Campbell.

– Je ne partirai que si j'ai la certitude qu'elle a débuté.

Campbell a commencé à perdre son sang-froid.

– M. Chen, m'a-t-il dit, soyons clairs, après la journée de demain, si nous n'avons fait aucun progrès, ils vous accuseront de trahison. C'est la raison pour laquelle nous avons tout organisé pour vous réunir, vous et votre famille, demain à l'hôpital, car ils n'autoriseront pas votre famille à venir à l'ambassade. Nous approuvons cette proposition. Robert Wang vous accompagnera demain à l'hôpital. Hillary Clinton va venir sur place, et nous a assuré qu'elle portera votre cas devant les plus hautes autorités du gouvernement chinois. Maintenant que l'affaire a éclaté au grand jour, le gouvernement ne peut se permettre d'être éclaboussé par un scandale. Si vous partez demain, vous deviendrez un héros pour le peuple chinois. Si vous restez ici, le gouvernement chinois vous accusera de forfaiture. Vous devez comprendre que dans une telle situation nous n'aurons aucun moyen de vous soutenir. Vous resterez ici en tant qu'étranger, et nous ne serons plus capables de vous aider. Vous continuerez d'avoir des ennuis avec le gouvernement, et vous continuerez de vous battre contre lui. Cela ne fait aucun doute.

» Cependant, vous avez maintenant un grand frère de votre côté : le gouvernement américain. Et je peux vous garantir que vous ne le perdrez pas. Vous devez nous croire. La situation a changé, vous n'êtes plus dans le Shandong. Et vous n'êtes plus non plus bloqué dans votre petit village, pris au piège par des brutes prêtes à vous tabasser. Il n'y aura pas de gardes sur le campus où vous allez étudier. Je peux vous garantir que je ne quitterai pas la Chine et que je ne fermerai pas l'œil tant que vous et votre famille ne serez pas réunis. Tout se joue aujourd'hui ! Vous allez devenir un héros pour votre peuple. La raison pour laquelle les autorités chinoises veulent que vous partiez est qu'elles ont peur de vous. Elles ont peur parce qu'elles savent que vous pouvez devenir une figure prépondérante dans votre pays. Vous devez faire preuve de courage. Vous êtes obligé de faire preuve de courage.

– Pouvez-vous, s'il vous plaît, d'abord faire venir ma famille ? ai-je répondu.

Campbell a pris une grande inspiration.

– Je jure sur ma mère, sur mes enfants et devant Dieu que l'ambassadeur et moi allons partir chercher les vôtres. Et demain, vous quitterez l'ambassade pour vous rendre à l'hôpital. Et il vous faudra également franchir une étape importante : déposer une déclaration disant que le gouvernement américain vous a été d'une grande aide et que vous avez totalement confiance en nous.

J'ai repensé à mon évasion éreintante, à la fuite pour trouver refuge dans le seul endroit de Chine qui semblait sûr : l'ambassade des États-Unis. Je ne m'étais pas attendu à ce que tant de gens, des deux côtés, déploient autant d'efforts pour me faire partir sans garantir mes droits ou la sécurité de ma famille. Personne ne semblait faire subir de pression au Parti communiste chinois ; à la place, ils mettaient toujours davantage de poids sur mes épaules pour me forcer à accepter leur proposition. J'ai tout à coup été envahi par une profonde tristesse, et j'ai fondu en larmes.

L'ambassadeur a tenté de me rassurer.

– Vous allez retrouver votre famille. Je vais moi-même aller la chercher. Dites-moi simplement combien de temps il leur faudra pour réunir leurs affaires et se préparer à quitter les lieux.

Ne savaient-ils pas que nous ne possédions rien ? Tout, jusqu'au dernier crayon, jusqu'au dernier bout de papier, avait été confisqué ou détruit. Nous n'avions que nos vêtements sur le dos, les mêmes depuis des années. Mais le temps filait, et la limite des trente-six heures dont Campbell n'avait cessé de parler était arrivée : Hillary Clinton allait atterrir à Pékin le 2 mai. Le sommet entre les États-Unis et la Chine allait commencer.

Le matin du 1er mai, l'ambassadeur, accompagné par quelques autres personnes, est venu me trouver dans ma chambre et m'a dit que tout avait été préparé pour que j'entre à l'hôpital. Il m'a demandé si j'acceptais de les suivre. Non, ai-je répondu, je n'accepte pas. Aucun de mes droits n'avait été garanti. L'ambassadeur s'est tourné et est parti. Un peu plus tard, Robert Wang est passé me dire que Hillary Clinton allait très certainement venir me rendre visite le lendemain matin, vers 9 heures.

– Réfléchissez à ce que vous voulez lui dire, m'a-t-il conseillé.

Cet après-midi-là, les autorités chinoises ont appelé les officiels américains pour avoir la confirmation que je quittais l'ambassade. Comme je l'ai appris plus tard, les négociateurs américains leur ont dit que je n'avais pas accepté les conditions de la proposition. L'inquiétude était palpable du côté chinois, qui a demandé des explications.

– M. Chen n'a pas confiance en vous, ont répondu les Américains.

Immédiatement, les autorités chinoises ont annoncé que ma famille serait conduite à Pékin. Je me suis méfié de cette nouvelle, et j'ai demandé si les officiels de l'ambassade se rendraient dans le Shandong pour récupérer ma famille, comme ils l'avaient promis. Non, m'ont-ils répondu, car les représentants chinois ne l'autoriseraient pas.

Cette nouvelle m'a complètement abattu, sachant tout ce qu'impliquait ce revirement sur le plan pratique comme symbolique. D'une, il apparaissait que les Américains avaient perdu un nouveau combat et, par là, renoncé au contrôle de la situation. D'autre part, ma famille allait être conduite à Pékin, escortée par les mêmes autorités qui nous avaient persécutés pendant tant d'années. Les dangers étaient multiples, or apparemment les États-Unis ne le voyaient pas.

Les officiels de l'ambassade m'ont assuré qu'ils resteraient avec moi durant toute la durée de mon séjour à l'hôpital, dans une chambre voisine, mais je comprenais à présent à quel point ma position était délicate. Soit les Américains ne comprenaient pas ce que j'avais enduré, soit ils s'étaient fait flouer sans grande peine par leurs homologues chinois. J'espérais toujours que les officiels en question étaient bien intentionnés – qu'ils avaient à cœur d'assurer ma sécurité. Mais, en dépit de mes demandes répétées d'attendre de voir quelle serait la véritable attitude du Parti avant de prendre une quelconque décision, Koh et Campbell campaient sur leurs positions et ne semblaient pas prendre mes requêtes en considération ni entendre ce qui me préoccupait. On me l'avait maintenant dit de mille manières différentes, mais le message était clair : « Vous devez accepter la proposition. »

Plus tard ce jour-là, un officiel de l'ambassade m'a demandé si je souhaitais rappeler le professeur Cohen, ce que j'ai fait, bien entendu. Lorsque ce dernier a décroché et entendu ma voix, il a immédiatement lâché :

– Je n'ai jamais dit que vous deviez refuser la proposition !

Apparemment, le camp américain avait aussi exercé des pressions sur lui, alarmé par le conseil qu'il m'avait prodigué et espérant qu'il puisse me convaincre de partir. Plus tôt, j'avais demandé à parler à plusieurs membres de la Chambre des représentants des États-Unis – Nancy Pelosi, Frank Wolf, Jim McGovern et Chris Smith –, mais, de toute évidence, l'ambassade n'avait pas pu accéder à ma requête.

Mon sort était maintenant un exemple, scruté par le monde entier : le gouvernement chinois pouvait-il garantir les droits d'un seul de ses citoyens, et les États-Unis pouvaient-ils être tenus pour responsables s'il ne le faisait pas ? Des libertés fondamentales inaliénables, comme le fait d'être avec ma famille, étaient présentées par le gouvernement chinois comme d'immenses concessions. Les Américains se trouvaient sans doute de mon côté, mais il fallait à présent faire montre d'une volonté de fer pour aller plus loin, et négocier dur.

Ma conversation avec Campbell, Koh et les autres s'est poursuivie ce soir-là. Nous avons parlé jusque très tard dans la nuit. Plus les heures passaient, plus l'atmosphère se tendait. À un moment donné, Campbell a lancé les bras en l'air en disant :

– Écoutez, je ne sais pas quoi faire de plus pour vous aider. Nous travaillons sur votre cas depuis des jours et des nuits. À Washington, des centaines de gens sont mobilisées. Nous ne pouvons pas discuter éternellement !

Exténué par la pression et l'intensité de la situation, lui aussi a éclaté en sanglots avant de quitter la pièce en trombe.

Le matin du 2 mai, Kin Moy, un interprète et quelques autres personnes sont arrivés dans ma chambre. On m'a annoncé que les autorités centrales chinoises avaient donné l'ordre à des officiers de la province du Shandong de faire venir ma femme et mes enfants à Pékin. J'allais bientôt retrouver l'ambassadeur, m'ont-ils dit, puis je serais transporté à l'hôpital. J'ai protesté, disant que je n'avais encore rien accepté, mais on m'a répondu que j'allais être emmené dans le bureau de l'ambassadeur pendant que des employés de l'ambassade et des officiels commenceraient à préparer mes affaires.

Au cours des jours précédents, j'avais demandé à plusieurs reprises à rencontrer les leaders chinois Hu Jintao et Wen Jiabao, mais on m'avait chaque fois rétorqué qu'un officiel de haut rang viendrait me voir à l'hôpital.

– Et pourquoi pas à l'ambassade ? demandais-je.

À la place, m'a-t-on dit, j'avais la possibilité d'écrire une lettre qui serait transmise à Hillary Clinton ; celle-ci la remettrait en mains propres à Wen Jiabao et Hu Jintao durant sa visite. Même si j'avais entendu à la radio que Clinton était arrivée à Pékin, ma rencontre prévue avec elle n'a jamais eu lieu ; cette lettre semblait être la seule solution. Les officiels m'ont encouragé plusieurs fois à la rédiger, alors j'ai fini par le faire : assis dans le bureau de l'ambassadeur, j'ai dicté à un traducteur trois pages dans lesquelles je détaillais pour la énième fois tout ce qui m'était arrivé. J'ai pleuré en écrivant cette lettre, revivant ces sept années de souffrance et ces expériences douloureuses.

Weijing a fini par appeler, me disant qu'elle était arrivée à l'hôpital, avant d'ajouter que « tout allait bien à la maison ». C'était la première fois que je lui parlais depuis mon départ de Dongshigu. J'ai tout de suite compris qu'elle ne pouvait pas parler librement, mais je l'ai implorée de me dire ce qui se passait. Weijing m'a expliqué qu'elle se trouvait dans une salle de conférences, entourée par des officiels du Shandong – les mêmes qui avaient été impliqués dans notre résidence surveillée. Entendre cela m'a rendu furieux : exactement comme je le craignais, le camp chinois mettait tout en œuvre pour perpétuer leur contrôle sur ma famille.

Pendant que le traducteur terminait la lettre, d'autres officiels se sont à nouveau réunis autour de moi, me priant de quitter l'ambassade en déployant toutes sortes d'excuses et de raisonnements.

– Vous n'êtes pas inquiet pour votre femme ? me demandaient-ils. Nous savons que vous voulez la protéger. Vous ne devriez pas rester ici à vous cacher. Votre famille est déjà à l'hôpital.

On m'a également dit que Hillary Clinton m'appelerait lorsque je me trouverais dans la voiture m'emmenant là-bas – une nouvelle ruse grossière pour me faire partir. Les négociateurs américains continuaient d'insister ; seul l'ambassadeur ne disait rien.

J'ai demandé à parler à Weijing une deuxième fois. Dix minutes plus tard, ma demande a été acceptée. Weijing voulait que je quitte l'ambassade pour ma santé et disait que les officiels américains avaient annoncé que, si je ne partais pas dans le quart d'heure qui suivait, les Chinois « allaient rompre leur accord ». Je me rendais bien compte qu'elle ne pouvait pas parler librement. Elle n'avait aucun moyen de connaître toutes les machinations qui se cachaient là-dessous. Je me sentais dans l'obligation de la protéger, d'être avec elle dans la vie comme dans la mort.

Après un silence gêné, Harold Koh a annoncé que nous n'avions plus de temps. Vingt minutes encore, et les Chinois m'accuseraient de trahison.

Que pouvais-je faire alors ? J'étais au pied du mur. Dans quelle direction aurais-je pu me tourner pour trouver la justice ? J'avais porté mon cas à l'attention des plus hautes autorités chinoises, de l'ambassade américaine, du monde entier, détaillant sept années d'agissements criminels flagrants, de détention, de torture, de mensonges. Mais à ce moment-là, ce qui me désarçonnait le plus était ceci : devant un gouvernement régi par des voyous, le pays qui défendait le plus ardemment la démocratie, la liberté et les droits fondamentaux de l'homme, ce pays avait tout bonnement baissé les bras. Cela me faisait mal au cœur. Chez moi, sous résidence surveillée, mon sang avait coulé ; à l'ambassade, c'étaient mes larmes, et à présent les idéaux de jeunesse qui m'avaient porté durant toutes ces années douloureuses et démoralisantes se changeaient en de nouvelles réalités, plus froides, plus claires. Il n'en restait pas moins que j'étais toujours reconnaissant à l'ambassade américaine de Pékin et à son équipe de m'avoir protégé et abrité. Sans cette aide en cette période difficile, il ne fait aucun doute que j'aurais été renvoyé dans le Shandong, et que j'aurais subi là-bas des souffrances encore pires que celles que j'avais déjà endurées.

À midi, le processus était en marche. On m'a donné à manger, mais j'étais trop abattu pour prendre la moindre bouchée. J'ai entendu des gens se réunir dans le bureau de Locke ; le photographe de l'ambassade était à l'œuvre. Une caméra avait sans doute été installée : l'ambassadeur m'a dit quelques mots, mais je sentais à sa voix qu'il s'adressait en réalité à des millions d'anonymes.

– Êtes vous prêt à quitter l'ambassade de votre propre gré ? m'a demandé Locke.

Je ne lui ai pas répondu directement, m'arrêtant un instant, comme si le temps était suspendu, pour me pénétrer de cet environnement. Toute cette pression était éreintante, et il était devenu évident qu'il me fallait capituler. J'ai pris conscience que j'allais devoir continuer seul, qu'il n'y avait aucun moyen, ni pour l'ambassadeur ni pour aucun Américain présent dans cette salle, de comprendre ce que j'avais vécu ou de mesurer réellement la profondeur de ma déception et de mon désespoir.

J'avais beau ne pas pouvoir les voir, je me suis tourné vers chacun des officiels qui m'entouraient, pour les considérer l'un après l'autre. Sans laisser transparaître mon émotion dans ma voix, j'ai simplement dit :

– Allons-y.

13

VERS UNE TERRE PROMISE

L'ambassadeur me soutenait par le bras gauche tandis que je tenais ma béquille de la main droite. Campbell nous suivait juste derrière. Arborant un air courageux, je suis sorti avec eux pour me diriger vers le van qui m'emmènerait à l'hôpital Chao-Yang. Devant le véhicule, pendant que l'on me photographiait, je ressentais la chaleur qui émanait du sol – le moteur avait dû tourner un certain temps, attendant que je sorte.

Une fois que nous avons tous été installés dans le van, l'équipe de diplomates américains et d'officiels s'est montrée très animée, s'adressant à moi et discutant entre eux avec excitation. Mon téléphone m'a été rendu ; pour je ne sais quelle raison, il ne fonctionnait plus. Nous étions toujours garés devant l'ambassade quand ils ont appelé la secrétaire d'État pour lui annoncer que je me trouvais dans le véhicule, puis on m'a passé le téléphone. Hillary Clinton et moi avons échangé quelques mots symboliques, mais aucun interprète n'était alors présent. Sachant qu'elle devait venir me voir, j'ai bredouillé : « Je veux vous voir maintenant », dans un mauvais anglais, mais je n'ai pas compris sa réponse.

Nous sortions à présent de la cour de l'ambassade. Les officiels m'ont proposé d'appeler les numéros que je connaissais de mémoire sur leur téléphone. L'un d'entre eux s'est mis en quête du numéro du *Washington Post* pour moi. J'ai téléphoné à mon ancien avocat, Li Jinsong, qui m'a averti du risque que je courais en quittant l'ambassade. Je n'ai en revanche pas réussi à joindre Yushan ou Teng Biao. Le trajet jusqu'à l'hôpital n'a pris que quelques minutes. Les diplomates m'ont gentiment laissé le temps de terminer de passer mes appels. Nous savions tous que j'allais retomber aux mains du Parti aussitôt la portière ouverte, et que personne ne pourrait alors garantir que j'aurais de nouveau la chance de parler librement au monde extérieur.

À ma sortie du van, j'ai été conduit jusqu'à un fauteuil roulant, puis on m'a poussé, entouré par un essaim d'infirmières, de médecins, de gardes et de diplomates, jusqu'à une salle d'examen au neuvième étage, où j'ai enfin retrouvé ma femme et mes enfants. Malgré l'agitation de ces dernières semaines, nos retrouvailles ont été comme maladroites, incertaines – nous n'étions jamais vraiment seuls. Mes deux enfants se sont montrés distants ; Kesi, effrayée par mon état de santé, a demandé à Weijing pourquoi j'étais en fauteuil roulant, et Kerui, que je n'avais pas vu depuis presque un an, restait en retrait, se méfiant de cet étrange et nouvel environnement, ne sachant pas quelle était sa place.

Ma femme m'a raconté sans attendre comment elle et les enfants avaient été acheminés jusqu'à Pékin. La veille, alors qu'elle était encore éveillée à minuit passé, deux officiels locaux s'étaient présentés chez nous et lui avaient dit de réunir ses affaires et de se préparer à quitter immédiatement le village. Peu de temps après, Weijing et Kesi avaient été transportées à Shuanghou, où deux cars remplis d'officiels les attendaient pour les escorter jusqu'à Pékin. Kerui, convoyé de son côté par d'autres officiels, était arrivé quelques minutes plus tard. Weijing et les enfants avaient été placés dans l'un des cars et conduits jusqu'à Qufu, la ville où avait vécu Confucius. Toujours suivis par un groupe de policiers et d'officiels, tous trois étaient montés à bord d'un train pour Pékin.

Plus tard ce matin-là, Robert Wang et d'autres membres de l'ambassade étaient venus à la rencontre de Weijing et des enfants à la gare, avec des fleurs et des jouets. Weijing pensait être conduite directement à l'ambassade, mais ils avaient rapidement été pris en charge par le personnel de l'hôpital, qui les avait emmenés à Chao-Yang, au quatrième étage de l'hôpital, dans la salle de conférences d'où elle m'avait appelé plus tôt. Tout le monde avait pris place autour d'une grande table ovale : ma famille et le personnel de l'ambassade d'un côté, les officiels de l'hôpital, du ministère des Affaires étrangères et du Shandong de l'autre. Chaque fois que Weijing m'avait parlé au téléphone, les officiels du ministère des Affaires étrangères avaient sorti leur propre téléphone avant de lui permettre de me joindre sur la ligne de Robert Wang – à l'évidence, tout le monde était d'accord pour que nos conversations soient surveillées.

Weijing m'a dit que, à la suite de notre première conversation, les officiels de l'ambassade avaient reçu un nouvel appel qui, semblait-il, les avait grandement agités. Après avoir raccroché, ceux-ci lui avaient dit que, si je ne quittais pas l'ambassade d'ici quinze minutes, le gouvernement chinois allait « rompre son accord », après quoi les négociateurs américains n'auraient plus aucun recours ; tout leur travail des jours passés serait anéanti. En entendant cela, Weijing avait pris peur pour moi, ce qui l'avait poussée à m'implorer de partir lors de notre second coup de fil.

Dans la salle d'examen, à présent, le personnel de l'hôpital m'auscultait et me faisait remplir des papiers, sous l'œil de Robert Wang et de Yang Junyi. Des infirmiers m'ont fait une prise de sang, puis ont préparé d'autres tests ; après une radio de mon pied, on a diagnostiqué que j'avais trois os fracturés. Mes os ont été remis en place, puis mon pied plâtré, et on nous a conduits jusqu'à notre chambre au premier étage.

Douze jours avaient passé depuis mon évasion, et presque une semaine depuis mon arrivée à l'ambassade. Mais le calvaire était encore loin d'être terminé. Peu après mon arrivée, les autorités ont envoyé des groupes de policiers anti-émeute à l'hôpital, et plusieurs sympathisants et journalistes qui s'étaient attroupés là-bas ont été dispersés de force, sans pouvoir entrer en contact avec moi ou témoigner de quoi que ce soit. Wang et d'autres membres de l'ambassade sont restés avec moi pendant ma première entrevue avec les médecins, mais aussitôt que nous avons été emmenés dans notre chambre, je me suis aperçu que toute l'équipe de l'ambassade s'était volatilisée. Je n'ai pas tardé à recevoir un texto sur le portable que Yushan m'avait rendu – et qui, comme par miracle, s'était remis à fonctionner –, un texto de Robert Wang me confirmant qu'ils étaient partis. J'étais surpris et inquiet ; on m'avait dit que, pour notre sécurité, tout le monde resterait avec nous durant la totalité de mon séjour à l'hôpital. J'ai aussitôt essayé de rappeler Wang, sans succès. Idem pour les autres numéros à l'ambassade.

Des gardes avaient maintenant encerclé notre chambre, et je ressentais cette sensation trop familière du nœud qui se resserre. Nous avons appris plus tard que pas moins de quatre cents policiers et membres de la sécurité étaient postés au sein de l'hôpital et à l'extérieur, certains en uniforme, d'autres en civil. Essayant de garder mon sang-froid, je me répétais que Chao-Yang n'était pas Donshigu ; au moins, ici, le monde nous regardait.

Ce soir-là, j'ai téléphoné à la femme de Hu Jia, Zeng Jinyan, pour lui raconter la situation. Elle était extrêmement inquiète.

– Tu sais ce qu'avoir quitté l'ambassade signifie ? m'a-t-elle demandé, anxieuse.

Certain que notre conversation était écoutée, j'ai simplement répondu que je n'avais pas eu d'autre choix. Elle m'a alors dit que la seule chose à faire à ce stade était de contacter autant de journalistes et de médias que possible – le monde devait connaître la vérité. Elle m'a promis de joindre plusieurs journalistes qu'elle-même connaissait, sur quoi je lui ai dit que si je ne pouvais pas protéger ma famille, nous serions dans l'obligation de quitter le pays. J'ai cru comprendre également, d'après cette brève conversation, que les médias avaient parlé de mon évasion, mais que les détails restaient flous.

– Il paraît que tu as dit à Hillary Clinton que tu voulais l'embrasser ? m'a demandé Zeng Jinyan.

– Non, j'ai dit que je voulais la voir, ai-je répondu.

Aux alentours de 18 heures, nous avons demandé à avoir quelque chose à manger. Kerui et Kesi pleuraient tous les deux de faim et de fatigue. Comme nous nous y attendions, nous n'avons pas été autorisés à quitter notre chambre, même pour aller acheter de la nourriture. Les autorités avaient l'air de mettre un point d'honneur à me faire comprendre que j'étais retombé aux mains du Parti.

En attendant notre repas, j'ai rappelé les différents numéros à l'ambassade que j'avais sur mon téléphone, mais personne n'a répondu. J'étais dans tous mes états. Pourquoi tant de promesses avaient-elles été rompues ? À qui pouvais-je me fier ? Je me retrouvais là, un non-voyant dans un endroit inconnu, encerclé par des étrangers, complètement angoissé. Je n'arrêtais pas d'entendre des bruits inhabituels, dont certains me rappelaient les travaux d'installation de brouilleurs de signal, à Dongshigu. Je supposais que mon téléphone était sur écoute ; chaque fois que j'avais quelqu'un en ligne, j'entendais un petit écho, et j'avais souvent du mal à comprendre la personne au bout du fil, alors qu'elle m'entendait parfaitement. Finalement, je suis parvenu à joindre Teng Biao, qui m'a passé le bonjour d'autres amis avant de prendre un ton beaucoup plus sérieux.

– Si tu restes en Chine, m'a-t-il dit, tu cours un très grave danger.

Je n'ai rien répondu. C'est alors qu'il m'a raconté la sévère déclaration que le ministère des Affaires étrangères chinois avait publiée, exigeant des excuses des États-Unis ainsi qu'une enquête pour déterminer comment j'étais arrivé à l'ambassade. Teng Biao m'a rappelé le sort de nombreux activistes chinois, en sécurité sous le feu des projecteurs, et qui avaient ensuite été torturés ou avaient disparu dès que le monde avait cessé de les regarder.

– Que me conseilles-tu ? lui ai-je demandé.

– Toi et ta famille devriez retourner à l'ambassade américaine sur-le-champ. Puis partir pour les États-Unis.

Je ne pouvais pas lui dire, sur cette ligne mise sur écoute, que pour l'heure je n'avais aucun moyen de retourner à l'ambassade.

Il était environ 21 heures quand notre repas est finalement arrivé, mais, à ce moment-là, les enfants, exténués d'avoir pleuré, s'étaient endormis. Après cet appel passé à Teng Biao, nous nous sommes aperçus que mon téléphone ne fonctionnait plus. Nous avions l'impression d'être complètement pris au piège. Au comble de l'angoisse, et ayant besoin d'une vue plus claire de notre situation fragile, j'ai demandé à Weijing ce qui s'était passé au village. Elle m'a alors décrit tous les événements qui s'étaient déroulés après que les autorités avaient fini par découvrir mon évasion.

Les autorités m'ont séparée de ma famille et tirée de ma maison le 26 avril, et j'ai été détenue par la police criminelle jusqu'au 28 avril au soir. Le troisième jour de ma captivité, la police a exigé que j'enregistre une vidéo dans laquelle je déclarais que je n'avais pas été torturée et que j'étais bien traitée. Ils m'ont dit que, si je disais ce qu'ils voulaient, ils me laisseraient partir. À les entendre et à voir la manière dont ils agissaient, j'étais quasiment sûre que Guangcheng était maintenant en sécurité. Mais j'avais très peur pour maman et la petite Kesi, si bien qu'au bout du compte j'ai tourné leur vidéo et signé un document « attestant » que je n'avais pas été victime de torture. Ils m'ont alors ramenée chez moi.

Dès que j'ai passé le portail, Kesi a accouru vers moi et s'est jetée dans mes bras en pleurant. Je me suis aperçue que les gardes avaient maintenant investi toutes les pièces ainsi que la cour – et, quoi que nous fassions, ils nous suivaient de près. Kesi n'avait plus le droit d'aller à l'école, et ce soir-là, lorsque je suis allée éteindre la lumière et fermer la porte, les gardes se sont mis à hurler, tellement fort que ma belle-mère a eu peur de recevoir des coups et m'a implorée de me taire. Toute la nuit, pendant que nous essayions de dormir, des gardes sont restés à quelques mètres de nous. Le lendemain matin, nos geôliers ont photographié et mesuré chaque centimètre carré de notre cour et ensuite installé des caméras de surveillance. Ils nous insultaient, ce qui avait le don de me faire enrager ; ma belle-mère, elle, les ignorait. Quand notre chien s'est mis à aboyer, l'un des gardes l'a battu avec une fourche.

La nuit du 29 avril, j'ai reçu la visite d'un groupe d'officiels de la ville et de la province, qui ont inspecté notre cour ainsi que le nouveau matériel qui avait été installé. Le chef de la Sécurité publique du district de Yinan a expliqué que les sept nouvelles caméras installées autour de la cour étaient des modèles dernier cri, qui permettraient à l'équipe en charge de notre surveillance à Shanghou ou Linyi de nous voir distinctement, même de nuit. Après leur départ, la garde a changé ; une dizaine de nouveaux geôliers ont remplacé ceux qui nous surveillaient depuis plusieurs années. Il y en avait six perchés sur le toit du bâtiment de la cuisine, depuis lequel ils pouvaient surveiller la cour, et six autres de part et d'autre de la porte de la maison. Comme leurs prédécesseurs, ces nouveaux gardes étaient habillés en civil, mais ils semblaient plus expérimentés ; il était clair à leur accent qu'ils n'étaient pas originaires du coin, ni de Linyi.

Le lendemain matin, nos geôliers sont venus retirer les caméras. Puis ils les ont réinstallées, et retirées à nouveau plusieurs fois au cours des jours suivants. Ils continuaient également à prendre des mesures et des photographies. Je n'avais pas la moindre idée de ce qu'ils essayaient de faire, quand j'ai entendu l'un des gardes dire :

– Ça va être génial : grâce au filet électrifié, même avec des ailes ils ne pourront pas s'échapper.

J'avais compris : ils prévoyaient d'installer un filet géant électrifié au-dessus de toute la cour. « Nous pourrions même mourir ici... », ai-je pensé, terrifiée par cette nouvelle.

Weijing a terminé son récit en me disant que, dès que les officiels du Shandong étaient venus les chercher pour les emmener à Pékin, ils lui avaient fait subir des pressions pour qu'elle me dise que tout allait bien, que le gouvernement traitait désormais convenablement ma famille, qu'il était préférable que je quitte l'ambassade. Mais ce qu'elle m'avait raconté des jours passés ne laissait aucun doute sur le fait que la situation à Dongshigu était pire que jamais, et que pendant qu'elles négociaient avec les diplomates américains, les autorités chinoises n'avaient pas prévu de mettre un terme à notre captivité brutale. Vu comme les choses se présentaient, j'étais certain que ce n'était qu'une question de temps avant que nous ne soyons traînés de force jusqu'à notre village et remis sous résidence surveillée.

En réfléchissant à tout ce qui s'était passé depuis mon évasion, je suis finalement arrivé à une conclusion. Ma famille avait suffisamment souffert – comment aurais-je pu leur demander de continuer ainsi ? Au fond de mon cœur, je voulais rester en Chine, mais pour notre sécurité et pour ma santé, nous devions quitter le pays. Nous devions partir aux États-Unis.

Ma décision était prise. Je devais maintenant trouver un moyen de la faire connaître. Mon téléphone ne parvenait à capter le réseau que par intermittence, et j'entendais des interférences lorsqu'il fonctionnait, ce qui était inquiétant. Je n'avais pas eu de nouvelles de l'ambassade depuis plusieurs heures, et j'avais maintenant l'impression de ne plus bénéficier d'aucun moyen fiable pour communiquer avec l'extérieur. Puis, le 3 mai, tôt le matin, j'ai soudain reçu un appel d'un journaliste étranger, à qui j'ai demandé de transmettre la nouvelle concernant ma décision. Après ce premier appel, le téléphone n'a pas arrêté de sonner pendant plusieurs heures, sauf quand je ne parvenais plus à capter. J'ai parlé à des internautes, à des journalistes de CNN, à l'Associated Press et à d'autres organes de presse encore, leur disant que j'avais été abandonné, encerclé, que le danger était imminent. J'ai raconté à quiconque voulait l'entendre que j'étais convaincu que le Parti n'avait aucunement l'intention de tenir ses promesses et d'appliquer la loi, et qu'il me fallait partir pour les États-Unis avec ma famille avant qu'il ne soit trop tard.

J'ai également reçu ce matin-là un appel de Robert Wang, à qui j'ai annoncé ma décision. Je lui ai décrit ce que nous avions vécu la veille au soir : les appels que j'avais passés à l'ambassade, en vain ; la promesse d'avoir un membre de l'ambassade avec nous qui n'avait pas été respectée ; la déclaration agressive du ministère des Affaires étrangères chinois dont Teng Biao m'avait parlé. Wang m'a répondu qu'il n'y avait jamais eu le moindre signe disant que j'avais appelé. À partir de ce jour, nous n'avons plus eu le droit de voir des membres de l'ambassade sans la présence d'officiels chinois.

Plus tard ce matin, nous avons reçu une visite intéressante : M. Guo Shousong, accompagné par son secrétaire. M. Guo a présenté sa carte à Weijing. « Je suis le directeur adjoint en charge de la réception des citoyens au bureau d'État des Lettres et des Visites », a-t-il annoncé, faisant référence au bureau des Pétitions, cette institution déconcertante, typiquement chinoise, à laquelle j'avais eu affaire quand j'étais jeune activiste, en 1997.

– N'allez pas me sous-estimer à cause de mon titre, a-t-il ajouté. Il n'est peut-être pas prestigieux, mais en réalité je suis mandaté par des autorités centrales de haut rang.

En effet, dès le début des négociations, les représentants chinois avaient annoncé qu'un officiel haut placé allait venir prendre ma déposition. Il était là. Si absurde que cela puisse paraître, j'ai alors commencé à lui dérouler mon histoire : je lui ai d'abord parlé de ma famille et des persécutions qu'elle avait endurées, puis de mon neveu qui avait été détenu, de mes frères passés à tabac, de mes amis embarqués de force par les autorités. Je lui ai demandé que les autorités nous restituent les biens qui nous avaient été volés et lui ai dit qu'une enquête devait être ouverte sur les traitements illégaux dont ma famille avait fait l'objet, quels que soient les officiels impliqués ou leur nombre. Secouant la tête de surprise, l'homme m'a répondu qu'il n'avait jamais entendu une chose pareille de sa vie.

Le secrétaire a pris des notes tout au long de mon récit et m'a dit, en partant, de prendre soin de moi. Il nous a quittés en nous laissant un gros bouquet de fleurs ainsi qu'un panier de fruits, avec des oranges, des melons et des pommes. J'aimais beaucoup les fleurs et leur parfum magique – mais je n'étais quand même pas si facile à amadouer.

Le lendemain, le 4 mai, M. Guo et son secrétaire sont revenus. Il m'a dit tout ce que je voulais entendre, ayant à l'évidence reçu au préalable l'autorisation pour le faire.

– Les autorités ont clairement énoncé leur position. Je vais moi-même clairement énoncer la mienne. Quiconque, quel que soit son rang, a été impliqué dans les activités illicites relatives à votre traitement fera l'objet d'une enquête approfondie et sera jugé publiquement. Toutes les caméras de surveillance seront retirées, et toute personne gardant votre maison sera expulsée sur-le-champ.

Il m'a également assuré que ma famille allait cesser d'être harcelée.

– Vous pouvez téléphoner à votre entourage resté sur place pour vérifier, a-t-il ajouté.

J'ai réitéré mon souhait qu'une enquête soit menée avec le concours de mes avocats et sous l'œil des médias, ce que M. Guo a immédiatement validé. Tandis que notre conversation prenait fin, je lui ai demandé si la rumeur que j'avais entendue était vraie, disant que six cars venant du Shandong, remplis d'hommes de main, étaient en route pour Pékin avec l'ordre de me ramener, mort ou vif.

– Eh bien, espérons qu'ils ne parviennent pas à entrer ! s'est exclamé M. Guo avec un rire nerveux.

Dès son départ, nous avons appelé ma famille et mes amis restés chez nous. Ils ont confirmé mes soupçons sur Dongshigu : Frère Aîné m'a raconté qu'il vivait sous résidence surveillée. Hormis les caméras placées dans notre cour, l'attirail de surveillance et de sécurité n'avait pas bougé. D'autres villageois m'ont rapporté que, durant les jours qui avaient suivi le 26 avril, les cadres, fous de rage, avaient fouillé tout Dongshigu et Xishigu, ne croyant toujours pas que je puisse me trouver à Pékin. Armés de bâtons, ils avaient étendu leur battue jusqu'aux champs de maïs, aux buissons, à chaque rocher, chaque trou susceptibles de me cacher. Trois équipes séparées d'enquêteurs s'étaient penchées sur ma disparition, et toutes avaient conclu qu'un aveugle n'aurait jamais été capable de fuir jusqu'à Xishigu sans une aide extérieure. Mes « complices » avaient été traqués sans relâche, et plusieurs personnes questionnées pendant des heures. Frère Aîné et sa femme avaient été retenus en garde à vue, tout comme Chen Kegui, Chen Hua et son père, Liu Yuancheng et sa femme, ainsi que d'autres villageois.

Durant les jours suivants, j'ai eu beaucoup de temps pour réfléchir aux visites de M. Guo. Essayait-il de me mener en bateau, ou était-ce le gouvernement qui avait berné le bureau pour lequel il travaillait ? La réponse importait peu.

– Quand pourrai-je voir mes amis ? lui ai-je demandé.

– Bientôt, dès que la situation se sera un peu tassée.

– Et quand va commencer l'enquête ?

– Si la loi a été violée, alors nous enquêterons. Cependant, cela prendra du temps.

La venue de M. Guo a été la seule et unique réponse apportée par le gouvernement chinois à mes demandes répétées de justice.

Au matin du 4 mai, une importante occasion s'est présentée. J'ai reçu un appel de Washington, où la Commission exécutive sur la Chine, réunie en urgence au Congrès, examinait ma situation. Soudain, je pouvais m'adresser directement au Congrès : pendant un moment inoubliable, j'ai parlé à l'assemblée des représentants depuis mon lit d'hôpital à Pékin, via une connexion téléphonique qu'avait mise en place Bob Fu, qui travaillait pour ChinaAid et était présent dans la salle du Congrès. Je leur ai dit, dans les termes les plus simples, que je ne me sentais pas en sécurité en Chine et que je souhaitais partir pour les États-Unis. J'ai ajouté que j'espérais toujours pouvoir rencontrer Hillary Clinton afin de lui transmettre mes plus profonds remerciements pour avoir pris la décision de me soutenir malgré les pressions qu'elle avait sans aucun doute subies. Cette audience du Congrès, qui allait jouer un rôle décisif dans les événements à venir, m'a permis de communiquer directement avec les Américains et de faire part de mon espoir que leurs valeurs soient défendues à travers mon cas. À chaque interview, je veillais à remercier les officiels de l'ambassade et à souligner leur formidable travail, mais je n'hésitais pas non plus à émettre des critiques, par moments. Après tout, j'avais été contraint de quitter l'ambassade, et le peuple américain avait aussi le droit de savoir cela.

Sous l'énorme pression du Congrès et de l'opinion américaine, le président Obama, la secrétaire d'État Hillary Clinton et les négociateurs américains ont été forcés de revoir leurs plans. Je n'ai pas assisté aux discussions, bien sûr, mais je crois que, à ce moment critique, la voix du peuple américain a clairement pesé dans la balance. Plus tard ce même jour, un porte-parole du ministère des Affaires étrangères chinois a annoncé que je pouvais « légalement avoir recours aux voies normales pour effectuer ma demande de départ à l'étranger ». Cet après-midi-là, j'ai appris que les officiels de l'ambassade des États-Unis allaient préparer mon dossier d'entrée aussi rapidement que possible.

Sans l'appui du peuple chinois et américain, sans l'attention des médias et les séances du Congrès, je ne sais ce qui serait finalement advenu – j'aurais pu disparaître, être emprisonné, peut-être personne n'aurait-il plus jamais entendu parler de moi. Je ne m'étais pas trompé sur Chris Smith, Jim McGovern, Frank Wolf et Nancy Pelosi : ces membres du Congrès se sont avérés de courageux et loyaux alliés du peuple chinois. J'ignore – et je me moque de savoir – s'ils appartenaient au camp des démocrates ou des républicains : du moment qu'ils défendaient la liberté et les droits de l'homme en Chine, cela me suffisait.

Pour l'heure, cependant, je demeurais en quelque sorte gardé en captivité. Quand allais-je pouvoir partir pour New York ? Quand pourrais-je quitter ma chambre d'hôpital, sans même parler du droit de sortir dehors ? Personne n'était autorisé à me rendre visite, et les médias étaient toujours bloqués dans la « zone d'interview », à l'extérieur, à laquelle je n'avais pourtant moi-même pas accès. Un homme dénommé Wang Zancheng nous servait de garde du corps et d'assistant, mais s'agissait-il d'un employé de l'hôpital, d'un fonctionnaire du ministère des Affaires étrangères, ou d'autre chose ? Il parlait un anglais impeccable et accomplissait son travail à notre service efficacement, mais nous n'avions aucun moyen de savoir à qui il obéissait.

Et tandis que je demeurais dans ce flou, que se passait-il pour ma famille et mes amis ? Teng Biao était revenu me voir à Pékin, mais aussitôt qu'il était arrivé sur place, le ministère pour la Sécurité de l'État lui avait donné l'ordre de quitter la ville. Yushan avait été détenu à plusieurs reprises et avait fini par être forcé de signer un témoignage sur son rôle dans mon évasion. Mon ami, l'avocat Jiang Tianyong, avec qui j'avais travaillé pendant la campagne du planning familial de 2005, avait quant à lui été roué de coups et avait eu le tympan perforé.

Le 4 mai, jour de l'anniversaire de Kerui, Robert Wang et Yang Junyi sont venus à l'hôpital pour déposer des cadeaux. N'étant pas autorisés à monter dans ma chambre, ils ont vu Weijing dehors. Plus tard, Yang m'a dit que, alors qu'ils arrivaient à l'hôpital, il avait vu une assistante d'Ai Weiwei apporter un gâteau d'anniversaire pour Kerui avant d'être brutalement renvoyée ; le gâteau était tombé par terre. J'ai aussi appris qu'après le départ de Yang, plusieurs gardes postés autour de l'hôpital avaient encerclé l'assistante, qui avait été emmenée au commissariat, où elle avait été interrogée et battue. Durant mon séjour à l'hôpital, j'ai eu vent de plusieurs récits disant que des pétitionnaires et sympathisants qui avaient tenté de me voir s'étaient fait refouler et avaient été détenus par la police avant d'être interrogés. Beaucoup d'entre eux ont subi des violences physiques.

À partir du 3 mai, j'avais pu parler chaque jour à des officiels de l'ambassade. L'ambassadeur m'appelait souvent – toujours aussi attentionné, il prenait chaque fois des nouvelles de ma santé et de ma famille. J'avais la sensation que mon téléphone était comme une ligne de vie qui me raccrochait au monde extérieur et, peu après notre arrivée à l'hôpital, j'ai demandé à Robert Wang de m'en envoyer un de rechange au cas où le mien ne fonctionnerait plus. J'ai été soulagé et reconnaissant quand les employés de l'ambassade m'ont apporté plusieurs téléphones, les 4 et 5 mai, pour être sûrs que je puisse toujours communiquer avec eux.

D'autres personnes étrangères continuaient de me témoigner leur soutien. L'ambassade britannique a téléphoné – leurs équipes n'avaient pas oublié l'aide qu'ils nous avaient déjà fournie par le passé pour le puits du village. Des représentants de plusieurs autres pays occidentaux, dont la France, la Suisse, la Suède et le Canada, m'ont appelé pour m'informer qu'ils étaient entrés en contact avec le ministère des Affaires étrangères chinois. Le 8 mai, Locke a organisé un rendez-vous téléphonique avec Nancy Pelosi, qui s'est enquise de ma santé et a évoqué mon travail de manière encourageante. Je l'ai remerciée pour l'intérêt qu'elle avait montré pour mon cas et pour avoir défendu les droits de l'homme avec une telle droiture.

M. Guo a continué à me rendre visite régulièrement. Il a un jour mentionné la proposition que m'avait faite le gouvernement d'intégrer l'une des sept universités chinoises. Je lui ai dit que je n'envisageais plus d'étudier dans ces écoles ; à la place, j'avais reçu une invitation de trois ans de l'université de New York et prévoyais de partir aux États-Unis pour étudier. Après son départ, j'ai demandé à Weijing de m'apporter la lettre d'invitation que Robert Wang m'avait lue quelques jours plus tôt, dans les jardins de l'ambassade. Weijing l'a cherchée dans les affaires que les employés de l'ambassade avaient préparées pour moi, mais impossible de mettre la main dessus. Nous avons contacté l'ambassade pour leur faire part du problème, laquelle nous a répondu que quelqu'un porterait la lettre à l'hôpital.

Robert Wang est arrivé quelques jours plus tard pour nous la remettre, mais, étant donné que je n'étais toujours pas autorisé à sortir de ma chambre, il n'a pas eu la possibilité de me voir. À la place, Weijing a été appelée dans l'une des salles de conférences de l'hôpital, où Robert Wang lui a transmis un formulaire. En le parcourant, Weijing s'est aperçue que l'invitation était en réalité de un an, et non de trois. Elle a demandé des explications à Wang. Ce dernier lui a répondu que ce formulaire n'était « qu'une simple formalité, un papier à remettre au gouvernement chinois ». Weijing, qui avait entièrement confiance en l'ambassade, a donc rapporté le formulaire dans notre chambre et m'a tout raconté. Je croyais moi aussi aux explications de l'ambassade, si bien que je n'ai pas insisté pour avoir la lettre d'invitation originale de la NYU.

Le 14 mai, M. Guo est revenu me voir, cette fois pour parler de nos passeports, puis le lendemain matin, accompagné par quatre agents de la police de la province du Shandong avec lesquels il a passé plusieurs heures à préparer nos papiers. Nous avons été pris en photo, puis nous avons rempli des formulaires. Au cours d'une nouvelle entrevue avec M. Guo, à la même période à peu près, j'ai réitéré mes requêtes, surtout celles concernant la sécurité de ma famille. J'étais surtout inquiet pour mon neveu, Chen Kegui ; je craignais qu'il ne continue à se voir harceler et abuser par les autorités.

Ce séjour prolongé à l'hôpital Chao-Yang a été exceptionnellement dur pour ma famille. Les autorités du gouvernement n'ont fait preuve de presque aucune clémence vis-à-vis de ma femme et de mes enfants, faisant passer pour un véritable cadeau le fait de permettre à Kerui et Kesi de passer quinze à trente minutes dans la cour de l'hôpital. Au final, Weijing a été autorisée à les emmener dans un petit jardin, toujours sous l'œil du personnel de l'hôpital et d'une horde de gens que nous ne connaissions pas, munis d'appareils photo. Pauvre Kesi : elle vivait sous surveillance depuis tellement longtemps que, lorsqu'on lui disait qu'il était temps de rentrer, elle ne protestait même pas et ne demandait jamais pourquoi elle et son frère ne pouvaient pas rester dehors un peu plus longtemps.

Environ deux semaines après le début de ma convalescence, mon état de santé s'est stabilisé. En continuant sur cette voie, je n'allais plus séjourner à l'hôpital que pour des raisons politiques, et non médicales. À ce stade, nous avions reçu des valises pour ranger nos quelques affaires, mais sans nos passeports je me refusais à reprendre espoir.

Au bout du compte, j'ai appris l'imminence de notre départ par les médias – personne n'avait jugé bon de nous en informer. Le 19 mai au matin, on m'a annoncé que des officiels allaient bientôt se réunir à l'hôpital pour discuter de notre situation, même si je n'étais pas invité à participer à la réunion. Lorsque je me suis rendu compte que les officiels en question faisaient sans doute partie du ministère des Affaires étrangères, j'ai su que ce n'était plus qu'une question de temps avant que nous soyons relâchés. Un peu avant 11 heures, Wang Zancheng, de retour de la réunion, m'a annoncé que le moment de préparer nos affaires était venu et que nous partions pour l'aéroport à 13 heures. Je lui ai rappelé la promesse du gouvernement, qu'avait réitérée M. Guo, d'enquêter sur les crimes commis à mon encontre. Je n'ai pas obtenu de réponse.

J'aurais voulu que ma mère vienne avec nous, mais cela était pour elle hors de question. Elle ne pouvait pas laisser tous ses fils et ses petits-enfants, disait-elle. Lorsque je l'ai appelée pour lui dire que nous allions bientôt prendre l'avion, elle semblait sincèrement ravie, comme si désormais nous allions vivre à l'abri du danger et en paix.

Après le déjeuner, nous avons commencé à nous préparer pour le départ, laissant certaines de nos affaires à l'hôpital pour des amis. Nous avons téléphoné à d'autres d'entre eux pour leur dire au revoir. Le plan initial des Américains était que l'ambassadeur et Robert Wang effectuent le vol avec moi jusqu'à New York, ce que les représentants chinois ont refusé, au même prétexte que d'habitude : « Trop médiatique. » Mais, comme l'a dit Robert Wang, il importait peu de savoir qui allait m'accompagner, du moment que nous rejoignions les États-Unis sans encombre.

En début d'après-midi, Wang Zancheng ainsi qu'un groupe de médecins et d'infirmières sont sortis avec nous de l'hôpital et nous ont accompagnés jusqu'à un van qui nous attendait dehors. Ils ont tiré les rideaux pour bloquer la vue dans les deux sens, comme s'ils espéraient encore empêcher le monde d'apprendre la vérité. Nous avons quitté l'enceinte de l'hôpital, puis le van a tourné à droite avant de prendre la direction du nord, sur la route qui nous mènerait directement à l'aéroport. Pas une seule voiture, pas un seul feu rouge n'a ralenti notre trajet – les autorités avaient fait fermer la route pour nous. La police avait stoppé la circulation à toutes les intersections. De longues files de voitures s'étaient formées, comme pour nous rendre hommage, tandis que nous filions sur le boulevard désert de cette ville qui comptait vingt millions d'habitants. L'espace d'un moment, avec notre convoi de sept voitures, nous aurions presque pu passer pour des héros plutôt que pour des prisonniers.

J'ai répondu à des appels pendant toute la durée du trajet jusqu'à l'aéroport, puis jusqu'à l'avion, en provenance de journalistes, de sympathisants et d'internautes du monde entier qui me souhaitaient d'être heureux et de faire bon voyage – « une seule voile et une douce brise », comme on dit chez nous. J'aurais voulu rester des heures encore au téléphone avec eux pour recevoir chacun de leurs gentils encouragements.

Nous nous sommes arrêtés dans un bâtiment annexe de l'aéroport, loin du terminal, où nous sommes descendus du van. Là, les officiels du ministère des Affaires étrangères chinois nous ont remis nos passeports, mais pour nous les confisquer sitôt nos visas apposés par un consul américain. Notre vol avait plusieurs heures de retard. Pendant que nous attendions, nous avons été peinés de voir Kerui couché par terre, en larmes à l'idée de quitter son pays et tout ce qu'il connaissait. Rien ne pouvait le consoler.

Il était presque 18 heures quand les officiels nous ont finalement conduits sur le tarmac dans une navette, toujours en nous isolant des autres passagers. Nous n'avons eu le droit d'embarquer qu'en dernier. Deux diplomates de l'ambassade, campés devant la porte de l'avion, nous ont rendu nos passeports avec les visas à l'intérieur, avant de rejoindre leur siège sur la même rangée que nous, de l'autre côté du couloir, en classe affaires. Ils allaient nous escorter jusqu'à New York. Wang Zancheng, notre mystérieux garde du corps, m'a serré la main et m'a souhaité bon voyage. Puis l'équipage est arrivé, nous souhaitant la bienvenue à bord, et a remis des badges aux enfants. Le pilote s'est arrêté pour me serrer la main et nous souhaiter la bienvenue aux États-Unis, même si nous étions encore à des milliers de kilomètres de là.

Plusieurs journalistes avaient pris des billets afin de faire le voyage avec nous, parmi lesquels une poignée de vieux amis qui avaient fait le déplacement jusqu'à Dongshigu durant les jours les plus sombres. Cependant, j'étais trop fatigué pour donner davantage que quelques interviews. J'ai essayé de me reposer, mais mon esprit était encore agité. Amertume, douceur, aigreur et piment – dans ce moment confus, je goûtais toutes les saveurs de la vie.

Après le décollage, les deux diplomates se sont penchés vers moi à plusieurs reprises pour me prodiguer des conseils sur la vie aux États-Unis. Le vol a duré treize heures ; c'était le début de soirée lorsque nous sommes arrivés au-dessus de la côte Est.

– Regardez par le hublot, ai-je dit à Kerui et Kesi. Regardez bien : c'est l'Amérique.

– Il y a une rivière. Et des arbres, et des ponts.

Comme Weijing, ils avaient l'habitude d'être mes yeux, me permettant de voir à travers leurs mots.

Et puis, enfin, nous avons atterri et nous sommes préparés à débarquer à l'aéroport de Newark. Alors que pendant le vol personne n'avait semblé me remarquer ou me reconnaître, tous les passagers autour de nous se sont mis debout et ont commencé à applaudir. J'étais ému et reconnaissant ; cette chaleur dont faisaient preuve les Américains me rappelait la gentillesse des gens de tous les jours, en Chine. Nous nous sommes levés pour descendre de l'avion. Deux employés du département d'État nous attendaient à la porte de la cabine. J'ai également été accueilli à l'aéroport par mon vieil ami, le professeur Cohen, qui patientait dans une voiture. Jerry et moi nous sommes pris dans les bras en pleurant.

– Nous nous sommes chargés de tout, m'a-t-il dit, et je me suis senti comme un enfant sous l'aile de ses parents.

De bien des manières, Jerry avait soutenu mon travail au cours de ces dernières années. J'étais profondément ému de savoir que désormais j'allais pouvoir étudier avec lui.

En route vers Manhattan, Jerry m'a dit qu'une conférence de presse allait être organisée dès notre arrivée à la NYU. On m'avait d'abord annoncé que cette conférence se tiendrait à l'aéroport ; j'ignorais la raison de ce changement, inquiet que mes nombreux amis et soutiens – qui, pour certains, avaient fait des heures de route pour venir nous accueillir – se retrouvent sans savoir où aller.

Barbouillé à cause de la voiture et ayant mal à la tête, j'ai senti une chape de fatigue s'abattre sur moi alors que nous entrions dans la ville, entourés par ces gratte-ciel invisibles. J'ai appris que le député du New Jersey, Chris Smith, s'était cassé le nez à l'aéroport et avait été obligé de retourner en urgence à la NYU pour me rencontrer. Je me demandais pourquoi il n'avait pas été prévenu lorsque nous avions quitté l'aéroport. Finalement, à cause de ma migraine, je n'ai pas pu le voir avant un certain temps.

J'ai adressé quelques mots à tous ceux qui s'étaient réunis pour nous accueillir à Washington Square Village, sur le campus de la NYU, adressant mes plus sincères remerciements à toutes les personnes qui m'avaient aidé et soutenu pendant toutes ces années et grâce auxquelles j'étais là.

– La justice et l'égalité n'ont pas de frontières, ai-je déclaré. En nous donnant tous la main, nous pouvons surmonter toutes les épreuves.

De nombreux amis et sympathisants présents. Une fois mon discours terminé, j'ai été longuement et chaleureusement applaudi, puis nous avons reçu des fleurs, des jouets pour les enfants et de gentilles paroles de mes fidèles amis. J'étais désolé de n'être pas capable de parler à tous ceux qui se présentaient, de ne pas pouvoir accorder d'interview à chaque journaliste. Pour l'heure, il leur faudrait attendre ; toute l'histoire serait racontée en temps voulu.

Finalement, nous nous sommes dirigés vers l'endroit qui allait devenir notre nouvelle maison, qui surplombait les rues de Manhattan. Je me suis familiarisé avec la chambre, mémorisant ses contours et ses bruits, comme toujours. Nos hôtes avaient pensé à tout, même à nous mettre des oranges. Voilà qui m'a tout à coup ramené à ma mère – ma mère, qui parfois m'achetait des oranges pendant que j'étais en résidence surveillée, même si nous n'en avions pas les moyens. En ce moment précis, ai-je pensé, elle doit être en train de se réveiller dans notre petit village de Dongshigu, à l'autre bout du monde.

J'étais finalement arrivé en terre libre. Incapable encore d'éprouver une joie sans mélange, je sentais pourtant s'installer dans mon cœur partagé et mon esprit agité un semblant de soulagement. Plus que tout, je ressentais un épuisement total, une lassitude qui s'infiltrait jusque dans mes os. Pour l'heure, le repos s'imposait, mais, dès le lendemain, le combat reprendrait.

ÉPILOGUE

UNE NOUVELLE VIE

Cela fait plus de deux ans que j'ai quitté mon village, et un nouvel été laisse place à l'automne. Weijing et moi avons construit notre foyer, ici, aux États-Unis, avec nos enfants. Kerui a onze ans ; la petite Kesi, déjà neuf. Ils ont embrassé cette nouvelle vie avec une joie sans limites et parlent désormais l'anglais si couramment que, par moments, nous peinons à les comprendre. Pendant une période, Kerui se montrait craintif dès que des sirènes de police se mettaient à hurler dans les rues de Manhattan. « La voiture blanche va emmener papa, la voiture rouge va emmener maman », disait-il, se souvenant des événements dont il avait été témoin. Les traumatismes du passé se résorbent lentement, mais le temps et la liberté guérissent les blessures. Il nous arrive même souvent de jouir d'un certain sentiment de normalité.

Nous sommes toujours en contact permanent avec nos amis et les membres de notre famille qui, pour un grand nombre, continuent de souffrir chez nous. La répression des défenseurs de droits de l'homme n'a fait que s'intensifier depuis mon départ, et presque tous les dissidents et avocats montant au créneau font aujourd'hui l'objet de persécutions et de violences, ou sont placés en résidence surveillée ou en prison. Certains ont été tués pendant leur garde à vue. La vision d'une Chine qui se libéralise petit à petit et progresse sur les droits de l'homme (en laquelle les apologistes du régime et les doux rêveurs voudraient croire, pour aller dans le sens du Parti) est tout simplement fausse. Le véritable problème reste de trouver un moyen de déjouer la censure chinoise afin de transmettre cette triste vérité aux dirigeants et aux citoyens des nations occidentales.

Il est en fait vital que les peuples occidentaux et les autres nations libres du monde comprennent que ce n'est rien de moins que leur démocratie et leur style de vie qui sont en jeu, à cette époque décisive que nous vivons. Derrière les hôtels de luxe et les chantiers-vitrines de Pékin et Shanghai se dresse une dictature barbare grimée en gouvernement. Enivré par sa propre puissance, le Parti communiste viole chaque jour avec impudence la Constitution et la loi, bien à l'abri derrière l'écran de fumée de son triomphe économique qui ensorcelle le monde, bâillonnant au passage l'opposition locale. Comme au temps des grandes dynasties, une élite jouit aujourd'hui en Chine de droits et de privilèges exclusifs. La loi devient ainsi un mécanisme élaboré non pas pour garantir le droit, mais pour renforcer la mainmise du Parti communiste sur le peuple. À tous les niveaux, depuis le gouvernement central jusqu'aux districts, les institutions et les organes gouvernementaux sont soumis à des comités du Parti omniprésents – dans les cantons et les villes, les universités et les écoles –, qui exercent un pouvoir suprême, sans pour autant jamais assumer la moindre responsabilité légale. Quel que soit le crime commis, le Parti et ses représentants ne peuvent être jugés ni tenus responsables devant un tribunal.

Il ne fait aucun doute qu'au cours de ces dernières années la République populaire de Chine a connu d'inexorables transformations. Quant à savoir quel chemin la nation empruntera à l'avenir, cela reste du domaine de la spéculation. Le Parti précipitera-t-il un changement démocratique en embrassant de véritables réformes en faveur de la gouvernance, de l'État de droit et de l'éthique ? Les démocraties joueront-elles un rôle positif dans cette transformation ? Resteront-elles fidèles à leur engagement pour les droits de l'homme, ou bien les intérêts immédiats prendront-ils le pas sur les débats publics et les négociations privées ? Quelles que soient les réponses, il est certain que notre pays n'atteindra son plein potentiel et ne prendra sa place parmi les nations libres et démocratiques mondiales qu'avec la participation active des fils et des filles de la Chine, où qu'ils soient.

Je crois fermement que le cas de la Chine est loin d'être isolé et que d'autres pays sont voués à connaître le même sort que mon pays d'origine. Tous mes efforts servent un rêve de justice et d'égalité pour les citoyens de Chine, mais également pour tous les peuples. Permettez que la lutte d'un seul homme résonne comme une invitation à me rejoindre. Chacun d'entre nous possède en lui une puissance inépuisable. Ensemble, nous pouvons déplacer des montagnes.

REMERCIEMENTS

Merci à Danica Mills et à tous ceux qui m'ont aidé à transposer mon histoire en anglais, ainsi qu'à mon inépuisable éditeur, John Sterling.

Je suis redevable à tous ces courageux qui, lorsque j'en ai eu besoin, ont bravé des dangers inouïs pour se rendre à Dongshigu et m'exprimer leur soutien. Je pense notamment à Christian Bale, dont la venue a immédiatement attiré l'attention sur nos souffrances. Je salue les efforts d'une myriade de personnes qui, en Chine comme dans le reste du monde, ont exprimé leur soutien et leur indignation, souvent par des moyens ingénieux.

Que soient également remerciés les élus du Congrès américain, des nations européennes et d'autres pays du globe pour avoir publiquement exprimé leur soutien quand j'étais en prison, ainsi que leur inquiétude pour ma famille lors de notre persécution prolongée. Je dois également beaucoup aux professionnels des médias, dont la sollicitude constante a permis de mettre au jour la vérité, ainsi qu'aux nombreuses associations de défense des droits de l'homme qui m'ont défendu. Je pense particulièrement à Bob Fu, dont l'intervention précieuse est tombée à point nommé. Mes plus sincères remerciements à Jerry Cohen pour ses conseils et son amitié, au fil des ans.

Je resterai toujours reconnaissant à Hillary Clinton d'avoir eu la clairvoyance de m'accueillir aux États-Unis, ainsi qu'au personnel de l'ambassade des États-Unis à Pékin, dont l'attention et la compassion m'ont permis de tenir pendant mon séjour chez eux. De même, je remercie tous ceux qui m'ont soutenu ainsi que ma famille depuis notre arrivée aux États-Unis, particulièrement l'ami américain que nous connaissons sous le nom de Panda. Merci aussi au département d'État pour son soutien sans faille et à l'université de New York, qui m'a si généreusement accueilli à mon arrivée aux États-Unis.

Aucun mot ne saurait exprimer ma gratitude pour ces amis, voisins et parents qui, avec une abnégation et un courage admirables, m'ont spontanément aidé lors de mon évasion. Merci aux villageois et aux membres éloignés de ma famille qui m'ont soutenu au fil des ans. Jamais je n'oublierai votre bonté ni votre droiture.

À Li Jinsong, Li Fangping et à mes très nombreux amis avocats de Chine : braves et sans peur, vous êtes des héros.

Enfin, j'exprime aujourd'hui une gratitude sans limites à mon père et à ma mère, à mes frères et à leurs familles, à ma femme et à mes enfants. Votre amour est une force inébranlable.

À tous mes amis, proches ou lointains : sans vous, aujourd'hui n'existerait pas.

TABLE

Préface du dalaï-lama 11
Prologue. Évasion 13

1. Un enfant à part 29
2. L'empreinte de la nature 54
3. Une éducation peu commune 78
4. Le point de non-retour 105
5. Défendre nos droits 133
6. De nouvelles racines 160
7. Les masques tombent 188
8. Enlèvement 217
9. Procès et emprisonnement 237
10. Résidence surveillée 259
11. L'évasion 293
12. L'œil du cyclone 320
13. Vers une terre promise 353

Épilogue. Une nouvelle vie 371
Remerciements 373

Composition et mise en pages
Nord Compo à Villeneuve-d'Ascq

Cet ouvrage a été achevé d'imprimer
sur Roto-Page
par l'Imprimerie Floch à Mayenne
en août 2015

N° d'impression : 88609
Imprimé en France